会计出纳 做账纳税

岗位实战

路玉麟　郑利霞　何小兰◎编著

清華大学出版社
北　京

图书在版编目（CIP）数据

会计　出纳　做账　纳税岗位实战 / 路玉麟，郑利霞，何小兰编著 . —北京：清华大学出版社，2024.2

ISBN 978-7-302-65044-7

Ⅰ . ①会…　Ⅱ . ①路… ②郑… ③何…　Ⅲ . ①财税－基本知识－中国　Ⅳ . ① F812

中国国家版本馆 CIP 数据核字 (2024) 第 004535 号

责任编辑：张立红
封面设计：木　水
版式设计：方加青
责任校对：王　奕
责任印制：曹婉颖

出版发行：清华大学出版社
网　　址：https://www.tup.com.cn，https://www.wqxuetang.com
地　　址：北京清华大学学研大厦 A 座　　邮　　编：100084
社 总 机：010-83470000　　邮　　购：010-62786544
投稿与读者服务：010-62776969，c-service@tup.tsinghua.edu.cn
质 量 反 馈：010-62772015，zhiliang@tup.tsinghua.edu.cn
印 装 者：三河市东方印刷有限公司
经　　销：全国新华书店
开　　本：185mm×260mm　　印　　张：33　　字　　数：681 千字
版　　次：2024 年 2 月第 1 版　　印　　次：2024 年 2 月第 1 次印刷
定　　价：98.00 元

产品编号：103590-01

前　言

企业的会计工作是一项复杂繁琐的工作，需要企业的会计人员具有较高的职业道德和专业技能素养。企业的财务部门对于企业而言起着“核心桥梁”的作用，财务部对内连结着各个生产经营环节和不同部门，同时，财务人员为管理者提供决策所需要的信息。对外，企业财务部门要向税务部门和其他监管机构提供企业财务的财务报表以及信息披露内容。企业的会计信息质量不仅关系到企业内部决策者能否做出科学决策，还关系到企业外部投资者和债务人的切身利益。因此，企业财务部门以及财务人员对于一个企业的发展起着重要的作用。

本书根据当今新会计准则不断变化的形势，在适应与国际会计准则接轨的外部环境的要求下，在《会计　出纳　做账　纳税岗位实战宝典》第二版的基础上，进行了完善和修订。本书对存货的会计处理、固定资产的会计处理、资产减值损失的会计处理、职工薪酬的会计处理、所得税的操作实务以及企业所得税抄报税过程中的各类报表填报的变化等内容进行了详细的修订。本书突出了新会计准则的变化对于会计操作实务以及企业的影响的阐述。盼本书能够给会计从业者提供一定的新准则指导价值，提升其会计实务操作能力。

升级说明

本书的前身《会计　出纳　做账　纳税岗位实战宝典》第一版和第二版深受读者欢迎，累计印刷12次。随着国家财税制度的完善，金税四期的正式启动，对财务工作者提出了更高的要求，笔者针对最新的财税制度，对全书内容进行升级。升级内容包括：

1. 会计准则方面，采用 2023年财政部最新修订和补充的《企业会计准则》，对案例分析及操作实务进行了更新和补充

2. 采用2023年最新的税收政策，包括增值税、个人所得税、企业所得税，小规模纳税人税收减免和一般纳税人增值税减免等。

3. 采用2023年最新的税务申报抄报税系统，重新截取操作界面，读者可以按图索骥。

写作特色

本书对会计人员应掌握的知识与技能，进行了全面的阐述和说明，特别适合初学者，可以带之入门。本书在写作的时候，有如下特点：

- 紧跟时代：本书根据最新的会计准则，对企业各个阶段的会计处理内容进行了阐述和说明。
- 内容权威：结合了我国财经法规，相关制度以及出纳人员的实际工作经验，使理论和实务很好地结合，读者可以一目了然的相关规定，以及操作流程。
- 简单实用：本书介绍了出纳工作中不可缺少的技能讲解，如点钞，数字的规范书写，填写支票，装订账本，识别假钞和发票，处理残币等，非常实用。介绍了如何使用最新的网上报税软件和系统进行企业纳税申报，网上年检等。
- 可操作性强：结合实际的操作流程与适当的案例，对于操作中容易遇到，容易忽略的问题做到贴心的解答与提示。
- 图文并茂：将财经规定中枯燥的专业理论，转化为通俗易懂的讲述，加上大量的实际操作图片，给读者一个更直观清晰的印象，便于理解和实际操作。

本书内容

本书囊括了会计工作的方方面面，尤其适合小企业的财务人员使用。全书共分成5篇，内容如下：

第1部分　会计基本功篇　包括1～5章，讲解了每个会计都应该知道的会计原则、凭证管理和账簿管理等内容。

第2部分　出纳业务篇　包括6～11章，讲解了银行账户管理、银行结算的管理、各种结算方式的处理方法以及现金管理等内容。

第3部分　账务处理篇　包括12～17章，讲解了企业不同经营阶段的账务处理方法，适合财务会计学习，包括筹资阶段、生产运营阶段、产品销售阶段、利润核算阶段的处理方法。

第4部分　税务处理篇　包括18～25章，讲解了10多个常见税种的计算和会计处理方法，适合税务会计学习使用。

第5部分　附录　包括最常用的会计制度，方便读者随时查阅，另外还给出了工商和社保的操作方法。

读者对象

- 无会计基础的普通读者
- 有一定会计基础的财务工作者
- 企业的经营管理人员
- 社会培训学生

目 录

第1篇 会计基本功篇

第2篇 出纳业务篇

第4篇 税务处理篇

第5篇 附录篇

第1篇

会计基本功篇

第1章 会计新手入门

会计是在各种社会力量博弈中形成的，是为经济管理服务的一个信息系统。企业在发展中出现了委托—代理关系，产生了对会计的需求，于是有了会计。随着社会的发展，会计逐渐形成一套社会性的而且具有统一性的理论。

本章作为会计新手的入门介绍，主要介绍了：什么是会计，会计是做什么的，会计人员的基本职能和责任。同时，为了让会计新手对自己未来工作岗位有直观的了解，特意介绍了企业会计各部门的工作岗位，并对与会计工作直接相关的会计从业资格证书和会计职称考试等内容作了简单介绍。

1.1 通过一个故事介绍会计工作

现代社会，“会计”已经成为一个大众化的词汇，人们的工作和生活时时处处都离不开会计，以会计为职业的人也越来越多。那么，到底什么是会计？会计又是做什么的？本节我们将通过一个故事来介绍这些。

两个人小王和小李是邻居，都打算做生意，小王经营蔬菜、水果铺，小李经营烟酒、日用品。

小王没有做各方面投入的计划和预算，包括店面的日常使用费用（如店面租金、水电费等）、进货的费用，也没有对需要进货的种类、数量做大致的计划，就开始进货，几乎花光了手里的钱。然后他开始经营了，有了收入，然而由于没有剩余的钱支付日常费用，就用收入来支付，每天的营业额不足以支付每天的支出，出现了入不敷出的情况。经营一个月下来，由于进货没有计划，出现了蔬菜、水果的积压，损失了一大半，加上没有剩余的钱继续投入，小王的店很快出现了问题，就要关张了。

小李首先汇总计算自己手里的钱，大致算出能用于开店的所有资金，然后计算出一个月需要的常规支出，分摊到每一天，这样就了解了一天必需的支出，也就是每天的经营成本。接着小李对需要进货的种类和数量做了大致的计划，按照计划进货，手里50%的钱用于进货，20%用于日常支出，10%应付未知开支，另外留下20%备用。有了这样的计划和预算，小李的店开张了。每天的收入小李都逐笔记下来，每天的营业额小李都心中有数，每天营业结束，小李算出收入、支出，算出了一天的利润。如果利润高，小李就会多投入一点，适当增加经营产品的种类；利润低，就节约开支，这样一个月下来，小店经营得有声有色，有条有理。

我们总结一下，小李对资金的分配使用，经营成本的计算，收入、利润的计算，基本体现了一个会计的工作。结合故事，通俗地讲，会计就是管钱，它是一项管理活动。管理程序如图1-1所示。

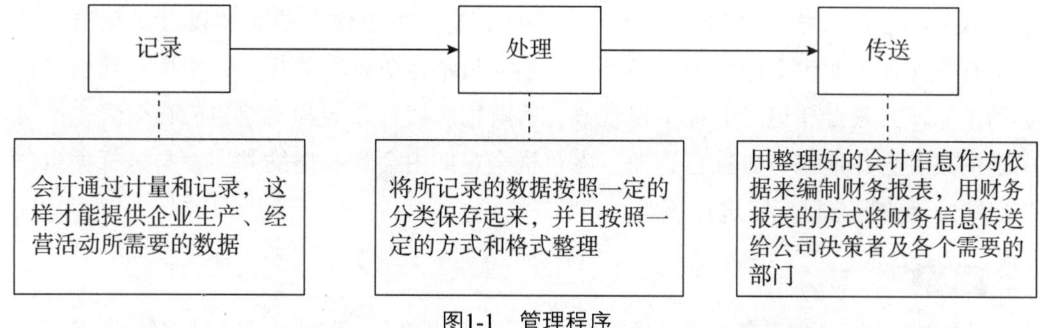

图1-1 管理程序

会计人员作为企业财务工作的具体执行人员，不仅要做好会计的基础工作，而且参与企业的日常事务管理、企业长远发展规划等，为此提供有用的分析。会计人员也是企业发展规划的“军师”。所以，要求每个会计人员做好企业的会计本职工作、完成按照规定要求的各类核算以及纳税申报，并且在此基础上为企业的管理、决策部门提供真实、客观、有效的财务数据和合理的企业日常经营管理建议。

1.2 会计、出纳不是一回事

在外行的印象中，财务部门中的出纳和会计几乎做同样的工作，对两者的具体分工比较模糊。其实，出纳与会计是两个完全不同的概念，两者既有区别又有联系，是分工与协作的关系，缺一不可。

首先看看出纳与会计的区别，通俗地讲，就是一个管钱，一个管账；出纳管钱，会计管账。具体来说：出纳是负责钱的收与支，主要是登记现金日记账和银行存款日记账，根据每天的收入和支出逐笔登记。每日终了，要结出现金日记账和银行存款日记账的余额，并盘点实际库存的现金，对银行账户余额进行及时核对，做到账实相符。

会计则是负责账务处理，管理除了现金日记账、银行存款日记账以外的所有账簿，例如明细分类账、总账等。一般小规模企业只设明细分类账、总账；较大规模的企业除了明细分类账、总账之外，还分设了辅助账簿，例如成本明细账、费用明细账、固定资产明细账等账簿。

提示

出纳与会计既相互依赖又互相牵制，他们进行核算的依据是相同的，都是以原始凭证和记账凭证为基本核算依据，原始凭证由出纳整理、审核（会计也需要审核），然后传递给会计，由会计制作记账凭证。同时，在会计核算过程中，也需要互相利用对方的核算资料，完成自己的核算，比如出纳每月终了的现金日记账、银行存款日记账的余额，需要与会计的总分类账的货币资金总额核对，他们共同协作完成会计任务，缺一不可。

财务制度里，规定“钱账分管”，其目的是减少工作中的舞弊以及避免出现差错，有效保证企业资金的安全。另外，出纳人员不得负责有关收入、费用、债权债务等的核算及其账目登记，会计不得管钱、管财物；银行印鉴和支票也应该分管，不可由出纳或者会计任何一方独自管理。库存资金定期由会计和出纳共同参与进行盘点，与出纳分管的现金日记账进行核对。

例1-1

新兴商贸公司刚刚成立，其规模比较小，公司老总认为招聘一个会计就够了，既管钱又管账。很显然，这种做法是不对的，无论公司规模大小，财务人员至少有两个，一个会计，一个出纳，只有这样才能保证公司的正常运转。

由此看出，会计与出纳不是一回事，不能合二为一。会计与出纳是同属于财务部门的两个岗位，职责各有侧重，不能分割，亦不能各自独立。出纳和会计密切配合，才能顺畅完成企业的会计核算工作。

1.3　会计人员的职责权限和法律责任

会计工作是企业管理不可或缺的一环。为了完成会计工作，实现其职能，需要有人来从事这项工作，这就是会计人员。由于会计工作的复杂性、系统性，需要赋予会计人员职责权限，同时为了规范会计人员的工作，也需要对其承担的法律责任作出明确规定。在本节，我们来介绍会计人员的职责权限和法律责任等内容。

1.3.1　会计人员的职责

会计人员的职责，概括起来是及时提供真实可靠的会计信息，认真贯彻执行和维护国家财经制度和财经纪律，积极参与经营管理，提高经济效益。根据《中华人民共和国会计法》（以下简称《会计法》）的规定，会计人员的主要职责有以下五项。

（1）会计核算。简单地说，就是会计人员要以实际发生的经济业务为核算依据，进行记账、算账、报账，做到内容真实，数字准确，账目清楚，日清月结，报账及时，能够如实反映企业财务状况、经营成果以及财务收支情况。

（2）会计监督。简单地说，就是会计人员如发现不真实、不合法的原始凭证，一律不予受理；对记载不正确、不完整的原始凭证，予以退回，要求更正和补充完整。如发现账簿记录与实物、款项不符的情况，应当按照相关规定进行处理；如会计人员没有权限自行处理的，应当及时向本单位的上级领导报告，请求立即查明原因，然后作出相应处理；对于违反国家规定的收支，应一律不予办理。

（3）制定本单位具体办理会计事务的办法，并推行和监督执行情况。

（4）参与制订本单位的对外经济计划、业务计划，参与业务考核、企业分析预算、财务计划等的执行情况。

（5）办理其他相关的会计事务。

上述这些是作为一个会计的基本职责，也说明了会计要做什么。下面以一个实例进行更通俗的阐述。

例1-2

小王具备初级会计师从业资格，想从事会计工作，她不知道具体要做什么。我们来详细说明一下。

首先要准备会计的工具，也就是记账凭证和账簿。随着会计信息化的进步，会计记账与审核均在“会计软件”中进行。因此，会计人员要熟练掌握会计软件的操作。记账凭证包括收款凭证、付款凭证和转账凭证；会计需要的账簿是：明细分类账和总账。工具有了，接下来是由出纳传递过来的原始凭证，会计人员可以根据原始凭证编制记账凭证，然后根据记账凭证登记账簿，根据账簿记录出具报表，最后是报税，以及向公司负责人等汇报财务情况，这样简单的流程就完成了会计核算的基本内容。另外，会计还要进行会计监督，在实际工作中，也称为“审核”。如员工小李报销差旅费，小王要审核小李差旅费的原始票据是否真实、合法，还要审核是否经过负责人的批准等。

提示

在实际工作中，根据公司需要，还要做财务收支计划、审核其他部门的资金计划等工作。

下面具体了解一下会计核算和会计监督。

会计核算贯穿经济活动的全部过程，是会计的基本职能。会计核算具体是指：会计以货币为主要计量单位，对特定主体的经济活动进行确认、计量、记录和报告，为相关的各方提供会计信息。会计核算内容包括为生产、经营过程中的各项经济业务，如图1-2所示。

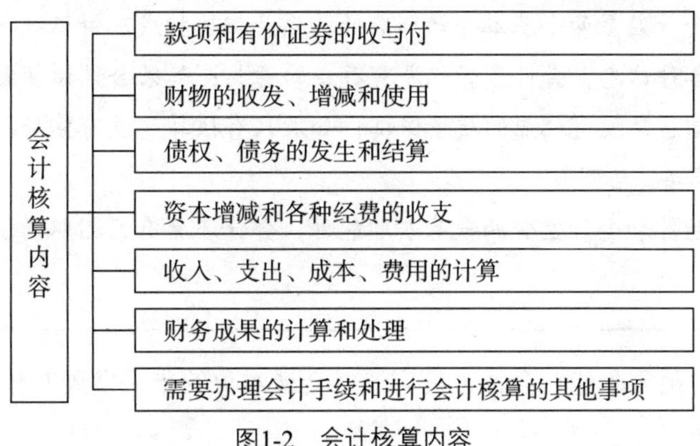

图1-2　会计核算内容

对经济活动进行确认，具体来说就是运用特定的会计方法、用文字和金额同时描述某一交易事项，使该交易事项的金额能够反映在特定财务报表的合计数中。确认分为初始确认和后续确认。

对经济活动的计量是确定上述会计在经济活动确认中用来描述某一交易或事项的金额的会计程序。

对经济活动的记录是指对企业经济活动采用一定的记账方法、在对应的账簿中进行登记的会计程序。

对经济活动的报告是在确认、计量和记录的基础上，对企业的财务状况、经营成果以及现金流量等情况，以财务报告的形式向有关方面进行报告的一种会计程序。

会计监督职能也称为控制职能，是指对企业经济活动和会计核算是否合法、合理进行审查，即以一定的标准和要求，利用会计所提供的相关信息对各单位的经济活动进行有效指导、调节和控制，以达到预期的目的。会计监督的具体内容如图1-3所示。

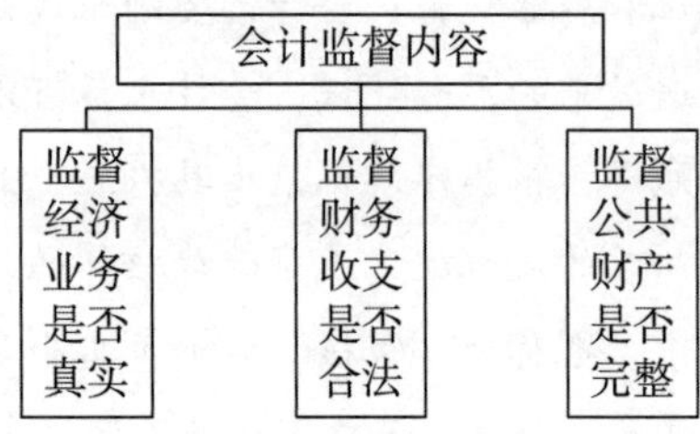

图1-3　会计监督内容

会计监督是一个过程，分为事前监督、事中监督以及事后监督。

会计监督同时要求会计人员在进行会计核算时，也要对企业经济业务的合法性、合理性进行审查。具体来说，合法性审查是保证各项经济业务符合国家的法律法规，遵守相关的财经纪律，执行国家方针政策，坚决杜绝违法乱纪行为；合理性审查是指会计人员应该检查企业各项财务的收支是否符合该企业的财务收支计划，是否有利于实现预算目标，是否有奢侈浪费的行为，是否有违反企业内部控制制度等现象，为增加收入、减少开支、提高经济效益严格把关。

提示

会计核算和会计监督两个基本会计职能的关系是相辅相成、辩证统一的关系。如果没有会计核算提供各种信息，会计监督就没有存在的意义；如果会计核算失去了会计监督的作用，其提供的信息就没有相应的质量保证；如果只有核算、没有监督，就很难保证会计核算提供的信息真实、可靠。

除具有会计核算和会计监督两项基本职能外，会计还具有预测职能、参与决策职能、分析职能。

（1）会计的预测职能。会计人员应该对会计对象的未来发展有预先反映，不仅可以对资金运动的过去和现在进行反映，还可以在此基础上预测其未来发展方向以及经济前景。会计预测具有超前性，它是对未来经济形势的事先反映，从而有效指导经济活动。

会计预测可以从销售方面、对利润、成本、资金等几方面来进行。

（2）会计的参与决策职能。决策在现代企业管理中非常重要，正确的决策能够使企业获得最大的效益，决策失误将对企业造成致命打击和重大损失。会计的决策职能必须建立在科学预测的基础上，预测与决策都需要掌握大量财务会计信息，这些资料必须依靠会计提供。所以，为了使企业取得最大的经济效益，发挥参与决策的职能，是会计的一项重要职能。在实际工作中，运用各项会计信息，进行决策分析，然后作出最优决策。

（3）会计的分析职能。会计分析，即对企业经济活动未来发展趋势进行分析的方法。

随着生产力水平不断提高，会计发挥的作用越来越重要，其会计职能也将随着经济的高速发展而不断发展变化。

1.3.2 会计人员的主要权限

会计人员既是企业员工，又是国家法律的执行者，同时受国家法律和企业规章制度的制约。为了完成其本职工作，在权限方面有以下要求。

（1）会计人员有权要求企业相关部门及人员严格执行国家批准的计划和预算，遵守国家法律法规、纪律和财务制度等。

（2）会计人员有权参与本企业编制计划、制定定额以及签订经济合同，有权参与有关生产、经营的管理会议。

（3）会计人员有权监督并检查本单位相关部门的财务收支、资金使用情况和财产财物的保管、收发、计量和验收等经济活动的执行情况等。

（4）有权对本企业各部门进行会计监督。

例1-3

张会计要求审核采购部门和销售部门的经济合同，销售部门很不理解，觉得张会计越权了，认为自己部门的合同没必要给张会计审核。

这种想法显然是不对的，会计人员有权参与经济合同的签订和执行。因此，销售部门应积极配合张会计进行经济合同的审核。

1.3.3 会计人员需要了解的法律责任

会计人员作为会计机构的主体，是企业顺利完成会计工作重要的决定因素之一，会计人员的素质在很大程度上决定企业会计信息的质量。会计人员需要遵守基本的职业道德，且会计人员应对本单位会计工作和会计资料的真实性、完整性负责，一旦有违法行为，应承担相应的法律责任。

1. 职业道德

- 会计人员在从事会计工作中，应当遵守其职业道德，树立良好的职业道德观、保持严谨的工作作风，严守工作纪律，不断提高工作效率以及工作质量，注意自身知识以及技能的不断提高。
- 会计人员应当熟悉相关财经法律、法规和国家统一的会计制度，并且按照其规定的程序和要求进行会计工作，保证提供的会计信息合法、真实、准确、及时、完整，处理会计事务应当做到实事求是、客观公正。
- 会计人员应当熟悉本企业的生产经营和业务管理情况，运用已掌握的会计信息和会计方法，为改善企业内部管理、提高企业经济效益而服务。还应当严格保守本单位的商业机密，除了法律规定和单位领导人同意以外，不能擅自向外界提供或泄露本企业的会计信息。
- 各企业应当定期检查会计人员是否遵守职业道德的情况，以此作为会计人员晋升、晋级、聘任专业职务、表彰奖励等的重要考核依据。

提示

会计人员有违反职业道德的，由所在单位进行处罚，情节严重的，可以按照单位内部有关制度进行处理直至除名。

2. 法律责任

（1）有下列行为之一的，由县级以上人民政府财政部门责令限期改正，可以对单位处以3 000元以上5万元以下的罚款；对其直接负责的主管人员和其他直接责任人员，可处以2 000元以上2万元以下的罚款：

- 不依法设置会计账簿的。
- 私设会计账簿的。
- 不按照规定填制、取得原始凭证或者填制、取得的原始凭证不符合相关规定的。
- 以未经审核的会计凭证为依据登记会计账簿或者登记会计账簿不符合规定的。
- 随意变更会计处理方法的。
- 向不同的会计资料使用者提供的财务会计报告编制依据不一致的。
- 未按照规定使用会计记录文字或记账本位币的。
- 未按照规定保管会计资料，导致会计资料毁损、灭失的。
- 未按照规定建立并没有实施单位内部会计监督制度，或者拒绝依法实施监督的，或者不如实提供有关会计资料及有关情况的。
- 任用会计人员不符合《会计法》规定的。

提示

如果有以上所列行为之一的，构成犯罪的，将依法追究刑事责任。

例1-4

还是以新兴商贸公司为例，公司领导认为财务工作比较重要，想要信任的人来管理，于是让其妹妹做会计，小姨子做出纳，这样就放心了。

他这么做违反上述“任用会计人员不符合《会计法》规定的”，任用会计人员应该注意回避原则，单位负责人和会计人员不可以是直系亲属关系；会计人员和出纳人员为互相监督的岗位，不可以是亲属关系。因此，公司的负责人应该立刻停止该行为，按照《会计法》规定招聘合适的人员。

（2）伪造、变造会计凭证，伪造、变造会计账簿，编制虚假财务会计报告；或者授意他人去伪造、变造会计凭证，伪造、变造会计账簿，编制虚假会计报告或者隐匿、故意销毁依法应当保存的会计凭证、会计账簿、财务会计报告，已构成犯罪的，依法追究其刑事责任。如有以上行为，尚不构成犯罪的，由县级以上人民政府予以通报，可以对企业处以5 000元以上10万元以下的罚款；对其直接负责的主管人员和其他直接责任人员，处以3 000元以上5万元以下的罚款；对涉及其中的会计人员，5年内不得从事会计工作，如属于国家工作人员，还应当由其所在的单位或者有关单位依法进行撤职直至开除的行政处分。

例1-5

利达公司负责人为了逃避缴纳税款，要求其会计人员做一套亏损的财务报表，如果会计人员不做就辞退。此时会计人员应该如何处理？

这时作为会计人员应拒绝这种行为，并告知该负责人，这种做法所需要承担的法律责任，会计人员有责任给予其正确引导，从而避免这种行为的发生。

（3）企业负责人如果对依法履行职责的会计人员进行降级、撤职、调离该工作岗位、解聘或者开除等行为，实行对会计人员打击报复，构成犯罪的，依法追究其刑事责任；如尚不构成犯罪的，由其所在单位或有关单位进行行政处分，并对受打击报复的会计人员，应当恢复其名誉和原有职务、级别。

例1-6

实例1.5的单位负责人要求会计人员如果不按其要求做就辞退，这种行为实际上已经违反了相关法律，应该承担相应的法律责任。

3. 会计人员职业道德和法律责任的关系

在从事会计工作的过程中，会计人员如果有违反《会计法》或其他法律规定的，不管是主观还是客观因素引起的，都将被作为直接责任人员，承担应有的法律责任。会计人员职业道德规范对于会计人员的基本行为作了具体规范，那么，会计人员在完成其本职工作的同时，应该如何化解其责任风险呢？

（1）依法核算才能化解风险。会计人员只有严格遵守《会计法》中关于会计核算的规定，依法进行会计核算，才能化解法律责任风险。

（2）建立健全、完善内部会计监督制度，制度完善了，大家都循规蹈矩地执行，就有效减少了会计人员的法律责任风险。《会计法》中规定："各单位应当建立、健全本单位内部会计监督制度。"该条款对单位内部会计监督制度的基本内容和要求也作出了明确规定：

- 确认了会计事项相关人员的职责权限应当明确。即"记账人员与经济业务事项和会计事项的审批人员、经办人员、财物保管人员的职责权限应当明确，并相互分离、相互制约"。
- 确认了企业重大经济业务事项的决策和执行程序应当明确。
- 要求进行财产清查。
- 要求对会计资料进行内部审计。

提示

企业的会计部门和会计人员需要认真执行《会计法》的这些规定，并对每个会计人员的职责权限进行明确规定，具体落实到岗位分工和业务操作中，严格防止因个别会计行为的权限过于集中导致违反《会计法》的规定而要承担法律责任。同时要加大会计机构的监督力，明确只有相互监督、相互制约，才能减少会计人员的法律责任风险。

（3）遵守职业道德。会计人员的职业道德，是会计人员从事会计工作必须遵循的道德标准，是进入这个行业的第一课。建立会计人员的道德规范，是对会计人员进行强化道德约束、防止和杜绝会计人员在工作中出现不道德行为的有效措施，也就是会计人员的道德规范，不全部靠自觉和主观意识遵守，需要相关约束才能保证会计人员遵守。会计工作是企业重要的经济管理工作，是处理企业内外部各方面关系的"重要关卡"，要求会计人员必须遵守会计职业道德，公私分明，依法、客观、公正办事，同时要经得起金钱的诱惑。

（4）加强专业学习，提高业务能力。会计作为一门应用性很强的学科，具有很强的政策性和专业性，知识更新很快，要求会计人员要不断学习，掌握会计专业知识和理论、技术，不断更新知识，努力提高专业能力。同时，要认真学习新《会计法》以及有关法律法规，做到懂法、依法、不违法，这样才能消除和化解会计人员在会计工作中的法律责任风险。

1.4 会计部门的不同岗位介绍

企业应根据自身规模大小及业务量多少等具体情况来设置会计岗位。一般大中型企业应设置财务经理、主管会计（或者财务主管）、出纳、固定资产核算、材料物资核算、工资核算、成本核算、收入和利润核算、资金核算、总账及报表、稽核和档案管理等会计岗位。小型企业因业务量较少，可适当合并减少岗位设置，如可设置出纳、总账报表和明细分类核算等会计岗位。

会计部门的工作岗位，可以是一人一岗、一人多岗或者一岗多人。但是出纳人员不得兼管稽核、会计档案保管、收入、费用、债权债务账目的登记管理工作。会计人员的工作岗位应当有计划地进行轮换，为了保证企业资金安全、避免工作中舞弊行为的发生，实现不同岗位能互相制约，在岗位设置时要注意：

- 出纳人员不得兼管稽核、会计档案保管和收入、费用、债权债务账目的登记工作。
- 经济事务的执行人员和审批人员要分开。

一般小规模企业的会计部门，业务量少，设立的岗位相对简单，以下是常见的几个岗位设置，如图1-4所示。

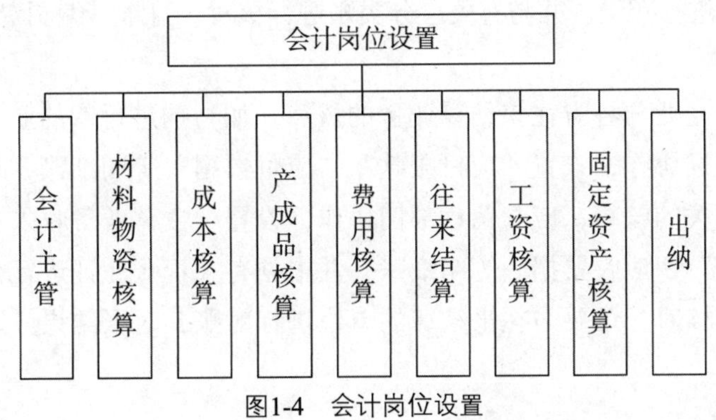

图1-4　会计岗位设置

1. 会计主管

全面负责组织会计工作，负责设立总分类账及部分明细分类账，审核记账凭证，将记账凭证按规定编号，定期编制记账凭证汇总表或者科目汇总表，并负责登记总分类账；月末，做有关转账核算业务并定期组织与其他相关会计岗位人员进行对账；负责企业筹集资金与投资的核算；计算需缴纳的各种税金以及税费附加；进行利润的分配；编制会计报表并进行必要的财务分析，如有需要出具财务报告。

2. 材料物资核算

该岗位负责包括原材料、包装物、低值易耗品等日常收发、核算工作。设立原材料、包装物、低值易耗品明细账，原材料按计划成本计价的，应设置材料采购、原材料、包装物、低值易耗品、材料成本差异等明细账。对日常收发进行详细登记，注意定期与总分类账核对，并与仓库部门进行联合盘点，做到账实核对相符。月度终了，计算出原材料成本差异率，据以分摊材料成本差异，为会计主管核算成本提供原材料等数据。

3. 成本核算

该岗位负责生产成本核算，包括基本生产成本和辅助生产成本的核算。结合生产车间及其生产的产品，开设基本生产成本明细账，并设立“直接材料”“直接人工”“制造费用”等成本项目进行登记；月末，计算在产品的成本和完工产品的成本，并编制完工产品的成本汇总表。

4. 产成品核算

该岗位负责产成品的核算，需要设立产成品数量金额明细账，审查产成品的成本汇总表及完工产品入库表，负责产成品明细账的登记以及产成品收发明细账的设置和登记。按规定监督产成品的收发，定期盘点并与成品库进行账实核对，还要与总分类账进行核对，做到账账核对，月末要按加权平均法计算销售产品的成本，并结转其已销售产成品成本。如盘点发生盘盈盘亏，按月初单位成本转账。

5. 费用核算

该岗位负责期间费用的核算以及营业外收支的核算，应设立“销售费用”“管理费用”和“财务费用”等明细账，以及“营业外收入”和“营业外支出”明细账，根据有关记账凭证进行登记，并与有关总分类账进行核对。月末，编制费用明细表。

6. 往来结算

该岗位负责企业与各方往来结算业务的核算。如与购进付款的业务相关的核算，应与供应部门共同协作，设置“应付账款”“应付票据”等明细账并与之核对；如与销售收款业务相关的核算，应与销售部门协作，设置“主营业务收入”“其他业务收入”“应收账款”“应收票据”等明细账，并根据有关记账凭证进行登记，定期与有关总分类账进行核对。还要与往来结算的单位进行对账，对账结果应以书面形式进行汇报。

7. 工资核算

该岗位平时负责对员工的工时、产量等进行记录，记录统计职工考勤或者由考勤部门统计，最终编制工资结算表以及工资费用分配表，负责计提职工福利费、工会经费和职工教育经费等。

8. 固定资产核算

该岗位负责固定资产的增加、减少、报废等的核算，房地产行业如在建工程的核算以及固定资产折旧的计提，应设立固定资产、在建工程、累计折旧等明细账，根据有关记账凭证进行登记，定期与总分类账进行核对。

9. 出纳

该岗位负责货币资金的收付业务，设立银行存款日记账和现金日记账，根据有关收款凭证和付款凭证逐日逐笔进行登记，每日结出余额。负责现金支票和转账支票的签发以及其他银行结算凭证的填制。在会计主管监督下与银行对账，出具银行余额调节表，并定期盘点库存现金，做到账实相符。

提示

上述为一般设置，公司可以根据需要进行会计岗位的设置，有些岗位可以合并，不是强制规定。

1.5 与会计相关的会计证书

会计作为一项专业技术，有基本的会计专业技术资格和执业资格证书的考评。而且，与会计人员工作密切相关的会计专业证书很多。本节我们主要了解国内与会计相关的两类专业证书，也可以说是两个级别，一是会计专业技术资格考试，二是注册会计师。

1.5.1 全国会计专业技术资格考试（职称考试）

在我国，会计人员应具备从事会计工作所需要的专业能力。如果想提高自己的业务水平，还可以通过参加考试，考取会计师职称证书。

目前国内的会计师职称分三级，即初级、中级和高级会计师。考试分为初级和中级资格考试，可以直接报考中级资格，也可以按照初级、中级资格的顺序来报考，不过各级考试有些条件要求，如从业年限、学历等条件限制。

1. 初级会计资格证书

报名参加会计专业技术初级资格考试的人员，必须具备教育部门认可的高中毕业（含高中、中专、职高和技校）以上学历。初级会计资格考试的科目包括：《经济法基础》《初级会计实务》。参加初级会计资格考试的人员，必须在同一考试年度内通过所有科目，才可以取得初级会计资格证书，也就是助理会计师证书。

报名时间一般是考试年度上一年的9—11月，各地报名时间有差异。考试时间一般在考试年度的5月，具体时间应以当地公布的考试时间为准。

2. 中级会计资格证书

报名参加中级会计资格考试的人员，必须具备下列条件之一才可以报名：

- 取得国家教育部门认可的大学专科学历，从事会计工作满5年。
- 取得国家教育部门认可的大学本科学历或学士学位，从事会计工作满4年。
- 具备第二学士学位或研究生毕业，从事会计工作满2年。
- 取得硕士学位，从事会计工作满1年。

- 取得博士学位。
- 通过全国统一考试，取得经济、统计、审计专业技术中级资格。

中级会计资格考试科目包括：《财务管理》《经济法》《中级会计实务》，考生必须在连续两个考试年度内全部通过，方可取得中级会计资格证书。报名时间一般是考试年度的3—5月，具体时间各地有差异；考试时间为考试年度的9月，具体时间以当年公布的考试时间为准。

3. 高级会计师

目前我国对已经取得中级职称的会计人员，采用考试和评审制度来认证其高级会计师职称。具体评审办法参考各地的相关规定。

1.5.2 中国注册会计师（CPA）

注册会计师简称CPA（Certified Public Account）考试是中国一项执业资格考试，已经成为国内声誉最高的执业资格考试之一。因其考试难度较高，所以就业前景很好。很多企业在招聘高级财会人员时，明确要求具有CPA证书。

凡具有高等专科以上学历，已取得会计或相关专业（审计、统计、经济等）中级以上专业技术资格的中国公民都有资格报名。原制度中规定的考试科目包括：《审计》《公司战略与风险管理》《税法》《会计》《经济法》《财务成本管理》共6科。依据相关规定，如具有会计或相关专业高级技术职称的人员，可以申请免试一门专长科目，考试实行滚动式，从第一门单科合格成绩取得之年算起，连续5年内必须通过所有科目，才可获得申请注册会计师资格。考试分专业阶段和综合阶段；综合阶段考试科目为《职业能力综合测试》第一阶段的单科合格成绩5年有效，对连续5年内取得第一阶段6个科目合格成绩的考生，发放专业阶段合格证；第二阶段考核科目应该取得专业阶段合格证后5年内完成，对取得第二阶段考试合格的考生，发放全科合格证。报名时间为考试当年的4—5月，考试时间是每年的10月中旬。

1.6 会计必须掌握的技能

写好会计数字是会计人员应具备的一项基本技能，有些粗心的会计人员很容易因为一个数字的错误书写导致支票的浪费，所以说书写是否规范，直接影响到收付款业务工作的质量，掌握必要的书写技巧十分重要。

书写阿拉伯数字时，应将数字与数位结合在一起书写，书写的顺序应由高位到低位，从左至右依次写出数字；数字书写通常采用三位分节制，这样写能够容易辨认数字的数位，也有利于数字的书写、阅读和计算。四位和四位以上部分采用国际通用的“三位分节制”，也就是从个位起，向左每三位数作一节，节与节之间用分节号“，”分开，也可用空位分开。

例如数字：1，500，000.00　这是用分节号表示；

15 000 000.00　这是用空位表示。

人民币符号用“¥”表示，要注意的是小写金额前填写了“¥”以后，金额数字就不用再写人民币单位“元”了。

例如，¥5 000.00 是正确的写法。

¥5 000.00 元 是错误的写法。

所有以“元”为单位的阿拉伯数字，除表示单价的情况外，按规定一律写到角、分；如果角、分为“0”的，角、分位可写“00”，也可用符号“—”代替；有角无分的，分位应当写“0”，不得用符号“—”代替。

例如数字：17 000 000.00　可写成17 000 000.—。

1 780.70 为正确的写法，不可用“—”

汉字大写数字金额应写：零、壹、贰、叁、肆、伍、陆、柒、捌、玖、拾、佰、仟、万、亿。书写时一律使用正楷或者行书，不得用简化字代替，也不得任意造简化字。大写金额数字到元或者角为止的，应在“元”或者“角”字之后写“整”字。大写数字有分的，“分”字后面则不写“整”字。这里要注意，大写金额数字前如未印有“人民币”等货币名称的，应当写“人民币”，名称与金额数字之间不得留有空白。阿拉伯数字中间有“0”的，汉字大写金额要写“零”字，连续有几个“0”时，汉字大写金额只写一个“零”。

例如数字：35 067 850.00 大写应写作：人民币叁仟伍佰零陆万柒仟捌佰伍拾元整

1.7　会计的工作流程

会计的工作流程主要指会计进行账务处理的过程，每个财务人员都应该了解此流程。会计账务处理程序有多种形式，各单位应采用何种账务处理程序，由各单位自主选用或设计。目前，我国各经济单位通常采用的主要账务处理程序有三种：一是记账凭证账务处理程序，二是汇总记账凭证账务处理程序，三是科目汇总表账务处理程序。本章主要对这三种账务处理程序进行了讲解。

1.7.1　记账凭证账务处理程序

记账凭证账务处理程序是指对发生的经济业务事项，都要根据原始凭证或汇总原始凭证编制记账凭证，然后直接根据记账凭证逐笔登记总分类账的一种账务处理程序。它是会计中最基本的一种账务处理程序，包括账务处理程序的一般内容，其他各种账务处理程序基本上是在这种账务处理基础上发展形成的。其特点是直接根据记账凭证逐笔登记总分类账。在这一程序中，记账凭证可以是通用记账凭证，也可以分别设收款凭证、付款凭证和转账凭证，需要设置的账目有现金日记账、银行存款日记账、明细分类账和总分类账。其一般程序如下：

（1）根据原始凭证编制汇总原始凭证；

（2）根据出纳传递的原始凭证或汇总原始凭证，编制记账凭证；

（3）根据收款凭证、付款凭证逐笔登记现金日记账和银行存款日记账；

（4）根据原始凭证、汇总原始凭证和记账凭证，登记各种明细分类账；

（5）根据记账凭证逐笔登记总分类账；

（6）期末，现金日记账、银行存款日记账和明细分类账的余额同有关总分类账的余额进行核对并相符；

（7）期末，根据总分类账和明细分类账的记录，编制财务报表。

记账凭证账务处理程序如图1-5所示。

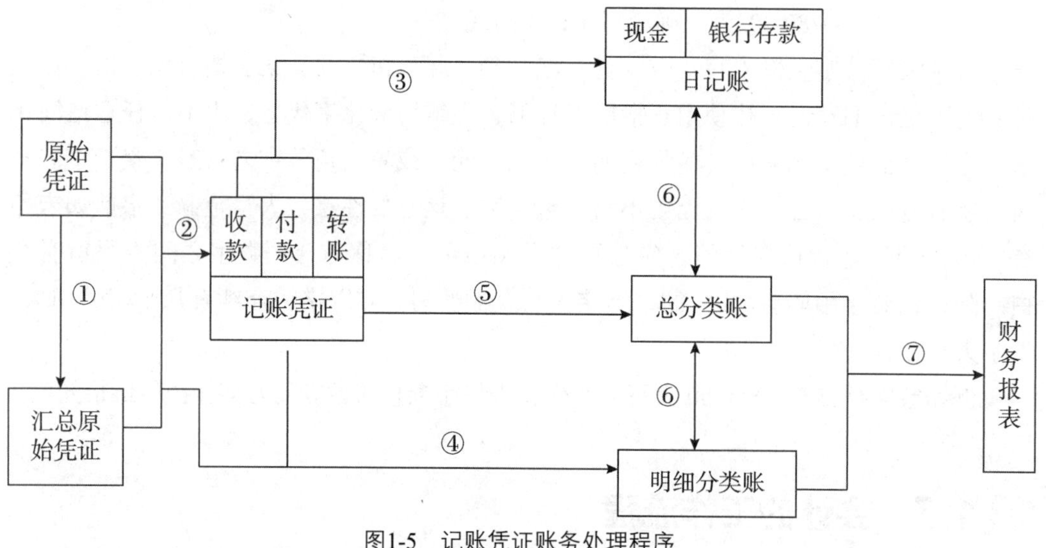

图1-5　记账凭证账务处理程序

提示

记账凭证账务处理程序相对来说比较简单，易于理解，总分类账可以比较详细地反映经济业务的发生情况，其缺点就是登记总分类账的工作量比较大。所以，它适用于规模较小、经济业务量相对较少的单位。

1.7.2　汇总记账凭证账务处理程序

汇总记账凭证账务处理程序是根据原始凭证或原始凭证汇总表编制记账凭证，定期根据记账凭证分类编制汇总收款凭证、汇总付款凭证和汇总转账凭证，再根据汇总记账凭证登记总分类账的一种账务处理程序。它的特点是先定期将记账凭证汇总编制成各种汇总记账凭证，然后根据各种汇总记账凭证登记总分类账。汇总记账凭证账务处理程序是在记账凭证账务处理程序基础上发展起来的，它与记账凭证账务处理程序的主要区别是在记账凭证和总分类账之间增加了汇总记账凭证。在这一程序中，除设置收款凭证、付款凭证和转账凭证外，还应设置汇总收款凭证、汇总付款凭证和汇总转账凭证。其一般程序是：

（1）根据原始凭证编制汇总原始凭证；

（2）根据原始凭证汇总原始凭证，编制记账凭证；

（3）根据收款凭证、付款凭证逐笔登记现金日记账和银行存款日记账；

（4）根据原始凭证、汇总原始凭证和记账凭证，登记各种明细分类账；

（5）根据各种记账凭证编制有关汇总记账凭证；

（6）根据各种汇总记账凭证登记总分类账；

（7）期末，现金日记账、银行存款日记账和明细分类账的余额同有关总分类账的余额核对相符；

（8）期末，根据总分类账和明细分类账的记录，编制财务报表。

汇总记账凭证账务处理程序如图1-6所示。

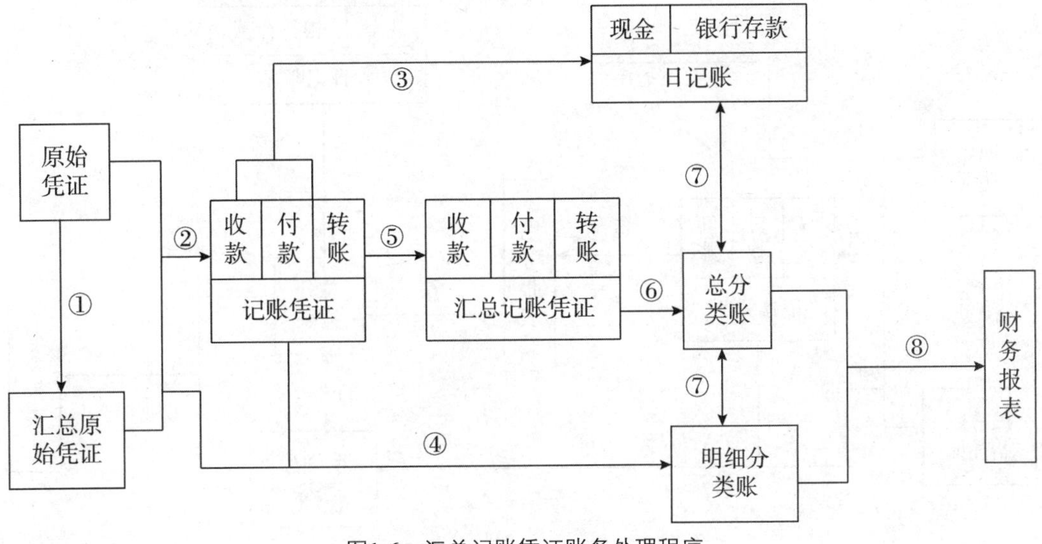

图1-6　汇总记账凭证账务处理程序

提示

汇总记账凭证账务处理程序相对于记账凭证账务处理程序减少了登记总分类账的工作量，按照账户对应关系汇总记账凭证，便于了解账户之间的对应关系。其缺点是，按每一科目编制汇总记账凭证，不利于会计核算的日常分工，并且当转账凭证较多时，编制汇总转账凭证的工作量较大。这一账务处理程序适用于规模较大、经济业务较多的单位。

1.7.3　科目汇总表账务处理程序

大部分科目汇总表账务处理程序又称为记账凭证汇总表账务处理程序，它是根据记账凭证定期编制科目汇总表，再根据科目汇总表登记总分类账的一种账务处理程序。要先定期把全部记账凭证按科目汇总编制科目汇总表，然后根据科目汇总表登记总分类账。一般企业都用这个程序进行会计核算，其一般程序是：

（1）根据原始凭证编制汇总原始凭证；

（2）根据原始凭证或汇总原始凭证编制记账凭证；

（3）根据收款凭证、付款凭证逐笔登记现金日记账和银行存款日记账；

（4）根据原始凭证、汇总原始凭证和记账凭证，登记各种明细分类账；

（5）根据各种记账凭证编制科目汇总表；

（6）根据科目汇总表登记总分类账；

（7）期末，现金日记账、银行存款日记账和明细分类账的余额同有关总分类账的余额核对相符；

（8）期末，根据总分类账和明细分类账的记录，编制财务报表。

科目汇总表账务处理程序如图1-7所示。

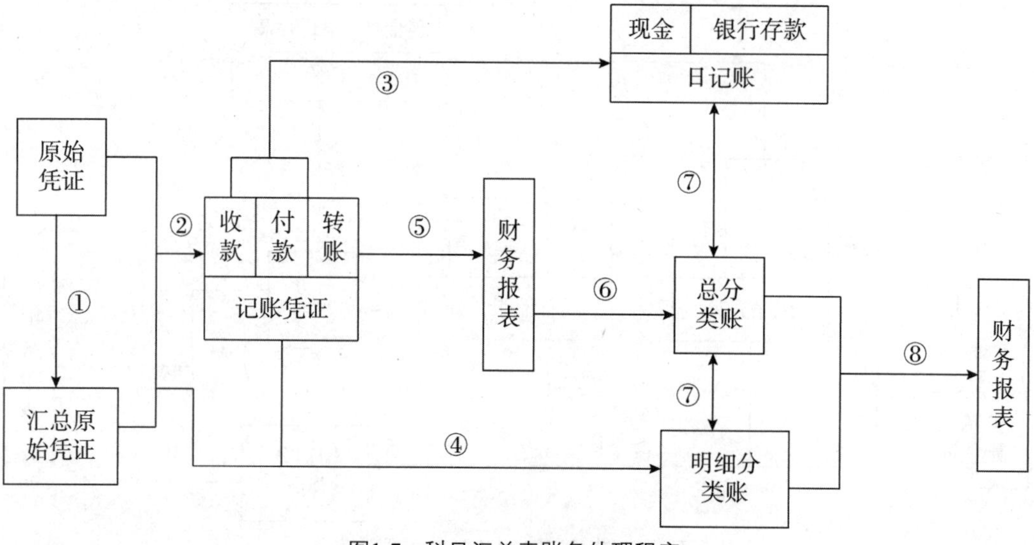

图1-7　科目汇总表账务处理程序

提示

科目汇总表账务处理程序减少了登记总分类账的工作量，并可以做到试算平衡，简明易懂，方便易学。其缺点是，科目汇总表不能反映账户对应关系，不便于查对账目，适用于经济业务较多的单位。

1.8　会计如何实现自我升值

中国有一句常用的谚语“活到老学到老”，它体现出一种“生命不息，学习不止”的进取精神。会计的学习就需要这种精神，会计是一个活到老学到老的职业，虽然入门简单，但其知识丰富。所以在会计行业中要不断提升自己的能力，实现自我升值。首先“硬件”的要求是必不可少的，比如通过职称考试、注册会计师考试，可以丰富专业知识技能，提高身价。“硬件”具备了，就要学以致用，把所学用到工作中。只有将理论知识运用到实际工作中，才能最大限度地实现自己价值的跨越。我们通过对入门知识的了解，觉得其实会计挺简单的。其实不然。会计入门比较简单，但是随着工作的开展，有了一定的基础和宝贵的经验，你就要思考如何提升会计工作的效率以及质量，一个合格的会计应该做到“心中有大账，手中有小账”。

第2章 从理论+案例理解会计

通过上一章的学习，我们知道了什么是会计、它是做什么的，并对会计工作有了基本认识。

我们已经基本了解会计行业的外在，本章主要从理论与案例相结合的角度来讲解会计的内在，主要内容有会计对象、会计要素、会计假设、会计科目及账户等。

2.1 会计对象

首先要了解会计对象的概念，会计对象是指会计核算和监督的内容，即会计工作的客体。由于会计以货币为主要计量单位，需要对特定会计主体的经济活动进行核算和监督，因而会计不能核算和监督社会再生产过程中的所有经济活动，只能核算和监督社会再生产过程中能够用货币表现的各项经济活动。即凡是特定主体能够以货币表现的经济活动都是会计核算和监督的内容，也就是会计的对象。会计的对象不是一成不变的，而是随着会计的发展而变化。

什么是会计对象我们已经有初步认识，会计对象的内容包括什么呢？会计对象是指特定对象中发生的能够以货币表现的经济活动，这种以货币表现的经济活动通常又称为价值运动或者资金运动，因此我们可以把会计对象的内容定义为企业生产经营过程中的资金运动。资金运动具体包括资金的投入、资金的循环与周转、资金的退出三个方面，如图2-1所示。

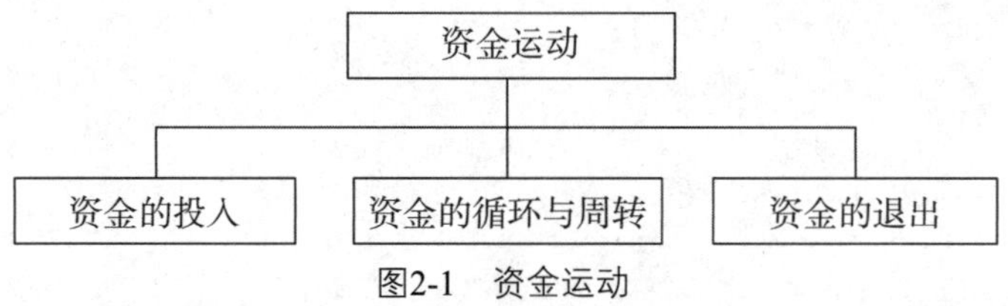

图2-1 资金运动

在不同的企业中，以工业企业最为突出。我们下面以工业企业为例，具体说明会计对象的基本内容。

资金的投入是资金运动的起点，比较容易理解，创立企业首先要做的就是投入资金，所以它是整个企业资金运动的起点。资金投入的形式有两种，分别为接受"所有者"投资和接受"债权人"投资两部分。所有者投入的资金，称为所有者权益；债权人投入的资金，称为负债。

资金投入企业以后，形成了企业的资产。随着资产的使用，资金在企业中按照原材料供应、产品生产、产品销售三个阶段依次进行循环和周转。其中，供应过程，也就是企业需要购进生产需要的各种物资，计算出采购物资的成本，同供应单位形成结算关系；在生产过程中，企业会产生生产产品的各种耗费，计算产品的生产成本，同企业的内部职工以及相关单位形成结算关系；在销售过程中，企业要销售生产的产品，需要计算销售收入、销售成本，以及销售时发生的费用，同购货单位形成结算关系。资金从开始投入时的货币形态又回到了货币形态，称为资金循环，如此不断循环的过程称为资金周转。资金循环和周转的结果是要使收回的货币资金大于投入的货币资金。通俗地说，就是要赚钱，得到利润。

收回的货币资金，在会计处理上，一部分留在企业，进行对成本和费用的补偿；另一部分需要退出企业，用来缴纳各种税金、偿还债务，以及向所有者分配利润。

提示

资金运动的这三个过程是一个统一体，其关系是相互依存的，会计是以这三个过程中的经济活动作为工作的具体对象。

2.2 会计要素

会计要素又称为会计对象要素，是指按照交易或事项的经济特征所做的基本分类，也是指对会计对象按经济性质所做的基本分类，是会计核算对象的具体化，用于反映会计主体财务状况和经营成果的基本单位。我国《企业会计准则》将会计要素界定为六个，即资产、负债、所有者权益、收入、费用和利润。

提示

在这六个会计要素中，资产、负债和所有者权益是反映企业财务状况的三要素，是资金运动中的静态表现；收入、费用和利润是反映企业经营成果的三要素，是资金运动中的动态表现，如图2-2和图2-3所示。

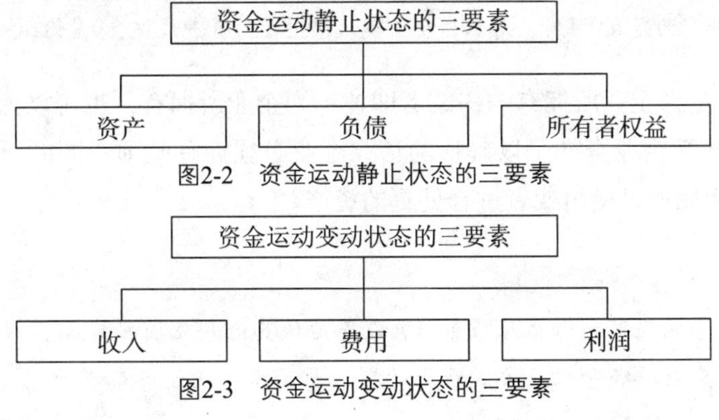

图2-2 资金运动静止状态的三要素

图2-3 资金运动变动状态的三要素

企业的资金主要表现为两个方面，一个是资金的占用，另一个是资金的来源。其中，资金占用的具体表现形式是企业的资产。资金的来源有两种形式，一种是企业的所有者投入资金，另一种是企业的债权人投入的资金。其中，债权人对所投入资产的求偿权称为债权人权益，可以理解为投资必然有求回报的权利，表现为企业的负债；企业的所有者对净资产（就是资产与负债的差额）的所有权称为所有者权益。一方面，由此分离出表现为资金运动静止状态的三个会计要素，资产、负债及所有者权益三项；另一方面，企业的各项资产经过一定时期的运营会发生一定的耗费，继而会生产特定的种类和数量的产品，产品销售之后会获得货币收入，收入和支出相抵后，确认出当期的损益，由此分离出表现为资金运动变动状态的三个会计要素，收入、费用及利润三项。

2.2.1 资产

资产是指企业过去交易或事项形成的、由企业拥有或控制的、预期会给企业带来经济利益的资源，是任何企业或个人拥有的各种具有商业或交换价值的东西。它是企业、自然人、国家拥有或者控制的能以货币计量收支的经济资源，包括各种收入、债权和其他，与负债、所有者权益共同构成的会计等式，成为财务会计的基础。具体来讲，企业开展生产经营活动必须具备一定的物质资源，例如货币资金、原材料、机器设备、厂房等，这些都是企业得以开展生产经营必要的物质基础，它们都属于企业的资产。此外，像专利权、商标权等不具有事物形态，却是有助于生产经营活动进行的无形资产，以及企业对其他单位的投资等，也属于资产。按照这个定义，总结出来，资产有以下三个特征。

（1）资产是由过去的交易事项而形成的。也就是说，资产是过去已经发生了的交易或者事项所产生的结果，所以说资产必然是现实的资产，不能是预期的资产。如果是未来的交易或者事项而可能产生的结果，就不能确认为资产。

例2-1

企业预计购买一台大型机床设备，7月份与售货方签订了购买协议，但是实际付款、发货、收货的交易行为是在9月份，那么，企业确认该设备为资产应该在9月份，而不是7月份。

（2）资产是为企业所拥有的，或者即使不为企业所拥有，也可以为企业所控制。一项资源如果作为企业资产予以确认的话，企业必须拥有此项资源的所有权，完全可以按照企业的意愿加以使用或者进行处置的资产。

例2-2

某企业的车间里有两台机床设备，A设备是从其他企业因融资而租入的设备，B设备则是从其他企业以经营租入方式获得的，目前两台机床设备都在使用。那么，A、B机床设备是否都为该企业的资产？

这里需要注意区别的是因经营租入，还是融资租入的。企业对于因融资租入的A设备虽然没有所有权，但享有与所有权相关的风险和报酬的权利，即拥有实际控制权，因此A设备属于企业的资产；对于企业经营租入的B设备，既没有所有权也没有控制权，因此B设备不可确认为企业的资产。

（3）资产能够直接或间接地使相关的经济利益流入企业。所谓经济利益很容易理解，就是指直接或间接流入企业的现金或者现金等价物。所有资产都应该能为企业带来相关的经济利益，例如企业通过出售库存商品等直接获得经济利益，也可以通过对外投资以获得股利的方式间接获得经济利益。按照这一特征，那些已经没有经济价值、不能为企业带来经济利益的项目，不能继续确认为企业的资产。

例2-3

科达企业有两台设备，其中A设备型号较老，自B设备投入使用后，就一直没有使用A设备；在生产中B设备完全替代了A设备，承担了整个生产过程的全部生产任务。那么A、B设备是否都可确认为企业的固定资产？

A设备不应该继续确认为该企业的固定资产。该企业原有的A设备已经长期闲置，它已不能给企业带来相应的经济利益，所以不能确认为企业的资产；B设备正在使用，会有相应的经济利益流入企业，所以可以确认为企业的资产。

资产的定义是会计核算中用来确认资产的基本依据。哪些可以确认为资产、哪些不能确认为资产，都应根据定义进行辨认。确认为资产的，可以按照资产进行计量、记录和报告。

资产包含的内容很广，需要对其进行分类，具体如何分类呢？

企业的资产一般按其流动性，也就是按照资产变现或耗用的能力进行分类，分为流动资产和非流动资产。

（1）流动资产。流动资产，顾名思义具有流动性，具体来说，凡是可以在一年内或者超过一年的一个营业周期内变现、出售或耗用。它包括下列项目。

- 现金：就是指企业的库存现金。
- 银行存款：就是指企业银行和其他金融机构中的各种存款。
- 短期投资：指能够随时变现、持有时间不准备超过一年（含一年）的投资，例如交易性金融资产。
- 应收及预付款：包括应收账款、应收票据、预付账款等。
- 存货：指企业为了生产、耗用进行储备的物资，例如原材料、包装用品、低值易耗品等，正在生产过程中的在产品以及已经生产完工但是尚未进行销售的产成品等。

（2）非流动资产。它是指流动资产以外的资产，主要包括长期投资、固定资产、在建工程、工程物资、无形资产等。

- 长期投资。长期投资是指一段时间内不准备变现、持有时间在一年以上的股票、债券和超过一年的其他类型投资，例如债权投资、其他债权投资、长期股权投资等。
- 固定资产。固定资产是指持有期限较长，一般是一年以上，单位价值比较高，在其使用过程中，保持其原来的实物形态的资产，主要有房屋、建筑物、机械设备、运输设备等。
- 无形资产。无形资产是指能够长期使用、不具有实物形态、能够给企业带来超额利润的资产，主要包括专利权、商标权、土地使用权、非专利技术、著作权等。
- 其他资产。如长期待摊费用、银行冻结存款、诉讼中的财产等，也属于资产的范畴。

2.2.2 负债

负债是指企业过去交易或事项形成、预期会导致经济利益流出企业的现时义务，负债是企业承担、以货币计量的在将来需要以资产或劳务偿还的债务，代表着企业偿债责任和债权人对资产的求索权。按照这个定义，归纳负债有以下几个特征。

（1）负债的本质是一种现时的经济义务。它是由于过去已经发生的经济交易、事项所形成的，是现实存在并且必须在未来某一时期进行偿还的经济义务。

（2）负债意味着债权人对债务人的资产具有索取权，也就是债务到期必须偿还，一般是不能无条件取消的，除非债权人主动要求放弃其索取偿还的权利。

（3）负债必须有能够用货币确切计量的金额。这个金额可以是确定的，也可以是预计的金额，但需合理地判断，最大限度接近实际。这个金额是到期偿还负债的依据。

（4）负债的偿还方式可以是资产偿还，也可以以提供劳务的方式偿还，或者两者可以兼而有之。

例2-4

企业会计人员收到对方单位提前开具的发票，预计下月支付该项货款，会计人员将此笔业务于本月进行入账，确认为本月的负债。这种做法对吗？为什么？

这种做法是正确的，因为负债可以是预计的金额，对方单位已经开具了发票，就说明其金额是可以确定的，可以作为到期付款的依据。因此，此笔作为应付账款入账，作为企业的一笔负债进行确认。

负债按其流动性分为两类：流动负债和非流动负债。

（1）流动负债。流动负债是指应该在一年内或者超过一年的一个营业周期内偿还的债务，包括短期借款、应付账款、应付票据、应付职工薪酬、预收账款、其他应付款等。

（2）非流动负债。非流动负债是指应该在一年以上需要偿还的债务，包括长期借款、应付债券、长期应付款等。

2.2.3 所有者权益

所有者权益是指企业所有者对企业净资产的要求权。所谓净资产，在数量上等于企业全部资产减去全部负债后的余额，可以通过对会计恒等式的变形表示，即：

资产-负债=所有者权益。

按照这个定义，归纳出所有者权益具有以下特征。

（1）所有者投入资金形成的资产可供企业长期使用，出资额在企业依法登记后不得随意抽回。

（2）所有者投入资金形成的资产是企业清偿其债务的保证。

（3）所有者按照其出资额享有获取企业利润的权益，与此同时也以其出资额承担企业相应的经营风险。

例2-5

宏发房地产开发公司收到股东企业投入资金800万元，在工商部门进行依法登记后，其资金欲暂时用于其他。这种做法可以吗?

这种做法不可以。按照相关规定，其资金一旦投入企业，不可以挪作他用，不得随意抽回。

所有者权益主要由以下几个项目构成。

（1）实收资本。实收资本指企业收到投资人实际投入的资本金。

（2）资本公积金。资本公积金指投资人投入或者企业由其他来源取得的、最终归投资人享有，属于公积金性质的资本金，主要包括资本溢价、接受捐赠的资产等。

（3）盈余公积金。盈余公积金指企业从税后利润中提取的公积金，主要包括法定盈余公积金、法定公益金和任意盈余公积金等。盈余公积金主要用来弥补企业以后年度发生的亏损，也可以用于转增注册资本金。

（4）其他综合收益。其他综合收益指企业根据会计准则规定未在当期损益中确认的各项利得和损失。例如，自用房地产转换为投资性房地产以公允价值模式计量时，公允价值大于账面价值的，按差额计入该科目。

（5）未分配利润。未分配利润指企业的税后利润按照规定分配之后的剩余部分。这部分没有分配的利润留存在企业，可以在以后年度进行分配。

提示

所有者权益分类，不仅可以准确反映所有者权益总额，还可以清晰反映所有者权益的构成，有助于保障企业投资人的权益，为企业投资人作出投资决策以及利润分配提供有用信息。

2.2.4 收入

收入是企业在销售商品、提供劳务及他人使用本企业资产等日常活动中形成的会导致所有者权益增加的，与所有者投入资本无关的经济利益的总流入，主要包括主营业务收入和其他业务收入，不包括为第三方或客户代收的款项。按照定义，收入的特征可以归纳如下。

（1）产生收入的事项是已经发生的或已经成为事实的。比如，销售商品的收入，必须是企业已经将商品的控制权转移给购货方，企业没有继续管理权，也没有对已售出商品的相应控制权；同时与交易相关的经济利益已经流入企业。

（2）相关收入和成本能够可靠计量。

（3）收入不仅表现为现金的直接流入，有时也产生负债的偿还。比如，企业可以向贷款人提供商品或劳务，偿还所欠款项，在了结债务的同时产生收入。

例2-6

恒星机械公司，2023年出租大型机械设备，取得收入50万元；另外，2023年底出售了一批不需要的材料，收到款项5万元；出售了一台不需要的机器设备，收到款项10万元，这三笔收到的款项是否都可以确认为企业的收入？

解析：按照规定，出租固定资产事实上属于让渡资产使用权，出售不需要材料的收入也属于企业日常活动中的收入，因此出租设备取得的收入50万元和出售材料收到的收入5万元，应该确认为企业的收入，具体应属于其他业务收入；出售固定资产并非企业的日常活动，这种偶然发生的收入则不应该确认为收入，因此出售不需要的机器取得的收入10万元，不能确认收入，应该作为营业外收入确认。

收入包括以下两项。

（1）主营业务收入，是指销售商品、提供劳务以及让渡资产使用权等企业正常经营活动取得的收入。

（2）其他业务收入，是指除了主营业务收入以外的其他销售或者其他业务的收入，例如原材料销售、出租包装物等收入。

2.2.5 费用

费用是指企业在日常活动中形成的，会导致所有者权益增加，与所有者分配利润无关的经济利益的总流出，表现为一定会计期间会计主体经济利益的减少，是损益表要素之一。它是指企业为销售商品、提供劳务等日常活动所发生的经济利益的流出，包括计入生产经营成本的费用和计入当期损益的期间费用。生产经营成本由直接材料、直接人工以及制造费用这三个成本项目组成，期间费用由管理费用、财务费用以及销售费用三项组成。费用的特征归纳如下。

（1）费用必须是已经发生或已经成为事实的日常经营活动导致的经济利益流出，以及为生产产品和提供劳务而发生的耗费。

（2）要明确划分成本和期间费用。成本应该作为生产产品的成本或者提供的劳务的成本，期间费用直接计入当期损益。

（3）费用除了已经发生的资产消耗以外，有时也表现为负债的增加。

费用包括以下项目。

（1）直接费用，是指企业进行工业性生产和对外提供劳务，直接对产品和劳务产生的费用进行归集，包括直接材料、直接人工等生产费用。

（2）间接费用，是指企业为生产产品和提供劳务而发生的、需要通过分摊计入产品成本或劳务成本的费用，通常称为制造费用。

期间费用包括以下各项。

（1）销售费用，是指企业销售商品过程中发生的费用。

（2）管理费用，是指企业为组织和管理生产经营发生的费用。

（3）财务费用，是指企业为筹集所需要资金等发生的费用。

例2-7

还是以恒星机械公司为例，企业在年末处置一批废旧机械设备时发生的净损失，是否可以确认为企业的费用?

解析：按照有关规定，处置固定资产发生的损失，虽然会使所有者权益减少和经济利益的流出，但是不属于企业的日常活动，因此恒星公司处置机械设备发生的费用不能确认为企业的费用，应该确认为营业外支出。

2.2.6 利润

利润是企业在一定期间内全部收入抵减全部支出后的余额，是生产经营活动的最终成果。企业的利润通常由以下几个项目构成。

（1）营业利润，是指营业收入减去营业成本、税金及附加，减去期间费用（包括销售费用、管理费用、财务费用）等，再加上公允价值变动收益、投资收益、其他收益等的金额。

（2）利润总额，是指营业利润加上营业外收入，减去营业外支出的金额。

（3）净利润，是指利润总额减去所得税费用后的金额，又称为税后利润。税后利润需要进行分配，按一定比例提取盈余公积金，然后进行利润分配，分配后如有剩余则为未分配利润。

提示

企业当期确认的投资收益或投资损失，以及处置固定资产等发生的利得或损失，均属于直接计入当期利润的利得和损失。

2.3 会计假设

会计假设，亦称会计的前提，是指在特定经济环境中，根据以往的会计实践和理论，对会计领域中尚未肯定的事项作出的合乎情理的假说或设想。会计假设不是一成不变的，由于它们本身是会计人员在有限的事实和观察基础上作出的判断，随着经济环境的变化，会计假设需要不断修正。一般认为，会计核算的基本假设包括会计主体、持续经营、会计分期和货币计量四项，如图2-4所示。

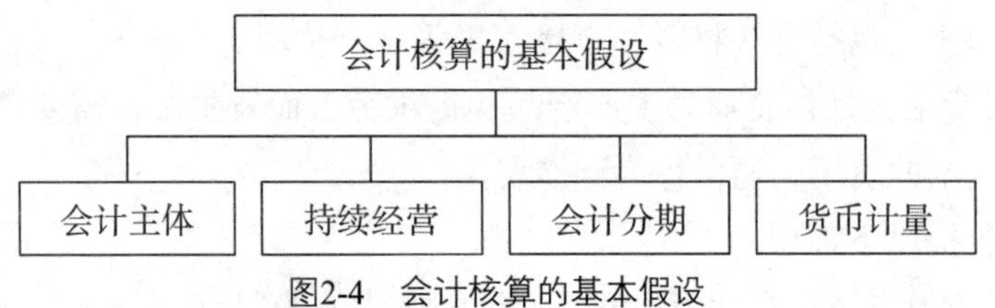

图2-4　会计核算的基本假设

1. 会计主体

会计主体又称为会计实体，是指会计核算和会计监督的特定单位和组织。一般来说，凡是拥有独立资金、独立经营、独立核算收支并进行编制会计报表的单位就构成一个会计主体。

提示

会计主体与法人并非对等的概念，法人可作为会计主体，但会计主体不一定是法人。

2. 持续经营

持续经营是指会计主体的经营活动在可预见的未来将延续下去。即在可预见的未来，该会计主体不会破产清算，所持有的资产将正常运营，所有负债将正常偿还。企业会计核算必须以持续经营为基础，为前提。

3. 会计分期

根据持续经营的基本假设，企业的生产经营活动将连续不断地进行，应当合理划分会计期间，也就是进行会计分期，将一个会计主体的经营活动划分为若干个连续的长短相等的期间。会计分期假设解决了会计核算过程中从何时开始到何时为止的问题，也规定出了会计的报告期。在我国，根据《企业会计制度》的规定，会计期间分为年度、半年度、季度和月度。年度、半年度、季度和月度均按公历日期确定。

4. 货币计量

货币计量是指在会计核算过程中，采用货币作为计量单位，计量、记录和报告会计主体的经营情况。根据《企业会计制度》的规定，企业的会计核算以人民币为记账本位币。业务收支以人民币以外的货币为主的单位，可以选定某一种货币作为记账本位币，但是编制的财务会计报告应当折算为人民币。

例2-8

博大公司因为资金问题而发生经营困难，面临倒闭，是否具备会计核算的条件？

即将倒闭的公司，说明其不具备持续经营的会计假设，因此不具备会计核算的基本条件。

又例如，同福商行没有设置会计部门，是否具有会计核算的条件？

没有设置会计部门，也就没有会计主体，因此不具备会计核算的基本条件。

提示

以上会计核算的四种基本假设相互依存、相互补充。会计主体确定了会计核算的空间范围，持续经营和会计分期确定了会计核算的时间长度，货币计量提供了必要手段。所以说，如果没有会计主体，就没有持续经营；没有持续经营，谈不上会计分期；没有货币记录，也就没有现代会计。

2.4 会计信息质量要求及会计核算方法

会计信息质量要求是对企业财务报告中所提供会计信息质量的基本要求，是使财务报告中提供的会计信息对投资者等信息使用者决策有用应具备的基本特征，主要包括可靠性、可比性、相关性、重要性、清晰性、实质重于形式、谨慎性和及时性等，如图2-5所示。

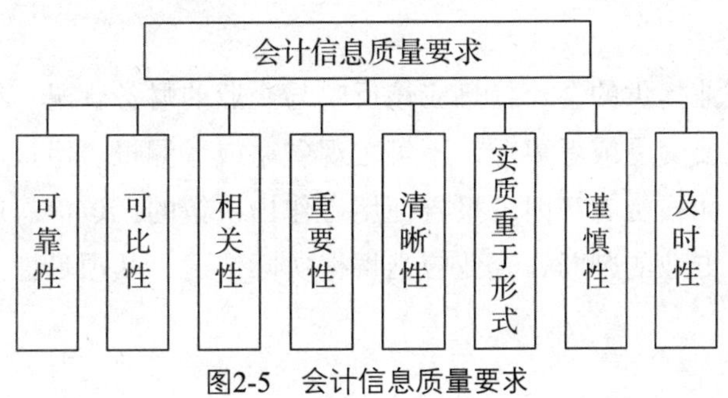

图2-5 会计信息质量要求

2.4.1 会计信息质量要求

会计信息质量的基本要求在会计工作中有比较重要的作用，要熟练掌握。

1. 可靠性

可靠性的要求，比较容易理解，是说企业必须以实际发生的交易或者事项作为依据，进行确认、计量和报告，必须如实反映各项会计要素以及其他相关信息，保证会计信息真实、可靠而且内容完整。

> **提示**

会计信息要有用，必须以可靠为基础，如果财务报告提供的会计信息不可靠，会给投资者等的决策产生错误引导，甚至发生巨大损失。企业应当做到，以实际发生的交易或者事项为依据进行确认、计量，不得对虚构、没有发生的或者尚未发生的交易及事项进行确认、计量和报告。

2. 可比性

可比性要求企业提供的会计信息应当相互可比，同一企业不同时期具有可比性，主要是比较企业在不同时期的财务报告信息，然后对过去的经营状况作出全面、客观的评价，进行预测，从而作出正确的决策。不同的企业相同会计期间可比，主要是为了方便投资者等可以评价、比较不同企业的财务状况、经营成果和现金流量及其变动情况等相关的会计信息，从而最终为自己的企业服务。

3. 相关性

相关性要求企业提供的会计信息应当与投资者或者决策者以及财务报告使用者的经营决策需要相关。会计信息对于企业是否有用、是否具有参考价值，关键看它是否与使用者的决策需要相关、是否有助于决策或者提高决策质量。

> **提示**

会计信息质量的相关性要求，是在企业确认、计量和报告会计信息的过程中，充分考虑使用者的决策模式以及信息的需要，以满足投资者等财务报告使用者的决策需要。

4. 重要性

重要性要求企业提供的会计信息应该反映与企业的财务状况、经营成果以及现金流量相关的所有重要交易或者事项，不可主观省略或者漏报、错报。如果会计省略或者错报的信息会影响投资者等财务报告使用者作出决策的，该信息就具有重要性。重要性的体现需要有专业的判断，企业应当根据实际情况，从项目性质和所涉及金额多少两方面加以判断。

5. 清晰性

清晰性也就是可理解性，是要求企业提供的会计信息应当清晰明了，方便投资者等财务报告使用者理解和应用。

> **提示**

企业编制财务报告、提供会计信息的目的在于使用，让使用者更有效使用会计信息是其清晰性的基本要求。具体来说，是应当能让其了解会计信息反映的内容，只有这样，才能提高会计信息的有用性，达到提供会计信息的目的。

6. 实质重于形式

实质重于形式要求企业应当按照交易或者事项的经济实质进行会计的确认、计量和报告，不仅以交易或者事项的法律形式作为依据。

提示

企业发生的交易或事项在一般情况下，经济实质和法律形式是一致的。在有些情况下，也会出现不一致。例如，企业按照销售合同销售一批商品，同时又签订了售后回购协议，虽然从法律形式上实现了收入，但是按照上述介绍的关于收入的确认，企业还没有将商品的控制权转移给购货方，所以不满足收入确认的条件，即使签订了商品销售合同或者已将商品交付给购货方，也不应该确认销售收入。

7. 谨慎性

谨慎性要求企业对交易或者事项进行会计确认、计量和报告时，应当保持谨慎，不高估资产或者收益，也不低估负债或者费用。

提示

因为企业在生产经营过程中面临许多不确定性以及风险，如应收款项的收回、固定资产的使用寿命、售出商品可能发生的退货或者返修等。谨慎性要求的具体做法是，企业对可能发生的资产减值损失计提相应的资产减值准备、对售出商品可能发生的保修义务等先确认为预计负债等，这些都体现了会计信息质量的谨慎性要求。

8. 及时性

及时性要求企业对于已经发生的交易或者事项，应当及时进行确认、计量和报告，不得随意提前和延后。

会计信息的价值是帮助企业决策者或财务报告使用者作出经济决策，具有时效性。即便可靠、相关的会计信息，如果不及时提供，就失去了其时效性，对于使用者来说，就失去了意义。其及时性主要包括：

- 要求及时收集整理各种原始单据或者凭证；
- 要求及时处理会计信息，按照会计准则的规定，及时对经济交易或者事项进行确认、计量，编制财务报告；
- 要求及时传递会计信息，按照国家规定的有关期限，及时将编制的财务报告传递给财务报告使用者，便于其及时使用和进行决策。

2.4.2　会计核算方法

会计核算方法是会计方法中最基本的方法。本小节介绍会计核算方法，主要包括设置会计科目和账户、填制和审核会计凭证、复式记账、登记会计账簿、成本计算、财产清查和编制财务会计报告等几种方法。会计核算方法构成会计循环过程，如图2-6所示。

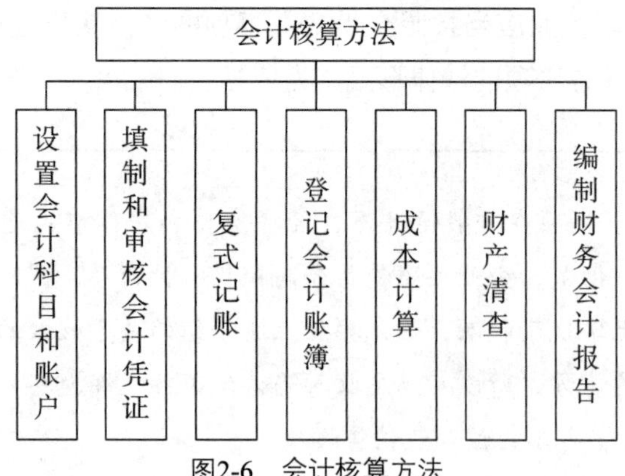

图2-6 会计核算方法

1. 设置会计科目和账户

会计科目和账户是对会计要素的分类，也是登记经济业务必需的工具。有了会计科目和账户，可以有序地将各项经济业务数据记入各个账户，从而分门别类地提供各种有用数据和信息，供决策者使用。所以，设置会计科目和账户是会计核算的重要步骤。

2. 填制和审核会计凭证

会计凭证是记录经济业务的书面证明，是登记账簿的依据。任何一项经济业务都必须按照实际发生和完成的情况填制会计凭证，并经过会计人员的审核，确认无误后，才能登记会计账簿。严格执行会计凭证制度是会计核算的一个重要特点，也是会计特有的一种方法。

3. 复式记账

复式记账是现代会计采用的一种记账方法，已经有几百年的历史。它是指任何一项经济业务都要在两个或两个以上账户中进行登记。采用复式记账方法，能够全面、完整、相互联系地反映经济业务，也便于检查账簿记录是否正确，是一种比较科学的记账方法。

4. 登记会计账簿

登记会计账簿也就是我们所说的记账。会计账簿由专门格式的账页所组成，用来开设账户，以连续、系统地记录各项经济业务的簿籍，可以为编制会计报表提供需要的数据资料。登记会计账簿必须以会计凭证为依据，还要定期核对账目和结账，使账簿记录与实际情况保持一致，保障账簿记录的真实性和完整性。

5. 成本计算

成本计算是指产品加工过程中对产品的成本进行计算。它要求会计核算中按照一定的对象归集费用，并计算和确定该对象的总成本和单位成本，因而成本计算有一整套归集和分配费用、计算和确定总成本及单位成本的方法。

6. 财产清查

财产清查包括盘点实物和核对账目，在对各项财产物资和资金的实有数额进行盘点后，与账面数额进行核对，以确定账实是否相符；如有不符，则必须对账簿记录进行调整。所以，财产清查是会计核算过程中不可缺少的一个环节，包括财产清查方法、核对账目方法和调整账簿记录的方法。

7. 编制财务会计报告

财务会计报告是指以账簿记录为依据，采用表格和文字形式，将会计数据提供给信息使用者的书面报告。

2.5 复式记账法及借贷平衡

记账是把一个企事业单位发生的所有经济业务运用一定的记账方法在账簿上记录。按照登记经济业务方式的不同，记账方法可分为单式记账法和复式记账法。复式记账法又因其构成要素不同分为借贷记账法、增减记账法和收付记账法。本章主要讲述怎样运用这几种记账方法来记账。

2.5.1 单式记账法

单式记账法是指对于部分经济业务只在一个账户中进行记录，是一种不完整的记账方法。它的主要特点是，平时只登记现金、银行存款的收付业务和各种往来业务账项，对于固定资产折旧、材料物资的耗用等经济业务，因不涉及现金或银行存款的收付，故不予登记。

例2-9

宏发房地产公司，2023年5月用现金10 000元购买办公设备，单式记账法如何登记？

解析：用现金购买办公设备，属于现金的减少，而固定资产的增加，用单式记账法记账，只是在现金账户中登记减少10 000元，不登记固定资产的增加10 000元。

在单式记账法后期，对原材料等实物的增加或减少也会做记录，但这种记录不与其相对应的现金和应收、应付等账户记录相联系。因此，在单式记账法下，账户的记录是不完整的，账户记录也没有相互平衡的概念，既难以获得全面、完整的信息，也不便于检查账户记录的正确性。单式记账法是一种比较简单但不够严密的记账方法。

2.5.2 复式记账法

复式记账法以资产与权益的平衡关系作为记账基础，对于每笔经济业务，都要以相等的金额在两个或两个以上相互关联的账户中进行登记，是系统反映资金运动变化结果的一种记账方法。

例2-10

还是以刚才的例子，同样是用现金购买固定资产，既要在现金账户登记现金的减少10 000元，又要在固定资产账户下登记固定资产的增加10 000元，这两笔账户记录是相互联系的，说明购买固定资产使用了现金，现金的减少是由于购买了固定资产；如果购买固定资产时没有付款，既要在固定资产账户中登记固定资产的增加，又要在应付账款账户中作应付账款的增加，这两笔账目记录是相互联系的，说明固定资产的价款还没有支付，在固定资产增加的同时，所欠的债务也增加了。

采用复式记账法，任何一笔经济业务至少要在两个账户中，以相等的金额、相互联系地记账；如果一笔经济业务涉及两个以上的账户，就要在两个以上的账户中相互联系地登记。

目前，世界各国普遍使用的复式记账法是借贷记账法。什么是借贷记账法，借贷平衡又是怎么回事？下面重点讲述相关内容。

借贷结账法就是以“借”“贷”二字作为记账符号的一种复式记账法。这里的“借”和“贷”已经失去其本来含义，是纯粹的记账符号，仅仅表示一笔经济业务入账时，应记入账户的哪个方向。即在借贷记账方法下，将每一个账户分为左右两方，左方称为“借”，右方称为“贷”，分别成为借方和贷方。记在左边的事项，称为“借项”；记在右边的事项，称为“贷项”。“借记”意味着在账户的左边登记账目，“贷记”意味着在账户的右边登记账目。由此可见，账户中的借方和贷方成为账户中登记经济业务数据的方位。

2.5.3 借贷记账法的记录方法

在借贷记账法下，账户的记录基本上可分为资产类（包括费用）和负债及所有者权益类（包括收入）两大类别。资产类账户的借方登记增加额，贷方登记减少额；负债及所有者权益类账户的贷方登记增加额，借方登记减少额。即：

- 属于资产要素的增加额记入借方，减少额记入贷方。
- 属于负债要素的增加额记入贷方，减少额记入借方。
- 属于所有者权益要素的增加额记入贷方，减少额记入借方。
- 属于收入要素的增加额记入贷方，减少额记入借方。
- 属于费用要素的增加额记入借方，减少额记入贷方。

这五种记录方法如图2-7所示。

借方　　　　账户名称　　　　贷方

借方	贷方
资产增加额	资产减少额
负债减少额	负债增加额
所有者权益减少额	所有者权益增加额
收入减少额	收入增加额
费用增加额	费用减少额

图2-7　借贷记账法

上列记录方法的依据是会计等式：

资产=负债+所有者权益

收入-费用=利润

由于资产在会计等式的左边，其增加额就在借方，减少额就在贷方。负债和所有者权益在会计等式的右边，他们的增加额就记在贷方，减少额就记在借方。按此种记录方法登记的结果，既保证了借方等于贷方，也保证了会计等式的平衡。这是借贷记账法记录方法的关键所在。因会计等式在整个会计学习中比较重要，下面详细介绍会计等式。

会计等式，是用来反映六个会计要素之间平衡关系的计算公式，是进行各种会计核算的基本依据。会计等式主要有两个。

1. 资产=负债+所有者权益

这个公式是最基本的会计等式。资产和权益实际上是企业拥有的资源不同的表现形式，也就是说，资产表现为企业存在的形式，权益则表现资源取得的渠道，资产来源于权益，因此资产和权益必然是相等的。

- 如果等式两边同时增加或减少，增加或减少的金额相等，变动后等式仍然保持平衡。

例2-11

耀辉公司收到股东追加的投资1 000 000元，存入银行。

此项经济业务的发生使银行存款增加了1 000 000元，也就是等式左边的资产增加了1 000 000元，与此同时，等式右边的所有者权益也增加了1 000 000元，这样，等式依然没有改变平衡关系。

例2-12

耀辉公司归还所欠立成公司的货款200 000元，以银行存款支付。

此项经济业务是银行存款减少了200 000元，也就是等式左边的资产减少了200 000元，与此同时，企业的应付账款也减少了200 000元，也就是负债减少了200 000元，也就是说等式两边同时减少了200 000元，等式仍然成立。

某项经济业务使等式的左边，也就是资产内部的项目发生变动，此增彼减，而且增减的金额相同，其资产总额不会发生变化，等式仍然成立；相反，如果是经济业务使等式的右边，也就是负债内部的项目发生变动，此增彼减，而且增减的金额相同，那么同样，其负债的总额也不会发生变化，等式仍然成立。

例2-13

耀辉公司购入一台机器设备，价款合计100 000元，以银行存款支付。

此项经济业务使等式的左边，也就是资产项目中银行存款减少了100 000元，资产中固定资产则增加了100 000元，也就是资产的内部发生了增减变动，但是资产的总额没有发生变化。

例2-14

耀辉公司向银行借款80 000元，用于归还所欠利华公司的货款。

此项经济业务使等式的右边，也就是负债项目中应付账款减少了80 000元，同时短期借款增加了80 000元，也就是负债的内部发生了增减变动，但是负债的总额没有发生变化。

提示

在实际工作中，可能有很多的经济业务会引起会计要素的变动，但是都不会破坏资产和权益的恒等关系。

2. 收入-费用=利润

这个会计等式比较容易理解，我们经营企业的目的就是盈利。企业取得收入，一定会产生相应的费用支出，将收到的钱减去支出的钱，就是企业的盈利。

提示

收入、费用和利润之间的这种等式关系，也是编制利润表的基础。

2.5.4　借贷记账法的账户结构

按照会计要素进行分类借贷记账法的账户结构主要包括：资产类账户的结构、负债类和所有者权益类账户的结构、收入类账户的结构及费用类账户的结构四大类。

1. 资产类账户的结构

资产的增加金额记入账户的借方，减少金额记入账户的贷方，账户若有余额，一般为借方余额，表示期末的资产余额。

期末余额的计算公式是：

借方期末余额=借方期初余额+借方本期增加额合计-贷方本期减少额合计

例2-15

新兴商贸公司，其现金的期初余额为2 000元，1月份现金收入500元，现金支出800元，那么1月份期末余额=2000+500-800=1 700元。

2. 负债类和所有者权益类账户的结构

负债类账户和所有者权益账户的记录方法相同，即负债和所有者权益的增加金额记入账户的贷方，减少金额记入账户的借方，账户若有余额，一般为贷方余额，表示期末负债余额和期末所有者权益余额。

期末余额的计算公式是：

贷方期末余额=贷方期初余额+贷方本期发生额-借方本期发生额

例2-16

新兴商贸公司，应付账款账户期初贷方余额为30 000元，1月份发生应付账款20 000元，归还应付账款10 000元，那么1月份应付账款期末贷方余额=30 000+20 000-10 000=40 000元。

3. 收入类账户的结构

收入类账户的基本结构是：收入的增加额记入账户的贷方，收入的减少额（或转出额）记入账户的借方，会计期末本期收入增加额减去本期收入减少额后的差额为转销额，转入“本年利润”账户，所以收入类账户一般没有期末余额。

4. 费用类账户的结构

费用类账户的基本结构是，借方登记费用的增加额，贷方登记费用的减少额或转出额，期末一般没有余额。

2.5.5 借贷记账法的记账规则以及会计分录

本节主要学习掌握借贷记账法的记账规则和借贷记账法的运用，这也是会计学及日常工作中非常重要的内容。通过经济业务举例，本节详细讲述了借贷记账法的记账规则和会计分录的编制，为今后的账务处理打下基础。

1. 记账规则

借贷记账法的记账规则是，“有借必有贷，借贷必相等”。这个记账规则是运用借贷记账法概括出来的，也可以用来核对和检查账户记录的正确性。根据这一规则的要求，对于发生的每项经济业务，在一个账户登记借方，必须同时在另一个或几个账户登记贷方；或者在一个账户登记贷方，必须同时在另一个或几个账户登记借方，记入借方的金额与记入贷方的金额必须相等。

2. 会计分录

为了更好地理解和掌握借贷记账法的记账规则，必须学习书写会计分录，即学习如何通过书写会计分录把发生的经济业务记录下来，这是会计学习中极为重要的环节。

首先了解会计分录的概念，会计分录是指对经济业务涉及的账户名称、金额和应借应贷方向进行的记录，简称分录。借贷记账法应用的第一步是根据经济业务发生或完成时取得的原始凭证编制会计分录，在实际工作中会计分录写在记账凭证中，作为记账的依据。一个完整的会计分录应包括：账户的名称，即会计科目；记账符号，即记账方向；应记账户的借方或贷方以及记账的金额。会计分录具体编制方法归纳如下：

- 根据经济业务的内容，确定经济业务涉及的账户及其性质；
- 分析涉及的资金是增加还是减少；
- 根据账户性质和资金的增减，确定应记入相关账户的借方还是贷方；
- 确定各账户应记的金额；
- 按照“先借后贷”的顺序编制会计分录。

提示

会计分录又包括简单分录和复合分录两种。简单分录是指只有一个借方和一个贷方的会计分录（简称“一借一贷”）；复合分录是指一个借方与几个贷方对应（简称“一借多贷”）或几个借方与一个贷方对应（简称“多借一贷”）的会计分录。复合分录可以分解为多个简单分录。在实际工作中需要注意的是，为了清楚地反映账户之间的对应关系，一般不要编制多借多贷的会计分录。

例2-17

简单分录：用现金购买办公用品500元。

借：管理费用　500

　　贷：库存现金　500

复合分录：餐饮公司购买酒水10 000元，购买高级酒具5 000元。以银行存款支付。

借：库存商品　10 000

　　固定资产——酒具　5 000

　　贷：银行存款　15 000

2.5.6　借贷试算平衡

试算平衡是指在某一时日（如会计期末），依据会计等式或复式记账原理，对本期各账户的全部记录进行汇总、测算，以检验本期会计处理的正确性的一种方法。通过试算平衡，可以检查会计记录的正确性，并可查明出现不正确会计记录的原因进行调整，从而为会计报表的编制提供准确资料。

在借贷记账法中，根据“有借必有贷，借贷必相等”的记账规则，会形成如下平衡关系。

（1）期初余额平衡：

期初借方余额合计=期初贷方余额合计

（2）本期发生额平衡：

本期借方发生额合计=本期贷方发生额合计

（3）期末余额平衡：

期末借方余额合计=期末贷方余额合计

在实际工作中，会计核算的试算平衡是通过编制试算平衡表完成的，如表2-1所示。

表2-1　试算平衡表

会计科目	期初余额		本期发生额		期末余额	
	借方	贷方	借方	贷方	借方	贷方
合计						

编制试算平衡表时，应注意以下问题。

（1）必须保证所有账户的发生额及余额均已记入试算平衡表，包括只有期初余额没有发生额的账户，以及没有期初余额但有本期发生额的账户。

（2）试算不平衡，肯定账户记录有错误，应认真查找。试算平衡了，也不能说明账户记录绝对正确，因为有些错误不会影响借贷双方的平衡关系。如：

- 漏记某项经济业务，借贷双方同时未登记。
- 重复登记某项经济业务，借贷双方同时记两次。
- 记错账户方向。
- 记错账户。
- 借贷错误巧合，正好相抵销。

2.6　会计科目及账户

会计科目是按照经济业务的内容和经济管理的要求，对会计要素的具体内容进行分类核算的科目。它的设置可以把各项会计要素的增减变化分门别类地归集起来，使之一目了然，以便为企业内部经营管理和向有关方面提供一系列具体分类核算指标。有了会计科目，可以根据其设置会计账户，在经济业务发生时按其内容加以分类，同时通过编制记账凭证并按照一定的方法记录到相应的会计账簿中，最终通过会计报表对外提供有关会计信息。

2.6.1　会计科目的分类

（1）会计科目按其归属的会计要素的不同，可划分为资产类科目、负债类科目、所有者权益类科目、成本类科目和损益类科目五大类。

- 资产类科目：如库存现金、银行存款、应收账款、预付账款、固定资产等。
- 负债类科目：如应付账款、应付职工薪酬、应付利息、短期借款、长期借款等。
- 所有者权益类科目：如实收资本、资本公积、盈余公积、本年利润等。
- 成本类科目：如制造费用、生产成本等。
- 损益类科目：是用来计算利润的科目，包括收入和费用两类。其中，收入类科目：如主营业务收入、其他业务收入等；费用类科目：如主营业务成本、销售费用、管理费用、财务费用等。

（2）按照提供核算指标的详细程度进行分类，可以分为总分类科目和明细分类科目。

- 总分类科目：也称为总账或一级科目，它是对会计要素的内容进行分类，提供总括性信息的会计科目，如“固定资产”“库存商品”等。总账科目一般按照财政部门制定的统一会计制度规定设置。
- 明细分类科目：也称为明细科目，它是对总分类科目进行明细分类，提供更详细更具体会计信息的科目，反映的经济内容或提供的指标比较详细具体，是对总分类科目的详细说明。对于明细科目较多的科目，可在总分类科目与明细分类科目之间设置二级或者多级科目。明细科目的设置，除国家统一规定外，各单位可根据本单位的具体情况和经济管理需要自行设定。如为了详细反映企业的“原材料”科目，可分为“甲材料”“乙材料”等二级会计科目。

提示

总分类科目概括反映会计对象的具体内容，明细分类科目详细反映会计对象的具体内容。总分类科目对明细分类科目具有统驭和控制作用，明细分类科目对总分类科目起补充和说明作用。

2.6.2 常用的会计科目

会计科目反映了会计要素的构成及其变化情况，是为投资者、债权人、企业经营管理者等提供会计信息的重要手段。以下是参照我国《企业会计制度》设置的部分企业会计科目，如表2-2所示。

表2-2 企业会计科目参照表

顺序号	编号	名称	顺序号	编号	名称
		一、资产类	36	2221	应交税费
1	1001	库存现金	37	2231	应付利息
2	1002	银行存款	38	2232	应付股利
3	1009	其他货币资金	39	2241	其他应付款

（续表）

顺序号	编号	名称	顺序号	编号	名称
4	1101	交易性金融资产	40	2245	待转资产价值
5	1165	合同资产	41	2501	长期借款
6	1166	合同资产减值准备	42	2502	应付债券
7	1121	应收票据	43	2701	长期应付款
8	1131	应收利息			三、所有者权益类
9	1122	应收账款	44	4001	实收资本
10	1231	其他应收款	45	4002	资本公积
11	1241	坏账准备	46	4003	其他综合收益
12	1402	在途物资	47	4101	盈余公积
13	1403	原材料	48	4103	本年利润
14	1231	低值易耗品	49	4104	利润分配
15	1405	库存商品			四、成本类
16	1406	发出商品	50	5001	生产成本
17	1407	商品进销差价	51	5101	制造费用
18	1408	委托加工物资	52	5301	研发支出
19	1471	存货跌价准备			五、损益类
20	1505	债权投资	53	6001	主营业务收入
21	1507	其他债权投资	54	6051	其他业务收入
22	1511	长期股权投资	55	6101	公允价值变动损益
23	1601	固定资产	56	6111	投资收益
24	1602	累计折旧	57	6115	资产处置损益
25	1603	固定资产减值准备	58	6117	其他收益
26	1606	固定资产清理	59	6301	营业外收入
27	1701	无形资产	60	6401	主营业务成本
28	1801	长期待摊费用	61	6402	其他业务成本
29	1901	待处理财产损益	62	6403	税金及附加
		二、负债类	63	6601	销售费用
30	2001	短期借款	64	6602	管理费用
31	2101	交易性金融负债	65	6603	账务费用
32	2201	应收票据	66	6711	营业外支出
33	2202	应付账款	67	6801	所得税费用
34	2203	预收账款			
35	2211	应付职工薪酬			

2.7 实战案例

为了掌握会计的各种记账方法及会计分录和账户设置，以便在工作中熟练运用，必须进行大量案例练习，下面举例进行相应的练习。

盛达公司是经营酒店管理的公司，其本月发生以下经济业务：

（1）从开户银行提取现金30 000元。

（2）购置固定资产空调等，价款合计20 000元，以银行存款支付。

（3）以现金支付管理人员工资6 000元。

（4）收回顾客上月欠款3 000元，其中，转账支票2张，共计2 000元，已存入银行；现金1 000元。

（5）支付广告宣传费用50 000元，以银行存款支付。

（6）购入库存商品一批，价款合计40 000元，其中以银行存款支付20 000元，欠供货商20 000元，下月支付。

（7）本月营业收入共计120 000元，已存入银行。

（8）结转本月的营业成本40 000元。

（9）以银行存款支付税金6 000元。

（10）结转本月的营业收入到本年利润账户。

（11）结转本月管理费用、营业费用。

1. 按照以上所有经济业务编制会计分录

① 借：库存现金　　30 000
　　贷：银行存款　　30 000

② 借：固定资产　20 000
　　贷：银行存款　20 000

③ 借：管理费用——工资　6 000
　　贷：应付职工薪酬　　6 000
　借：应付职工薪酬　6 000
　　贷：库存现金　　6 000

④ 借：银行存款　　2 000
　　库存现金　　1 000
　　贷：应收账款　　3 000

⑤ 借：销售费用　　50 000
　　贷：银行存款　　50 000

⑥ 借：库存商品　　40 000
　　贷：银行存款　　20 000
　　　应付账款　　20 000

⑦ 借：银行存款　　120 000
　　贷：主营业务收入　　120 000

⑧ 借：主营业务成本　40 000
　　贷：库存商品　　40 000

⑨ 借：税金及附加　6 000

　　贷：银行存款　6 000

⑩ 借：主营业务收入　120 000

　　贷：本年利润　120 000

⑪ 借：本年利润　102 000

　　贷：主营业务成本　40 000

　　　　销售费用　50 000

　　　　管理费用　6 000

　　　　税金及附加　6 000

2. 根据编制的会计分录进行登账

借方　库存现金　贷方

借方	贷方
期初余额 20 000	③ 6 000
① 30 000	
④ 1 000	
本期发生额 31 000	本期发生额 6 000
期末余额 45 000	

借方　银行存款　贷方

借方	贷方
期初余额 800 000	① 30 000
④ 2 000	② 20 000
⑦ 120 000	⑤ 50 000
	⑥ 20 000
	⑨ 6 000
本期发生额 122 000	本期发生额 126 000
期末余额 796 000	

借方　固定资产　贷方

借方	贷方
期初余额 150 000	
② 20 000	
本期发生额 20 000	
期末余额 170 000	

借方　管理费用　贷方

借方	贷方
③ 6 000	⑪ 6 000
本期发生额 6 000	本期发生额 6 000

借方　应收账款　贷方

借方	贷方
期初余额 12 000	④ 3 000
	本期发生额 3 000
期末余额 9 000	

借方　销售费用　贷方

借方	贷方
⑤ 50 000	⑪ 50 000
本期发生额 50 000	本期发生额 50 000

借方　应付职工薪酬　贷方

借方	贷方
③6 000	③6 000
本期发生额 6 000	本期发生额 6 000

借方　库存商品　贷方

借方	贷方
期初余额 90 000	⑧ 40 000
⑥ 40 000	
本期发生额 40 000	本期发生额 40 000
期末余额 90 000	

借方	主营业务收入 贷方
⑩ 120 000	⑦ 120 000
本期发生额 120 000	本期发生额 120 000

借方	应付账款 贷方
	期初余额 72 000 ⑥ 20 000
	本期发生额 20 000
	期末余额 92 000

借方	主营业务成本 贷方
⑧ 40 000	⑪ 40 000
本期发生额 40 000	本期发生额 40 000

借方	税金及附加 贷方
⑨ 6 000	⑪ 6 000
本期发生额 6 000	本期发生额 6 000

借方	本年利润 贷方
⑪ 102 000	⑩ 120 000
本期发生额 102 000	本期发生额 120 000
	期末余额 18 000

3. 根据以上账簿记录编制科目汇总表并做试算平衡

表2-3 本期发生额及余额试算平衡表

账户名称	期初余额		本期发生额		期末余额	
	借方	贷方	借方	贷方	借方	贷方
库存现金	20 000		31 000	6 000	45 000	
银行存款	800 000		122 000	126 000	796 000	
固定资产	150 000		20 000		170 000	
库存商品	90 000		40 000	40 000	90 000	
应收账款	12 000			3 000	9 000	
应付账款		72 000		20 000		92 000
主营业务收入			120 000	120 000		
主营业务成本			40 000	40 000		
税金及附加			6 000	6 000		
销售费用			50 000	50 000		
管理费用			6 000	6 000		
本年利润			102 000	120 000		18 000
实收资本		1 000 000				1 000 000
合计	1 072 000	1 072 000	537 000	537 000	1 110 000	1 110 000

第3章 手把手教你建账

会计工作离不开账，做好会计工作的第一步是要懂账。任何一名会计新手都是从对“账”的认识开始要从事的会计工作。随着社会经济不断发展和变化以及企业之间竞争的不断加剧，“账”在企业发展过程中的地位日益突出，账簿提供数据的准确、及时对企业战略、策略以及发展规划的制定至关重要。整个社会和企业单位的“账务”观念呈现新的认识，对“账务”知识和实务需求达到了前所未有的高度。为了满足这种需求，本章将手把手教你如何建账。

3.1 建账流程图示

新建单位和原有单位在年度开始时，会计人员均应根据核算工作需要设置应用账簿，即平常所说的“建账”。企业建账分为新成立的单位建账和原有单位的年初建账。

3.1.1 新成立企业建账流程

任何企业在成立初始都会面临建账问题。何为建账呢？它是根据企业具体行业要求和将来可能发生的会计业务情况，购置需要的账簿，然后根据企业日常发生的业务情况和会计处理程序登记账簿。新成立企业建账流程，如图3-1所示。

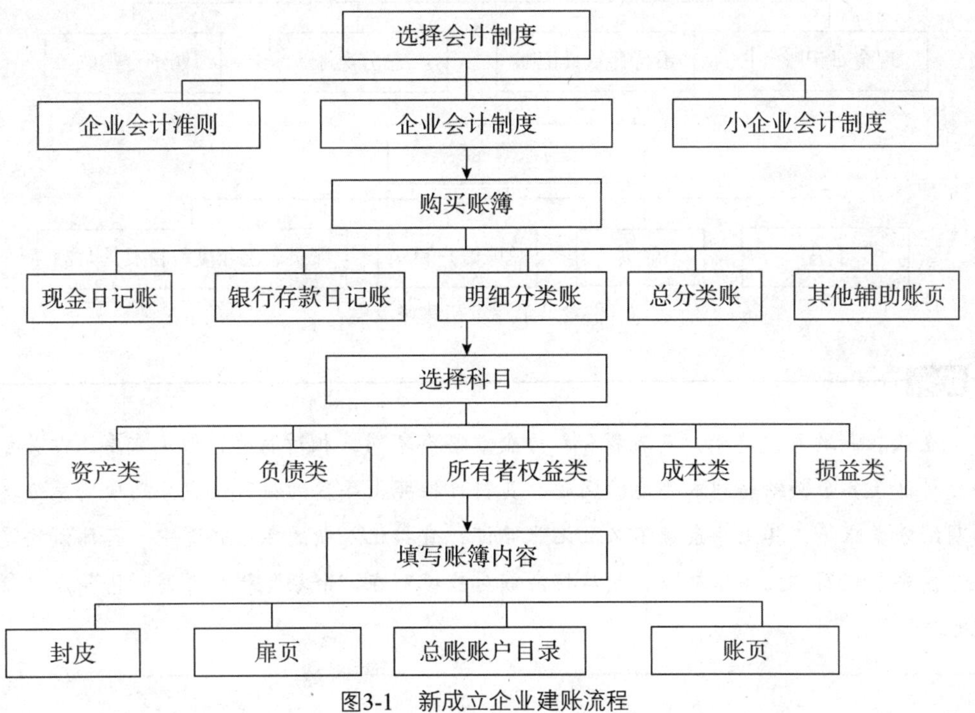

图3-1 新成立企业建账流程

提示

（1）根据企业规模，选择适合本单位的会计制度，一般企业执行《企业会计准则》。

（2）购买账簿，一般而言，企业需购买的账簿主要有：现金日记账、银行存款日记账、总分类账、明细分类账。另外，根据企业的业务需要，还可以设置辅助账簿、固定资产明细账等。

（3）选择会计科目，可以参考《企业会计准则》中应用指南的会计科目，结合企业从事的行业类型以及企业自身的管理需要，依次按照资产、负债、所有者权益、成本费用、损益等次序选择会计科目。

（4）填制账簿内容，首先需要填写封皮，按规定填写完整，然后填写扉页部分。扉页主要包括：企业名称、印鉴（企业公章）、经管人员盖章，如有因会计人员更换而进行工作交接的，详细填写交接记录，粘贴印花税票，并在贴印花税票处画双横线。总分类账需要填写总账账户目录，总分类账和明细分类账的账页上需要填写科目名称（或加盖科目名称章）。

3.1.2 企业第二年度开始，即年初建账

实际工作中，不是所有账簿都需要重新建立。哪些账簿需要重建或更换，哪些账簿不用重建可以继续使用，有一定规律。年初建账的具体流程，如图3-2所示。

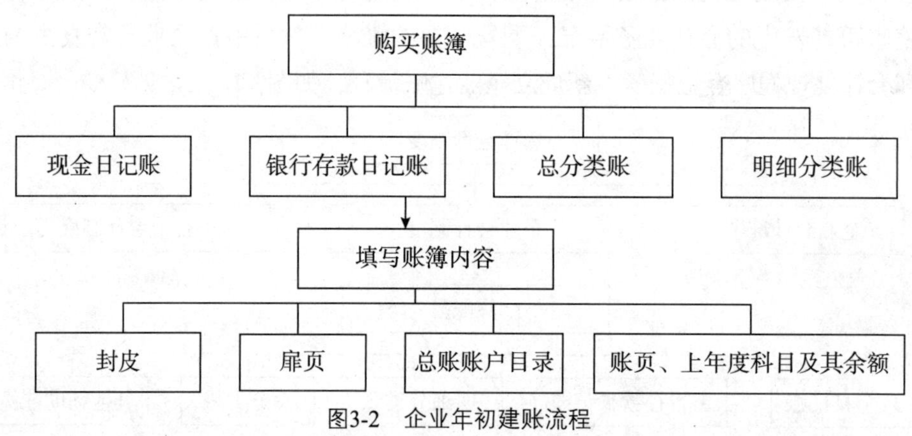

图3-2 企业年初建账流程

提示

企业在新的年度建账，其流程和新办企业略有不同，相对简单，但是需要注意关于上年度科目及其余额结转到本年度的问题，其科目按照上年度的科目设置分别填写总分类账和明细分类账等，其上年余额不必做记账凭证，直接记入新的年度账页中。具体做法是：在“摘要”栏写“上年结转”，然后将余额对应填写在“余额”栏，并写“借”或“贷”记账符号。

3.2 企业建账应注意的问题

无论何类企业，建账成为一个企业今后发展十分重要的环节。要建立一套得心应手的账簿，以下几个问题需要时刻注意。

1. 结合企业的特点建账

企业建账应充分考虑本企业的行业特点，以及企业规模、业务量等。规模与业务量成正比，规模大的企业，业务量大，会计分工也比较细致，因此会计账簿需要的册数也多；如果企业规模较小，业务量也小，有的企业只需要一个会计可以处理所有经济业务，因此设置账簿时不需要设置很多明细账、辅助账等，所有的明细账可以合成一至两本就可以了。

2. 依据企业管理需要

企业建立账簿是为了满足企业经营管理的需要，为企业管理者提供有用的会计信息，所以在建账时要以满足管理需要为前提，避免重复设账、记账。

3. 依据账务处理程序

企业业务量多少不同，所选择的账务处理程序也不同。企业采用了一种账务处理程序，也就选择了账簿的设置。如果企业采用记账凭证账务处理程序，企业的总账就要根据记账凭证进行序时登记，企业需要准备可以序时登记的总账；如果企业选择的是汇总记账凭证或者科目汇总表账务处理程序，企业的总账就选择订本式普通总分类账簿。

提示

不同的企业由于行业不同，建账时需要购置的账簿也各不相同。总的来说，要依据企业规模、经济业务的复杂程度、会计人员岗位设置的多少、采用的核算形式以及电算化程度来确定。无论何种类型的企业，都一定有货币资金核算的问题，所以现金日记账和银行存款日记账是必须设置的。另外，需设置总分类账和明细分类账。也就是说，在企业刚成立时，一定要购买以上几种账簿和相关的明细账账页。另外，在明细分类账账页格式的选择方面，需根据企业的需要进行选择，如普通的三栏式、多栏式和数量金额式等。建账初期，还需要购置记账凭证，根据企业需要，如果该企业货币资金的收付业务比较多，就要选择购买收款凭证、付款凭证、转账凭证；如果企业收付业务量较少只需购买记账凭证（通用）就可以了，还需购买记账凭证封面、记账凭证汇总表、记账凭证装订线和装订的工具。

3.3 建账时应取得的资料

企业建账时应取得的资料主要有企业章程、企业法人营业执照、验资报告等。特别是验资报告，用处主要有：一是佐证企业的注册资本金额，以便确定账务中实收资本金额；二是反映股东的出资方式，是货币或实物等。取得验资报告的主要目的是确定股东的出资方式，不能确定股东的出资方式无法建账。建账时一定要让企业主找到成立时的验资报告，注册资本发生变动的，应取得历次的验资报告。若以实物出资，还要找到当时的评估报告。

3.4 总账建账原则

总账是总分类账户的简称，是根据会计科目设置的，据以反映各个会计要素增减变动情况及其结果的账簿。它包括所有经济业务的关键业务数据和账务数据，每一笔业务在总账中都有总账凭证进行记载，每一个凭证信息由业务发生时间、借方及贷方、会计账户、各总账属性域、发生额、摘要等信息组成，总账是经济业务最明细的结构化数据集合，每一个企业都必须设置总分类账。

总分类账常用的格式为三栏式，即设置借方、贷方和余额三个基本金额栏目。总分类账的记账依据和登记方法取决于企业采用的账务处理程序。既可以根据记账凭证逐笔登记，也可以根据经过汇总的科目汇总表或汇总记账凭证等进行登记。三栏式总分类账，如表3-1所示。

表3-1　总分类账

账户名称：　　固定资产

2023年		凭证		摘要	借方	贷方	借或贷	余额
月	日	种类	编号					
1	1			上年结转			借	200 000
2	5	银付	2	本月购入固定资产	50 000		借	250 000

企业也有采用多栏式设置总分类账的。多栏式总账的格式将一个企业使用的全部总账的账户都设置在一张账页上。很显然，如果企业总账账户特别多的话，会造成账页过长，不便于保管和记账，因此现在一般很少采用，在此不作介绍。

3.5 明细分类账建账原则

明细分类账也称明细账，是根据总账科目所属的明细科目设置的，用于分类登记某一类经济业务事项，提供有关明细核算资料。明细账是有用的会计信息的程序和环节，借助于明细账既可以对经济信息或数据加工整理，进而使总账适合于会计报表的会计信息，又能了解信息的情况和线索。明细账可采用订本式、活页式、三栏式、多栏式、数量金额式。

3.5.1 三栏式明细分类账

三栏式明细分类账簿的格式与三栏式总分类账簿的格式基本相同，设有“借、贷、余”三个基本栏次，但一般不设置反映对应科目的栏次。三栏式明细账适用于只需要进行金额核算，不需要进行数量核算的结算类科目的明细分类核算。例如“应收账款”“应收票据”“预收账款”“应付账款”“预付账款”等总账科目的明细分类核算，就可采用三栏式明细账。三栏式明细分类账的账页格式和内容，如表3-2所示。

表3-2 明细分类账

账户名称：应收账款××公司　　　　第　页

2023年		凭证		摘要	借方	贷方	借或贷	余额
月	日	种类	编号					
1	1			上年结转			借	100 000
1	10	银收	2	收到该公司归还欠款		50 000	借	50 000

例3-1

以盛达餐饮公司为例，其需要设置三栏式明细账的账户有：应收账款、其他应收款、全国资产、应付账款、全国负债、其他应付款、应付职工薪酬、应交税费、应付福利费等往来账户。

以应收账款为例，每个应收款单位都要分别列在不同的账页上，标注：应收账款——胜利酒行、应收账款——鸿达调料公司等。以此类推，其他的这样往来账户，也都按照这种方法设置明细账。

3.5.2 数量金额式明细分类账

数量金额式明细分类账，一般在“收入、发出、结存”栏目下还分别设有“数量、单价、金额”等专栏，用来登记财产物资的收入、发出和结存的数量及金额。数量金额式明细账适用于既要进行金额核算，又要进行数量核算的各种财产物资类科目的明细分类核算。例如“原材料”“产成品”“固定资产”等总账科目的明细分类核算，可采用数量金额式明细账。数量金额式明细分类账的账页格式和内容，如表3-3所示。

表3-3　库存商品明细分类账

分类：调料

名称：料酒　　计量单位：箱

2023年		凭证		摘要	收入			发出			结存		
月	日	种类	编号		数量	单价	金额	数量	单价	金额	数量	单价	金额
1	1			上年结转							10	80	800
2	7			加工部门领用				2	80	160	8	80	640

提示

采用数量金额式明细分类账详细提供了企业有关财产物资的数量和金额的收、发、存等资料，从而能够加强财产物资的实物管理以及具体使用情况的监督，可以保证这些财产物资的安全和完整。

例3-2

还是以盛达餐饮公司为例，其“库存商品”“原材料”等账户需要设置数量金额式的明细账。

以库存商品为例，要分别设置酒水、调料、原材料、蔬菜、贵重原料等账户。同样，一种库存商品单独设置一张账页，这样，一张账页就可以很清楚地显示该种库存商品的使用情况和结余情况，然后定期或者不定期对库存商品进行盘点。

3.5.3　多栏式明细分类账

多栏式明细账的设置和登记明细项目设置若干专栏，以便归类、集中登记这些明细科目或明细项目全部金额的账簿。多栏式明细账适用于那些要求对金额进行分析的有关费用成本、收入成本类科目的明细分类核算，例如“主营业务收入”“管理费用”“销售费用”“生产成本”等总账科目的明细核算，可采用多栏式。

在实际工作中，成本费用类科目的明细账可以只按照借方发生额来设置专栏，贷方发生额由于每月发生的笔数很少，可以在借方直接用红字冲销登记。这类明细账也可以在借方设专栏的情况下，贷方设一总的金额栏，再设一余额栏。这两种多栏式明细账格式分别如表3-4和表3-5所示。

表3-4　管理费用明细分类账（一）

2023年		凭证号	摘要	借方								
月	日			办公费	差旅费	工资	福利费	折旧费	业务招待费	工会经费	……	合计
1	5	现1	购买办公用品	800								800
1	7	现2	发放工资			6 000						6 000
1	15	现3	支付业务招待费用						500			500

表3-5　管理费用明细分类账（二）

2023年		凭证号	摘要	借方									贷方	余额
月	日			办公费	差旅费	工资	福利费	折旧费	业务招待费	工会经费	……	合计		
1	5	现1	支付差旅费		600							600	600	0
1	15	转2	计提折旧费					1 500				1 500	1 500	0

例3-3

还是以盛达餐饮公司为例，其管理费用、销售费用、财务费用等需使用多栏式明细账进行设置了。

以管理费用为例，要分别设置办公费、业务招待费、通信费、差旅费、交通费、折旧费等。每个账户设置在一张账页中。按月结出余额，与总账进行核对。

3.6　日记账建账原则

日记账，又称为序时账，是按经济业务发生时间的先后顺序，逐日逐笔登记的账簿。设置日记账的目的是将经济业务按时间顺序清晰地反映在账簿记录中。日记账可以用来核算和监督某一类型经济业务或全部经济业务的发生或完成情况，可分为特种日记账和普通日记账。其中，用来记录全部经济业务的日记账称为普通日记账，用来记录某一类型经济业务的日记账称为特种日记账。

3.6.1　现金日记账

现金日记账是用来逐日反映库存现金的收入、付出及结余情况的特种日记账，通常由出纳人员根据审核后的现金收款凭证和现金付款凭证，逐日逐笔顺序登记。即根据现金收款凭证和与现金有关的银行存款付款凭证（例如：从银行提取现金的业务）登记现金的收入，根据现金付款凭证登记现金的支出；并根据“上日余额+本日收入-本日支出=本日余额”的公式，逐日结出现金余额，与库存现金实际数进行核对，以检查每日现金收付是否有误。

现金日记账的格式有三栏式和多栏式两种。实际工作中，常用的是三栏式的现金日记账，以下我们只对三栏式的现金日记账进行介绍。

三栏式现金日记账设借方、贷方和余额三个基本的金额栏目，一般将其分别称为收入、支出和结余基本栏目。在金额栏与摘要栏之间常常插入“对方科目”，以便记账时表明现金收入的来源科目和现金支出的用途科目。三栏式现金日记账的格式，如表3-6所示。

表3-6　现金日记账

2023年		凭证		摘要	对方科目	借方	贷方	余额（元）
月	日	字	号					
1	1			上年结转				4 500
1	5	现	1	支付差旅费	管理费用		500	4 000
1	6	银	5	从银行提取现金	银行存款	5 000		9 000

3.6.2　银行存款日记账

银行存款日记账是专门记录银行存款收支业务的一种特种日记账，必须采用订本式账簿，其账页格式一般采用“收入”（借方）、“支出”（贷方）和“余额”三栏式。银行存款收入数额应根据有关现金付款凭证登记。每日业务终了时，应计算、登记当日的银行存款收入合计数、银行存款支出合计数及账面结余额，以便检查监督各项收入和支出款项，避免坐支现金的出现，并便于定期同银行送来的对账单核对。银行存款日记账应该定期或者不定期与开户银行提供的对账单进行核对，每月至少核对一次，月末根据对账单编制银行存款余额调节表以检查银行存款记录的正确性。

银行存款日记账的格式，如表3-7所示。

表3-7　银行存款日记账

2023年		凭证		摘要	对方科目	结算凭证		借方	贷方	余额
月	日	字	号			种类	号数			
1	1			上年结转						150 000
1	10	银	1	从银行提取现金	现金				5 000	145 000
1	11	银	2	支付货款	库存商品				10 000	135 000

提示

现金日记账和银行存款日记账，必须采用订本式账簿。

3.7　备查账建账原则

备查账簿又称为备查簿、备查登记簿或辅助账簿，是对序时账簿和分类账簿等主要未能记载或记载不全的经济业务进行补充登记等。设置和登记备查账簿，可以对某些经济业务的内容提供必要的参考资料，各企业单位可以根据实际需要设置这类账簿。例如，租入固定资产备查账簿，是用来登记那些以经营租赁方式租入、不属于本企业的财产、不能计入本企业固定资产账户的机器设备，这些设备在本企业使用，要设置备查账簿，以方便日常核算和监督；应收票据贴现备查簿用来登记本企业已经贴现的应收票据，由于存在票据付款人到期不能支付票据款项而使本企业产生连带责任的可能性，这些应收票据又不能在企业的序时账簿或分类账簿中反映，所以要备查登记，设置备查账簿。

例3-4

盛名公司租用固定资产比较多，因此需要设置固定资产备查账簿。需要设哪些项目？

需要设置的主要内容有：出租固定资产的单位、设备的名称、规格、编号、设备原值、净值、租用时间、月份或者年度租金数额、租金支付方式、租用期间修理或者改造的有关规定及损坏赔偿规定、期满退租方式及退租时间等。

备查账簿的作用是对序时账簿和分类账簿进行补充说明。根据企业的实际需要，其设计方式没有固定的标准，可以灵活掌握。备查账簿的设计，主要包括下列情形。

（1）财产物资的所有权不属于本企业，但是由企业暂时租入使用或者代为保管，应当设计相应的备查账簿，例如租入固定资产登记簿、受托加工材料登记簿以及代销商品登记簿等。

（2）对同一业务需要进行多方面登记的备查账簿，一般适用于大宗或者贵重物资，例如固定资产保管登记卡以及使用登记卡等。

（3）对于一些出于管理需要，用来反映事项的备查簿，如经济合同的执行情况记录、贷款还款情况记录、重要空白凭证记录等。

3.8 不同行业的建账

面对社会各种不同类型的企业，在为企业建账时必须充分考虑企业的性质，类型不同建账内容也不同。按照“是否生产产品”为依据，企业可以划分为工业企业和非工业企业，非工业企业又分为商业企业、服务企业和事业单位等。工业企业必定是有生产环节的，会计核算相对复杂，需要设置的会计科目也比非工业企业多，如生产成本的核算、原材料的核算、制造费用的核算等。商业企业和服务企业一般都不涉及这些科目，所以其财务核算相对简单。本章把企业分为工业企业、商业企业、服务企业和其他企业，具体介绍前三类企业是如何建账的。

3.8.1 工业企业如何建账

工业企业就是我们通常说的制造业，专门从事产品的制造、加工、生产。由于工业企业会计核算涉及的内容多，成本核算程序复杂及多样，因此工业企业建账最为复杂，却最具有典型意义，基本按明细账、总分类账等项目进行建立财务体系。

1. 总分类账簿

工业企业的总分类账簿设置相对于其他行业复杂一些，原因是工业企业涉及的会计科目及账户比较多，因此在购买总分类账簿时要多准备几本。企业要根据业务量多少来设置相应的账簿，以满足需要。工业企业中发生的经济业务很大一部分是关于生产成本方面的，其中存货的内容占了很大比重。存货主要设置的账户有：原材料、半成品、产成品、包装物等。

用于核算成本的账户主要设置有：生产成本、辅助生产成本等。

如果企业采用材料按实际成本计价，需要设置在途物资或材料采购明细账，以方便核算不同来原材料的实际成本；有的企业按照计划成本进行计价，这样的企业和采用实际成本计价的企业有所不同，需要按照材料的不同规格和型号分别登记实际成本和计划成本，并且根据实际成本和计划成本的差异反映材料成本差异。另外，材料按计划成本计价，需要配合建立“材料成本差异”明细账，它是原材料调整账户，同原材料相同，也是按材料的品种、规格进行设置，反映各种材料的实际成本与计划成本的差异，计算材料成本差异分配率。

工业企业还需设置关于产品销售方面的总账。其账户设置和一般企业基本相同，主要包括：销售收入、销售成本、销售费用、税金及附加等账户。

2. 明细分类账

计算产品的成本需要设置生产成本的明细账，也称产品成本明细分类账。根据企业选择的成本计算方法，可以按产品品种、类别、生产步骤设置明细账。辅助生产成本明细账，反映所归集的辅助生产成本和辅助生产费用，以及分配出去的辅助生产成本和已转出完工的辅助生产产品成本，辅助生产成本明细账的设置应该根据辅助生产部门进行设置等。

另外还需设置制造费用明细账，主要用来核算在生产过程中发生和生产有直接关系的费用。例如，生产车间人员工资、机器设备修理费、购买劳保用品等都需通过制造费用明细账进行核算，所以需要建立相对应的制造费用明细账。

损益类明细账设有：产品销售收入、产品销售成本、产品销售费用、管理费用、财务费用、营业外收入、营业外支出等。产品销售收入和产品销售成本明细账可以根据产品的品种、类别进行设置，产品销售费用、管理费用、财务费用按照费用的种类设置，营业外收入、营业外支出根据收入与支出的种类来设置。

提示

因工业企业的成本计算相对比较复杂，所以在企业建账的时候，为了使凭证编制更加方便，需要设计一些辅助计算用的表格，主要包括：工资费用结算表、折旧费分配表、材料费用分配表、领料单、辅助生产费用分配表、产品成本计算单等相关成本计算表格等。

例3-5

迅达汽车零配件生产公司，企业成立时进行建账，首先要设置总分类账，总账账户设置可以参照企业的资产负债表和利润表的账户。大致有：现金、银行存款、应收账款、存货、其他应收款、固定资产、累计折旧、无形资产、坏账准备、应付账款、应付职工薪酬、应付福利费、应交税费、其他应付款、短期借款、长期借款、实收资本、本年利润、主营业务收入、主营业务成本、制造费用、管理费用、销售费用、财务费用、营业外收入、营业外支出、所得税等基本账户。进行设置时，要预计业务量多少预留出合适的账页。

总账设置完毕后，就要设置明细分类账。明细账重点对存货、成本进行明细账的设置，不同的零件按照名称、规格不同分别进行设置。

还要设置制造费用明细账，用来核算在生产过程中发生的制造费用。

3.8.2 商品流通企业如何建账

商品流通企业即商业企业，从事商品流通的独立核算企业，没有生产线，不生产产品，如百货商场、粮店、超市、销售公司等。商业企业的经济活动主要是流通领域中的购、销、存活动，核算主要侧重于采购成本或者说主营业务成本的核算及商品流通费用的核算，该类企业账簿的设置主要包括两个方面。

1. 总分类账簿

商品流通企业的总分类账不仅要设置一般企业日常需要设置的总分类账簿，还需要设置商品采购、库存商品以及商品进销差价这三个商品流通企业必需的总账账簿。如果有企业委托他人代销商品或者受托代销商品的，还需设置委托代销商品、受托代销商品等相关账簿。另外，由于商品流通企业的收入、成本以及相关的税费与工业企业有些不同，还应该将工业企业的“产品销售收入”改为“商品销售收入”，把“产品销售成本”改为“商品销售成本”。企业可以根据业务量多少和业务的需要增减设置的总账账簿。

2. 明细分类账

根据已经建立好的总账账簿，还应该增设与其相对应的明细账簿。例如商品采购明细账，用来反映购进商品进价的成本以及入库商品的实际成本。商品采购明细账可以按照客户名称进行设置；库存商品明细账，用来反映商品的收发以及结存情况，可以按照商品的种类、名称、规格和使用的部门进行设置，要求采用数量金额核算法。在按照实际成本计算已经销售的商品的成本时，库存商品的发出可以按照个别计价法（即分批实际成本计价）、月末一次加权平均法、移动加权平均法、先进先出法。如果企业是商品零售企业，还需要设置“商品进销差价”明细账，该账户可以说是“库存商品”的调整账户，所以它的明细账设置应与“库存商品”明细相对应，保持口径一致。“销售费用”是用来反映商品销售的整个经营环节所发生的各项费用，应按照费用的种类，如运输费、装卸费、整理费等分类来反映。

提示

“商品销售收入”“商品销售成本”明细账可以按照商品的种类、名称、规格或不同的销售部门来设置。商品流通企业其他明细账的设置与工业企业明细账的设置相同。

例3-6

以便民超市为例，其建账同工业企业一样，首先是建立总分类账，总账的设置基本相同，不同的是个别账户的名称。明细账重点是库存商品的明细账设置，按照不同的分类，如烟、白酒、啤酒、饮料、零食、日用品等不同项目进行设置，明细账设置详细些，有利于进行核算。

3.8.3 服务行业如何建账

服务业指那些对外界提供劳务服务的企业，因其提供的并非产品商品，而是一种劳务服务，所以我们称之为服务企业，也称第三产业，包括邮电通信业、文化体育业、旅游服务业、金融保险业、广告业等。服务业的服务项目很多，但在会计核算上，成本核算比较简单，所以账簿设置相对简单。

1. 总分类账簿

服务企业要设置的总分类账科目比工业企业和商品流通企业需要设置的总账少，但也需设置的科目有库存现金、银行存款、应收账款、其他应收款、存货、固定资产、累计折旧、无形资产、开办费、长期待摊费用、短期借款、应付账款、其他应付款、应付职工薪酬、应交税费、其他应付款、应付股利、实收资本（股本）、资本公积、盈余公积、未分配利润、本年利润、主营业务收入、主营业务成本、营业外收入、营业外支出，以前年度损益调整、所得税费用等。

2. 明细分类账

明细分类账的设置也是根据服务企业管理需要和其实用性来进行设置的，设置方式基本与以上两种企业相同，只是需要设置销售费用明细账。

例3-7

以世纪广告公司为例，其总账设置与上述两种行业基本相同，同样更改个别账户名称。其明细分类账的重点是广告公司以为对方企业宣传为主，赚取广告费，因此要按照不同的服务单位进行分类设置。以各项服务的项目为单位，再进行设置，例如方案费、宣传费、策划费等。

企业只要将这三种类型的账簿建立起来，建账的基本工作就完成了。其他按规定进行日常会计处理、登记会计账簿就行了。

3.9 常见差错点拨

企业不同，所以工作人员建账的内容也不同，且建账步骤繁杂，加上工作人员可能经验不足，不够熟练，建账时很可能会出现一些差错。本章主要考虑以上几个因素对在建账时容易出现的错误进行解析，以便提高会计工作效率和质量。

1. 没有与企业实际情况相结合而建账

会计在建账前首先要了解本企业的生产经营和业务情况，比如有的企业规模较大，其业务量相应比较大，会计人员不考虑企业的这种情况，只设置基本账簿，会造成工作量大，而且效率低，会计信息质量也相应下降，所以这样建账是不合理的；相反，企业规模较小，业务量也较少，只需设置基本账簿就可以了，而会计人员则设置了很多辅助账、明细账，造成了工作烦琐、重复，以及造成了不必要的浪费。

提示

前节中提到，企业在建账时，需根据企业管理的需要来建账。在实际工作中，企业的固定资产项目较多，如果只设置总分类账和明细分类账来核算固定资产，不利于企业对固定资产的管理，会影响会计核算和监督，因此企业根据管理需要，建账时要设置备查账，固定资产的备查账一般是固定资产卡片账。

2. 明细分类账科目设置要谨慎

企业会计人员在明细分类科目设置时，同样要结合企业管理需要，结合行业特点，不是“科目越详细越好”，如明细科目设置太多，分类过于烦琐，会使会计日常核算显得复杂。企业会计人员应该在设置明细科目时充分考虑该怎样分类，既要符合会计规范，也要结合企业的实际情况，同时结合税务的规范要求进行科目设置。

3.10 会计建账技巧

本节主要讲述了会计建账技巧，即简化烦琐的建账流程。建账首先要准备账簿，然后通过相应的建账方法来建账。

3.10.1 准备账簿

首先要准备的账簿有：现金日记账、银行存款日记账、总分类账和明细分类账四种，这些是必须具备的。与账簿密切相关的还需以下表格和单据：

- 材料、商品入库单、出库单
- 材料费用分配表
- 工资计算表
- 折旧分配表
- 辅助生产费用分配表
- 半成品、产品成本计算单

以上这些有些需要购买，有些可以企业自行制作。准备好了账簿，接下来开始建账。

3.10.2 建账方法

建账主要有现金日记账和银行存款日记账、总账记账和明细分类账记账三种方法。应按照三种方法的相应顺序进行建账才不会出现建错账的问题。

1. 现金日记账、银行存款日记账

现金日记账和银行存款日记账根据账簿的启用要求将扉页需要填制的内容填好，如果是新办的企业根据企业第一笔现金来源和银行存款来源分别登记现金日记账和银行存款日记账，这样就完成了这两本账的建账工作。

2. 总账

总账的设置可以根据企业的业务量多少进行购买，业务量多的多准备几本，如果是一般小规模企业一本就够了。总账建账的难点在于其会计科目的设置。这里有一个行之有效的方法，可以简化会计科目的选择过程，企业准备好一份资产负债表和损益表，可以根据两张表中所列的会计科目，进行总账的会计科目设置。一般来说，只要是企业涉及的会计科目就要有相应的总账账簿（账页）与之对应。

在开始建账时，会计人员按照每一项经济业务发生量的多少，预留出相应的账页，用口取纸写上科目名称，将每项经济业务分开。在总账分页使用时，如果总账账页从第1～10页是登记现金的业务，就需要在目录中写明："现金……1～10"，并且在总账账页的第一页贴上口取纸贴并写上"现金"字样；第11～20页为银行存款业务，就在目录中写清楚"银行存款……11～20"，并且在总账账页的第11页贴上写有"银行存款"的口取纸，依此类推，总账就建好了。

要设置的总账科目通常有：库存现金、银行存款、交易性金融资产、应收票据、应收账款、其他应收款、原材料、长期股权投资、固定资产、累计折旧、无形资产、开办费、长期待摊费用、短期借款、应付票据、应付账款、应付利息、应付职工薪酬、应交税费、其他应付款、长期借款、实收资本（股本）、资本公积、盈余公积、未分配利润、本年利润、主营业务收入、主营业务成本、税金及附加、销售费用、管理费用、财务费用、其他业务收入、其他业务支出、营业外收入、营业外支出、以前年度损益调整、所得税费用等。

3. 明细分类账

在企业里，明细分类账的设置是根据企业自身管理需要和外界各部门对企业信息资料的需要来设置的。需设置的明细账有应收账款（根据客户名称设置）、其他应收款（根据应收款的部门、个人、企业名称来设置）、固定资产（根据固定资产的类型以及配合使用的部门设置）。另外，对于固定资产明细账账页每年可不必更换新的账页，短期借款（根据短期借款的种类或对象设置）、应付账款（根据应付款项的对象、企业名称进行设置）、其他应付款（根据应付款项的内容设置）、应付职工薪酬（根据应付职工所属的部门进行设置）、应交税费（根据税费的种类设置）、销售费用、管理费用、财务费用（均按照费用的不同种类构成设置）。每个企业因为行业不同，设置的明细账也不同，要根据企业的实际情况进行相应的设置。

3.11 建账实战：中小公司

本节以一中小公司为例详细介绍企业的建账过程。

3.11.1 该公司的相关资料

公司全称：北京新星房地产开发有限公司。

验资报告显示，公司注册资金为1 000万元，出资人分别是法人张××、北京佳和投资有限公司，出资比例为法人张××出资100万元，占总出资的10%；北京佳和投资有限公司出资900万元，占总出资的90%，双方均以货币进行出资。

3.11.2 建账过程

因为是给房地产公司建账，所以在建账时，会计核算的重点在于建设成本。具体建账过程为选择会计制度、选择科目及填制账簿。

1. 选择会计制度

公司属于新成立的企业，所以要选择合适的会计制度，我们选择的是《企业会计制度》。接下来需要购买账簿，需要准备的账簿是：现金日记账、银行存款日记账、总分类账各1本，明细分类账是分页账页，需要购买2本，费用明细账1本。

2. 选择科目

- 资产类科目：库存现金、银行存款、应收账款、其他应收款、固定资产、累计折旧等。
- 负债类科目：短期借款、应付账款、应付利息、应付职工薪酬、应交税费、其他应付款、长期借款等。
- 所有者权益类科目：实收资本、资本公积、盈余公积、未分配利润等。
- 成本类科目：开发成本、开发间接费用等。
- 损益类科目：主营业务收入、开发成本、税金及附加、销售费用、管理费用、财务费用、营业外收入、营业外支出、本年利润、所得税费用等。

3. 填制账簿

- 第一步是填制封皮：需要填制封皮的是明细分类账，需要填写明细分类账以及所属年度；如果是费用明细账的话，就填写费用明细账以及所属年度。
- 第二步是填写扉页：现金日记账、银行存款日记账以及总分类账的扉页格式基本相同，以下是以现金日记账为例，扉页填写方法，如表3-8所示。

表3-8　现金日记账扉页填写表

使用者名称	北京新星房地产开发有限公司				印鉴		
账簿页数	本账簿共计使用　　页						
启用日期	2023年1月1日						
截止日期	2023年12月31日						
责任者盖章	出纳	审核	主管	部门领导			
交接记录							
姓名	交接日期				交接盖章	监交人员	
						职务	姓名
	经管　　年　　月　　日						
	交出　　年　　月　　日						
	经管　　年　　月　　日						
	交出　　年　　月　　日						
	经管　　年　　月　　日						
	交出　　年　　月　　日						
印花税票							

上表的扉页填写中，印鉴处需要加盖企业公章，印花税票处粘贴五元面值的印花税票。如果有负责记账人员离职或者更换，需做好交接记录。

明细分类账扉页填写方法，如表3-9所示。

表3-9　明细分类账扉页填写表

单位名称	北京新星房地产开发有限公司				
账簿名称	明细分类账				
账簿页数	自第　页起至第　页止共　页				
启用日期	2023年1月1日				
单位领导人签章			会计主管人员签章		
经管人员职别	姓名	经管或接管日期	签章	移交日期	签章
		年　月　日		年　月　日	
		年　月　日		年　月　日	

- 第三步是填写总账目录：填写总账目录可以自行填写，也可加盖科目名称章，具体填制方法，如表3-10所示。

表3-10　总账目录填制

页数	科目名称	页数	科目名称
1～5	库存现金	45	实收资本
6～11	银行存款	46	资本公积
12～15	应收账款	47	盈余公积
16～20	其他应收款	48～49	未分配利润
21	全国资产	50～54	开发成本
22	合同资产	55～59	开发间接费用
23～24	固定资产	60～69	主营业务收入
25～27	累计折旧	70～74	主营业务成本
28	短期借款	75～76	税金及附加
29～30	应付账款	77～79	销售费用
31～32	全国负债	80～84	管理费用
33～34	其他应付款	85～90	财务费用
35～37	应付职工薪酬	91～92	营业外收入
38～39	应付股利	93～94	营业外支出
40～41	应交税费	95～98	本年利润
42～43	其他应付款	99～100	所得税费用
44	长期借款		

- 第四步是填写账页：这里主要是填写明细分类账的账页，按照总账的科目顺序依次进行填写，有明细科目的按照明细名称于总账科目下依次填写。这里重点要说明的是开发成本科目。房地产行业，根据行业特点设有开发成本科目，其明细科目按照开发房地产项目会发生的一些成本费用进行归集。成本分类明细如表3-11所示。

表3-11　成本分类明细表

二级科目	三级科目	备注
一、土地及大配套费	土地出让金	
	大配套费	
	土地契税及交易费	
	拆迁费	
	土地补偿款	
	其他与土地确权相关的费用	
二、前期费用	临时“三通一平”费用	主要是指通临时水、临时电、临时道路及场地凭证费用
	规划设计、测量、勘查费	
	临时设施	
	其他与前期手续相关的费用	
三、建筑安装工程费	基础费用	
	建筑安装工程费	

（续表）

二级科目	三级科目	备注
三、建筑安装工程费	工程监理费	
	银行贷款利息	
	扰民费	
	其他与建筑安装有关的费用	
四、市政基础设施费用	水、电、气、通信设施费用	
	道路、照明设施费用	
	园林绿化费用	
	其他与基础设施建设相关的费用	
五、公共配套设施	居委会、物业管理站、会所等费用	
	区内其他设施费用	

以上是该公司明细账中开发成本下分列出来的明细科目，在填写账页时，也要按照此顺序依次填写。另外还需填写销售费用、管理费用明细账账页，其科目设置如表3-12所示。

表3-12　销售费用、管理费用科目明细表

销售费用	工资	销售人员工资
	办公费	与销售有关的办公及招待费用
	业务招待费	
	销售商代理费	
	广告宣传费	
	交通费	
	差旅费	
	通信费	
	福利费	
	折旧费	
	其他	
管理费用	工资	
	办公费	
	业务招待费	
	交通费	
	差旅费	
	房屋租金	
	通信费	
	会议费	
	董事会费	
	其他	

以上就是新星房地产开发有限公司建账的全部过程。建账是会计人员必须掌握的一项基础工作，所以要多加练习，熟练掌握。

第4章 会计凭证的管理

在会计核算中，编制会计分录是一项非常重要的工作。会计分录是根据原始凭证编制的，原始凭证是会计凭证的种类之一。本章主要从会计凭证的种类，凭证的传递、装订、保管和管理几方面进行讲解。编制会计凭证是会计核算工作的开始。

4.1 会计凭证的种类

会计凭证是记录经济业务、明确经济责任、按一定格式编制的据以登记会计账簿的书面证明。会计凭证保证记录经济业务的合法性与合理性，保证会计记录的真实性，加强了经济责任制。按其填制的程序和用途，分为原始凭证和记账凭证。

1. 原始凭证

原始凭证，也就是通常说的单据，指经济业务在发生时或者完成时取得的、可以是手工填制的、用来记录或者证明经济业务的发生或者完成情况的原始凭据。原始凭证是会计核算的原始资料和重要依据，是进行会计账簿登记的原始依据。以服务业发票为例，如表4-1所示。

表4-1　××餐饮费发票

No 21521***

11011*****　　北京增值税普通发票　　11011*****
21521*****

机器编号：499099*****　　开票日期：2023年07月01日

购买方	名　　称：北京***科技股份有限公司 纳税人识别号：911100****** 地 址、电 话：北京市海淀区****** 开户行及账号：北京银行***支行****	密码区	12345**/2><882***13354963-+ 55**/2<<892**4963-+++///--9 025**/29<321*-+45679*//-+78 12345**/2><882***13354963-+

货物或应税劳务、服务名称	规格型号	单位	数量	单价	金额	税率	税额
*餐饮服务*餐饮费					97.09	3%	2.91

（续表）

合　计					¥97.09		¥2.91
价税合计（大写）	ⓧ壹佰元整				（小写）	¥100.00	
销售方	名　　称：北京市***餐饮有限公司 纳税人识别号：91110007**** 地 址、电 话：北京市海淀区******* 开户行及账号：中国银行北京上地****			备注			

收款人：章**　　复核：李*　　开票人：王*　　销售方（章）

2. 记账凭证

记账凭证指会计人员根据审核无误的原始凭证，按照各项经济业务的内容进行归类，并根据归类确定其会计分录后填制的会计凭证，是进行账簿登记的直接依据。记账凭证又称为记账凭单，根据复式记账法的基本原理，确定该项经济业务应借或者应贷以及相应的会计科目，将原始凭证中反映的一般数据转化为会计语言，是介于原始凭证和会计账簿之间的环节，是登记明细分类账簿和总分类账簿的直接依据。以付款凭证为例，如表4-2所示。

表4-2　付款凭证

贷方科目 银行存款　　2023年3月28日　　银　字第10号

摘要	借方总账科目	明细科目	记账符号	金额
购买材料款	原材料	甲材料	√	100 000
合计			√	¥100 000

附单据　张

财务主管　　记账　　出纳　　审核　　制单

4.2　会计凭证的作用

任何单位，每发生一项经济业务，如现金收付、物资进出、往来款项结算等，经办业务的有关人员必须按照规定程序和要求，认真填制会计凭证，记录经济业务发生或完成的日期、经济业务的内容，并在会计凭证上签名盖章。有的凭证还需加盖公章，以对会计凭证的真实性和正确性负责任。一切会计凭证都必须经过有关人员的严格审核，只有经过审核无误的会计凭证才能作为登记账簿的依据。会计凭证的填制和审核，对于完成会计工作的任务，发挥会计在经济管理中的作用，具有十分重要的意义。归纳起来，主要作用如图4-1所示。

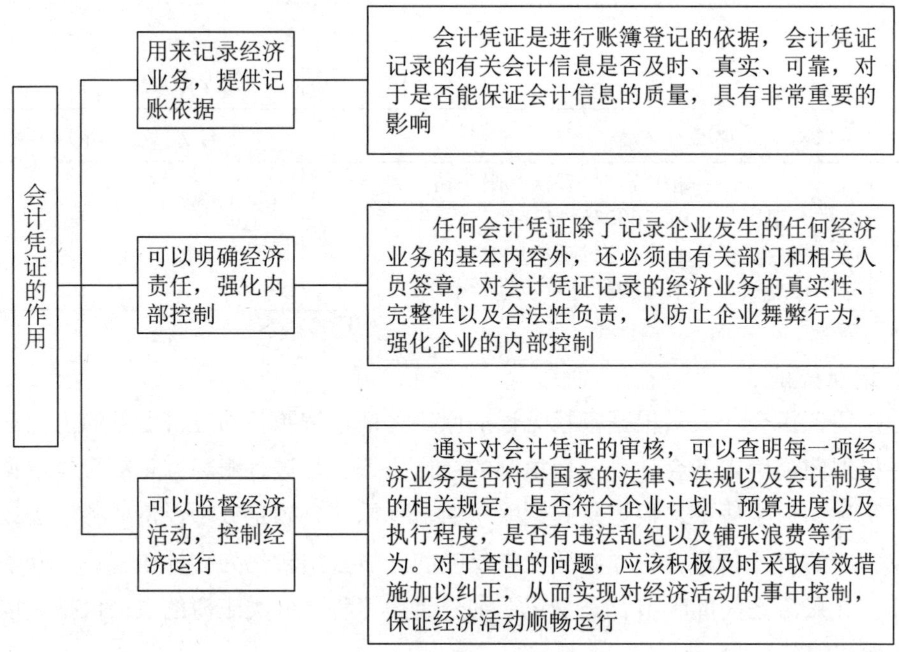

图4-1　会计凭证的作用

4.3　原始凭证

原始凭证是指经办单位或人员在经济业务发生或完成时取得或填制的，用以记录经济业务发生或完成情况、明确经济责任的会计凭证。

4.3.1　原始凭证的基本内容

由于各项经济业务内容和经济管理的要求不同，各个原始凭证的名称、格式和内容也多种多样。但是，所有原始凭证（包括自制的和外来的凭证），都作为经济业务的原始证据，必须详细载明有关经济业务的发生或完成情况，必须明确经办单位和人员的经济责任。因此，各种原始凭证都应具备一些共同的基本内容。原始凭证包括的基本内容通常称为凭证要素，如图4-2所示。

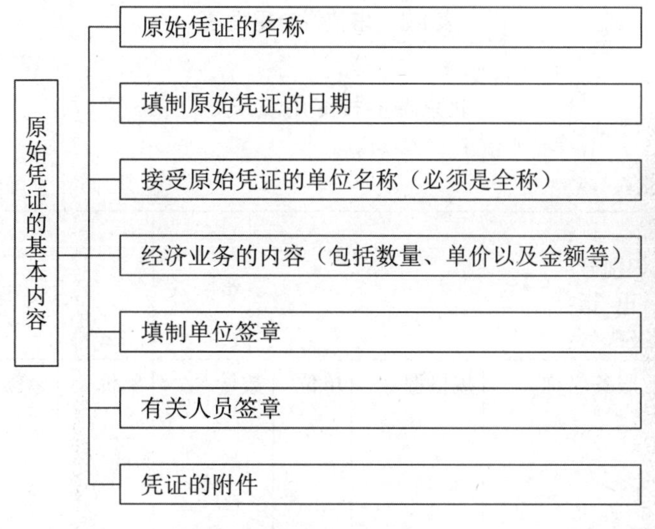

图4-2　原始凭证的基本内容

提示

在实际工作中，根据经营管理和某些特殊业务的需要，除上述基本内容外，可以增加其他必要内容。对于不同单位经常发生共同性的经济业务，有关部门可以制定统一的原始凭证格式。例如，人民银行统一制定的银行转账业务结算凭证，凭证上标明了结算双方的企业名称、账号等内容；原铁道部统一制定的铁路货运单，标明了发货单位、收货单位、提货方式等内容。

4.3.2　原始凭证的种类

原始凭证可根据来源、填制手续和内容、格式等标准不同进行分类。

1. 按照来源分类

按照原始凭证的来源，可以分为外来原始凭证和自制原始凭证。

- 外来原始凭证，指在经济业务发生或者完成时，由经办人员或者相关人员从其他单位或者个人直接取得的原始凭证，如购买货物取得的增值税发票、向外单位支付款项取得的发票、员工出差取得的飞机票、火车票等。其格式如表4-3和表4-4所示。
- 自制原始凭证，指本企业内部经办相关经济业务的部门以及经办人员，在执行或者完成某项经济业务时自行填制的、仅供本企业内部使用的原始凭证，例如收料单、领料单、限额领料单、产品入库单、产品出库单、借款单、工资单、折旧计算表等。其格式如表4-5所示。

表4-3　增值税专用发票

No 12121***

11011*****　　北京增值税专用发票　　11011*****

12121*****

机器编号：499099*****　　开票日期：　年 月 日

<table>
<tr><td>购买方</td><td colspan="4">名　　称：
纳税人识别号：
地 址、电 话：
开户行及账号：</td><td>密码区</td><td colspan="3"></td></tr>
<tr><td colspan="2">货物或应税劳务、服务名称</td><td>规格型号</td><td>单位</td><td>数量</td><td>单价</td><td>金额</td><td>税率</td><td>税额</td></tr>
<tr><td colspan="2">合　　计</td><td></td><td></td><td></td><td></td><td></td><td></td><td></td></tr>
<tr><td colspan="2">价税合计（大写）</td><td colspan="7">（小写）</td></tr>
<tr><td>销售方</td><td colspan="4">名　　称：
纳税人识别号：
地 址、电 话：
开户行及账号：</td><td>备注</td><td colspan="3"></td></tr>
</table>

收款人：　　复核：　　开票人：　　销售方（章）

表4-4　×××统一收款收据

年 月 日　　NO：

<table>
<tr><td>今收到________________

交　来________________

人民币（大写）____________　¥ ______

收款单位__________　收款人__________

（公章）　　　　（签章）</td><td>第二联

收据</td></tr>
</table>

表4-5　领料单

领料部门：　　　　　　　　　　　　　　　　　　　　　　　　　　领料编号：

领料用途：　　　　　　　　　　年　　月　　日　　　　　　　　　发料仓库：

材料编号	材料名称及规格	计量单位	数量		单价	金额
			请领	实领		
备注					合计	

第　联

发料人：　　　　　　　审批人：　　　　　　　领料人：　　　　　　　记账：

2. 按照填制手续和内容分类

按照填制手续和内容，分为一次凭证、累计凭证和汇总凭证三类。

- 一次凭证，指一次性填制完成，只记录一笔经济业务的原始凭证。例如收据、领料单、借款单、银行结算凭证等。一次凭证是一次有效的凭证。
- 累计凭证，指在一定时期内多次累计记录发生的同类型经济业务的原始凭证。累计凭证的特点是，在一张凭证上可以连续登记相同性质的经济业务，随时结出累计数以及结余数，并按照企业内部规定的费用限额进行费用控制，期末按照实际发生额记账。累计凭证是多次有效的原始凭证，具有代表性的累计凭证是限额领料单，其格式如表4-6所示。

表4-6　限额领料单

领料部门：　　　　　　　　　　　　　　　　　　　　　　　　　　领料编号：

领料用途：　　　　　　　　　　年　　月　　日　　　　　　　　　发料仓库：

<table>
<tr><td>材料类别</td><td>材料编号</td><td>材料名称及规格</td><td>计量单位</td><td>领用限额</td><td>实际领用</td><td>单价</td><td>金额</td><td>备注</td></tr>
<tr><td></td><td></td><td></td><td></td><td></td><td></td><td></td><td></td><td></td></tr>
<tr><td colspan="5">供应部门负责人：</td><td colspan="4">计划生产部门负责人：</td></tr>
<tr><td rowspan="2">日期</td><td colspan="4">领用</td><td colspan="3">退料</td><td rowspan="2">限额结余</td></tr>
<tr><td>请领数量</td><td>实发数量</td><td>发料人签章</td><td>领料人签章</td><td>退料数量</td><td>退料人签章</td><td>收料人签章</td></tr>
<tr><td></td><td></td><td></td><td></td><td></td><td></td><td></td><td></td><td></td></tr>
<tr><td></td><td></td><td></td><td></td><td></td><td></td><td></td><td></td><td></td></tr>
<tr><td></td><td></td><td></td><td></td><td></td><td></td><td></td><td></td><td></td></tr>
<tr><td></td><td></td><td></td><td></td><td></td><td></td><td></td><td></td><td></td></tr>
</table>

- 汇总凭证，指将一段时期内发生的相同经济业务进行汇总的凭证。汇总原始凭证时对同类型经济业务进行了合并，从而可以有效简化记账的工作量。常用的

汇总原始凭证有：工资结算汇总表、发出材料汇总表、差旅费报销单等。发出材料汇总表格式如表4-7所示。

表4-7　发出材料汇总表

年　月　日

会计科目	领料部门	领用材料			
		原材料	包装物	低值易耗品	合计
生产成本	一车间 二车间				
	小计				
	供电车间 供水车间				
	小计				
制造费用	一车间 二车间				
	小计				
管理费用	行政部门				

3. 按照格式分类

按照格式，分为通用凭证和专用凭证。

- 通用凭证，指格式统一、使用方法一致的原始凭证，由有关部门统一印制。通用凭证可以在某一地区、某一行业使用，也可以是全国通用。例如某省（市）印制的收据、支出凭证等，在该省（市）是通用的；又如由人民银行制作的银行转账结算凭证，在全国通用等。
- 专用凭证，指由企业自行印制且仅在本企业内部使用的原始凭证。如领料单、差旅费报销单、折旧计算表、工资费用分配表等。

4. 按照经济业务的类别分类

- 款项收付业务凭证，指记录银行存款和现金收付业务的原始凭证。例如现金借款单、现金收据、支出凭单、零星购物发票、车船机票、银行支票、付款委托书等。
- 出入库业务凭证，指记录原材料、产成品出库、入库等情况的原始凭证。这类凭证可以是一次性凭证，也可以是累计凭证，如入库单、出库单、领料单、提货单等。
- 成本费用凭证，指记录生产产品费用的发生以及分配情况的原始凭证。这类凭证大多是企业内部自制的凭证，如工资费用汇总表、折旧费用分配表、制造费用分配表、产品成本计算单等。
- 购销业务凭证，指记录材料采购或者劳务供应、产成品（商品）或者劳务销售情况的原始凭证，前者为外来的凭证，后者为自制的凭证。如提货单、发货单、交款单、运费单据等。

- 固定资产业务凭证，指记录固定资产购置、调拨、报废和盘盈、盘亏业务的原始凭证。如固定资产调拨单、固定资产移交清册、固定资产报废单和盘盈、盘亏报告单等。
- 转账业务凭证，指会计期间终了，为了结平收入和支出等账户，计算并结转成本以及当期利润等，由会计人员根据会计账簿记录整理后制作的原始凭证。这类原始凭证没有固定格式，需要注明制单人并由会计主管签章。

4.3.3 原始凭证的填制要求

原始凭证是根据经济业务活动执行和完成情况填制的，具有法律效力的书面证明。为了保证原始凭证能够正确、及时、清晰地反映各项经济业务活动的真实情况，提高会计核算的质量并真正具备法律效力，原始凭证的填写必须严格按如下要求进行。

1. 记录要真实

原始凭证填列的经济业务内容和数字必须是真实发生的，符合实际情况。

2. 内容要完整

原始凭证需要填制的内容必须完整，不能有漏项。填写日期应该按照经济发生之日填写，不能空着不填；名称要填写齐全，不得简化；品名或用途要填写明确，不能含糊不清；有关人员的签章必须齐全。

3. 手续要完备

企业自制的原始凭证必须有经办经济业务的部门和人员签名盖章；对外部单位开出的原始凭证必须加盖本单位公章；从外部单位取得的原始凭证，要注意是否加盖了单位的印章（公章、财务章或者发票专用章）。只有手续完备了，才能分清经济责任，才能够保证原始凭证的真实并且合法。

4. 书写要清楚、规范

原始凭证要按照规定填写，文字要简洁明了，字迹要工整清楚易于辨认，不得使用未经国务院公布的简化汉字。大小写金额必须相符且填写规范，小写金额用阿拉伯数字逐个书写，不可以写连笔字，在金额前要加上人民币符号“¥”，人民币符号“¥”和阿拉伯数字之间不能留有空白，金额数字一律填写到角分；没有角分的，写“00”或者“—”；有角无分的，分位写“0”，不得用符号“—”代替；大写金额用汉字壹、贰、叁、肆、伍、陆、柒、捌、玖、拾、佰、仟、万、亿、元、角、分、零、整等，一律用正楷或者行书书写；大写金额前没有印“人民币”字样的，应加写“人民币”三个字，“人民币”字样与大写金额之间同样不得留有空白；大写金额到元或角为止的，后面要写“整”或者“正”字；有分的，不写“整”或者“正”字。

5. 编号要连续

各种凭证要连续编号以方便查询。如果凭证已预先印有编号，如发票、支票等重要凭证，在写坏作废时，应加盖“作废”戳记，妥善登记保管不得撕毁。

6. 不可以涂改、刮擦以及挖补

原始凭证如果有错误，应该由出具单位重新开具或者更正，更正处应加盖出具单位的印章。原始凭证金额有错误的，应当由出具单位重新开具，不得在原始凭证上更正。

7. 填制要及时

各种原始凭证一定要填写及时，并按规定程序及时送交到会计机构、会计人员进行审核，如表4-8所示。

表4-8 增值税专用发票

No 12123***

11011***** 北京增值税专用发票 11011*****

12123*****

机器编号：499099***** 开票日期：202*年08月28日

购买方	名 称：达兴商贸有限公司 纳税人识别号：911110***** 地 址、电 话：北京市海淀区**** 开户行及账号：北京银行**支行****			密码区	2222222*******----+++////// 333333*******---///++++++++7 44444//////****--+++++++++5 6666666666***********/////>>		
货物或应税劳务、服务名称	规格型号	单位	数量	单价	金额	税率	税额
*工程服务*工程款			1	40000.00	40000.00	9%	4500．00
合 计					40000.00		4500.00
价税合计（大写）	ⓧ肆万肆仟伍佰元整				（小写） ¥44500.00		
销售方	名 称：利兴电梯安装有限公司 纳税人识别号：91111001*** 地 址、电 话：北京市丰台区***** 开户行及账号：农业银行**支行***			备注			

收款人：李三 复核：张三 开票人：刘五 销售方（章）

4.3.4 原始凭证的审核

各种原始凭证除由经办业务部门审核外，财务部门还必须认真、严格地审查及核对。只有经过审核合格的原始凭证，才能作为编制记账凭证和登记账簿的依据。原始凭证的审核具体包括以下几项。

- 审核原始凭证的真实性。原始凭证作为会计核算的基础信息源，其真实性对会计信息的质量具有至关重要的影响。真实性，指该原始凭证是根据真实的经济业务编制的，也就是说其包含的日期、内容、金额等都与事实相符。如果是企业自制的原始凭证，必须有经办部门和经办人员的签名或盖章。另外，如果是通用原始凭证，还需审核凭证本身是否真实，以防假冒。
- 审核原始凭证的合法性。审核原始凭证所记录的经济业务是否有违反国家法律法规的情况，是否履行了规定的凭证传递和审核程序、是否有贪污腐化等行为。
- 审核原始凭证的合理性。审核原始凭证所记录的经济业务是否符合企业生产经营活动的需要、是否符合企业制订的有关计划以及预算等。
- 审核凭证的完整性。审核原始凭证各项基本内容是否齐全，是否有漏项的情况，日期是否填写完整，数字是否填写清晰，文字是否工整，相关人员签章是否齐全等。
- 审核原始凭证的正确性。审核原始凭证各项金额的计算以及填写是否正确，包括：阿拉伯数字分位填写，不得连写；小写金额前要加“¥”符号，中间不得留有空位；大写金额前要加“人民币”字样，大写金额和小写金额要相符；凭证中如有书写错误，应当采用规定的正确方法更正，不能采用涂改、刮擦、挖补等不正确方法。
- 审核原始凭证的及时性。及时性是收到原始凭证后应当及时传递，最好不要跨月，不可拖延时间进行传递，否则会影响原始凭证的时效性，影响原始凭证的使用。审核时应当注意审查凭证的填制日期，尤其是支票、银行汇票、银行本票等时效性比较强的原始凭证，更应当仔细验证其签发日期。

原始凭证的审核是一项十分重要工作，审核后的原始凭证应该根据不同审核结果进行不同的处理。

- 对于符合要求的原始凭证，应当及时传递并编制记账凭证。
- 对于真实、合理、合法但是内容不完整或者填写有错误的原始凭证，应当退回给有关经办人员，由经办人员负责将有关凭证补充完整或者更正错误或者重开后，再进行正常的传递及记账程序。
- 对于不真实且不合法的原始凭证，会计机构、会计人员有权不予受理，并有责任向单位负责人报告。

例4-1

经办人小王购买公司电脑耗材，支付款项后，对方开具的发票金额大写与小写不符，这种情况如何处理？可不可以在原发票上进行修改。

解析：按照会计相关规定，原始凭证金额有错误的，需要对方单位重新开具，不可以在原发票上修改。因此，需要将该张原始凭证退回，要求对方重新开具。

4.4　记账凭证

记账凭证，又称为记账凭单或分录凭单，是会计人员根据审核无误的原始凭证按照经济业务事项的内容加以归类，并据以确定会计分录后填制的会计凭证，也是登记账簿的直接依据。

4.4.1　记账凭证的基本内容

记账凭证种类繁多，格式不一，其主要作用在于对原始凭证进行分类整理，按照复式记账的要求，运用会计科目编制会计分录，据以登记账簿。因此，无论采用何种格式，记账凭证都必须具备如图4-3所示的基本内容。

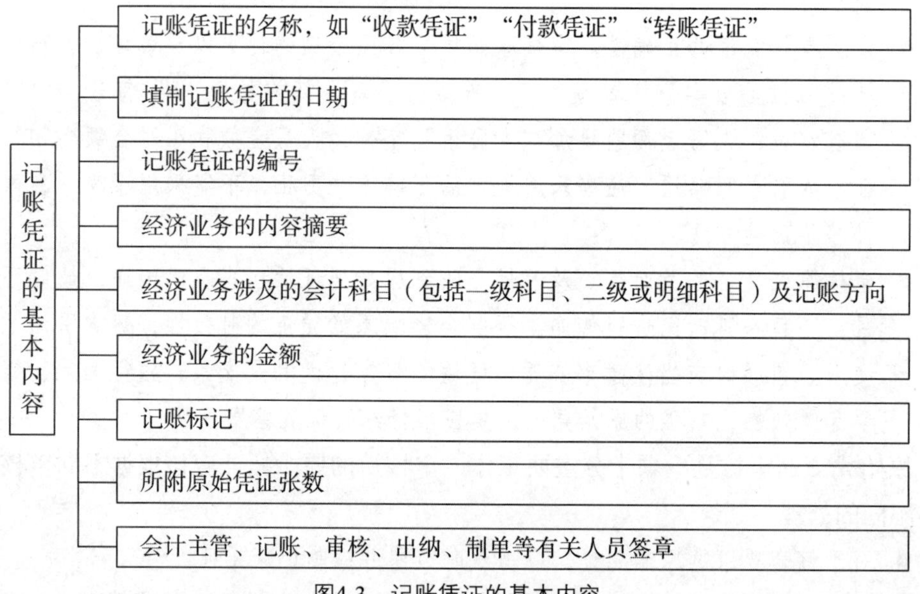

图4-3　记账凭证的基本内容

4.4.2　记账凭证的种类

记账凭证有两种分类标准，一种是按照内容进行分类，另一种是按照填列方式进行分类。

1. 按照内容进行分类

记账凭证按其反映的经济事项内容，一般分为收款凭证、付款凭证和转账凭证。

- 收款凭证，指用于记录现金和银行存款收款业务的会计凭证。收款凭证根据有关现金和银行存款收入业务的原始凭证进行填制，是登记现金日记账、银行存款日记账以及有关明细账和总账等账簿的依据，也是出纳人员收讫款项的依据，如表4-9所示。

表4-9 收款凭证

借方科目＿＿＿＿＿＿　　年　月　日　　字第　号

摘要	贷方总账科目	明细科目	记账符号	金额
合计				

附单据　张

财务主管　记账　出纳　审核　制单

例4-2

2023年3月1日，收到小王还款500元，制作收款凭证如表4-10所示。

表4-10 收款凭证

借方科目 库存现金　　2023年 3 月 1 日　　现 字第01号

摘要	贷方总账科目	明细科目	记账符号	金额
收到小王还款	应收账款	小王		500
合计				500

附单据　张

财务主管　记账　出纳　审核　制单

- 付款凭证，指用于记录现金和银行存款付款业务的会计凭证。付款凭证根据有关现金和银行存款支付业务的原始凭证进行填制，是登记现金日记账、银行存款日记账以及有关明细账和总账等账簿的依据，也是出纳人员支付款项的依据，如表4-11所示。

表4-11 付款凭证

贷方科目______ 年 月 日 字第 号

摘要	借方总账科目	明细科目	记账符号	金额
合计				

附单据 张

财务主管 记账 出纳 审核 制单

例4-3

2023年3月5日，购买办公电脑一台，价款合计5 000元，以银行存款支付，制作付款凭证，如表4-12所示。

表4-12 付款凭证

贷方科目 银行存款 2023年 3 月 5 日 银 字第 号

摘要	借方总账科目	明细科目	记账符号	金额
购买办公电脑	固定资产	办公设备		5 000
合计				5 000

财务主管 记账 出纳 审核 制单

- 转账凭证，指用于记录不涉及现金和银行存款收付业务的会计凭证。转账凭证根据有关转账业务的原始凭证进行填制，是登记有关明细账和总账等账簿的依据，如表4-13所示。

表4-13　转账凭证

年　　月　　日　　　　　　　　　　字第　号

摘要	总账科目	明细科目	√	借方金额	√	贷方金额
合计						

附单据　张

财务主管　　记账　　出纳　　审核　　制单

提示

收款凭证、付款凭证、转账凭证的划分，在实际工作中经常会用到，其有利于区别不同经济业务的分类管理，有利于经济业务的日常核查，但是工作量比较大，适用于规模较大、收付业务较多的企业。经济业务较简单、规模较小、收付款业务较少的企业，可以采用通用记账凭证记录所有经济业务。通用记账凭证不再区分收款、付款及转账业务，将所有经济业务统一编号，在同一格式的凭证中进行记录。通用记账凭证的格式与转账凭证基本相同。

例4-4

2023年3月末结转本月管理费用3 000元入本年利润账户，其转账凭证如表4-14所示。

表4-14　转账凭证

2023　年　3　月　31　日　　　　　　转　字第　号

摘要	总账科目	明细科目	√	借方金额	√	贷方金额
结转本月管理费用入本年利润	本年利润			3 000		
	管理费用					3 000
合计				3 000		3 000

附单据　张

财务主管　　记账　　出纳　　审核　　制单

2. 按照填列方式分类

记账凭证按照填列方式，可分为复式记账凭证、单式记账凭证和汇总记账凭证。

- 复式记账凭证，指将每一笔经济业务涉及的全部会计科目及其发生额都在同一张记账凭证中反映的一种凭证，是实际工作中应用最普遍的记账凭证。上述介绍的收款凭证、付款凭证和转账凭证，以及通用记账凭证均属于复式记账凭证。会计分录是"有借必有贷，借贷必相等"，所以通过复式记账凭证可以全面反映经济业务的借贷双方对应关系。

- 单式记账凭证，指一张记账凭证只登记单个方向的会计科目和金额，具体说是借方科目的填写借项凭证，贷方科目的填写贷项凭证。如果有经济业务涉及几个会计科目，就编制几张单式记账凭证。单式记账凭证反映内容单一，便于会计分工记账，便于按会计科目汇总，但是一张凭证不能全面反映每一笔经济业务，不便于检验会计分录是否正确。在实际工作中，单式记账凭证的使用范围很小，以下不作介绍。
- 汇总记账凭证，指将所发生的同类记账凭证逐日或定期进行汇总后填制的一种凭证。如将收款凭证、付款凭证或转账凭证按一定的时间分期分别进行汇总，编制出汇总收款凭证、汇总付款凭证或汇总转账凭证；又如，将一段时间的记账凭证按照相同会计科目的借方或者贷方分别汇总，编制记账凭证汇总表等都属于汇总记账凭证范畴。

4.4.3 记账凭证的编制

记账凭证是对原始凭证反映的经济业务事项进行分类后编制的凭证，在会计核算过程中，具有便于记账、减少差错的作用。编制记账凭证是将原始凭证记载的内容向会计账簿传递的重要中间环节。为了保证会计信息的质量，记账凭证的编制都要基本要求。

（1）收款凭证的编制。先填写编写凭证的日期，填写该张凭证的顺序号，收款凭证的借方填写“库存现金”或者“银行存款”，在摘要栏填写经济业务的内容，要求简单明了；同时填写对应的贷方科目名称和金额。然后把记账凭证后面附的原始凭证的总张数写上。最后是会计有关人员签章以明确经济责任。

（2）付款凭证的编制。付款凭证的编制方法与收款凭证基本相同，只是左上角由“借方科目”换为“贷方科目”，凭证中间的“贷方科目”换为“借方科目”。

需要注意的是，如果经济业务同时涉及“库存现金”和“银行存款”，例如现金存入银行或者从银行提取现金，一般只编制付款凭证，不编制收款凭证。

（3）转账凭证的编制。转账凭证是用于结转事项的凭证，具体内容的填写与收、付款凭证基本相同。

（4）通用记账凭证的编制。该凭证的编制与转账凭证基本相同，不同的是在进行凭证编号时，按照发生经济业务的先后顺序进行编号，如果一笔经济业务涉及两张以上记账凭证，可以采取分数编号法。

（5）科目汇总表的编制。首先根据记账凭证编制“T”形账户，将本期所有的会计科目发生额都记入有关“T”形账户；然后分别计算出各个账户的借方发生额与贷方发生额的合计数；最后将发生额合计数填入科目汇总表中的“本期发生额”栏，将所有会计科目本期借方发生额与贷方发生额进行合计，借贷相等后，一般说明无误，可以据以进行总账登记。

4.4.4 记账凭证的审核

为了正确登记账簿和监督经济业务，除编制记账凭证的人员应当认真负责、正确填制、加强自审外，同时应建立专人审核制度。只有经过审核无误的记账凭证，才能据以登记账簿。对记账凭证的审核，除了需要对原始凭证进行复审外，还应注意审核以下几点，如图4-4所示。

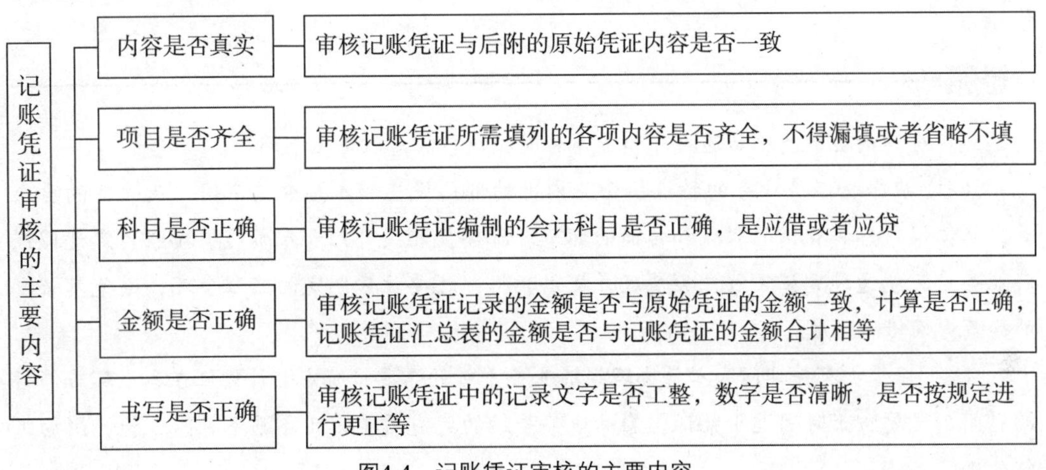

图4-4 记账凭证审核的主要内容

提示

出纳人员在办理收款或付款业务后，应当在凭证上加盖“收讫”或“付讫”的戳记，以避免重收、重付。

4.5 会计凭证的传递

会计凭证的传递，指会计凭证从编制时起到归档时止，在单位内部各有关部门及人员之间的传递程序和传递时间。为了能够利用会计凭证、及时反映各项经济业务、提供会计信息、发挥会计监督的作用，必须正确、及时进行会计凭证的传递，不得积压。正确组织会计凭证的传递，对于及时处理和登记经济业务、明确经济责任、实行会计监督具有重要作用。

根据企业生产特点、经济业务内容以及管理要求的不同，会计凭证的传递方式也有所不同。因此，企业应当根据具体情况制定每一种凭证的传递程序和方法。例如，收料单的传递应当规定：材料到达企业后多长时间内需要验收入库，收料单由谁负责填制，一式几联，各联的用途是什么，分别传递到哪些部门，何时传递到会计部门，会计部门由谁负责收料单的审核工作，由谁根据收到的原始单据据以编制记账凭证、登记账簿以及整理归档等。会计凭证的传递是否科学、严密、有效，对于加强企业内部管理、提高会计信息质量具有很重要的作用。

会计凭证传递是会计制度的一个重要组成部分，在会计制度中应当制定明确的规定并且正确组织会计凭证的传递，对于及时处理经济业务和实行会计监督具有重要意义。正确组织会计凭证的传递，便于及时、真实反映发生和完成情况，便于有关部门和人员及时沟通加速业务处理过程，便于分工协助和发挥会计的监督作用。

提示

制定合理的会计凭证传递程序和传递时间，应当注意以下几个问题。

（1）应根据经济业务的特点、企业内部的部门设置和人员分工不同以及管理的要求等，具体规定各种凭证的联数和传递的环节。既要使相关部门和人员能够按照规定处理经济业务，又能通过凭证了解业务情况并提供数据，还要注意制定的流程合理，避免不必要的环节影响传递速度。

（2）应根据有关部门和人员办理经济业务手续的需要，确定会计凭证在各个环节停留的时间。既要防止时间过于紧张，影响业务手续的完成质量，又要避免时间过长，影响工作效率。

（3）建立凭证交接的签收制度。为了确保会计凭证的安全和完整，在各个环节中应当指定专人办理交接手续，制作交接单，做好登记，做到责任明确、手续完备、严密。

会计凭证的传递办法，在报经本企业领导批准后，各有关部门和人员必须遵照执行。会计部门应当对执行情况进行监督和检查，发现不合理、不完善之处，应及时研究并加以修改重新制定。

4.6 会计凭证的装订

装订会计凭证是每个会计人员必备的一项技能。企业在月末终了，结账后要对各会计凭证进行整理装订成册，其程序和方法如下。

（1）每月记账完毕后，会计人员应当将本月记账凭证进行整理，检查是否有缺号以及附件是否齐全。

（2）在确认记账凭证和所附原始凭证完整无缺后，将凭证折叠整齐，按凭证编号顺序，加上封面、封底装订成册，并在装订线上加贴封签。

（3）装订成册的封面上需要写明单位名称和会计凭证名称，还要填写此册记账凭证包含的经济业务事项发生的年、月，凭证的起止号码以及起止日期，记账凭证和原始凭证的张数等。为慎重起见，在记账凭证的封面上加盖单位负责人和财务负责人的印章，装订人应在装订封签处签名或盖章。会计凭证封面格式如表4-15所示。

表4-15　会计凭证封面

年	（企业名称）
	年　月份　共　册第　册
月 份	收款 付款　凭证　第　号至第　号　共　张 转账
第	附：原始凭证　张
册	会计主管（签章）　　保管（签章）

提示

如果某些记账凭证所附的原始凭证张数较多，如收、发料单，可以把这些原始凭证单独保管。在封面上注明记账凭证的日期、编号、种类，同时在有关记账凭证上注明“附件另订”和原始凭证名称及其编号。

4.7　会计凭证的保管

会计凭证是重要的会计档案和经济资料，每个单位都要建立保管制度妥善保管。对各种会计凭证要分门别类、按照编号顺序整理装订成册。封面要注明会计凭证的名称、起止号、时间以及有关人员的签章。要妥善保管好会计凭证，在保管期间会计凭证不得外借，对超过规定期限的会计凭证，要严格依照有关程序销毁；需永久保留的有关会计凭证，不能销毁。

对会计凭证的保管，既要做到完整无缺，又要便于翻阅查找。其主要要求有以下几项。

（1）会计凭证应当定期装订成册防止散失，具体方法如上所述，不再重复。另外要求装订成册的会计凭证应加贴封条，防止抽换凭证。

（2）各种经济合同、保证金收据等重要原始凭证，应当另外编制目录，单独进行登记保管，并在有关记账凭证和原始凭证上相互注明日期以及编号。

（3）会计凭证不能外借，其他单位如果因特殊原因需要借用会计凭证时，必须经本单位会计机构负责人、会计主管人员批准，可以复制。向外单位提供原始凭证复印件时，应当在专设的登记簿上进行登记，并由提供人员和收取人员共同签名或者盖章。查阅或者复制会计凭证的人员，不得在会计凭证上涂画、拆封和抽换。

（4）如果从外部单位取得的原始凭证丢失，应当由经办人员取得外部单位有效证明文件，加盖公章，证明文件中应当注明丢失的原始凭证编号、内容和金额等，然后需要由本单位负责人同意后才能代作原始凭证。确实无法取得证明的，如车票丢失，则应当由当事人写明详细情况，由经办单位会计机构负责人、会计主管人员和单位负责人批准后，可代作原始凭证。

（5）每年装订完成的会计凭证，在年度终了后，可暂时由会计机构保管一年，期满后，应当由会计机构编制移交清册，移交本单位档案机构进行统一保管；未设立档案机构的，应当在会计机构内部指定专人保管，出纳人员不得兼管会计档案。

（6）移交本单位档案机构保管的会计凭证，原则上应当保持原卷册的封装，也就是保持原封不动。个别需要拆封重新整理的，档案机构应会同会计机构人员和经办人员共同拆封整理，以分清责任。

（7）会计凭证的保管期限。按照目前实施的《会计档案管理办法》规定，原始凭证、记账凭证、汇总记账凭证的保管期限是30年，银行对账单、银行存款余额调节表的保管期限为10年。

（8）会计凭证的销毁。保管期满后的会计凭证，可按照规定程序进行销毁，但是保管期满而有未结清的债权债务原始凭证和涉及其他未了事项的原始凭证，不得销毁，应当单独抽出立卷，保管到未了事项完成时为止。

例4-5

采购部小王需要借用购买空调的发票去提货，应当在财务部借用原始凭证的登记簿上登记，并经相关负责人签字同意后方可借走。如果复印件可以的话最好提供复印件，并在复印件上注明：此复印件仅用于办理提货，重复复印无效。

4.8 凭证管理技巧

企业发生的经济业务内容非常复杂，用以记录、监督经济业务的会计凭证必然五花八门、名目繁多，为了简化流程，方便快捷地对凭证进行管理，本节介绍凭证管理环节中的几个技巧。

1. 会计凭证整理环节

企业会计人员在月末终了，要将本月所有登账完毕的记账凭证进行整理。在实际工作中，一般按照与现金收付有关的凭证、与银行存款收付有关的凭证和转账凭证三类进行整理编号。这样编号有利于账户登记，并且在日常工作中查阅方便、快捷，以及对账简便。

例4-6

月末终了，现金凭证20张，银行凭证30张，转账凭证7张。如何进行编号整理？

将凭证编号为现字1号～20号，银字1号～30号，转字1号～7号，分别写在凭证右上角的编号位置，按照这样的方法整理记账凭证。

2. 会计凭证装订环节

月末将整理好的记账凭证进行装订，装订过程也有技巧，记账凭证最好在月末一次装订成册。装订时，同样按照整理好的现字凭证、银字凭证以及转字凭证进行分别装订。

提示

在实际工作中，一般分别装订，也就是说现字凭证、银字凭证和转字凭证各自装订为一册，不混合装订。这样做为了记账凭证清晰，方便查询以及管理。另外，装订时如果记账凭证数量较多，可以分成若干册，只要在封皮注明共×册就可以了。装订不可太厚，否则容易散失，不利于日常存放和查询。

3. 会计凭证保管环节

会计人员将装订成册的会计凭证装档案盒进行保管，并在档案盒外注明存放的记账凭证所属的月份、总册数等信息，以方便查询。需要设立会计凭证查阅、借阅登记簿，由会计人员拟定相关流程、查阅和借阅制度，报经企业负责人批准后，按照制度认真执行，会计人员有监督并督促本公司人员执行的义务。

提示

如果单位有会计人员变动，在进行会计凭证移交时，做好明细登记，移交和接交双方签字确认。

4.9 实战案例

本节通过实例对本章讲述的会计凭证进行练习。

（1）4月1日开出现金支票，从开户银行提取现金10 000元。

（2）4月7日报销员工差旅费800元，以现金支付。

（3）4月8日购进一批调料，货款合计3 000元，以转账支票支付，调料验收入库。

（4）4月11日以现金购买办公用品，共计支付600元。办公用品交由办公室进行管理。

（5）4月13日收到顾客交来的转账支票，结清上月欠款1 000元，已存入银行。

（6）4月18日报销办公室文员的交通费160元，以现金支付。

（7）4月25日出售废品收入100元，存入银行。

（8）4月28日本月的销售收入50 000元，存入银行。

根据以上本月发生的经济业务，编制记账凭证。

（1）按照会计规范规定，同时涉及现金及银行存款收付业务的，只填写付款凭证。本业务为从银行提取现金，只需填写付款凭证。在金额处，如有空白需要画斜线以示空白无内容，其格式和内容如表4-16所示。

表4-16　付款凭证

贷方科目 银行存款　　　　2023年　4月　1日　　　　银字第 1 号

摘要	借方总账科目	明细科目	记账符号	金额									
				千	百	十	万	千	百	十	元	角	分
银行提现	现金						1	0	0	0	0	0	0
合计						¥	1	0	0	0	0	0	0

附单据1张

财务主管　　记账　　出纳　　审核　　制单

（2）此项经济业务是与现金有关的收付，所以编号为现字1号，其格式和内容如表4-17所示。

表4-17　付款凭证

贷方科目 库存现金　　　　2023年　4月　7日　　　　现字第 1 号

摘要	借方总账科目	明细科目	记账符号	金额									
				千	百	十	万	千	百	十	元	角	分
支付员工差旅费	管理费用	差旅费							8	0	0	0	0
合计								¥	8	0	0	0	0

附单据5张

财务主管　　记账　　出纳　　审核　　制单

（3）此项业务为与银行存款有关的收付业务，所以按照顺序应编为银字第2号，其格式和内容如表4-18所示。

表4-18　付款凭证

贷方科目 银行存款　　　　2023年　4月　8日　　　　银字第 2 号

摘要	借方总账科目	明细科目	记账符号	金额									
				千	百	十	万	千	百	十	元	角	分
购进调料	库存商品	调料						3	0	0	0	0	0
合计							¥	3	0	0	0	0	0

附单据9张

财务主管　　记账　　出纳　　审核　　制单

（4）以现金购买办公用品，其格式和内容如表4-19所示。

表4-19 付款凭证

贷方科目 库存现金　　2023年 4 月 11日　　现字第 2 号

摘要	借方总账科目	明细科目	记账符号	金额									
				千	百	十	万	千	百	十	元	角	分
支付购买办公用品款	管理费用	办公费							6	0	0	0	0
合计								¥	6	0	0	0	0

附单据2张

财务主管　　记账　　出纳　　审核　　制单

（5）此项经济业务为收款业务，因此需要填制收款凭证；又是与银行相关的收付业务，因此编号应与银字编号顺序顺延下来，其格式和内容如表4-20所示。

表4-20 收款凭证

借方科目 银行存款　　2023年 4 月 13日　　银字第 3 号

摘要	贷方总账科目	明细科目	记账符号	金额									
				千	百	十	万	千	百	十	元	角	分
收到顾客所欠款项	应收账款	顾客						1	0	0	0	0	0
合计							¥	1	0	0	0	0	0

附单据2张

财务主管　　记账　　出纳　　审核　　制单

（6）以现金支付员工交通费，其格式和内容如表4-21所示。

表4-21 付款凭证

贷方科目 库存现金　　2023年 4 月 18日　　现字第 3 号

摘要	借方总账科目	明细科目	记账符号	金额									
				千	百	十	万	千	百	十	元	角	分
支付员工交通费	管理费用	交通费							1	6	0	0	0
合计								¥	1	6	0	0	0

附单据2张

财务主管　　记账　　出纳　　审核　　制单

（7）此项为收款业务，其格式和内容如表4-22所示。

表4-22 收款凭证

借方科目 银行存款　　2023年 4 月 25日　　银字第 4 号

摘要	贷方总账科目	明细科目	记账符号	金额									
				千	百	十	万	千	百	十	元	角	分
收到卖废品的收入	营业外收入								1	0	0	0	0
合计								¥	1	0	0	0	0

附单据1张

财务主管　　记账　　出纳　　审核　　制单

（8）此项经济业务为收款业务，其格式和内容如表4-23所示。

表4-23 收款凭证

借方科目 银行存款　　　　2023年 4 月 28日　　　　银字第 5 号

摘要	贷方总账科目	明细科目	记账符号	千	百	十	万	千	百	十	元	角	分	
收到营业收入	主营业务收入						5	0	0	0	0	0	0	附单据1张
合计						¥	5	0	0	0	0	0	0	

财务主管　　记账　　出纳　　审核　　制单

以上经济业务是与收款、付款相关的练习，下面进行有关转账凭证的练习。具体填制方法如下所示。

（1）4月30日结转本月管理费用1 500元，转入“本年利润”科目。

（2）4月30日结转本月营业收入50 000元，转入“本年利润”科目。

根据以上经济业务编制转账凭证。

（1）结转管理费用，其格式和内容如表4-24所示。

表4-24 转账凭证

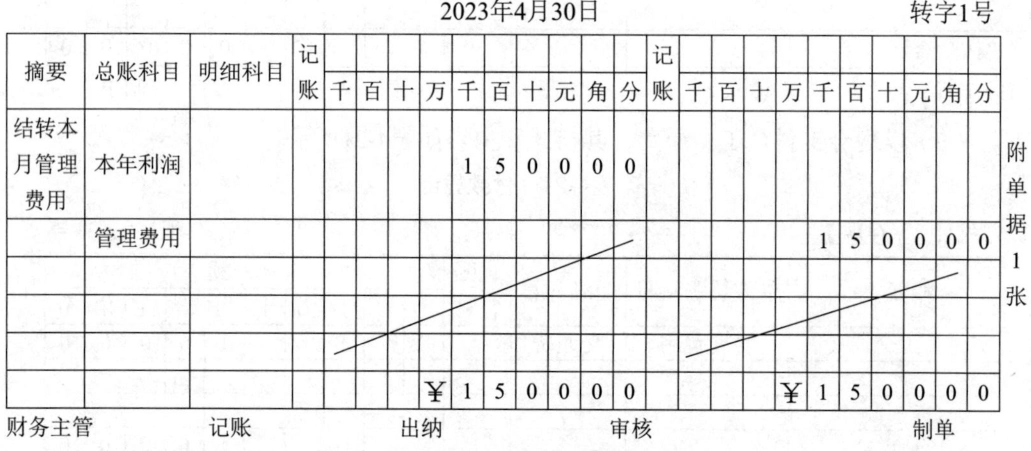

2023年4月30日　　　　转字1号

摘要	总账科目	明细科目	记账	千	百	十	万	千	百	十	元	角	分	记账	千	百	十	万	千	百	十	元	角	分	
结转本月管理费用	本年利润							1	5	0	0	0	0												附单据1张
	管理费用																		1	5	0	0	0	0	
							¥	1	5	0	0	0	0					¥	1	5	0	0	0	0	

财务主管　　记账　　出纳　　审核　　制单

（2）结转营业收入，其格式和内容如表4-25所示。

表4-25 转账凭证

2023年4月30日　　　　转字2号

摘要	总账科目	明细科目	记账	千	百	十	万	千	百	十	元	角	分	记账	千	百	十	万	千	百	十	元	角	分	
结转本月收入	主营业务收入						5	0	0	0	0	0	0												附单据1张
	本年利润																	5	0	0	0	0	0	0	
						¥	5	0	0	0	0	0	0				¥	5	0	0	0	0	0	0	

财务主管　　记账　　出纳　　审核　　制单

第5章 会计账簿的管理

会计账簿是每个企业财务管理中不可缺少的内容，在整个会计核算中占据十分重要的地位。它是指由一定格式的账页组成，以会计凭证为依据，全面、系统、连续地记录各项经济业务的簿籍。

5.1 会计账簿的意义

会计账簿是以会计凭证为依据，全面、连续、系统、综合地记录和反映企业、事业等单位经济活动全部过程的簿籍。它是一种具有专门格式的簿籍，是由具有专门格式的账页装订成册，或用其他方式联结而成，用以根据会计凭证登录经济业务，以全面、连续、序时、分类反映经济业务的一种簿籍。会计账簿是编制会计报表的基础，是实际工作中会计凭证与会计报表的中间环节，在会计核算中具有重要意义。

- 通过会计账簿的设置，将会计凭证记录的经济业务全部一一记入对应的账簿，这时账簿记载和储存了会计信息，可以全面反映企业在一定时期内发生的资金使用情况，储存了需要的各项会计信息。
- 账簿在设置和登记时，对会计信息进行分类以及汇总。账簿记录可以分门别类反映各个方面的会计信息，同样提供了一定时期内经济活动的详细情况。另外，通过对发生额、余额的计算，可以得到各方面需要的总括性会计信息，充分反映企业财务状况及经营成果。
- 通过账簿登记，可以检查、校正会计信息。账簿其实是对会计凭证信息进行进一步的整理。在实际工作中，可以通过账簿记录与实际盘点的结果进行核对，从而了解企业财产的盘盈或者盘亏，并且根据实际盘点数对账簿记录进行调整，这样才能提供真实、可靠、正确的会计信息。
- 通过账簿登记，可以编制会计报表、输出会计信息。在实际工作中，要反映一定日期的财务状况及一定时期的经营成果，应当定期进行结账工作。结账之后要在账簿之间进行核对，然后计算出本期发生额和余额。根据这些信息编制会计报表，以会计报表的形式向有关方面提供需要的会计信息。

5.2 会计账簿与账户的关系

账户存在于账簿中，账簿中的每一账页就是账户的存在形式和载体，没有账簿，账户不能独立存在；账簿序时、分类记载的经济业务，是在账户中完成的。因此，账簿只是一个外在形式，账户才是其内在真实内容，二者的关系是形式和内容的关系。

5.3 会计账簿的分类

会计核算中用的账簿很多，不同的账簿，形式、用途、内容和登记方法各不相同。因此，为了更好地了解和使用各种账簿，必须对账簿进行必要的分类。账簿一般有三种分类方式：按照用途分类、账页格式分类以及外形特征分类。

5.3.1 按用途分类

会计账簿按照其用途不同分为三种：序时账簿、分类账簿和备查账簿，如图5-1所示。

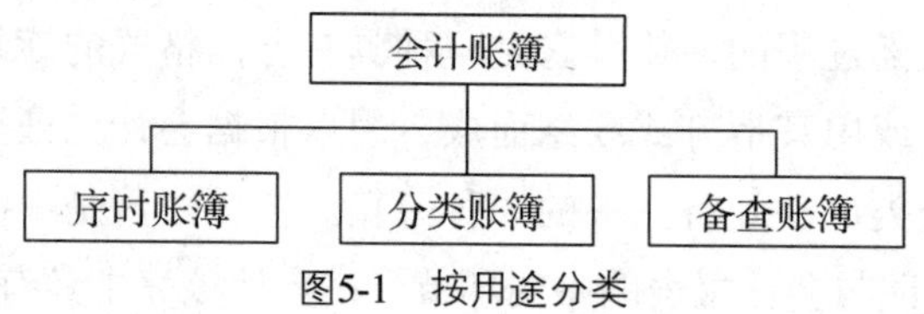

图5-1 按用途分类

1. 序时账簿

序时账簿其实就是日记账。所谓序时，顾名思义是按照时间顺序。它的定义就是按照经济业务发生或者完成的时间先后顺序，进行逐日、逐笔登记的会计账簿。序时账簿可以反映某一类型的经济业务或者全部经济业务的发生或完成情况。如果反映和记录某一类型的经济业务则称为特种日记账，如果是用来反映和记录全部业务的日记账则称为普通日记账。特种日记账如记录现金、银行存款收付业务及余额情况的现金日记账、银行存款日记账。也有专门记录转账业务的转账日记账。在我国，企业一般只设置现金日记账和银行存款日记账，不设置转账日记账和普通日记账。

2. 分类账簿

分类账簿，指对经济业务按会计六要素分别设置的分类账户而进行登记的账簿。按照总分类账户登记经济业务的是总分类账簿，也就是总账；按照明细分类账户登记经济业务的是明细分类账簿，也就是明细账。总分类账反映总括性的会计信息，明细分类账反映详细的会计信息，二者是相辅相成、互为补充的关系。

分类账簿全面反映有关资产、负债、所有者权益、收入、费用和利润的增减变动情况，所以分类账簿提供的会计数据是进行会计报表编制的主要依据。

在实际工作中，分类账簿和序时账簿各司其职，各自发挥不同的作用。序时账簿能够将一定会计期间发生的经济业务连续、系统地记录，可以反映企业资金运动的全貌；分类账簿则按照经营需要进行账户设置，是对各类会计信息进行归集并且汇总，反映资金运动的各种具体状态、形式及其构成。编制会计报表需要通过分类账簿才能完成，因此在会计账簿中，分类账簿占有特别重要的地位。

3. 备查账簿

备查账簿（或称辅助登记簿），简称备查簿，是对序时账簿和总分类账簿进行补充登记的账簿。实际工作中，主要有租入固定资金备查簿、应收票据贴现备查簿等。备查账簿与序时账簿和分类账簿相比，存在以下两点不同之处。

（1）登记依据，备查账簿一般不需要记账凭证，甚至不需要一般意义上的原始凭证。

（2）账簿的格式和登记方法不同，备查账簿的主要栏目不记录金额，更多用文字表述某项经济业务的具体情况。例如，融资租入固定资产登记簿，进行账目登记的依据是双方签订的租赁合同以及使用单位收到设备后的证明。登记租入固定资产备查簿，也不需要编制其相应的记账凭证。

5.3.2 按账页格式分类

会计账簿按照账页格式不同分为四种：两栏式、三栏式、多栏式和数量金额式，如图5-2所示。

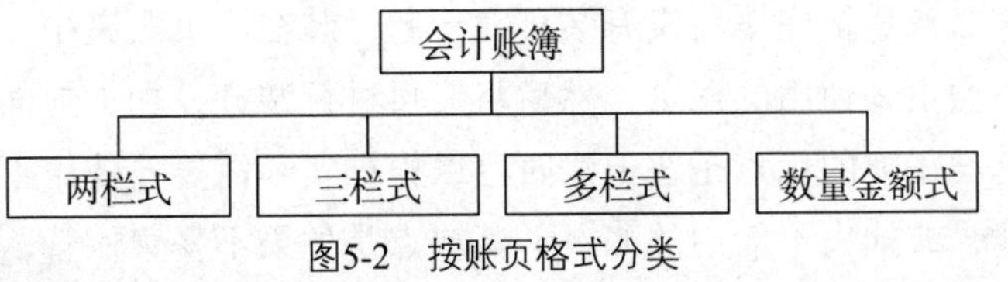

图5-2 按账页格式分类

1. 两栏式账簿

只有借方和贷方两个基本金额栏的账簿。普通日记账和转账日记账一般采用两栏式，实际工作中很少用。

2. 三栏式账簿

设有借方、贷方和余额三个基本栏的账簿。各种序时账、总分类账以及债权、债务明细账都可以采用三栏式账簿。三栏式账簿又可以分为设对方科目和不设对方科目两种，两者的区别是在摘要栏和借方科目栏之间是否有一栏“对方科目”。有“对方科目”栏的，称为设对方科目的三栏式账簿；不设“对方科目”栏的，称为不设对方科目的三栏式账簿，也是常见的一般三栏式账簿。

3. 多栏式账簿

在账簿的两个基本栏借方和贷方下按需要再分设若干个专栏的账簿。例如，多栏式日记账、多栏式明细账。无论专栏设置在借方，还是在贷方，或者同时设有专栏，设多少个专栏，都根据企业核算需要确定。收入明细账、费用明细账一般采用这种格式的账簿来进行核算。

4. 数量金额式账簿

这种账簿的借方、贷方和余额三个栏内，都分别设有数量、单价和金额三个小栏，其作用是反映财产物资的实物数量和价值。例如原材料明细账、库存商品明细账、产成品明细账等，一般都采用数量金额式账簿。

5.3.3 按外形特征分类

会计账簿按其外形特征不同分为三种：订本账、活页账和卡片账，如图5-3所示。

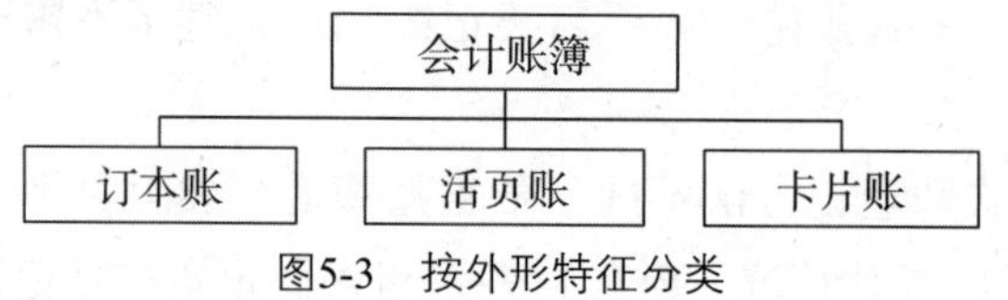

图5-3 按外形特征分类

1. 订本账

订本账是账簿启用前已经将账页装订在一起，并且对账页进行连续编号的账簿。订本账的优点是能够避免账页散失和防止随意抽换账页；其缺点是不能准确为各账户预留账页，用多少留多少，预留太多造成浪费，预留太少会影响连续登记。这种账簿一般适用于总分类账、现金日记账、银行存款日记账。

2. 活页账

活页账是在账簿登记完毕前没有装订在一起，装在活页账夹中。当年度终了，账簿登记完毕后，撤出未使用的账页，然后将账页进行装订，加上封面并且给各账页进行连续编号。这类账簿的优点是在记账时可以根据实际需要，使用不够时可以将空白账页添加入账簿，或抽去不需用的账页；其缺点是如果不妥善保管，可能造成账页散失或者故意抽换账页，一般各种明细分类账采用活页账形式。

3. 卡片账

卡片账是将账户所需格式印刷在特制的卡片上。严格地说，卡片账也是一种活页账，只不过不是装在活页账夹中，而是装在卡片箱内。在我国，企业一般只有固定资产明细账采用卡片账形式。因为固定资产的特殊性，它在企业长期使用而其实物形态不变，又可能经常转移使用部门，设置卡片账便于随实物同时转移。

5.4 会计账簿的基本内容

各单位均应按照会计核算的基本要求和会计规范的有关规定，结合本单位经济业务特点和经营管理需要，设置必要的账簿并认真做好记账工作。各种账簿的形式和格式多种多样，但均应具备下列组成内容。

1. 封面

封面主要用来标明会计账簿的名称，例如，现金日记账、银行存款日记账、总分类账、固定资产明细账等。

2. 扉页

扉页主要用来填写会计账簿的使用信息，其主要内容如图5-4所示。

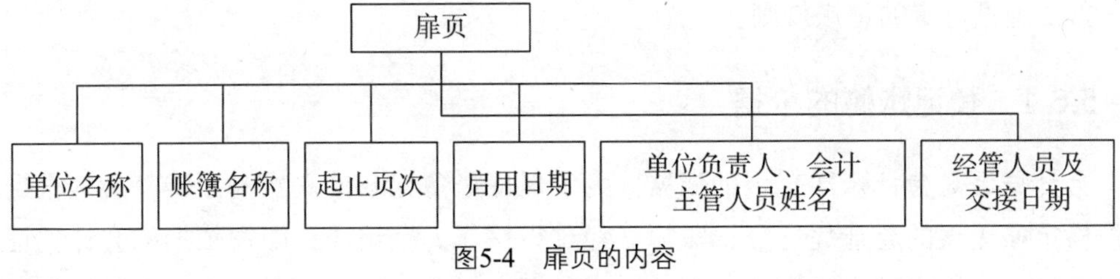

图5-4 扉页的内容

3. 账页

账页是会计账簿最主要的组成部分，是会计账簿的主体，会计账簿由若干账页组成，每一张账页的内容如图5-5所示。

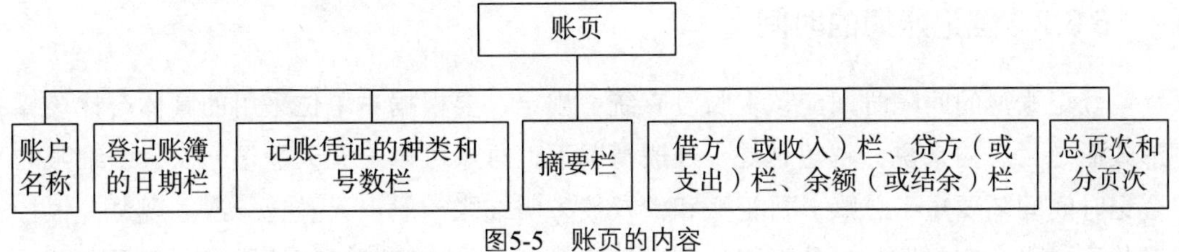

图5-5 账页的内容

5.5 会计账簿设置的基本原则

企业要设置哪些账簿？一般要根据会计法规和会计准则的要求，同时要根据企业管理需要和企业经营活动特点确定。前面已述，企业设置的账簿不可能只有一本，账簿是一个完整的体系。那么，不同的单位应该设置哪些账簿呢？单位在设置账簿时一般应遵守以下原则。

（1）确保全面、连续、系统地核算和监督所发生的各项经济业务，为企业经营管理和编制会计报表提供完整、系统的会计信息和资料。

（2）在保证满足核算和监督经济业务的前提下，尽量考虑人力、物力的节约，注意防止重复记账。

（3）在格式设计上，从要核算的经济业务内容和需要提供的核算指标出发，力求简明实用，避免烦琐复杂，以提高会计工作效率。

例5-1

例如某企业属酒店行业，需设置相应的原材料明细账、出入库明细账；如果属房地产行业，成本支出相对比较大，就需设置成本明细账。

5.6 会计账簿的记账规则

登记会计账簿是会计工作的重要部分，在实际工作中，要在依据、时间和规范要求等方面遵循一定的记账规则。

5.6.1 登记账簿的依据

会计凭证是会计账簿登记的依据。为了保证账簿记录的真实和正确，必须根据经过严格审核无误的会计凭证登记账簿。经过审核作为登记会计账簿依据的会计凭证，应当是格式和内容符合国家统一会计制度的要求，并由记账人员、审核人员等签名或盖章的会计凭证。未经会计人员审核的会计凭证，不能作为登记账簿的依据。各单位每天发生的各种经济业务，都要记账。

5.6.2 登记账簿的时间

登记账簿的间隔时间应该多长没有统一规定，要根据本单位采用的具体会计核算形式而定，总的来说，越短越好。一般情况下，总账可以三五天登记一次；明细账的登记时间间隔要短于总账，日记账和债权债务明细账一般一天登记一次。现金、银行存款日记账，应根据收付款记账凭证，按照业务发生顺序随时逐笔登记，每日终了应结出余额。经管现金和银行存款日记账的专门人员，必须每日掌握银行存款和现金的实有数，谨防开出空头支票和影响经营活动的正常用款。

5.6.3 登记账簿的规范要求

登记账簿时，要符合以下7个规范要求。

（1）登记账簿时，应当将会计凭证日期、编号、业务内容摘要、金额和其他有关资料逐项记入账内，同时记账人员要在记账凭证上签名或者盖章，并注明已经登账的符号（如打“√”），防止漏记、重记和错记情况发生。

（2）每一种账簿要按账页的顺序进行连续登记，不得跳行、空页。如发生跳行、跳页，应将空行、空页画线注销，或者注明“此行空白”或“此页空白”字样，并应由记账人员签名或者盖章。

（3）登记账簿时，要用蓝黑墨水或碳素墨水书写，不得用圆珠笔或铅笔书写。红色墨水只能用于制度规定的下列几种情况。

- 按红字冲销的记账凭证，冲销错误记录。
- 在不设减少金额栏的多栏式账页中，登记减少数。
- 在三栏式账户的余额栏前，如果没有印有余额方向的，在余额栏内登记负数金额。

- 会计制度中规定用红字登记的其他记录。

（4）在进行账簿登记时，账面要保持整洁、干净；书写要清楚、规范，书写时一般贴近空格底部，留有改错的空间。

（5）凡需要结出余额的账户，应当定期结出余额。现金日记账和银行存款日记账必须每天结出余额。结出余额后，应该在“借”“贷”栏内写明“借”或“贷”的字样。没有余额的账户，应在该栏内写“平”字并在余额栏“元”位上用“0”表示。

（6）每登记满一张账页需要结转下一页时，应当计算出本页合计数和余额，写在本页的最后一行和下页第一行的有关栏内，并在本页摘要栏内注明“转后页”字样，在此页的摘要栏内注明“承前页”字样。

（7）会计账簿记录如果有错误，应当按照规定的办法进行更正，不允许用涂改、刮擦、挖补、药水消除字迹等手段更正错误。

5.7 会计账簿的启用

账簿是非常重要的会计档案。为了确保账簿记录的完整与合规，明确相关人员的责任，在启用账簿时，应按规定的要求在账簿的有关位置记录相关信息。

1. 启用新的会计账簿，应当在账簿的封面上写上单位名称和该账簿的名称

2. 填写账簿扉页上的“账簿使用登记表”

账簿使用登记表的内容包括：启用日期、账簿页数（如果是活页账则在装订成册后填写）、记账人员和会计机构负责人、会计主管人员姓名等，并加盖单位公章和法人名章。如果有更换记账人员时，要在“账簿使用登记表”上注明交接日期、移交人员、接管人员和监交人员姓名，并由交接双方签名或者盖章，以明确经管人员的责任，加强经管人员的责任感，维护会计账簿记录的严肃性。“账簿使用登记表”的格式和内容，如表5-1所示。

表5-1 账簿使用登记表

<table>
<tr><td colspan="2">使用者名称</td><td colspan="3"></td><td colspan="2">印鉴</td></tr>
<tr><td colspan="2">账簿名称</td><td colspan="3"></td><td colspan="2" rowspan="4"></td></tr>
<tr><td colspan="2">账簿编号</td><td colspan="3"></td></tr>
<tr><td colspan="2">账簿页数</td><td colspan="3"></td></tr>
<tr><td colspan="2">启用日期</td><td colspan="3"></td></tr>
<tr><td rowspan="2">责任者</td><td></td><td>主管</td><td>会计</td><td>记账</td><td colspan="2">审核</td></tr>
<tr><td></td><td colspan="3"></td><td></td><td></td></tr>
</table>

（续表）

经管人员姓名及接交日期		接管　年　月　日		
		交出　年　月　日		
		接管　年　月　日		
		交出　年　月　日		
		接管　年　月　日		
		交出　年　月　日		
		接管　年　月　日		
		交出　年　月　日		
备注				

3. 账簿第一页应设置科目索引，内容包括账户名称、各账户的页数

科目索引的格式和内容，如表5-2所示。

表5-2　科目索引

页数	科目	页数	科目	页数	科目	页数	科目

4. 应用订本式和活页式账簿的要求

使用订本式账簿时，因为已经编定了页数，登记时应当顺序使用，不可跳页使用；使用活页式账簿时，先要按照科目的顺序填写账户，于年度终了时，抽出空白未使用的账页后，再进行顺序编号。

5.8 会计账簿的格式和登记方法

登记会计账簿的格式和方法可具体分为日记账的格式和登记方法、总分类账的格式和登记方法、明细分类账的格式和登记方法三种情况。

5.8.1 日记账的格式和登记方法

为了加强对货币资金的管理，各单位都应当设置现金日记账和银行存款日记账，相应的记账格式和登记方法如下。

1. 现金日记账

现金日记账是用来记录企业库存现金每天收到、支出和结存情况的账簿，由出纳人员按时间先后顺序逐日逐笔进行登记。也就是根据现金收款凭证和与现金有关的银行存款付款凭证（从银行提取现金的业务）登记现金收入；根据现金付款凭证登记现金支出，根据“上日余额加本日收入减去本日支出计算出本日余额”，逐日结出现金余额，并与库存现金实存数进行核对，以检查每日现金收付是否正确无误。其格式和内容如表5-3所示。

表5-3 现金日记账 第 页

2023年		凭证号		摘要	对方科目	收入	支出	余额
月	日	字	号					
1	1			上年结转				6 000
1	5	现付	1	员工报销差旅费	管理费用		1 000	5 000
1	7	现付	2	购买办公用品	管理费用		600	4 400
1	9	银付	1	提取现金	银行存款	2 000		6 400
1	15	现付	3	员工借款	其他应收款		500	5 900
				本月合计		2 000	2 100	

现金日记账的登记方法如下。

- 日期栏：按照记账凭证的日期。
- 凭证栏：按照记账凭证的种类和编号登记，如果是现金收款凭证，就登记“现收”；如果是现金付款凭证，就登记“现付”。另外，要把编号写在号数栏，以便查账和核对。
- 摘要栏：按照记账凭证记录的摘要登记。
- 对方科目栏：为了方便查看每笔现金业务的来源和去向，要按照记账凭证所列的对方科目进行登记。
- 收入栏、支出栏：均按照记账凭证登记。

提示

每日终了，应该分别计算现金的收入合计和支出合计，然后结出余额，同时要与实际库存现金进行核对，做到“日清月结”。到月末终了，同样计算本月的现金收入合计数和支出合计数，同样需要结出余额。

---

2. 银行存款日记账

银行存款日记账是用来计算银行存款每天的收入、支出和结余情况的账簿。银行存款日记账应该按照企业在银行的币种分别设置，每个银行账户设置一本日记账，由出纳人员负责登记，按时间先后顺序逐日逐笔进行登记。也就是根据银行存款收款凭证和有关现金付款凭证（库存现金存入银行的业务）登记银行存款的收入栏，根据银行存款付款凭证登记其支出栏，每日结出存款余额。

银行存款日记账的格式与现金日记账相同，通常采用三栏式。银行存款日记账的格式如表5-4所示。

表5-4 银行存款日记账 第 页

2023年		凭证		摘要	对方科目	收入	支出	余额
月	日	字	号					
1	1			上年结转				15 000
1	4	银付	1	支付货款	库存商品		4 500	10 500
1	8	银收	1	收到上月欠款	应收账款	3 000		13 500
1	11	银付	2	提取现金	库存现金		3 000	10 500
1	20	银付	3	缴纳税金	税金及附加		4 000	6 500
				本月合计		3 000	11 500	

提示

银行存款日记账的登记方法和现金日记账的方法基本相同，这里不重复介绍。每日终了，应当计算出银行存款收入合计和支出合计并结出余额，定期与开户银行打印出来的对账单进行核对。月终，同样要进行月底结账。

---

3. 转账日记账

转账日记账一般不会用到，它是根据转账凭证按时间顺序进行登记的一种账簿。

4. 普通日记账

普通日记账是用来按照时间先后顺序登记全部经济业务的账簿，又称为分录账簿，一般只设借方和贷方两个金额栏目，适用于规模较小、经济业务不多的企业。使用普通日记账程序简便，也可以满足业务需要，其优点是：

- 便于查看企业在一定时间内发生的所有经济业务。
- 把每一经济业务的应借应贷账户的名称、金额都在一张账页里显示，并且有该项业务的摘要可供查考，可以比较容易发现记账的错误。

- 通过全月发生额合计，可以进行试算平衡。

使用普通日记账的缺点是：

- 记账时不便于分工合作。
- 无法了解某一特定账户的发生额及余额的变化情况。
- 过账的工作量大。

提示

如果企业规模较大、业务量较多且较复杂，不宜设置普通日记账。

普通日记账格式和内容，如表5-5所示。

表5-5 普通日记账 第 页

2023年		摘要	账户名称	借方	贷方	过账
月	日					
1	5	收到向银行的借款	银行存款 短期借款	200 000	 200 000	√ √
1	11	购买办公设备	固定资产 银行存款	3 000	 3 000	√ √
1	20	报销差旅费	管理费用 库存现金	600	 600	√ √
1	28	发放2023年1月工资	应付职工薪酬 库存现金	5 000	 5 000	√ √

提示

编制普通日记账时，可根据经济业务直接进行登记，然后将普通日记账过入分类账。因此，设普通日记账一般可不再做记账凭证。

5.8.2 总分类账的格式和登记方法

总分类账是按每一个总分类科目开设账页进行分类登记的账簿，能全面地反映各会计要素具体内容的增减变动和变动结果。编制会计报表就是以这些分类账提供的资料为依据的，一般采用三栏式账页格式，即借方、贷方、余额三栏。

总分类账的登记方法很多，可以根据各种记账凭证逐笔登记，也可以先把各种记账凭证汇总编制成科目汇总表或汇总记账凭证，再据以登记总分类账。由于总分类账能够全面反映经济活动情况并为编制会计报表提供资料，因此，任何单位都必须设置总分类账。为了保证账簿资料的安全、完整，总分类账应使用订本式账簿。

总分类账的格式和内容，如表5-6所示。

表5-6　总分类账

会计科目：库存商品　　　　　　　　　　　　　　　　　　　　　　第　页

2023年		凭证		摘要	借方	贷方	借或贷	余额
月	日	种类	编号					
1	1			月初余额			借	50 000
1	10			购入调味品	3 000		借	53 000
1	16			领用原材料		10 000	借	43 000
				本月合计	3 000	10 000		

提示

总分类账的登记可以直接根据记账凭证逐笔进行登记，也可以将一定时期的各种记账凭证编制成科目汇总表后，再根据科目汇总表登记总账。一般采用按照会计科目汇总表登记的方法。每月都要将所发生的经济业务全部登记入账，月末结出总分类账中各个账户的本期发生额和余额，然后与明细分类账进行核对，核对相符方可作为编制会计报表的主要依据。

5.8.3　明细分类账的格式和登记方法

明细分类账是按照明细科目开设的用来分类登记某一类经济业务，提供明细核算资料的分类账户。它所提供的有关经济活动的详细资料，是对总分类账核算资料的必要补充，同时也是编制会计报表的依据。明细账的格式应根据各单位经营业务的特点和管理需要来确定，常用的主要有三栏式、数量金额式和多栏式三种格式。

1. 三栏式明细分类账页

三栏式明细分类账设有借方、贷方和余额三个栏目，不设数量栏，适用于债权、债务等只需要进行金额核算的明细分类账的登记。三栏式明细分类账的账页格式和内容，如表5-7所示。

表5-7　明细分类账

应收账款 科目：东兴公司　　　　　　　　　　　　　　　　　　　　第　页

年		凭证		摘要	借方	贷方	借或贷	余额
月	日	字	号					
1	1			上年结转			借	70 000
2	9	银	5	收到还款		30 000	借	40 000
2	18	银	6	支付往来款	5 000		借	45 000
				本月合计	5 000	30 000		

2. 多栏式明细分类账

多栏式明细分类账适用于成本、费用、收入类等明细账的登记。例如，“主营业务收入”“管理费用”“本年利润”等账户。其格式和内容，如表5-8所示。

表5-8　管理费用明细账

第　页

年		凭证		摘要	借方						贷方	余额
月	日	字	号		工资	办公费	差旅费	折旧费	……	合计		
1	3	现	1	购买办公用品		600				600		
	7	现	2	发放工资	5 500					5 500		
	20	现	5	报销差旅费			300			300		
	31	转	4	计提折旧费				2 100		2 100		
				本月发生额	5 500	600	300	2 100		8 500	8 500	0

提示

多栏式明细分类账由会计人员根据审核无误的记账凭证逐笔登记，借方登记发生额，月末将借方发生额从贷方结转到“本年利润”账户。

3. 数量金额式明细分类账

这种格式的明细分类账在借方、贷方、余额栏内分别设有数量、单价和金额三个栏次。它适用于既要进行金额核算，又要进行实物数量核算的各种财产物资账户。例如，库存商品、原材料等账户都是数量金额式明细分类账。其格式和内容，如表5-9所示。

表5-9　原材料明细账

类别：材料　　　　计量单位：千克

品名规格：××材料　　　　存放地点：1号库

2023年		凭证		摘要	借方			贷方			结余		
月	日	字	号		数量	单价	金额	数量	单价	金额	数量	单价	金额
1	1			月初余额							1 000	10	10 000
1	5			购入原材料	2 000	10	20 000				3000	10	30 000
1	10			车间领用				2 500	10	25 000	500	10	5 000
1	30			本月合计	2 000	10	20 000	2 500	10	25 000	500	10	5 000

提示

采用数量金额式明细分类账反映企业财产物资的数量和金额收、发、存的详细资料，从而能够直观看到财产物资的实际使用情况，可以有效地对这些财产物资进行管理，保证了财产物资的安全和完整。

5.9 会计账簿的对账

对账就是核对账目，是指对账簿、账户记录进行的核对工作。通过对账，应当做到账证相符、账账相符、账实相符。对账一般分三步进行，一是账证核对，二是账账核对，三是账实核对，如图5-6所示。

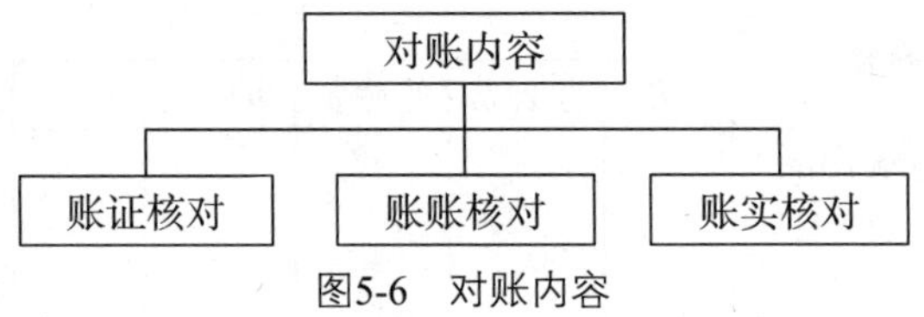

图5-6 对账内容

5.9.1 账证核对

账证核对是指各种账簿（包括总账、明细账以及现金日记账、银行存款日记账）的记录与有关的记账凭证和原始凭证进行核对，要求做到账证相符。这种核对一般在日常工作中进行。会计凭证是登记账簿的依据，账证核对主要检查登账中的错误。核对时，将凭证和账簿的记录内容、数量、金额和账户等相互对比，保证二者相符。

例5-2

如果月末结账发现银行余额数与总账不符，要将银行账的记录和记账凭证逐笔进行核对，找到错误登记的地方并加以改正，直到完全相符。

5.9.2 账账核对

所谓账账核对，是指各种账簿与账簿之间的有关记录相核对，以保证账账相符。具体核对内容包括以下四项。

（1）现金日记账和银行存款日记账的本期借方、贷方发生额合计数及期末余额与总分类账应该分别核对相符，以检查日记账的登记是否正确。

（2）总分类账各账户本月借方发生额与贷方发生额合计数是否相等，期末借方余额合计数与贷方余额合计数是否相等，以检查总分类账户的登记是否正确。

（3）各明细分类账的本期借方、贷方发生额合计数及期末余额合计数与总分类账应该分别核对相符，以检查各明细分类账的登记是否正确。

（4）会计部门记录的财产物资的明细分类账结存数，应该与财产物资保管或者使用部门的有关保管账的账存数核对相符，以检查双方记录是否正确。

例5-3

会计小张在月末进行对账时，发现明细分类账中“开发成本”的余额合计数与总账不符，总账为15 000元，明细账为14 100元，差900元，该如何做？

解析：当发现不符时，要重新将总账记录中“开发成本”账户下本期借方发生额合计数计算一遍，贷方发生额同样计算一遍，再计算余额是否有误，没有发现错误；接着核对明细分类账的本期借方合计数，发现应该为15 000元，属于合计数计算错误，导致余额计算错误。将找到的错误分别改正后，核对相符，就完成了账账核对。

5.9.3 账实核对

账实核对是指将各项财产物资、债权债务等账面余额与实有数额进行核对，做到账实相符。具体内容包括：

（1）现金日记账账面余额与实地盘点的库存现金实有数核对。

（2）银行存款日记账账面余额与开户银行对账单核对。

（3）各种财产物资明细分类账账面余额与其清查盘点后的实存数核对。

（4）各种应收、应付款明细分类账账面余额与有关债权、债务单位的账目核对。

例5-4

月末，对出纳的实际库存现金进行盘点，与登记的现金日记账账面余额进行核对，发现不符，实际余额少于账面余额500元。经查，发现有公司员工借款白条500元，尚未还款以及进行销账。这时已查明原因，将盘点结果记录在盘点表上，将员工借款白条500元也记录在盘点上。

5.10 会计账簿的错账更正

账簿的登记有自身的特殊要求，根据账簿种类不同，具体的细节要求也不一样。登记账簿要求认真仔细，但难免发生错误产生错账，这时候就要求我们很快找出差错的地方并加以更正，对错账的更正需要遵循规定，不能错上加错。

5.10.1 查找错账的方法

在对账过程中，可能发现各种各样的差错。产生差错的原因可能是重记、漏记、数字颠倒、数字错位、数字记错、科目记错、借贷方向记反，从而影响会计信息的正确性。如发现差错，会计人员应及时查找并予以更正。常见的差错查找方法有以下几种。

1. 差数法

差数法指按照错账的差数来查找错账的方法，使用借贷方有一方漏记的错误。例如，在记账过程中只登记了经济业务的借方或者贷方，漏记了另一方，从而形成试算平衡中借方合计数与贷方合计数不相等。如果借方金额遗漏，会使该金额在贷方超出；如果贷方金额遗漏，则会使该金额在借方超出。对于这样的差错，可由会计人员通过回忆和与相关金额的记账核对来查找。

2. 尾数法

对于发生的只有角、分差错的可以只检查小数部分，这样可以提高查找错误的效率。

3. 除2法

除2法是指差数除以2来查找错账的方法。当记账时借方金额错计入贷方（或者相反）时，出现错账的差数就表现为错误的2倍，因此将此差数用2去除，得出的商是反向的正确金额。例如，应记入“固定资产”科目借方的5 000元误记入贷方，则该科目的期末余额将小于总分类科目期末余额10 000元，被2除的商5 000元即为借贷反向的金额。同理，如果借方总额大于贷方800元，即应查找有无400元的贷方金额误记入借方。

4. 除9法

除9法是指以差数除以9来查找错数的方法，适用于以下三种情况。

- 将数字写大。例如将30写成300，错误数字大于正确数字9倍。查找的方法是：以差数除以9得出的商为正确的数字，商乘以10后所得的积为错误数字。上例差数270（即300-30）除以9以后，所得的商30为正确数字，30乘以10（即300）为错误数字。
- 将数字写小。例如将500写成50，错误数字小于正确数字9倍。查找的方法是：以差数除以9得出的商即为写错的数字，商乘以10即为正确的数字。上例差数450（即500-50）除以9，商50即为错数，扩大10倍后即可得出正确的数字500。
- 邻数颠倒。例如将54写成45，将76写成67等。颠倒的两个数字之差最小为1，最大为8（即9-1）。查找的方法是：将差数除以9，得出的商连续加11，直到找出颠倒的数字为止。如将54写成45，其差数是9。查找此错误的方法是，将差数除9得1，连加11后可能的结果为12、23、34、45、56、67、78、89。当发现账簿记录中出现以上的数字时，则有可能正是颠倒的数字，本例为45。具体如表5-10所示。

表5-10 差数表

颠倒数字的差数	1		2		3		4		5		6		7		8	
颠倒的数字	12	21	13	31	14	41	15	51	16	61	17	71	18	81	19	91
	23	32	24	42	25	52	26	62	27	72	28	82	29	92		
	34	43	35	53	36	63	37	73	38	83	39	93				
	45	54	46	64	47	74	48	84	49	94						
	56	65	57	75	58	85	59	95								
	67	76	68	86	69	96										
	78	87	79	97												
	89	98														

例5-5

某会计人员记账时将应该记入“管理费用——办公费”科目借方4 000元误记入贷方。会计人员在查找该项错账时，应采用什么方法？

正确的方法：应该采用除2法。将应记入“管理费用——办公费”科目借方金额记入贷方时，出现错账的差数表现为错误的2倍，因此采用除2法。

5.10.2　错账更正方法

由于各种原因，在记账过程中往往会发生一些错误。当发现账簿记录发生错误时，不得涂改、挖补、刮擦或用退色药水消除字迹，应根据错账的具体情况，采用规定的错账更正方法进行更正。具体更正方法主要有以下几种。

1. 画线更正法

- 画线更正法适用于结账前发现的账簿记录错误。也就是记账凭证正确，但是登记账簿时发生文字或者数字的错误。

其更正时，应将错误的文字或者数字画一条红线，但是必须是原来的字迹可以清晰辨认，然后在红线的上方填写正确的文字或者数字，并且由记账人员及相关人员在更正处盖章，以明确责任。需要注意的是，对于错误的数字，应当全部画红线更正，不能只更正其中的错误数字。对于文字错误的，可以只画错误的部分。

例5-6

用现金528元购买办公用品，登记“现金日记账”时，错误地将528元记为582元，用画线更正法更正，如表5-11所示。

表5-11　现金日记账

借方	现金	贷方
		528 ~~582~~（签章）

2. 红字更正法

红字更正法适用于两种情况。

- 适用于记账后发现记账凭证中的会计科目错误或者应借、应贷方向错误，从而导致账簿记录错误。

其更正时，先用红字填写一张与原来错误记账凭证完全相同的记账凭证，在“摘要”栏注明“更正第×号凭证的错误”，用红字金额登记账簿，冲销原来的记录，再用蓝字填写一张正确的记账凭证并据以登记入账。

例5-7

用银行存款1 500元购买办公用品，填制记账凭证时，错误写成贷记“库存现金”

科目，并已经登记入账。

借：管理费用　1 500

　　贷：库存现金　　1 500

发现错误后，先用红字填写一张与错误凭证相同的记账凭证，据以登记入账，冲销原来的错误记录。

借：管理费用　　[1 500]

　　贷：库存现金　　[1 500]

再用蓝字填写一张正确的记账凭证，据以登记入账。

借：管理费用　　1 500

　　贷：银行存款　　1 500

- 适用于记账后发现记账凭证中会计科目和借贷方向正确，但所记金额大于应记金额，导致账簿记录错误。

其更正时，将多记的金额用红字填写一张与原凭证相同的记账凭证，在“摘要”栏注明“更正第×号凭证的错误”，并据以用红字登记入账，冲销多记的金额。

例5-8

用现金支付员工报销差旅费3 000元，填制记账凭证时，误将金额填写为30 000元并已经登记入账。

借：管理费用——差旅费　30 000

　　贷：现金　　30 000

发现错误后，将多记的金额用红字填写一张与原凭证相同的记账凭证，并据以用红字登记入账，冲销多记的金额。

借：管理费用——差旅费　[27 000]

　　贷：现金　　[27 000]

3. 补充登记法

- 适用于记账后发现记账凭证中会计科目和借贷方向正确，但是所记金额小于应计金额，导致账簿记录的错误。

其更正时，将少计的金额用蓝字填写一张与原凭证相同的记账凭证，据以登记入账，补记少计的金额。

例5-9

收到A公司偿还的欠款50 000元，存入银行。填制记账凭证时，误将金额填写为5 000元，并已经登记入账：

借：银行存款　　5 000

贷：应收账款　　5 000

发现错误后，将少记的金额用蓝字填写一张与原凭证相同的记账凭证，登记入账：

借：银行存款　45 000

　　贷：应收账款　45 000

5.11　会计账簿的结账

结账是指在会计期末结清账簿记录，即计算本期发生额和期末余额。结账可以是月末、季末、年度末，为编制会计报表做准备。结账是结算各资产、负债、所有者权益、收入和费用的发生额，并据以计算出企业利润。

1. 结账的主要程序和内容

在结账前，要有准备工作，结账的程序和内容主要包括以下三项。

（1）结账前，必须保证本期内发生的各项经济业务已经全部登记入账。

（2）做好有关账项调整的账务处理，并且在此基础上，进行有关结转业务的会计处理，通过结转可以计算出本期的成本、费用、收入和利润。需要注意的是，不能为了赶制报表而提前结账，也不能将本期发生的经济业务延至下期登账，更不能先编制会计报表，后结账。

（3）结账时，还应当计算出现金日记账、银行存款日记账、总分类账和明细分类账的各账户本期发生额和期末余额，并且将期末余额结转至下期。

2. 结账的方法

计算出各种账簿本期发生额和期末余额的工作，一般是按月进行的，称为月结；有的账目还应按季结算，称为季结；年度终了，还应进行年终结账，称为年结。

期末结账的方法主要采用“画线结账法”，也就是期末结出各账户的本期发生额和期末余额后，加以画线标记，将期末余额结转至下期。

结账时，不同的账户记录应分别采用不同的方法。

（1）每月结账时，应该在各账户本月份最后一笔业务记录下面画一条通栏红线，表示本月结束。然后，在红线下面计算出本月发生额和月末余额，如果没有余额，在余额栏内写上“平”或者“θ”符号。同时，在摘要栏内注明“本月合计”或“×月份发生额及余额”字样；最后，再在下面画一条通栏红线，表示完成月结工作。

（2）季结的结账方法与月结基本相同，但在摘要栏内注明“本季合计”或“第×季度发生额及余额”字样。

（3）办理年结时，应在本年度12月份月结下面（需办理季结的，应在第四季度的季结下面）计算并填列全年12个月的月结发生额和年末余额，如果没有余额的，在余额栏内写上“平”或“0～”符号，并在摘要栏内注明“本年合计”或“年度发生额及余额”字样。然后，将年初借（或贷）方余额抄列于下一行的借（或贷）方栏内，在摘要栏内注明“年初余额”字样，同时将年末借（或贷）方余额再列入下一行的贷（或借）方栏内，在摘要栏内注明“结转下年”字样；最后，分别加计借贷合计数，并在合计数下面画通栏双红线表示封账，完成了年结工作。需要更换新账的，应在新账有关账户的第一行摘要栏内注明“上年结转”或“年初余额”字样，并将上年的年末余额以相同方向记入新账中的余额栏内。

以上结账方法如表5-12所示。

表5-12　总账

年		凭证		摘要	借方	贷方	借或贷	余额
月	日	字	号					
1	1			年初余额			借	

5.12　会计账簿的更换

会计账簿的更换，是指每一会计年度结束新的会计年度开始时，启用新账簿并将上年度的会计账簿归档保管的工作。

更换新账的程序是，年度终了，在本年有余额的账户“摘要”栏内注明“结转下年”字样。在更换新账时，注明各账户的年份，在第一行“日期”栏内写上1月1日；“记账凭证”栏空置不用填；将各账户的年末余额直接抄入新账余额栏内，并注明余额的借贷方向。过入新账的有关账户余额的结转事项，不需要编制记账凭证。

在新的会计年度建账不是所有账簿都更换为新的，一般来说，现金日记账、银行存款日记账、总分类账和大部分明细分类账应当每年更换。只是有个别的明细分类账，例如财产物资明细账和债权债务明细账等，由于原材料品种、数量和往来相关的单位较多，更换新账需要重新抄一遍，就加大了工作量，因此可以跨年度使用，不必每年更换一次。第二年度时，可直接在上年终了的双线下面记账。各种备查账簿也可以连续使用。

5.13 会计账簿的保管

会计账簿是各单位重要的经济资料，每个单位都必须健全账簿管理制度，妥善保管单位的各种账簿。账簿管理制度主要包括平时管理和归档保管两部分。

5.13.1 账簿管理的具体要求

各种账簿要分工明确，指定专人管理，账簿经管人员既要负责记账、对账、结账等工作，又要负责保证账簿安全。会计账簿未经领导和会计负责人或者有关人员批准，非经管人员不能随意翻阅查看会计账簿。会计账簿除需要与外单位核对外，一般不能携带外出，对携带外出的账簿，一般应由经管人员或会计主管人指定专人负责。会计账簿不能随意交与其他人员管理，以保证账簿安全和防止任意涂改账簿等问题发生。

5.13.2 旧账归档保管

年度末，更换并启用新账后，对更换下的旧账要进行整理、装订、造册，按规定办理移交手续，归档保管。具体内容是，归档前应对更换下来的旧账进行整理；更换下来的旧账簿，在整理的基础上装订成册；更换下来的账簿，经过整理装订后，应编制目录，填写移交清单，办理移交手续，按期归档保管；各种账簿同会计凭证、会计报表相同，都是重要的经济资料、重要的经济档案，必须根据制度统一规定的保存年限妥善保管，不得丢失和任意销毁。

旧账装订时应注意，如果是活页账一般按账户分类装订成册，一个账户装订成一册或数册；某些账户账页较少，也可以合并装订成一册。装订时应注意检查账簿扉页的内容是否填写齐全，装订后应由经办人员及装订人员、会计主管人员在封口处签名或者盖章。旧账装订完毕应编制目录和编写移交清单，然后按期移交档案部门保管，移交时做好签字手续。会计账簿同会计凭证一样，都是重要的会计档案，必须按照制度统一规定的保存年限进行妥善保管，不得丢失和任意销毁。根据《会计档案管理办法》的规定，总分类账、明细分类账、辅助账、日记账均应保存30年。保管期满后，应按照规定的审批程序批准后方可销毁。

5.14 实战案例

本节以宏大食品公司2023年2月发生的经济业务为例，介绍日常工作中怎样登记账簿。

(1) 2月1日，从银行提取现金2 500元，作为备用金，日常开支（银付1号，2 500）。

(2) 2月2日，员工报销差旅费300元，以现金支付（现付1号，300）。

(3) 2月4日，收到好运来公司所欠货款6 000元，已存入银行（银收1，6 000）。

(4) 2月4日，购买办公用品800元，以现金支付（现付2号，800）。

(5) 2月7日，以银行存款支付广告费5 000元（银付2，5 000）。

(6) 2月15日，采购员借支差旅费1 000元，以现金支付（现付3号，1 000）。

(7) 2月25日，以银行存款支付借款利息400元（银付3，400）。

(8) 2月25日，本月营业收入30 000元，已存入银行（银收2，30 000）。

(9) 2月28日，结转本月管理费用入本年利润账户（转字2号，1 100）。

(10) 2月28日，结转本月销售费用入本年利润账户（转字3号，5 000）。

(11) 2月28日，结转本月财务费用入本年利润账户（转字4号，400）。

(12) 2月28日，结转本月主营业务收入入本年利润账户（转字5号，30 000）。

（1）根据以上经济业务进行登记现金日记账，如表5-13所示。

表5-13　现金日记账

第　页

2023年		凭证		摘要	对方科目	收入	支出	结余
月	日	字	号					
1	1			上年结转				30 000
2	1	银付	1	银行提取现金	银行存款	2 500		32 500
2	2	现付	1	报销差旅费	管理费用		300	32 200
2	4	现付	2	购买办公用品	管理费用		800	31 400
2	15	现付	3	员工借支差旅费	其他应收款		1 000	30 400
				本月合计		2 500	2 100	30 400

（2）根据以上经济业务进行登记银行存款日记账，如表5-14所示。

表5-14　银行存款日记账

第　页

2023年		凭证		摘要	对方科目	收入	支出	结余
月	日	字	号					
1	1			上年结转				250 000
2	1	银付	1	银行提取现金	库存现金		2 500	247 500
2	4	银收	1	收到前欠货款	应收账款	6 000		253 500
2	7	银付	3	支付广告费	销售费用		5 000	248 500
2	25	银付	4	支付银行利息	财务费用		400	248 100
2	25	银收	2	收入营业收入款	主营业务收入	30 000		278 100
				本月合计		36 000	7 900	278 100

（3）根据以上经济业务登记总分类账。在登记之前编制科目汇总表，然后根据科目汇总表登记总分类账。科目汇总表，如表5-15所示。

表5-15 科目汇总表

2023年2月

借方发生额	总账科目	贷方发生额
2 500	库存现金	2 100
36 000	银行存款	7 900
1 100	管理费用	1 100
5 000	销售费用	5 000
	应收账款	6 000
1 000	其他应收款	
400	财务费用	400
30 000	主营业务收入	30 000
6 500	本年利润	30 000
82 500	本月合计	82 500

根据科目汇总表登记总分类账，如表5-16～表5-23所示。

表5-16 总分类账——库存现金

科目：库存现金　　　　第　页

2023年		凭证		摘要	借方	贷方	余额
月	日	字	号				
1	1			上年结转			30 000
2	28			本月发生额合计	2 500	2 100	30 400

表5-17 总分类账——银行存款

科目：银行存款　　　　第　页

2023年		凭证		摘要	借方	贷方	余额
月	日	字	号				
1	1			上年结转			250 000
2	28			本月发生额合计	36 000	7 900	278 100

表5-18　总分类账——应收账款

科目：应收账款　　　　第　页

2023年		凭证		摘要	借方	贷方	余额
月	日	字	号				
1	1			上年结转			12 000
2	28			本月发生额合计		6 000	6 000

表5-19　总分类账——主营业务收入

科目：主营业务收入　　　　第　页

2023年		凭证		摘要	借方	贷方	余额
月	日	字	号				
2	28			本月发生额合计	30 000	30 000	0

表5-20　总分类账——管理费用

科目：管理费用　　　　第　页

2023年		凭证		摘要	借方	贷方	余额
月	日	字	号				
2	28			本月发生额合计	1 100	1 100	0

表5-21　总分类账——销售费用

科目：销售费用　　　　第　页

2023年		凭证		摘要	借方	贷方	余额
月	日	字	号				
2	28			本月发生额合计	5 000	5 000	0

表5-22　总分类账——财务费用

科目：财务费用　　　　第　页

2023年		凭证		摘要	借方	贷方	余额
月	日	字	号				
2	28			本月发生额合计	400	400	0

表5-23　总分类账——本年利润

科目：本年利润　　　　　　　　　　　　　　　　　　　　第　页

2023年		凭证		摘要	借方	贷方	余额
月	日	字	号				
2	28			本月发生额合计	6 500	30 000	23 500

（4）根据以上经济业务登记明细分类账。因现金、银行明细账户和总分类相同，不重复介绍。其余的账户登记，如表5-24～表5-30所示。

表5-24　明细分类账——差旅费

科目：管理费用——差旅费　　　　　　　　　　　　　　　第　页

2023年		凭证		摘要	借方	贷方	余额
月	日	字	号				
2	2	现付	1	支付差旅费	300		
2	28	转	2	结转管理费用入本年利润账户		300	0
				本月合计	300	300	0

表5-25　明细分类账——办公费

科目：管理费用——办公费　　　　　　　　　　　　　　　第　页

2023年		凭证		摘要	借方	贷方	余额
月	日	字	号				
2	4	现付	2	购买办公用品款	800		
2	28	转	2	结转管理费用入本年利润账户		800	0
				本月合计	800	800	0

表5-26　明细分类账——广告费

科目：销售费用——广告费　　　　　　　　　　　　　　　第　页

2023年		凭证		摘要	借方	贷方	余额
月	日	字	号				
2	7	银付	3	支付广告费	5 000		
2	28	转	3	结转销售费用入本年利润账户		5 000	0
				本月合计	5 000	5 000	0

表5-27　明细分类账——财务费用

科目：财务费用　　　　第　页

2023年		凭证		摘要	借方	贷方	余额
月	日	字	号				
2	25	银付	4	支付短期借款利息	400		
2	28	转	4	结转财务费用入本年利润账户		400	0
				本月合计	400	400	0

表5-28　明细分类账——应收账款

科目：应收账款——好运来公司　　　　第　页

2023年		凭证		摘要	借方	贷方	余额
月	日	字	号				
1	1			上年结转			8 000
2	4	银收	1	收到所欠货款		6 000	2 000
				本月合计		6 000	2 000

表5-29　明细分类账——主营业务收入

科目：主营业务收入　　　　第　页

2023年		凭证		摘要	借方	贷方	余额
月	日	字	号				
2	25	银收	2	本月销售收入		30 000	
2	28	转	5	结转本月销售收入入本年利润账户	30 000		0
				本月合计	30 000	30 000	0

表5-30　明细分类账——本年利润

科目：本年利润　　　　第　页

2023年		凭证		摘要	借方	贷方	余额
月	日	字	号				
2	28	转	2	结转本月管理费用入本年利润账户	1 100		
2	28	转	3	结转本月销售费用入本年利润账户	5 000		
2	28	转	4	结转本月财务费用入本年利润账户	400		
2	28	转	5	结转本月销售收入入本年利润账户		30 000	
				本月合计	6 500	30 000	23 500

第2篇

出纳业务篇

第6章　出纳基础知识

很多人不知道出纳具体做什么工作，不知道出纳工作的重要性，不知道出纳的责任是什么，更不知道出纳经常用的凭据。为了解决这个问题，我们通过本章内容的讲述，让新手更好地了解出纳的基础知识及各项工作要求，以便尽快掌握出纳工作需要的基本业务技能，适应出纳工作。

6.1　初步认识出纳

出纳工作的质量和效率，直接关系到整个单位会计核算的质量和效率，这就要求出纳人员必须以身作则，遵守规章制度，认真履行工作职责，具备良好的基本素质。

6.1.1　出纳工作职能

出纳工作，是财会工作的一个重要组成部分，是管理货币资金、票据、有价证券进进出出的一项工作。总的来讲，其职能可概括为收付、反映、监督和管理四个方面。如图6-1所示，我们来了解和熟悉这些职能。

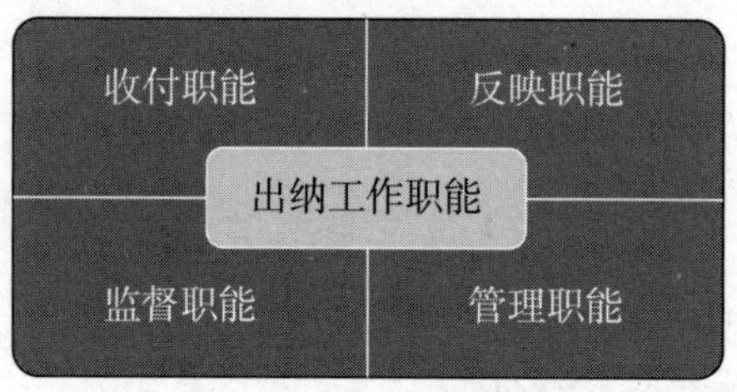

图6-1　出纳工作职能

1. 收付职能

它被认为出纳最基本的职能，从“出纳”两字可以知道其工作就是管理企业单位经营活动发生的货币资金等的支出（出）和收入（纳）。一个常规的企业单位，其经营活动一定少不了各项货物价款、往来款项等的收付，这些业务活动一定会引起货币资金增减变动，自然这些业务往来的办理都需要经过出纳人员，因此收付职能便成为出纳最基本的职能。

2. 反映职能

它是出纳的第二个主要职能。出纳是企业单位财务信息的第一经手者，往往财务部门所需的精准信息都由出纳人员从各项业务中提炼出来。按照财务相关制度编制货币资金流水账，如现金日记账、银行存款日记账等，或者其他各种明细分类账，对企业单位发生的经济业务引起的货币资金或有价证券的变动进行详细记录与核算，再提交给上级财务部门，为企业单位财务部门和管理者对本公司的经济管理与投资决策提供完整、系统、精确的经济信息。

3. 监督职能

它是出纳的第三个主要职能，从字面意思可以看出这项职能要求出纳人员要对本企业单位的各项经济活动引起的货币资金变动进行监督。对于企业单位的各种经济业务特别是货币资金收付业务的合法、合理、真实、有效进行全过程监督，坚决抵抗不正当、不合规矩的业务流程发生。

4. 管理职能

它是出纳的第四个主要职能，要求出纳人员必须懂得对货币资金或其他出纳工作相关物品的管理。例如对库存现金、银行存款、各种票据印鉴等的管理，这些都是企业单位正常运营的重要组成部分。要保证企业单位的正常运作，就一定要管理好这些，因此出纳人员必须具备管理职能。

例6-1

A公司出纳员小王在办理销售部门人员张三的差旅费报销单时，先仔细检查报销单所附的票据，报销单上填写的数据、摘要等；然后核对了报销单上其上级部门人员、财务部门人员的签字；再用库存现金支付张三报销的差旅费，并要求其签字确认；最后出纳小王把这笔业务归类，编制现金日记账并及时结账，反映出该笔业务发生后库存现金余额数。试问该笔业务体现了出纳的哪些职能。

解析：由题意知

- 出纳员小王给销售部门人员张三办理差旅费报销业务体现了出纳的收付职能；
- 出纳员小王检查报销单上的数据、摘要、票据和部门签字情况，体现了出纳的监督职能；
- 出纳员小王根据该笔报销业务编制库存现金日记账并结出库存现金余额，体现了出纳的反映职能和管理职能。

6.1.2 出纳的职责和权限

出纳是会计工作的重要环节，涉及现金收付、银行结算等活动，直接关系到职工个人、单位乃至国家的经济利益。如果出了差错，会造成不可挽回的损失。因此，明确出纳人员的职责和权限，是做好出纳工作的基本条件。根据《会计法》《会计基础工作规范》等财会法规，出纳人员有以下职责和权限，如图6-2所示。

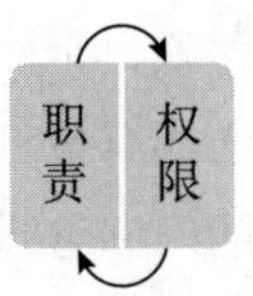

图6-2　出纳的职责与权限

1. 职责

（1）按照国家有关现金管理和银行结算制度的规定，办理现金收付和银行结算业务。出纳人员应严格遵守现金开支范围，非现金结算范围不得用现金收付；遵守库存现金限额，超限额的现金按规定及时送存银行；现金管理要做到日清月结，账面余额与库存现金每日下班前应核对，发现问题，及时查对；银行存款账与银行对账单要及时核对，如有不符，应立即通知银行调整。

（2）根据会计制度的规定，在办理现金和银行存款收付业务时，要严格审核有关原始凭证，再据以编制收付款凭证，然后根据编制的收付款凭证逐笔顺序登记现金日记账和银行存款日记账，并结出余额。

（3）按照国家外汇管理和结汇制度的规定及有关批件，办理外汇出纳业务。外汇出纳业务是政策性很强的工作，随着改革开放的深入发展，国际经济交往日益频繁，外汇出纳越来越重要。出纳人员应熟悉国家外汇管理制度，及时办理结汇、购汇、付汇，避免国家外汇损失。

（4）掌握银行存款余额，不准签发空头支票，不准出租出借银行账户为其他单位办理结算。这是出纳人员必须遵守的一条纪律，也是防止经济犯罪、维护经济秩序的重要方面。出纳人员应严格遵守支票和银行账户的使用及管理的规定，以防结算漏洞。

（5）保管库存现金和各种有价证券（如国库券、债券、股票等）的安全与完整。要建立适合本单位情况的现金和有价证券保管责任制，如发生短缺，属于出纳人员责任的要进行赔偿。

（6）保管有关印章、空白收据和空白支票。印章、空白票据的安全保管十分重要，在实际工作中，因丢失印章和空白票据给单位带来经济损失的不乏其例。因此，出纳人员必须高度重视，建立严格的管理办法。通常，单位财务公章和出纳人员名章要实行分管，交由出纳人员保管的出纳印章要严格按规定用途使用，各种票据要办理领用和注销手续。

2. 权限

（1）维护财经纪律，执行财会制度，抵制不合法的收支和弄虚作假行为。

《会计法》是我国会计工作的根本大法，是会计人员必须遵循的重要法律。《会计法》第二章第十六条、第十七条、第十八条、第十九条中对会计人员如何维护财经纪律作出了具体规定。这些规定，为出纳人员实行会计监督、维护财经纪律提供了法律保障。出纳人员应认真学习、领会、贯彻这些法规，充分发挥出纳工作的“关卡”“前哨”作用，为维护财经纪律、抵制不正之风作出贡献。

（2）参与货币资金计划定额管理的权力。

现金管理制度和银行结算制度是出纳人员开展工作必须遵照执行的法规。这些法规，实际上赋予了出纳人员对货币资金管理的职权。例如，为加强现金管理，要求各单位的库存现金必须限制在一定范围内，多余的要按规定送存银行，这便为银行部门利用社会资金进行有计划放款提供了资金基础。因此，出纳工作不是简单的货币资金收付，不是无足轻重的点钞票，其工作意义只有和许多方面的工作联系起来才能体会到。

（3）管好用好货币资金的权力。

出纳工作每天和货币资金打交道，单位的一切货币资金往来都与出纳工作紧密相连，货币资金的来龙去脉、周转速度的快慢，出纳人员都要清清楚楚。因此，提出合理安排利用资金的意见和建议，及时提供货币资金使用与周转信息，是出纳人员义不容辞的责任。出纳人员应抛弃被动工作观念，树立主动参与意识，把出纳工作放到整个会计工作、经济管理工作的大范围中，这样既能增强出纳自身的职业光荣感，又为出纳工作开辟了新的视野。

6.1.3 出纳人员基本素质

做好出纳工作不是件容易的事，要求出纳人员具有良好的职业道德和素养。

出纳人员一般都工作在企业单位经济活动的第一线，其主要工作是办理货币资金和各种票据的收入与支出，保证自己经手的货币资金和票据的安全与完整，在平时工作中要填制和审核凭证等。出纳人员都会直接与货币打交道，因此，要求出纳人员除了要有过硬的出纳业务知识外，还必须具备良好的职业道德素养。出纳人员基本素质包括：全面精通的政策水平、熟练高超的业务技能和严谨细致的工作作风。

1. 全面精通的政策水平

由于出纳涉及的经济业务管理都较为敏感，因此在出纳工作中涉及的“规矩”很多，如《会计法》中的各种会计制度、现金管理制度及银行结算制度、《会计基础工作规范》、税收管理制度、发票管理办法以及其所在企业单位的财务管理规定等。对于这些法规、制度，出纳人员应该全面学习、了解并且熟悉掌握。知道自己该干什么、不该干什么，什么该抵制，明白“自由不是想做什么就做什么，而是不想做什么就不做什么”的道理，及时关注国家修改制定的新财务制度，及时提高自己的政策水平，这样工作起来才会得心应手，避免犯错。

2. 熟练高超的业务技能

出纳是一项较为繁杂的工作，又属于会计人员，因此需要很强的业务操作技巧。尤其在如今的计算机时代，复杂的财务工作已经完全融合进了这个时代，计算机在财务上的应用已成趋势，简化了财务工作的一些负担。这就要求会计人员对于计算机、计算器、支票打印机、点钞机等新型财务工具的操作熟悉掌握。这些操作都离不开手，要提高出纳业务技术水平关键还是在手上，对于计算机、计算器等这些新型财务辅助工具的操作，必须勤学多练，提高手的功夫。所谓“熟能生巧，巧自勤来”应该在这多多发挥，这样才能达到出纳技术操作上的理想境界。

专职出纳人员，不能因为时代的前进而完全依赖新的财务硬件，应该具备新的财务硬件操作知识和旧的财务工作所需功底。因此，出纳人员应该具备处理一般会计事务的财会专业基本知识，还要具备较高的处理出纳事务的出纳专业知识和较强的数字运算能力。出纳工作中往往会出现较多的数字运算，如某项经济业务结算需要按其计算结果当场开出票据或收付现金时，要求出纳人员计算速度快，并且不能出错；若是清点现金必须懂得识别真假币，掌握正确的点钞方法，做到准确、快速。所以说，出纳人员要有很强的数字运算能力，不管你用心算还是计算器，或是别的什么运算器，都必须具备较快的速度和非常高的准确性。出纳人员应该把准确放在第一位，要准中求快。另外，出纳人员应该提高写作概括能力，每每填写票据或其他的应做到书写工整、填写齐全、摘要精练，从而表现出纳人员的工作能力，使人见字如见人，练就扎实、深厚的基本功。

3. 严谨细致的工作作风

大家都知道“爱屋及乌”的意义，出纳也可以按照这句成语来做，即要做好出纳工作首先应热爱出纳工作。出纳人员每天都要和金钱打交道，若稍有不慎极有可能造成意想不到的损失，这就要求出纳人员要有严谨细致的工作作风和职业习惯。出纳人员在工作中应该做到严谨细致、沉着冷静、有条不紊。在工作中应全身心地投入，不为外界干扰，钱款票据要存放有序，各种报销费用认真仔细计算，确保收支准确无误，手续完备，不发生工作差错，对于企业单位发生的各种经济业务事项都可以及时处理。

出纳人员在工作中接触的都是较为敏感的货币资金、各种印鉴等。因此出纳人员必须具备一定的安全意识。对于现金、票据和各种印鉴的管理，既要有内部分工保管、各负其责、相互牵制，也应该有对外的安全措施，财务室的门窗、抽屉、桌柜都应配置锁具，尤其保险柜的密码和钥匙更要严格管理。

在工作中，出纳人员要遵纪守法、洁身自好、以身作则并且实事求是。对于企业单位发生的各项经济业务要真实客观地反映其本来面目；对于本企业单位的相关经济业务要注意保守机密，维护好企业单位的总体利益。

6.2 出纳工作要求

出纳工作是会计工作的组成部分，是管理货币资金、票据、有价证券进进出出的一项工作，具有一般会计工作的本质属性，但出纳是专门的岗位，一项专门的技术，其工作内容与企业单位的财务信息息息相关，所以对其工作要求严格。

6.2.1　出纳日常工作内容

出纳工作主要是与现金收付及银行存款收付有关的会计工作，是会计工作的基础，其日常工作内容主要有以下五个方面。

1. 管理库存现金和银行存款

企业单位的日常经济业务活动引起的每一笔货币资金（库存现金和银行存款）变动，出纳人员都要根据相关的财务法规和制度处理、登记，并且能够时刻掌握企业单位的货币资金变动和经济业务往来情况，从而使企业单位的货币资金可以得到最大限度运营，为企业单位创造更多的经济利益。

2. 负责各类票据的管理

出纳负责企业单位的票据管理，如支票、发票、收据等。这些票据都由出纳人员购买，一般都会有专门的购票人员，也就是说出纳人员会是企业单位的购票人。如发票，企业单位会在其所属的税务机关办理专门的购票人。在日常工作中，对于企业单位发生的经济结算业务活动中，出纳则应根据相关规定给对方签发支票或开具发票（收据），来完成该笔经济业务。然后及时登记使用的各类票据，保管好各类票据存根，确保该笔业务有据可依。

3. 登记银行账和现金账，负责保管财务章

出纳最基本的工作就是管理好企业单位的货币资金，即现金和银行存款。企业单位每天的日常经济业务活动引起的资金变动，不管是现金还是银行存款的增减变动，都必须及时登记日记账并及时结转出余额。财务章代表企业单位的整个财务部门，对于各项业务结算往来，财务章都起着举足轻重的作用，出纳人员应特别注意保管。

4. 负责报销费用的工作

出纳人员管理着企业单位的货币资金，因此必不可少的工作是负责给职员报销各项费用的工作，如差旅费。职员出差分为借支和不可借支两种差旅费报销方式，若需要借支的必须填写借支单，然后交上级领导部门签字同意审批，再交给财务部门审核，待确认无误后，出纳人员方可发款；该职员出差回来后，要据实填写费用报销单，并在报销单后贴上收据或发票，先交给证明人签字，然后给上级领导部门签字，再交财务部门经会计审核后由出纳人员实报实销。

5. 员工工资的发放

职工工资的发放一般分为现金发放和银行存款发放两种形式，因此员工的工资发放也由出纳人员负责。在发放工资时，一定要确认各个对应人员的工资金额，避免错发工资，并且发完工资必须由领工资者签字确定责任。

6.2.2　出纳工作基本原则

出纳工作的基本原则主要指内部牵制原则或者说钱账分管原则。《会计法》第三十七条规定："会计机构内部应当建立稽核制度。出纳人员不得兼管稽核、会计档案保管和收入、费用、债权债务账目的登记工作。"

内部牵制原则是指企业单位发生的所有经济业务活动涉及货币资金收付、结算以及登记的任何一项工作，都必须由两个或者两个以上的人分工办理，从而起到相互制约的作用。例如，现金和银行存款的支付，应由会计主管人员或上级领导审核、批准，出纳人员付款，会计人员根据出纳提供的已付款报销单做账，实现钱账分管，做到管钱的不管账、管账的不管钱。这样可以加强会计人员之间相互制约、相互监督，提高会计核算质量，防止工作误差和营私舞弊等行为发生。总之，钱账分管是出纳工作的一项重要原则，各企业单位都应建立健全这一制度。

出纳这项特殊职业，整天接触的是大把现金，这要求出纳具有良好的职业道德。在出纳工作中要做到如下几点，如图6-3所示。

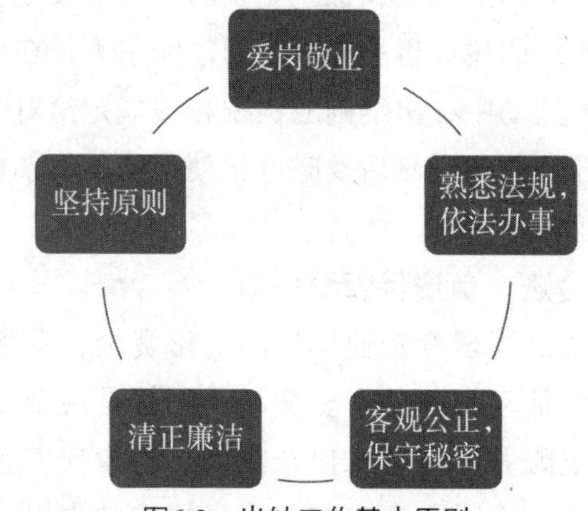

图6-3　出纳工作基本原则

- 爱岗敬业。在工作中应当热爱本职工作，努力钻研业务，使自己的知识和技能适应从事出纳工作的要求。
- 熟悉法规，依法办事。在财务工作中有许多法规、制度，应当熟悉这些财经法律、法规、规章和国家统一会计制度，方能得心应手地运用这些财务制度做好本职工作，保证工作中提炼的数据信息准确、真实、及时、完整、合法。
- 客观公正，保守秘密。在办理经济业务时，应当实事求是，客观公正；保守本企业单位的商业秘密，绝不能私自向外界提供或泄露所属企业单位相关会计信息。
- 清正廉洁。它是出纳职业道德的首要方面，可以说是出纳的立业之本。在出纳工作中掌握着一个企业单位的现金和银行存款，面对钱欲考验，出纳人员应有坚定的意志和清正廉洁的工作态度，避免职务犯错。
- 坚持原则。在工作中坚持原则，自觉抵制不正之风，维护会计工作秩序的正常进行，实行会计监督。

6.3 出纳资料归档

出纳档案是会计档案的重要组成部分，是记录出纳业务内容、明确相关经济责任的书面证明。一旦遗失或因保管不善而毁坏，将给出纳员本人和单位带来严重影响。因此，出纳人员必须按规定对有关会计资料进行妥善保管，保证会计档案记录的真实、完整、连续和准确。

6.3.1 出纳归档资料的范围

出纳档案是指会计凭证、会计账簿和财务报告等会计核算专业材料，同时包括相关的重要凭证等，具体包括以下5类，如图6-4所示。

会计凭证类	• 反映企业单位货币资金收付业务的原始单证、记账凭证、汇总凭证以及其他出纳凭证
会计账簿类	• 现金日记账、银行存款日记账、其他货币资金明细账、辅助账簿以及其他备查账簿
财务报告类	• 月、季度财务会计报告，年度财务报告
档案管理类	• 出纳档案移交清册、出纳档案保管清册、出纳档案销毁清册
其他类	• 作为收付依据的合同、协议或其他文件；按规定应单独存放保管的重要票证单据，如作废的支票、发票存根联和作废发票、收据存根联以及作废收据；出纳盘点表和出纳考核报告等

图6-4　出纳归档资料的分类

6.3.2 出纳归档资料的整理与保管

我国《会计法》规定，对会计档案管理不善造成毁损、灭失的，应承担法律责任。出纳档案整理和保管主要包括凭证、账簿及其他资料的整理和保管，其整理程序分为分类、装订、成册三个步骤。

1. 整理和保管出纳凭证

出纳记账依据的原始凭证及记账凭证，一般来说，在出纳记账后，要传递给记账会计，在年终归档前由记账会计进行整理和保存。出纳人员的任务，主要是做好原始凭证的整理及业务处理阶段全部会计凭证的保管工作并保证这些资料的真实有效。

2. 整理和保管出纳账簿

当企业单位更换新账后，应将旧账归入会计档案。在移交归档前应对旧账进行整理，如编号、扉页内容、目录等项目应根据有关要求填写齐全；若使用活页式或卡片式辅助账应在归档时应加以装订，编齐页码，并与订账本一样加上扉页，注明单位名称、共计页数和记账人员签章等，并加盖公章保存。

3. 其他出纳资料

除了账簿凭证以外其他出纳资料的归档，如各种报表及文件，各项经费开支计划表、决算表、出纳报告、银行对账单、资金分析报告、作为收付款依据的各种经济合同文件等；其他财务管理的重要凭据，如支票申请单与支票领用登记簿等。这些资料应分类整理并妥善保管，到年终集中归入会计档案。

企业单位对于每年形成的会计档案，应由财务部门按照归档要求，负责整理立卷，装订成册。各会计人员对本岗位产生的会计核算资料应定期收集、审查核对，按照档案管理要求整理立卷、编制目录、装订成册并由立卷人签章，然后交财务部妥善保管。这里我们需要注意几点，如图6-5所示。

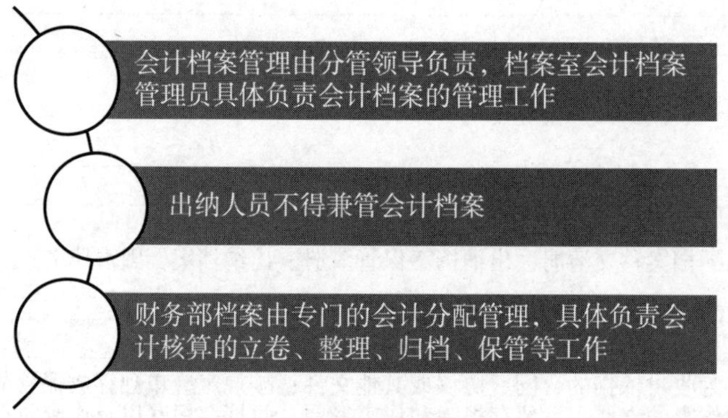

图6-5 注意事项

会计档案的保管期限分为永久和定期两类。永久保管会计档案一般包括年度财务报告、会计档案保管清册、会计档案销毁清册等，其他为定期保管会计档案，如图6-6所示。

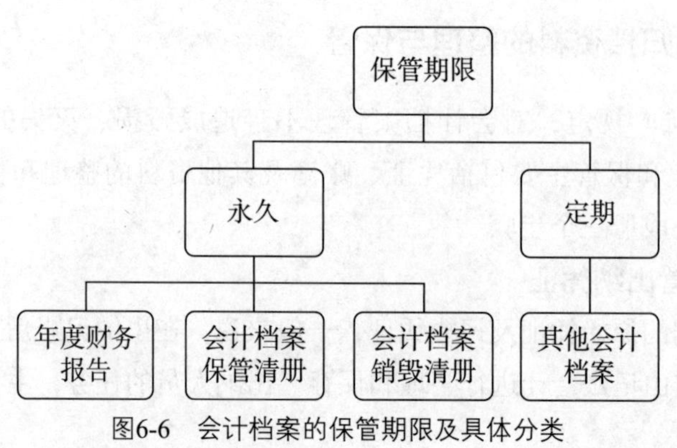

图6-6 会计档案的保管期限及具体分类

提示

会计档案的保管期限从会计年度终了后的第一天开始算起。

表6-1、表6-2分别列出了在我国会计档案的保管期限。

表6-1 企业和其他组织会计档案保管期限表

序号	档案名称	保管期限	备 注
一	会计凭证类		
1	原始凭证	30年	
2	记账凭证	30年	
3	汇总凭证	30年	
二	会计账簿类		
4	总账	30年	包括日记总账
5	明细账	30年	
6	日记账	30年	
7	固定资产卡片		固定资产报废清理后保管5年
8	辅助账簿	30年	
三	财务报告类		包括各级主管部门汇总财务报告
9	月、季度财务报告	10年	包括文字分析
10	年度财务报告（决算）	永久	包括文字分析
四	其他类		
11	会计档案移交清册	30年	
12	会计档案保管清册	永久	
13	会计档案销毁清册	永久	
14	银行余额调节表	10年	
15	银行对账单	10年	

表6-2 财政总预算、行政单位、事业单位和税收会计档案保管期限表

序号	档 案 名 称	保管期限			备 注
		财政总预算	行政单位事业单位	税收会计	
一	会计凭证类				
1	国家金库编送的各种报表及缴库退库凭证	10年		10年	
2	各收入机关编送的报表	10年			
3	行政和事业单位的各种会计凭证		30年		包括：原始凭证、记账凭证和传票汇总表
4	财政总预算拨款凭证及其他会计凭证	30年			包括：拨款凭证和其他会计凭证

（续表）

序号	档案名称	保管期限			备注
		财政总预算	行政单位事业单位	税收会计	
二	**会计账簿类**				
5	日记账		30年	30年	
6	总账	30年	30年	30年	
7	税收日记账（总账）和税收票证分类出纳账			30年	
8	明细分类、分户账或登记簿	30年	30年	30年	
9	行政单位和事业单位固定资产明细账（卡片）				行政单位和事业单位固定资产报废清理后保管5年
三	**财务报告类**				
10	财政总决算	永久			
11	行政单位和事业单位决算		永久		
12	税收年报（决算）			永久	
13	国家金库年报（决算）	10年			
14	基本建设拨、贷款年报（决算）	10年			
15	行政单位和事业单位会计月、季度报表		10年		所属单位报送的保管2年
16	税收会计报表（包括票证报表）			10年	所属税务机关报送的保管2年
四	**其他类**				
17	会计档案移交清册	30年	30年	30年	
18	会计档案保管清册	永久	永久	永久	
19	会计档案销毁清册	永久	永久	永久	

从上面两个表可以看出，会计档案保存的时间都较长久甚至需要永久保存，因此企业单位对于会计档案的整理和保存必须做到妥善保管、存放有序、便于查找。同时，要进行科学管理，严格执行安全和保密制度，严防损毁、散失和泄密。

6.3.3 出纳归档资料的移交、调阅

出纳归档资料移交分为在年度终了时移交和会计档案管理人员发生更换时移交两种情况，如图6-7所示。

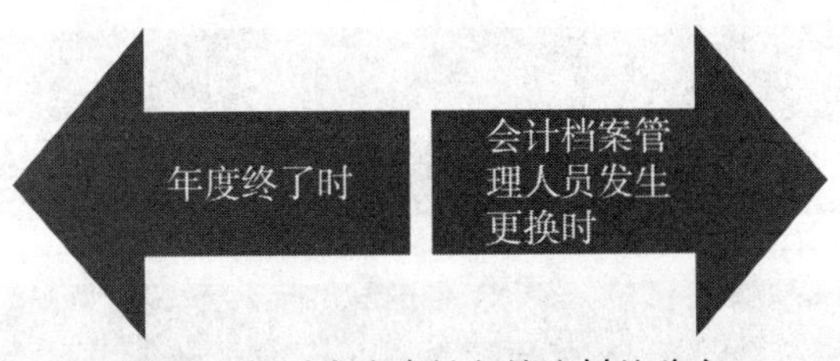

图6-7 何时发生出纳归档资料的移交

- 到年度终了时，财务部门保管的会计档案（出纳档案）应移交给档案管理部门，并编制移交清册或清单。
- 会计档案管理人员发生更换时，也应该按一定手续编制会计档案移交清册。

移交会计归档资料时一般按照下面的方法办理。

（1）会计档案，在会计年度终了后，可暂由本单位财务会计部门保管一年，在这一年内归档资料通常仍由出纳负责保管。

（2）一年期满后，应由财务会计部门编造成册移交本单位的档案部门保管，并填写会计档案移交清册表，如表6-3所示。

表6-3 会计档案移交清册表

序号	档案编号	档案名称	册数	应保管期限	已保管期限	备注
移交部门负责人：			接收部门负责人：			
经手人：			经手人：			
监交人：			移交日期： 年 月 日			

会计档案是企业单位经济业务活动的历史记录，它就是要求企业单位“以史为鉴”，通过会计档案总结经验教训，进行决策分析，避免各种财务上的责任事故发生。

提示

会计档案如此重要，因此企业单位为加强对其管理，一般会有相关的制度规定，尤其是对于会计档案的调阅。

一般情况下，都必须按照以下规定调阅会计档案，如图6-8所示。

调阅会计档案时需要严格办理手续，认真做好记录，要详细登记点阅档案名称、调阅日期、调阅人员的姓名和工作单位，调阅理由、归还日期等

对于非本单位人员调阅会计档案的，要有正式介绍信，且必须经由会计主管人员或单位领导人批准，方可调阅会计档案

调阅人不得将会计档案携带外出，需要复制的，要经过单位负责人同意

图6-8 调阅会计档案的注意事项

6.4 出纳工作交接

《会计法》第四十一条规定："会计人员调动工作或者离职，必须与接管人员办清交接手续。一般会计人员办理交接手续，由会计机构负责人（会计主管人员）监交。"出纳交接要按照会计人员交接的要求进行。出纳人员调动工作或者离职时，与接管人员办清交接手续，是出纳人员应尽的职责，也是分清移交人员与接管人员责任的重大措施。办好交接工作，可以使出纳工作前后衔接，防止账目不清、财务混乱。

6.4.1 出纳工作交接书

出纳工作交接要做到两点：一是移交人员与接管人员要办清手续，二是交接过程中要有专人负责监交。交接要求进行财产清理，做到账账核对、账款核对，交接清理后要填写工作交接书，将所有移交的票、款、物编制详细的移交清册，按册向接交人点清，然后由交、接、监三方签字盖章。

出纳在工作交接时，一般要求编写出纳工作交接书以明确责任，其具体内容如下所示。

例6-2

移交原出纳员××，因工作调动，财务处已决定将出纳工作移交给××接管。现办理如下交接：

一、交接日期

×年×月×日

二、具体业务的移交

1. 库存现金：×月×日账面余额××元，实存相符，月记账余额与总账相符；

2. 库存国库券：××元，经核对无误；

3. 银行存款余额××万元，经编制“银行存款余额调节表”核对相符。

三、移交的会计凭证、账簿、文件

1. 本年度现金日记账×本；

2. 本年度银行存款日记账×本；

3. 空白现金支票×张（××号至××号）；

4. 空白转账支票×张（××号至××号）；

5. 托收承付登记簿×本；

6. 付款委托书×本；

7. 信汇登记簿×本；

8. 金库暂存物品明细表×份，与实物核对相符；

9. 银行对账单×至×月份×本；×月份未达账项说明×份；

10. ……

四、印鉴

1. ××公司财务处转讫印章×枚；

2. ××公司财务处现金收讫印章×枚；

3.××公司财务处现金付讫印章×枚；

五、交接前后工作责任的划分

×年×月×日前的出纳责任事项由××负责；×年×月×日起的出纳工作由××负责。以上移交事项均经交接双方认定无误。

六、本交接书一式三份，双方各执一份，存档一份。

移交人：××（签名盖章）

接管人：××（签名盖章）

监交人：××（签名盖章）

××公司财务处（公章）

年 月 日

6.4.2 交接各方责任

出纳工作交接双方在交接工作时，应按照相关制度明确各方责任。主要有以下几点。

- 出纳人员进行交接时，一般应由会计主管人员监交，必要时，可请上级领导一同监交。
- 监交过程中，如果移交人交代不清，或者接交人故意为难，监交人员应及时处理裁决。移交人不作交代或者交代不清的，不得离职，否则，监交人和单位领导人均应负连带责任。

- 移交时，交接双方人员一定要当面看清、点数、核对，不得由别人代替。
- 交接后，接管的出纳员应及时向开立账户的银行办理更换出纳员印鉴的手续，检查保险柜的使用是否正常、妥善，保管现金、有价证券、贵重物品、公章等的条件和周围环境是否齐全，如不够妥善、安全，要立即采取改善措施。
- 接管的出纳人员应继续使用移交的账簿，不得自行另立新账，以保持会计记录的连续性。对于移交的银行存折和未用的支票，应继续使用，不要把它搁置、浪费，以免单位遭到损失。
- 交接后，移交人应对自己经办的已经移交的资料的合法性、真实性承担法律责任，不能因为资料已经移交而推脱责任。

出纳交接的各方责任主要是指原任出纳（移交人）和新任出纳（交接人）的责任。一般来说，若是在交接后，发现移交人也就是原出纳在交接前经办的出纳业务有违反财务会计制度和财经纪律的，仍应由移交人（原出纳）负责；交接后，移交人（原出纳）的未了事项，移交人（原出纳）仍有责任协助交接人（新出纳）办理。移交人（原出纳）对自己经办的已经移交的资料的合法性、真实性应承担法律责任，不能因为资料已经移交而推脱责任。

提示

交接人（新出纳）在接手后，必须查询与其工作相关的各项业务内容的完整性和真实性，且对于自己开始接手企业单位的各项经济业务必须承担相应的责任，切不可以推卸责任。

第7章 银行账户管理

每一个企业单位都有财务机构，财务机构的各项日常工作都离不开银行，特别是出纳人员的工作。根据法律规定，每一个企业都需要有属于自己的开户银行，因此对于银行账户的管理是企业必不可少的工作内容。本章主要通过讲解银行账户的类型及其日常账务处理两大方面来了解企业银行账户管理。

7.1 银行账户

银行对每个人来说并不陌生，几乎每个人都有自己的银行账户，用它办理存钱、转账、投资等业务。当然，企业单位也有自己的银行账户，有自己的开户行，只是个人银行账户和企业单位银行账户的开户人不同罢了。一般企业单位银行账户可以分为基本存款账户、一般存款账户、临时存款账户和专用存款账户四种类型，如图7-1所示。

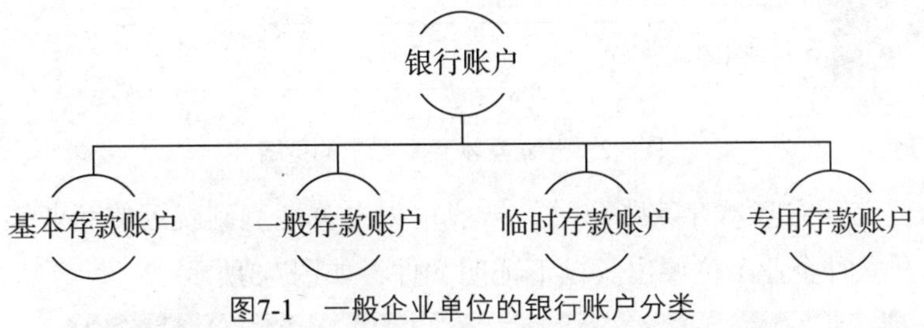

图7-1 一般企业单位的银行账户分类

7.1.1 基本存款账户

基本存款账户是办理转账结算和现金收付的主办账户，经营活动的日常资金收付以及工资、奖金和现金的支取均可通过该账户办理。存款人只能在银行开立一个基本存款账户。开立基本存款账户是开立银行其他结算账户的前提。

我国规定企业单位作为存款人只能在银行开立一个基本存款账户，并且在这个基本存款账户内必须有足够的资金可以用来支付企业单位的经济业务。企业单位办理基本存款账户要按照人民银行在当地的分支机构核发开户许可证制度来开立。一般企业单位属于以下范围才有资格办理开立基本存款账户，如图7-2所示。

这里需要指出的是，除了具有民事权利能力和民事行为能力的，可以依法独立享有民事权利和承担民事义务的法人和其他组织可以开立基本存款账户外，同时，有些企业单位虽然不是法人组织，但只要其具有独立核算资格和自主办理资金结算的需要、也可以开立基本存款账户。

1. 企业法人
2. 社会团体
3. 机关、事业单位
4. 个体工商户
5. 单位设立的独立核算的附属机构
6. 民办非企业组织
7. 异地常设机构
8. 外国驻华机构
9. 团级（含）以上军队、武警部队及分散执勤的支（分）队
10. 居民委员会、村民委员会、社区委员会
11. 非法人企业
12. 其他组织

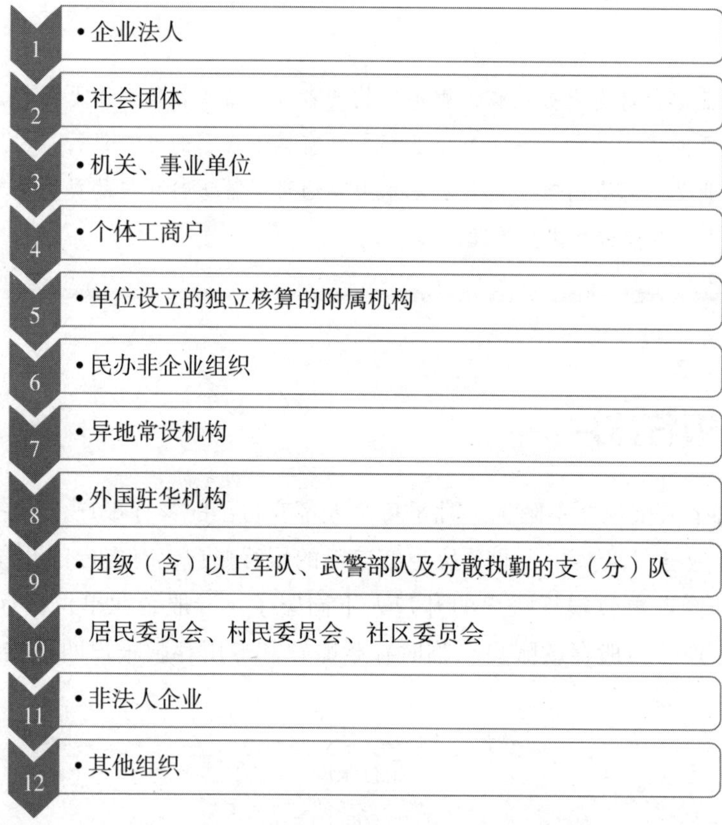

图7-2　开立基本存款账户的范畴

企业单位在开立基本存款账户时，一般根据办公地点到就近的商业银行的相关网点办理，在开立时企业单位要出具以下证明文件，如图7-3所示。

- 出具当地工商行政管理机关核发的《企业法人营业执照》或《营业执照》
- 需要证明文件的，应该出具政府主管部门的批文或证明文件
- 企业单位的法定代表人的身份证和授权人身份证

图7-3　开立基本存款账户需要出具的证明文件

企业单位申请开立基本账户的流程主要包括5个步骤，如图7-4所示。

填写开户申请 → 提供证件 → 递送印鉴卡片 → 经银行审核 → 开立账户

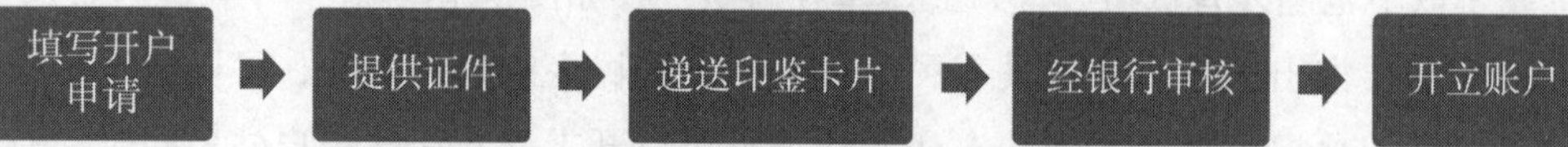

图7-4　企业单位开立基本账户流程图

由图7-4可知，企业单位在开立基本账户时先要向所选择的开户银行填写一份开户申请书，主要是写清楚企业单位的一些基本信息，其内容格式如表7-1所示。

表7-1　银行开户申请书

申请开户单位全称			地址			
			电话			
主管部门名称			上级管理部门意见			
账户资金来源性质						
已开立账户情况	开户银行		账户		账户名称	
上级管理部门意见	（签章） 年　月　日		开户单位公章		（签章） 年　月　日	
以下各栏由银行填写						
科目		账户名称		账　号		
营业执照	发证机关				开户日期	
	编号				年　月　日	

企业单位填写好开户申请书后交给银行，这时银行会为企业单位开立银行结算账户，并与企业单位签订银行结算账户管理协议，以明确双方的权利和义务，并建立单位预留签章卡片（如表7-2），将签章式样和有关证明文件的原件或复印件留存归档。银行办理开户手续后于开户之日起5个工作日向中国人民银行当地分支备案，中国人民银行则在2个工作日内对银行报送的基本存款账户予以审核，符合条件的予以核准，不符则退回报送银行。通过核准后，企业单位可以领取银行的开户许可证。

表7-2　银行印鉴卡

户名	账号
地址	电话
启用日期　　　年　月　日	
开户单位预留印鉴	银行盖章
印鉴使用说明	

印鉴卡片上的户名必须与企业单位的名称一致，应该在印鉴卡上加盖财务章、法人章、单位公章，这样银行在以后为企业单位办理结算业务时，会根据印鉴卡上预留印鉴审核所办业务凭据上签章印鉴痕迹的真伪，若与预留印鉴不符，银行则会拒绝办理相关的结算业务。

基本存款账户可以办理转账、存款、支取等结算业务，所有正常经营的企业单位都会有其所属的基本存款账户。

7.1.2 一般存款账户

一般存款账户是指存款人在基本存款账户以外的银行借款转存、与基本存款账户的存款人不在同一地点的附属非独立核算单位开立的账户。存款人能够通过本账户办理转账结算和现金缴存，但不能办理现金支取。

一般存款账户对于企业单位来说没有开立数的限制，只要开立了基本存款账户的企业单位都可以开立一般存款账户。在申请开立一般存款账户时，也应向银行出具一系列文件，如图7-5所示。

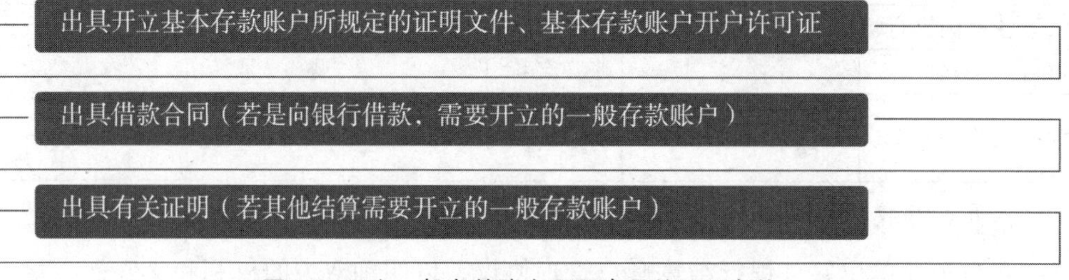
出具开立基本存款账户所规定的证明文件、基本存款账户开户许可证
出具借款合同（若是向银行借款，需要开立的一般存款账户）
出具有关证明（若其他结算需要开立的一般存款账户）

图7-5 开立一般存款账户需要出具的证明文件

7.1.3 临时存款账户

临时存款账户是存款人因临时需要并在规定期限内使用而开立的银行结算账户。存款人有设立临时机构、异地临时经营活动、注册验资情况的，可以申请开立临时存款账户。

临时存款账户有使用期限，这个期限根据其提供的有关开户证明文件来确定。若企业单位要把临时存款账户的使用期限延长，则应在事先即有效期限内向开户银行提出申请，再由其开户银行报中国人民银行当地分支行核准后办理延期。总之，临时存款账户的有效期最长不得超过2年。

临时存款账户可以办理支取现金业务，但是必须按照国家现金管理规定办理，且在注册验资期间的临时存款账户是只收不付的。一般申请开立临时存款账户的企业单位要具备这些条件才可以开设：异地有临时经营活动，企业单位设立了临时机构，注册验资。企业单位要开立临时存款账户，应向银行出具下列证明文件，如图7-6所示。

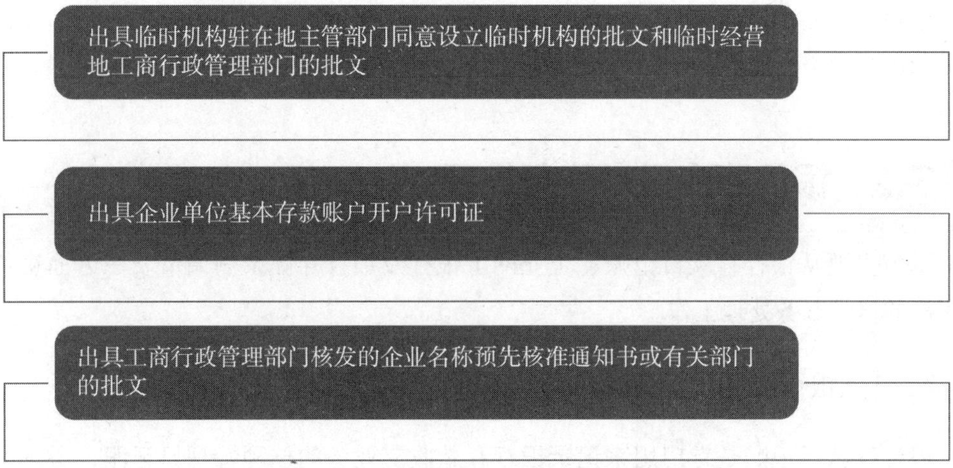

出具临时机构驻在地主管部门同意设立临时机构的批文和临时经营地工商行政管理部门的批文

出具企业单位基本存款账户开户许可证

出具工商行政管理部门核发的企业名称预先核准通知书或有关部门的批文

图7-6　开立临时存款账户需要出具的证明文件

7.1.4　专用存款账户

专用存款账户是存款人按照法律、行政法规和规章，对其特定用途的资金进行专项管理和使用而开立的银行结算账户。开立专用存款账户的目的是保证特定用途的资金专款专用，并有利于监督管理。只有法律、行政法规和规章规定要专户存储和使用的资金，才纳入专用存款账户管理。

一般企业单位要申请开立专用存款账户对资金进行管理与使用，则企业单位应有专门的资金项目，如基本建设资金、证券交易结算资金、住房基金、社会保障基金等。企业单位若要申请开立专用存款账户，需要向银行相关网点出具以下文件，如图7-7所示。

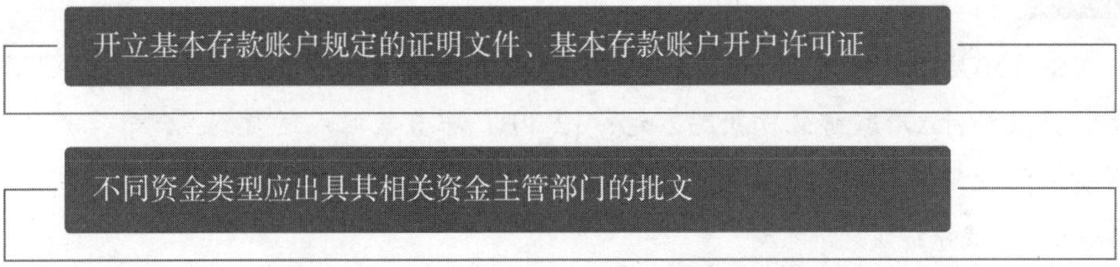

开立基本存款账户规定的证明文件、基本存款账户开户许可证

不同资金类型应出具其相关资金主管部门的批文

图7-7　开立专用存款账户需要出具的证明文件

注：2018年12月24日国务院第35次会议决定，在分批试点基础上，2019年底完全取消企业银行开户许可证。至2019年7月19日，中国人民银行宣布将于2019年7月22日起在全国范围内全面取消企业银行账户许可证。

提示

第2点提及的批文如基本建设资金、住房基金、社会保障基金应出具主管部门批文；财政预算外资金，则应出具财政部门的证明。

由于专用存款账户是企业单位管理和使用各种专项资金的专用账户，因此在使用时应抓住其要点即“专用”二字，不管是哪种专用资金，在管理和使用时都要严格按照国家对其规定的制度来管理，即严格按照《人民币银行结算账户管理办法》及国家现金管理的规定办理。

7.2 银行账户日常账务处理

本节主要从银行存款日记账、企业网上银行及银行存款余额调节表三方面讲述银行账户的日常账务处理工作。

7.2.1 银行存款日记账

银行存款日记账是专门用来记录银行存款收支业务的一种特种日记账，必须采用订本式账簿，其账页格式一般采用“收入”（借方）、“支出”（贷方）和“余额”三栏式，是用来反映银行存款增加、减少和结存情况的账簿。其对账一是银行存款日记账与银行存款收、付款凭证互相核对，做到账证相符；二是银行存款日记账与银行存款总账相互核对，做到账账相符。

银行存款日记账是企业单位的最重要的账本之一，能够及时反映企业单位自身的银行资金状况，方便企业单位与自身开户银行的联系，减少相互之间的误差，便于企业单位的自身管理；同时能够让企业单位自身能够有效地控制资金，从而使企业单位能够在有效期限内最大限度地利用资金。再有，通过出纳人员的及时记录和总结反映给上级部门，让上级部门及时了解资金状况，使得银行存款可以得到有效配置和安排。

例7-1

A公司10月12日银行存款有1 134 765.55元，12日当天要采购货物付款到A厂家50万元，并且补付A厂家前欠货款23万元；12日B厂家直接派人送货到A公司，并且直接由送货人员把货款取回，开出支票33万元付齐货款；当天还有税款需要支付，税额为66 473.8元。试分析该题。

分析：A公司在10月12日这天有4笔经济业务要用银行存款结算，在结算前，得先知道A公司的银行存款账上的余额数是否够支付这些经济业务。在题中我们知道A公司当天的银行存款余额总数是1 134 765.55元，当天要付的4笔经济业务金额是500 000+230 000+330 000+66 473.8=1 126 473.8元，所以银行存款是够付这些款项的，但是我们还要考虑到第二天会发生的经济业务，这样可以有预先的准备，从而不至于使银行账上没钱而不能完成必须要完成的经济业务。同时，应该在经济业务结算时，若遇到资金紧缺的情况，一定要分清轻重缓急，并且及时与上级部门沟通，合理分配资金。只有及时登记银行存款日记账，时刻了解掌握银行存款信息，及时沟通上级部门，为上级部门做资金分配提供可靠信息，才能使企业单位的资金运转发挥最大的作用。

我们在前面的会计账簿章节里列出了银行存款日记账的格式，相信您对它有所了解，这里详细阐述怎么登记银行存款日记账。通过上面的文字我们也知道银行存款日记账的重要性，故其登记的要求必然会严格。首先，我们要知道它是由出纳人员亲自登记的，这点就明确了出纳人员的职责是非常大的，它要求出纳人员一定要根据审核无误的凭证逐日逐笔、按顺序登记；其次，在登记时必须要做到反映完整的经济业务内容，所记载的经济业务一目了然、清楚可见、便于翻阅；再次，登记的账目必须及时、真实，保证数字准确、凭证齐全、账证相符，不重记或漏记，定期结算；最后，若登记出错要按照正确的方法更正账目，切记不可随意更改，各种记载的业务内容的相关凭证内容也不能随意增减，保证所登记的经济业务是按顺序逐日逐笔登记的，保证每笔登记的经济业务都有据可依，月末定期结账。

例7-2

A公司2023年11月上旬发生如下银行结算业务，月初余额为560 000元：

① 11月1日用银行存款支付A厂家前欠货款50 000元；

② 11月2日用支票支付公司送货用汽车修理费3 600元；

③ 11月4日收到一医院一张支票600 000元，是前欠货款；

④ 11月5日用银行存款付增值税税款73 226元；

⑤ 11月8日用网银支付职工工资124 850元；

⑥ 11月9日预付A厂家货款100 000元，用银行存款付讫；

⑦ 11月10日订货用网银付款给B厂家270 000元；

请据此编制记账凭证，并根据记账凭证登记银行存款日记账。

根据题意编制记账凭证如表7-3～表7-9所示。

表7-3 记账凭证

记账凭证

A公司　　2023-11-01　　记字第 1 号

摘要	科目名称	借方金额	贷方金额
支付A厂家前欠货款	银行存款		50 000
支付A厂家前欠货款	应付账款	50 000	
附件 1 张	合计	50 000	50 000

制单：　　签字：　　审核：　　登账：

表7-4　记账凭证

记账凭证

A公司　　2023-11-02　　记字第 2 号

摘要	科目名称	借方金额	贷方金额
支付汽车修理费	银行存款		3 600
支付汽车修理费	管理费用——修理费	3 600	
附件 1 张	合计	3 600	3 600

制单：　　签字：　　审核：　　登账：

表7-5　记账凭证

记账凭证

A公司　　2023-11-04　　记字第 3 号

摘要	科目名称	借方金额	贷方金额
收一医院货款	银行存款	600 000	
收一医院货款	应收账款——一医院		600 000
附件 1 张	合计	600 000	600 000

制单：　　签字：　　审核：　　登账：

表7-6　记账凭证

记账凭证

A公司　　2023-11-05　　记字第 4 号

摘要	科目名称	借方金额	贷方金额
支付税款	银行存款		73 226
支付税款	应交税费——应交增值税	73 226	
附件 1 张	合计	73 226	73 226

制单：　　签字：　　审核：　　登账：

表7-7　记账凭证

记账凭证

A公司　　2023-11-08　　记字第 5 号

摘要	科目名称	借方金额	贷方金额
支付职工工资	银行存款		124 850
支付职工工资	应付职工薪酬	124 850	
附件 1 张	合计	124 850	124 850

制单：　　签字：　　审核：　　登账：

表7-8　记账凭证

记账凭证

A公司　　2023-11-09　　记字第 6 号

摘要	科目名称	借方金额	贷方金额
预付A厂家货款	银行存款		100 000
预付A厂家货款	预付账款	100 000	
附件 1 张	合计	100 000	100 000

制单：　　签字：　　审核：　　登账：

表7-9　记账凭证

记账凭证

A公司　　2023-11-10　　记字第 7 号

摘要	科目名称	借方金额	贷方金额
付B厂家货款	银行存款		270 000
付B厂家货款	预付账款	270 000	
附件 1 张	合计	270 000	270 000

制单：　　签字：　　审核：　　登账：

根据题意和上面编制的记账凭证登记银行存款日记账，如表7-10所示。

表7-10　银行存款日记账

2023年		凭证号	摘要	对方科目	借方	贷方	借或贷	余额
月	日							
			上月余额				借	560 000
11	01	01	支付A厂家前欠货款	应付账款		50 000	借	510 000
11	02	02	支付汽车修理费	管理费用——修理费		3 600	借	506 400
11	04	03	收一医院货款	应收账款——一医院	600 000		借	1 106 400
11	05	04	支付税款	应交税费——应交增值税		73 226	借	1 003 174
11	08	05	支付职工工资	应付职工薪酬		124 850	借	908 324
11	09	06	预付A厂家货款	预付账款		100 000	借	808 324
11	10	07	付B厂家货款	预付账款		270 000	借	538 324

7.2.2　企业网上银行

现今社会经济发展迅速，科技水平越来越高，日常生活、日常工作已离不开电子科技，现今的社会已经成为网络社会。对于每个离不开财务管理的企事业单位，网络也是不可缺少的一部分。网络化社会已使企业财务人员摆脱了古老繁杂的手工记账，方便了他们的日常财务管理。当然，对出纳而言，新出现的企业网上银行就是出纳人员在出纳工作上的新福音。

企业网上银行是企业单位的开户银行给其授权，让企业单位可以通过网络办理企业单位经济业务结算业务的新型电子银行。它是一种便捷的银行模式，不仅方便了银行工作，同时方便了用户（企业单位），因为它可以省去银行人员为其客户一对一办理汇款、结算业务，用户（企业单位）也不用为了汇款、结算业务常跑银行办理，节约了时间、节省了路程费用。

企业网上银行开户需要去开户银行办理，办理时要准备以下资料：

- 企业单位相关的证照资料正本原件和复印件（开户银行要复核原件与复印件是否相符）
- 企业单位的法定代表人身份证复印件和企业单位开具的授权委托书（委托××去办理网上银行相关事宜并加盖公章）
- 办理人身份证复印件、网上银行操作员和网上银行授权人身份证复印件
- 银行出具的办理网上银行的书面申请（如实填写信息并加盖公司公章）
- 企业单位的公章、银行预留印鉴

企业网上银行一般授权多个操作人员，主要包括制单员（录入员）、初级审核人员和终级审核人员三个。三人里每个人银行都会给一个属于其自身的密码或口令登录网上银行，三人职责各不相同并且互相牵制。一般的出纳人员会担任制单员，属于初级级别，每当企业单位有要结算的经济业务发生时，出纳人员接到相关的付款结算指示，可以登录网上银行，进入支付结算界面办理结算业务，即将相关业务客户的银行账户信息和要汇款的金额一一录入到汇款窗口界面，制单员录入完毕并且检查无误后单击经办则汇款结算单完成，但是并不可以将款项付走，这时由出纳人员通知上级的审核人员，经由审核人员一一同意，款项方可转走。一般银行会对审核人员设置金额权限，例如若款项低于10万元只需要初级审核人员审核，若是款项高于10万元则必须由终级审核人员审核才可转走。

企业网上银行可以办理日常经济业务结算，如汇款、支付员工报销款、发放工资，大大减少了出纳人员的工作，提高了出纳人员的办事效率，也节约了办事成本。当然，也方便了及时与银行的对账工作，企业财务人员能够随时了解支票款的转款情况和收到的账款情况。

例7-3

A公司开通了企业网上银行业务，采购部门需要定一批支架，申请到款项160 000元，需要于2023年11月20日付款给A厂家，出纳人员小李准备从网银上打款。

分析：由题意，出纳小李为了快捷地给A厂家付款应该及时从网银上转账，要在网银上转账给A厂家，首先必须知道A厂家的开户银行信息，即A厂家银行账户名称、银行账号和开户银行名称，然后根据这些信息由出纳员小李登录网上银行制作汇款单，再通知到各个审核人员，审核付款。

按照题意，我们可以填制网上银行支付结算单，如图7-8所示。

金额	160 000	希望到账时间	2023-11-20
用途	货款		
备注	支付A厂家货款		
收款人账号	1100109990001610		
收款人名称	A厂家		
省	北京	市	北京
开户行名称	中国建设银行* *支行		

经办　　取消

图7-8　网上银行支付结算单

7.2.3 银行存款余额调节表

银行存款余额调节表可作为银行存款科目的附列资料保存。该表主要目的在于核对企业账目与银行账目的差异，也用于检查企业与银行账目的差错。它是在银行对账单余额与企业账面余额的基础上，各自加上对方已收、本单位未收账项数额，减去对方已付、本单位未付账项数额，以调整双方余额使其一致的一种调节方法。

银行存款余额调节表是会计人员每月都需要编制的调节表，出纳人员会常接触到，一般有三种编制方法。

企业单位账面存款余额=银行对账单存款余额+企业已收而银行未收账项-企业已付而银行未付账项+银行已付而企业未付账项-银行已收而企业未收账项

银行对账单存款余额=企业账面存款余额+企业已付而银行未付账项-企业已收而银行未收账项+银行已收而企业未收账项-银行已付而企业未付账项

银行对账单存款余额+企业已收而银行未收账项-企业已付而银行未付账项=企业账面存款余额+银行已收而企业未收账项-银行已付而企业未付账项账

通过上述公式来计算、核对调节，如果编制的"银行存款余额调节表"上双方余额相等的话，则可以说明双方记账没有差错；若是经过调节还是不相等的话，就要进一步来查询原因，不过这样的原因也只有两个，要么是未达账项没有全部查出，要么是一方或双方记账出现差错，这时只需查出原因并加以更正即可。

提示

银行存款余额调节表调节出来相等的银行存款余额是当日可以动用的银行存款实有数金额。对于银行已划账而企业单位自身还没有入账的未达账项，需要等银行结算凭证到达以后，才可以据以入账，切记不可以以"银行存款调节表"作为记账依据。

银行存款余额调节表格式如表7-11所示。

表7-11 银行存款余额调节表

项目	金额	项目	金额
银行存款日记账余额		银行对账单余额	
加：银行已收企业未收款		加：企业已收银行未收款	
减：银行已付企业未付款		减：企业已付银行未付款	
调节后存款余额		调节后存款余额	

例7-4

A公司2023年11月30日银行存款日记账金额为414 000元，银行对账单的金额为395 000元，出纳小李查对后发现有以下未达账项：

A公司11月30日收到一张转账支票是一医院货款，于当天存入银行，金额为65 800

元，A公司出纳小李已经登记银行存款日记账，银行尚未入账；

A公司11月30日购买办公用品，开出一张转账支票付讫，金额为3 000元，出纳小李已经登记银行存款日记账，银行没有收到单据尚未入账；

银行收到11月30日A公司销售给二医院货款45 000元，银行已经入账而A公司还没收到单据尚未入账；

银行扣走A公司网上银行服务费1 200元，银行已入账，A公司尚未登记银行存款日记账。

请根据上述资料编制银行存款余额调节表。

分析：由题意，可以编制银行存款余额调节表，如表7-12所示。

表7-12　银行存款余额调节表

项目	金额	项目	金额
银行存款日记账余额	414 000	银行对账单余额	395 000
加：银行已收企业未收款（二医院货款）	45 000	加：企业已收银行未收款（一医院支票货款）	65 800
减：银行已付企业未付款（网上银行服务费）	1 200	减：企业已付，银行未付款（支票付办公用品款）	3 000
调节后存款余额	457 800	调节后存款余额	457 800

第8章 银行结算的管理和核算

银行结算方式已经是现今企事业单位经济业务活动的主要结算方式，对加速资金周转、抑制货款拖欠、加强财务管理、促进经济发展具有重要意义。我们通过本章银行结算管理和核算的学习来掌握和熟悉银行结算的具体内容。

8.1 银行结算概述

银行结算是指通过银行账户的资金转移实现收付的行为，即银行接受客户委托代收代付，从付款单位存款账户划出款项，转入收款单位存款账户，以此完成经济活动之间债权、债务的清算或资金调拨。它是商品交换的媒介，是社会经济活动中清算资金的中介。

8.1.1 银行结算要求

银行结算是企业重要的财务管理活动，对提高企业经济效益具有积极意义。银行结算有其规定的结算要求和结算方式。

企业单位要履行"谁的款由谁付，银行不垫付"的银行结算要求，且遵守国家规定，对于不准用现金支付的业务，一定遵守用银行结算的规定。

目前在我国，根据中国人民银行有关支付结算办法的规定，企业单位发生的货币资金收付业务通过银行办理转账结算的主要包括以下9种结算方式，如图8-1所示。

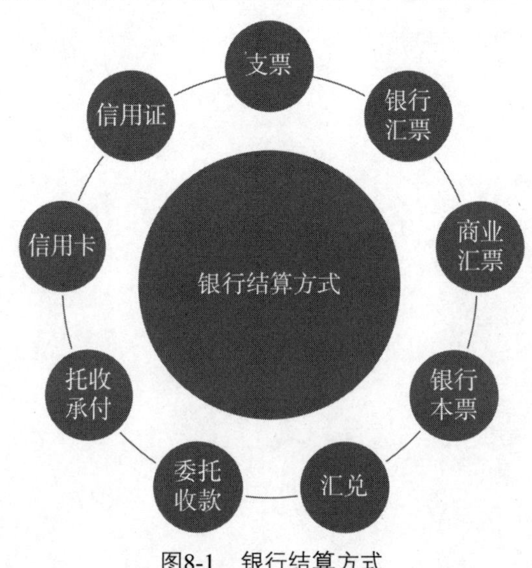

图8-1 银行结算方式

8.1.2　银行结算方式之一——支票

支票是出票人签发的、委托办理支票存款业务的银行在见票时无条件支付确定的金额给收款人或持票人的票据。支票的提示付款期限为10天，超过提示付款期限提示付款的，持票人开户银行不予受理，付款人不予付款。支票分为现金支票和转账支票，如图8-2所示。其中，现金支票只能提取现金；转账支票不能提取现金，只能用于转账。这里重点讲解转账支票。

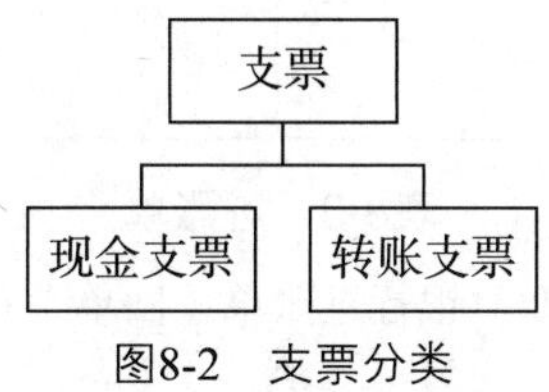

图8-2　支票分类

转账支票是在企业单位日常工作中最常见的一种银行结算方式，如表8-1和表8-2所示。企业单位若采用转账支票结算方式，必须明白转账支票是有期限的，即收款单位对于收到的转账支票应在转账支票签发日期（支票上打印的日期）10天内填制进账单（如表8-3所示），连同转账支票送存银行。出纳将转账支票存到开户银行后，应将银行盖章退回的进账单第一联（进账单一般为一式三联）和有关原始凭证编制收款凭证。

若为付款单位，用转账支票结算方式结算业务，出纳在签发转账支票时应该按照转账支票填制的要求认真填制，切记转账支票上不能出现改写、补挖等改错现象。

若填制出错，应作废处理，盖作废章并存放在作废的单据中，不可乱放。然后出纳根据付出的转账支票存根和有关原始凭证及时编制付款凭证。

支票一般用于企业单位同城之间的经济业务结算。

表8-1　支票样板（正面）

<table>
<tr><td>****银行
**支票存根
1000**00
123456**
附加信息____
——————————
——————————
出票日期　年　月　日</td><td rowspan="5">付款期限自出票之日起十天</td><td rowspan="5">****银行 **支票　　　1000**00
123456**
出票日期（大写）　年　月　日　　付款行名称：
收款人：　　　　　　　　　　　　出票人账号：
人民币（大写）
用途________　　　　密码
上列款项请从　　　　行号
我账户内支付
出票人签章　　　　　复核　　记账
1111111********11111********00</td></tr>
<tr><td>收款人：</td></tr>
<tr><td>金额：</td></tr>
<tr><td>用途：</td></tr>
<tr><td>单位主管　会计</td></tr>
</table>

表8-2　支票样板（背面）

<table>
<tr><td rowspan="3">附加信息</td><td>被背书人</td><td rowspan="3">（粘贴单处）</td></tr>
<tr><td></td></tr>
<tr><td>被背书人签章
年　月　日</td></tr>
</table>

表8-3　进账单

****银行进账单（回单）1

年　　月　　日

<table>
<tr><td rowspan="3">出票人</td><td>全称</td><td colspan="5"></td><td rowspan="3">收款人</td><td>全称</td><td colspan="11"></td><td rowspan="7">此联是开户银行交给持票人的回单</td></tr>
<tr><td>账号</td><td colspan="5"></td><td>账号</td><td colspan="11"></td></tr>
<tr><td>开户银行</td><td colspan="5"></td><td>开户银行</td><td colspan="11"></td></tr>
<tr><td rowspan="2">金额</td><td colspan="8" rowspan="2">人民币
（大写）</td><td>万</td><td>千</td><td>百</td><td>十</td><td>万</td><td>千</td><td>百</td><td>十</td><td>元</td><td>角</td><td>分</td></tr>
<tr><td></td><td></td><td></td><td></td><td></td><td></td><td></td><td></td><td></td><td></td><td></td></tr>
<tr><td colspan="2">票据种类</td><td></td><td>票据张数</td><td></td><td colspan="15" rowspan="3">开户行签章</td></tr>
<tr><td colspan="2">票据号码</td><td></td><td></td><td></td></tr>
<tr><td colspan="5">复核　　　记账</td></tr>
</table>

8.1.3　银行结算方式之二——银行汇票

银行汇票是汇款人将款项缴存当地银行，由出票银行签发，由其在见票时按照实际结算金额无条件支付给收款人或者持票人的款项的票据，如表8-4和表8-5所示。银行汇票可以用来转账，也可以用于取现金（只需标明“现金”字样），在使用上特别灵活，兑现性也强，所以先收款后发货或是钱货两清的商品交易，很适合银行汇票结算方式。

企业单位若采用银行汇票方式结算，则收款单位出纳应当将汇票、解讫通知和进账单都送交银行，然后根据银行退回的进账单和有关原始凭证编制收款凭证；若为付款单位的话，出纳则应当在收到银行签发的银行汇票后，根据“银行汇票申请书”存根联编制付款凭证。

表8-4 银行汇票（正面）

付款期限 ****银行 1111*****11
壹个月 银行汇票 1 北京 票号

<table>
<tr><td>出票日期 年 月 日
（大写）</td><td colspan="3">代理付款行： 行号：</td><td rowspan="9">此联代理付款行付款后作银行往账借方凭证附件</td></tr>
<tr><td colspan="4">收款人： 账号：</td></tr>
<tr><td colspan="4">出票金额： （压数机压印出票金额）</td></tr>
<tr><td colspan="2">实际结算金额人民币：
（大写）</td><td colspan="2"></td></tr>
<tr><td rowspan="5">申请人
出票行 行号
备注
凭票付款
出票行签章</td><td colspan="3">账号或住址</td></tr>
<tr><td rowspan="3">多余金额</td><td colspan="2">科目（借方）</td></tr>
<tr><td colspan="2">对方科目（贷方）</td></tr>
<tr><td colspan="2">兑付日期 年 月 日</td></tr>
<tr><td></td><td colspan="2">复核 记账</td></tr>
</table>

表8-5 银行汇票（背面）

<table>
<tr><td>被背书人</td><td>被背书人</td><td>被背书人</td><td rowspan="3">粘贴单处</td></tr>
<tr><td>背书人签章</td><td>背书人签章</td><td>背书人签章</td></tr>
<tr><td>持票人向银行
提示付款签章：</td><td colspan="2">身份证件名称：
号 码：
发 证 机 关：</td></tr>
</table>

提示

若有多余款项或因汇票超过付款期限等原因而退款时，出纳应及时根据银行的多余款收账通知编制收款凭证。

另外，以下几点需要我们牢记。

- 一定要清楚银行汇票期限，保证在银行汇票期限内（一个月）兑付，以免票据逾期银行不予受理。
- 作为收款人受理申请人交付的银行汇票时，出纳应当在出票金额以内，根据实际需要的款项办理结算，且将实际结算金额和多余金额准确、清晰地填到银行汇票和解讫通知上。若出纳没有填明实际结算金额和多余金额或实际结算金额超过出票金额，银行会不受理。
- 银行汇票也可以背书转让，前提是不超过出票金额的实际结算金额，收款人可以将银行汇票背书转让给被背书人。若未填写实际结算金额或实际结算金额超过出票金额的银行汇票不得背书转让。
- 在收到银行汇票时，切记一定审查票据的有效性。
- 虽然银行汇票丢失了，失票人可以凭借人民法院出具的其享有票据权利的证明，向出票银行请求付款或退款，但是作为出纳人员，还是要细心保管好票据，避免不必要且多余的麻烦。

8.1.4 银行结算方式之三——商业汇票

商业汇票只适用于企业之间由于先发货后收款或双方约定延期付款的商品交易。按照承兑人不同，可以分为商业承兑汇票和银行承兑汇票（如表8-6和表8-7所示）两种，如图8-3所示。

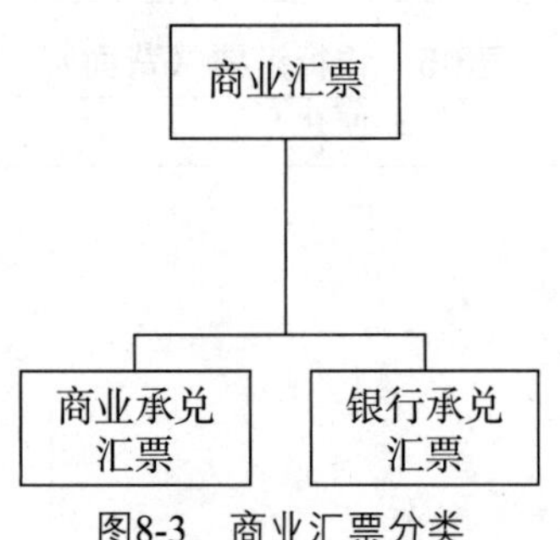

图8-3 商业汇票分类

商业汇票由出票人签发，是委托付款人在指定的日期无条件支付确定的金额给收款人或者持票人的票据。商业汇票的付款人称为承兑人，其中银行承兑汇票的承兑方式由承兑人向银行提出申请，并经银行审查同意承兑；商业承兑汇票承兑方式由银行以外的付款人承兑。

表8-6　银行承兑汇票样板（正面）

银行承兑汇票　　　　　　　　　　　　　　　　　　1111**00

出票日期　　年　月　日　　　　　　　　　　　1　　　123456**

（大写）

<table>
<tr><td>出票人全称</td><td colspan="2"></td><td rowspan="3">收款人</td><td>全　称</td><td colspan="11"></td><td rowspan="9">此联收款人开户行随托收凭证寄回付款行作借方凭证附件</td></tr>
<tr><td>出票人账号</td><td colspan="2"></td><td>账　号</td><td colspan="11"></td></tr>
<tr><td>付款行全称</td><td colspan="2"></td><td>开户银行</td><td colspan="11"></td></tr>
<tr><td>出票金额</td><td colspan="4">人民币
（大写）</td><td>亿</td><td>千</td><td>百</td><td>十</td><td>万</td><td>千</td><td>百</td><td>十</td><td>元</td><td>角</td><td>分</td></tr>
<tr><td>汇票到期日
（大写）</td><td colspan="2">年　月　日</td><td rowspan="2">付款人</td><td>行号</td><td colspan="11"></td></tr>
<tr><td>承兑协议编号</td><td colspan="2"></td><td>地址</td><td colspan="11"></td></tr>
<tr><td rowspan="2" colspan="2">本汇票请你行承兑到期无条件付款

出票人签章</td><td rowspan="2" colspan="2">本汇票已经承兑，到期日由本行付款。

承兑行签章
承兑日期
年　月　日</td><td rowspan="3" colspan="12">密押

复核　　记账</td></tr>
<tr></tr>
<tr><td colspan="2"></td><td colspan="2">备注：</td></tr>
</table>

表8-7　银行承兑汇票样板（背面）

被背书人	被背书人	（粘贴单处）
背书人签章 年　月　日	背书人签章 年　月　日	

企业单位采用银行承兑汇票方式的，若为收款人，则出纳要及时（一般为到期前7天）把将到期的银行承兑汇票和填制的邮划或电划委托收款凭证，一起送交银行办理转账，收到银行出具的相应回单，据此编制收款凭证；若为付款单位则出纳应在收到银行出具的付款通知时，再编制付款凭证。

提示

商业承兑汇票结算方式处理办法与银行承兑汇票结算处理办法相同。

还会有一种情况出现，就是收款单位将还没有到期的商业汇票到银行办理结算（称为贴现），出纳也应按照规定先填写好贴现凭证，再和商业汇票一并送交银行办理。这种情况要扣除相应的费用，也就是贴现利息。因此，若企业单位不是很着急入账，不要在商业汇票没到期办理贴现，可以把商业汇票作为一种支付手段。目前已经有电子商业汇票出现，其期限最长可为12个月。一般纸质的商业汇票的付款期限最长不得超过6个月。由于承兑汇票期限较长，不能够解决急需的资金需求，增加了企业的资金成本。

提示

银行规定作为商业汇票出票人的企业单位，在银行开立存款账户的法人以及其他组织之间，必须具有真实的交易关系或债权债务关系，才可以使用商业汇票。

8.1.5 银行结算方式之四——银行本票

银行本票是申请人将款项缴存银行，由银行签发凭以办理转账或提取现金的一种票据，适用于同一票据交换区域需要支付各种款项的单位和个人。按照金额是否固定可以分为定额（如表8-8所示）和不定额（如表8-9所示）两种形式。定额银行本票面额为1 000元、5 000元、1万元和5万元，它们和人民币一样拥有面值；不定额银行本票与前面所述的商业汇票类似，它的金额栏是空白，签发时由银行根据实际需要的金额，用压数机压印。

银行本票可以用于转账，若注明了“现金”字样的银行本票也可以用来支取现金。银行规定银行本票的付款期限最长不得超过2个月，作为收款人收到银行本票时，需在其打印的日期开始算两个月内到银行办理结算业务。银行本票也可以背书转让。当然它也同银行汇票一样，若出现银行本票丢失，是可以凭人民法院出具的其享有票据权利的证明，到出票银行请求付款或退款。

企业单位采用银行本票方式进行经济业务结算的：

- 若为收款方，出纳人员按规定受理银行本票后要将银行本票和进账单一起送存银行办理转账。银行办理完成后，出纳再根据银行盖章退回的进账单第一联和有关原始凭证编制收款凭证。
- 若为付款方，出纳首先要填制“银行本票申请书”（如表8-10所示）且需将款项存到银行，银行根据申请签发银行本票。签完银行本票后，出纳人员要及时根据申请书存根联编制付款凭证。

提示

若出现企业单位因银行本票超过付款期限或其他原因要求退款时，在企业单位交回银行本票和填制的进账单经银行审核盖章后，才可编制收款凭证。

表8-8　定额银行本票

付款期限 贰个月	**银行 银行本票	地名　********* ¥***

签发日期　年　月　日

（大写）

收款人：*****公司
凭票即付人民币　　　* * * * * * *整
转账　　现金

表8-9　不定额银行本票

付款期限 贰个月	**银行 银行本票	2地名　1111**** 第　号

签发日期　年　月　日

（大写）

收款人：*****公司			
凭票即付 人民币 （大写）		（压印机压印小写金额）	
转账	现金		科目（借方）________ 对方科目（贷方）________
备注		出票行签章	付款日期　年　月　日 出纳　复核　经办

表8-10　银行本票申请书

申请人		收款人										
账号或地址		账号或地址										
用途		代理付款行										
款项金额	人民币 （大写）	万	千	百	十	万	千	百	十	元	角	分
备注：		科　目________ 对方科目________ 财务主管　复核　经办										

申请日期　年　月　日

8.1.6　银行结算方式之五——汇兑

汇兑结算方式适用于异地之间的各种款项结算，它是汇款人（企业单位）委托银行将其款项支付给收款人（其客户）的一种结算方式。单位和个人各种款项的结算，均可使用汇兑结算方式。根据划转款项和传递方式，可以分为信汇和电汇两种，由汇款人自行选择。汇兑结算方式补充了支票结算的不足，适用于异地之间的各种款项结算，且具有划拨款项简单、灵活的特点。

提示

因为网上银行的兴起，汇兑渐渐淡出了财务的工作范畴，不过还是要了解一下它的使用方法，以备不时之需。

汇兑分为信汇和电汇两种方式，两者都必须由汇款企业单位先填写汇款委托书（信汇一式四联，电汇一式三联），填明收款单位名称或个人姓名、汇款金额及用途等项目，然后盖上银行预留印鉴（财务章、法人章），委托银行办理汇款手续。汇款后，出纳要根据银行受理后的回单联（如表8-11所示）编制付款凭证。

表8-11　**银行电汇凭证（回单）

委托日期　　　　　　　　年　月　日　　　　　　　　　　　　第　号

<table>
<tr><td rowspan="3">收款单位</td><td>全称</td><td></td><td rowspan="3">汇款单位</td><td>全称</td><td colspan="11"></td></tr>
<tr><td>账户或住址</td><td></td><td>账户或住址</td><td colspan="11"></td></tr>
<tr><td>汇入地点</td><td></td><td>汇出地点</td><td colspan="4">市
省
县</td><td colspan="3">汇出行名称</td><td colspan="4"></td></tr>
<tr><td rowspan="2">金额</td><td colspan="4" rowspan="2">人民币：
（大写）</td><td>万</td><td>千</td><td>百</td><td>十</td><td>万</td><td>千</td><td>百</td><td>十</td><td>元</td><td>角</td><td>分</td></tr>
<tr><td></td><td></td><td></td><td></td><td></td><td></td><td></td><td></td><td></td><td></td><td></td></tr>
<tr><td colspan="3">汇款用途：</td><td colspan="13" rowspan="2">科目（付）________
对方科目（收）________
汇邮行汇出日期
年　月　日
复核员　　记账员</td></tr>
<tr><td colspan="3">上列款项请在本单位账户内支付，并按照汇兑结算方式规定拨给收款单位。
（汇款单位盖章）</td></tr>
</table>

8.1.7　银行结算方式之六——委托收款

委托收款是收款人向银行提供收款依据，委托银行向付款人收取款项的一种结算方式。无论单位还是个人都可收取同城和异地的款项。委托收款分邮寄和电报划回两种，由收款人选用。前者是以邮寄方式由收款人开户银行向付款人开户银行转送委托收款凭证、提供收款依据的方式，后者则是以电报方式由收款人开户银行向付款人开户银行转送委托收款凭证、提供收款依据的方式。

委托收款的会计处理：

- 若为收款方，则要对托收的款项在收到银行收账通知时，根据收账通知编制收款凭证。

- 若为付款方，则应在收到银行转来的委托收款凭证后，根据委托收款凭证的付款通知联和有关原始凭证编制付款凭证。
- 若是企业单位在付款期满前付款（即提前付款），则应在通知银行付款之日就编制付款凭证。
- 若拒绝付款且为全部拒付，不作账务处理。
- 若部分拒付，企业单位则应在付款期内出具部分拒付理由书（如表8-12所示）且退回有关单位，然后根据银行盖章退回的拒付理由书第一联编制部分付款的凭证。

表8-12　委托收款结算部分拒付理由书

拒付日期　　　　　　　年　月　日　　　　　　　　　　　　　　　　原委收号码

<table>
<tr><td rowspan="3">收款人</td><td>全称</td><td colspan="3"></td><td rowspan="3">付款人</td><td>全称</td><td colspan="11"></td></tr>
<tr><td>账号</td><td colspan="3"></td><td>账号</td><td colspan="11"></td></tr>
<tr><td>开户银行</td><td></td><td>行号</td><td></td><td>开户银行</td><td colspan="5"></td><td>行号</td><td colspan="5"></td></tr>
<tr><td rowspan="2">委收金额</td><td rowspan="2" colspan="2"></td><td rowspan="2">拒付金额</td><td rowspan="2"></td><td rowspan="2" colspan="2">部分付款金额</td><td>万</td><td>千</td><td>百</td><td>十</td><td>万</td><td>千</td><td>百</td><td>十</td><td>元</td><td>角</td><td>分</td></tr>
<tr><td></td><td></td><td></td><td></td><td></td><td></td><td></td><td></td><td></td><td></td><td></td></tr>
<tr><td>附寄单证</td><td>张</td><td colspan="3">部分付款金额（大写）</td><td colspan="13"></td></tr>
<tr><td colspan="7">拒付理由：

付款人盖章</td><td colspan="11"></td></tr>
</table>

8.1.8　银行结算方式之七——托收承付

托收承付结算又称为异地托收承付结算，是指根据购销合同由收款人发货后委托银行向异地购货单位收取货款，购货单位根据合同核对单证或验货后，向银行承认付款的一种结算方式。它分邮寄和电报两种方式，由收款人选用。它适用于国有企业、供销合作社以及经营管理较好，并经开户银行审查同意的城乡集体所有制企业。代销、寄销、赊销商品的款项不得办理托收承付结算。托收承付结算的金额起点为1万元，新华书店系统每笔金额起点为1 000元。

托收承付结算方式的会计处理和前面所述的各种结算方式类似，都是收款单位根据银行的收账通知和有关的原始凭证编制收款凭证，付款单位根据托收承付结算凭证的承付支款通知和有关发票账单等原始凭证编制付款凭证。对于拒绝付款，属于全部拒付的不作账务处理；若属于部分拒付的，付款部分按规定作会计处理，拒付部分则不作账务处理。

8.1.9 银行结算方式之八——信用卡

信用卡是指商业银行向个人和单位发行，凭以向特约单位购物、消费和向银行存取现金，且具有消费信用的特制载体卡片。信用卡按使用对象分为单位卡和个人卡，按信誉等级分为金卡和普通卡。单位卡一律不得用于10万元以上商品交易、劳务供应款项的结算，不得支取现金。信用卡在规定限额和期限内允许善意透支，透支额金卡最高不得超过1万元，普通卡最高不得超过5 000元。透支期限最长为60天。

采用信用卡结算方式的会计处理：

- 若为收款单位，则对于当日受理的信用卡签购单，出纳要填写汇计单和进账单，然后连同签购单一起送交收单银行办理进账，再根据银行的进账通知单编制收款凭证。
- 若为付款单位，则对于付出的信用卡资金，出纳应根据银行转来的付款通知和有关原始凭证编制付款凭证。

8.1.10 银行结算方式之九——信用证

信用证结算是国际结算的一种主要方式。采用信用证结算方式的，收款单位收到信用证后，即备货装运，签发有关发票账单，连同运输单据和信用证送交银行，根据退还的信用证等有关凭证编制收款凭证；付款单位在接到开证行的通知时，根据付款的有关单据编制付款凭证。

信用证整个交易过程就是买方（进口方）先将货款缴存银行，由银行开立信用证，再通知异地卖方（出口方）开户银行转告卖方（出口方），卖方（出口方）按合同和信用证规定的条款发货，最后银行代买方（进口方）付款，可以用图来更清楚地表示信用证的流程，如图8-4所示。

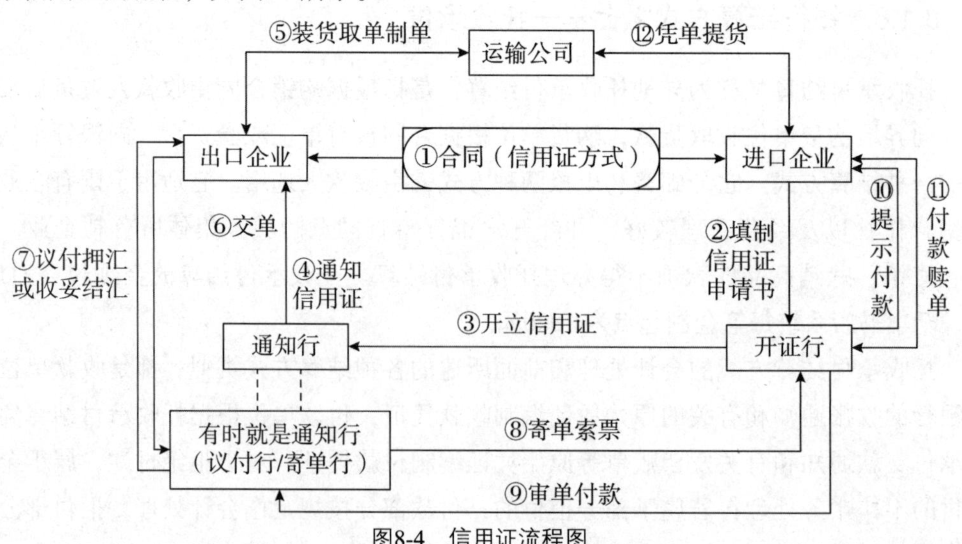

图8-4 信用证流程图

信用证结算方式在财务上的会计处理，若为收款单位，则应在收到信用证后，即备货装运并签发相关发票账单、运输单据和信用证，一起送交银行。银行办理收款后，出纳根据银行退还的信用证等有关凭证编制收款凭证。若为付款单位，则必须在接到开证行的通知时进行付款，出纳根据付款后的有关单据编制付款凭证。

8.1.11 银行结算意义

银行结算是指不使用现金，通过银行将款项从付款单位（或个人）的银行账户直接划转到收款单位（或个人）的银行账户的货币资金结算方式。按照银行结算办法的规定，除了规定的可以使用现金结算的以外，所有企业、事业单位和机关、团体、部队等相互之间发生的商品交易、劳务供应、资金调拨、信用往来等均应按照银行结算办法的规定，通过银行实行转账结算。实行银行转账结算具有如下意义。

- 银行结算其实是一种银行信用，它替代了现金流通，缩小了现金流通的范围和数量，使大量现金脱离流通领域，便于国家对现金更好地管理，也为国家有计划地组织和调节货币流通量、防止和抑制通货膨胀创造了条件。
- 企业单位通过银行结算完成结算业务，方便了各企业单位之间的经济业务往来，促进了企业发展，同时促进了社会经济发展。银行结算相对现金结算来说提高了安全性，可以避免由于现金结算发生的现金运输、保管过程中丢失、被抢、被窃等不测损失；银行结算的清算、保管等手续方便快捷，从而加速了物资和资金的周转。
- 出纳从中直接体现的好处是方便了对银行存款的管理，对于每一笔银行存款的收支，都能从银行对账单来核对，且不论款项大小、时间长短都有据可查。一旦发生意外情况也能追索，避免了因为出纳人员的疏忽导致漏记或是错记收支金额数字，保证了数据的准确性。
- 实行银行结算的企业单位可以根据银行集中办理转账结算业务，全面了解自身的经济活动，一是可以促进企业单位更好经营发展；二是各企业单位能认真执行财经纪律，防止非法活动的发生。

总之，银行结算对个人、企业单位，乃至整个社会都带来极大的便利和安全保障，是一种不可替代的巨大力量，起到维护和监督社会经济的作用。

8.2 银行账户结算核算

银行结算按支付方式不同可分为现金结算和转账结算。在我国，除规定外，大量的货币收付行为都要通过银行转账结算来完成。特别是对企业单位来说，银行结算是日常财务经济活动中必不可少的一项。作为财务人员尤其是出纳，企业单位银行存款的管理者，要第一时间了解并掌控银行存款资金动向并及时登记入账，保证给上级部门提供可靠真实的财务数据。这就要求财务人员对银行账户结算的核算做深入了解。

8.2.1 银行结算凭证

银行结算凭证，是收付款双方及银行办理银行转账结算的书面凭证，是银行结算的重要组成，也是银行办理款项划拨、收付款单位和银行进行会计核算的依据。不同的结算方式，由于其适用范围、结算内容和结算程序不同，结算凭证的格式、内容和联次等也各不相同。

不同银行会有其银行相应的银行结算凭据，每个银行的银行结算凭单表面看都会有所差别，但是实质上其意义都是相同的。当企业单位用银行结算方式办理业务时，银行会给企业单位一个相应的回单，且会盖上当天的银行业务公章，证明该笔业务银行已经受理。银行所盖的业务受理章很重要，例如企业单位在税务局办理相关的涉税义务时，有可能要出具相应的银行缴费单据，这个单据虽然可以直接在网上银行打印，但是税务局不认可，税务局只认可银行出具的且有银行盖章的银行结算凭证。

下面列出几种常见的银行结算凭证。表8-13是企业单位在网上银行付款后，银行出具的电子转账凭单，出纳应该及时到银行提取电子转账回单，以作原始单据给会计做账。

表8-13 银行电子转账凭证

币别： 委托日期 年 月 日 凭证编号：

<table>
<tr><td rowspan="3">汇款人</td><td>全称</td><td></td><td rowspan="3">收款人</td><td>全称</td><td colspan="12"></td></tr>
<tr><td>账号</td><td></td><td>账号</td><td colspan="12"></td></tr>
<tr><td>汇出地点</td><td></td><td>汇入地点</td><td colspan="12"></td></tr>
<tr><td colspan="2">汇出行名称</td><td></td><td colspan="2">汇入行名称</td><td colspan="12"></td></tr>
<tr><td rowspan="2">金额</td><td colspan="4" rowspan="2"></td><td>亿</td><td>万</td><td>千</td><td>百</td><td>十</td><td>万</td><td>千</td><td>百</td><td>十</td><td>元</td><td>角</td><td>分</td></tr>
<tr><td></td><td></td><td></td><td></td><td></td><td></td><td></td><td></td><td></td><td></td><td></td><td></td></tr>
<tr><td colspan="3" rowspan="2">附件信息及用途：</td><td colspan="2">支付密码</td><td colspan="12"></td></tr>
<tr><td colspan="14">根据****银行 客户 号电子指令，上述款项已由银行支付。

客户经办人员： 复核： 记账：</td></tr>
</table>

表8-14是企业单位的开户行收到对方支付的款项打印的回单凭证，出纳也要及时拿回企业单位，做收款凭证的原始单据。

表8-14　电子汇划收款回单

币别：　　　　　　　　　　　　　　　　　　　流水号：

付款人	全称		收款人	全称	
	账号			账号	
	开户行			开户行	
金额	（大写）				
用途					
备注： 银行盖章					

表8-15是一种付款通知，在日常工作中最为常见，它一般应用于企业单位的社会保险缴费。企业单位给员工上的社会保险每到月初或月末时，其开户行会自动代为付款（相对于社保机构，则是企业委托银行收款）。款项扣除后，银行会出具一张如表8-15形式的付款通知凭证单据。

这时，企业单位的出纳人员要拿着此凭证做付款凭证，并交由会计做原始单据记账。需要说明的是，此凭证也是一种证明单据，到社保机构办理业务时，有可能要出具该张银行盖了业务受理章的付款通知凭据，以证明款项已经划走，企业单位可以在社保机构办理相应的业务。

表8-15　付款通知

同城特约委托收款 凭证（付款通知）　　2　　　　第　号

委托号码：

委托日期　年　月　日

汇款人	全称			收款人	全称											
	账号				账号											
	开户银行		交换号		开户银行		交换号									
收额	人民币（大写）					万	千	百	十	万	千	百	十	元	角	分
款项内容	合同号		收款人联系电话													
	备注	收款人签章	付款人开户银行签章													

此联付款人开户银行给付款人按期付款的通知

单位主管　　　　　会计　　　　　复核　　　　　记账

还有一种最为普遍的银行结算凭证，几乎每个企业都会使用，且尤为重要。它就是每月企业单位上缴给税务机关的税费缴费凭证，这个凭证出纳人员一定要保管好，因为它既是做账依据的原始凭证，也是证明已缴税款给税务机关的缴税证明单据。其格式如表8-16所示。

表8-16　缴税付款凭证

****银行电子缴税付款凭证

年　月　日　　　　　凭证字号：

纳税人全称及纳税人识别号：		
付款人全称：		
付款人账号：	征收机关名称：	
付款人开户银行：	收款国库（银行）名称：	
小写（合计）金额：	缴款书交易流水号：	
大写（合计）金额：		税票号码：
税（费）种名称	所属时间	实缴金额：
第　次打印	打印日期：	

第二联 作付款回单（无银行收讫章无效）　　复核　　记账

前面介绍的是几种比较常见的银行结算凭证，在工作中会经常碰到。

- 若直接在银行窗口柜台办理银行结算业务，银行会加盖业务受理章后立即给回单。
- 若不是在银行窗口柜台办理银行结算业务，则这些单据可以通过银行的回单柜提取。

一般有对公业务的银行都会开设回单柜，一个企业单位会有回单柜，银行会派工作人员每天定时存放各企业的回单，出纳人员只需定期到银行提取回单。

提示

当取回这些银行结算凭证回单时，出纳人员需与银行存款收支明细核对，对于没有回单的要告知银行，并要求银行补打回单且加盖业务公章。因为银行结算凭证是原始凭证，对财务数据的真实、准确和追溯有非常重要的作用。

8.2.2　银行结算收费

为适应我国银行业务的发展需要，企业办理银行结算业务，按规定需要向银行支付一定的费用，收费凭证如表8-17所示。这些费用包括凭证工本费、手续费、邮电费。如果单位违反银行结算纪律和规定，银行按规定收取一定的罚款。

提示

银行结算收费款项在会计处理中都会记到财务费用中，在财务费用下分设明细科目。

表8-17　业务收费凭证

****银行业务收费凭证

年　月　日　　　　　流水号：

公司名称			账号		
业务名称	工本费	手续费	电子汇划费		金额
金额（大写）					
付款方式					

会计主管　　　　　　　　授权　　　　　　　　复核　　　　　　　　录入

银行收取的手续费和邮电费有及时与所结算业务对应扣除的收取方法，也有定期汇总（每月）计收的方法。及时收取，一般是各企业单位在办理结算时直接用现金或者直接在银行窗口柜台办理转账的，银行会按业务内容及时收取；定期汇总（每月）计收，一般是对于银行结算业务较为频繁，如网上银行付款费用，有些企业是汇总计收的。收费标准一般是由银行来定，不同的银行其相对的费用标准有所差别。在银行办理结算业务，银行有时除按规定的范围和标准向企业单位收取一定的手续费外，还会向企业单位收取邮电费，一般邮电费和手续费合在一起交付。

例8-1

2023年12月5日A公司出纳小王给异地×客户预付货款，款项用电汇从银行支付，货款20 000元，小王填好电汇单据到其开户银行对公窗口办理电汇结算业务。银行实时办理完后给小王盖章电汇凭证回单和一份银行收费凭证，银行收费凭证上载明该笔电汇结算业务手续费5.5元，邮电费5元。请据此编制付款凭证。

由题意编制付款凭证，如表8-18所示。

表8-18　付款凭证

付款凭证

贷方科目：银行存款　　　　2023年12月05日　　　　总号　分号

摘要	应借科目		√	金额									
	一级科目	二级和明细科目		千	百	十	万	千	百	十	元	角	分
付货款	预付账款	×客户					2	0	0	0	0	0	0
付货款手续费	财务费用	手续费								1	0	5	0
合计						¥	2	0	0	1	0	5	0

财务主管　　记账　　出纳　　复核　　制单　　收款人签章

提示

银行工本费收取主要是对于企业单位购买的一些银行结算凭证而言的，如购买支票、电汇单、进账单等，银行收取凭证工本费的会计处理方法与手续费相同，都记入“财务费用”科目，下设明细科目。

例8-2

A公司2023年12月20日从银行购买支票一本，银行直接从账上划走支票工本费30元，并打印业务收款单给A公司拿回，请根据银行盖章退回的结算凭证领用单和银行收费凭证编制付款凭证。

由题意编制付款凭证，如表8-19所示。

表8-19　付款凭证

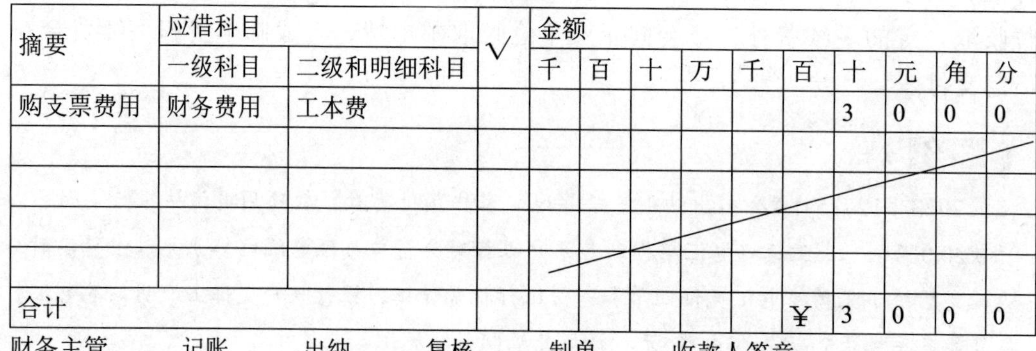

付款凭证

贷方科目：银行存款　　　　2023年12月05日　　　　总号　分号

摘要	应借科目		√	金额									
	一级科目	二级和明细科目		千	百	十	万	千	百	十	元	角	分
购支票费用	财务费用	工本费								3	0	0	0
合计									¥	3	0	0	0

财务主管　　记账　　出纳　　复核　　制单　　收款人签章

提示

企业单位对于违反银行业务结算规定而承担的罚款，如签发空头支票，银行同样会出具一份业务收费回单给企业单位，这笔费用财务上不能做到财务费用中，要放到营业外支出科目做会计分录。

例8-3

A公司2023年12月银行业务比较繁杂，由于出纳小王疏忽，于23日开具了一张支票23万元付货款，银行存款却没有这么多，致使签发了空头支票。银行根据规定扣除A公司签发空头支票罚款100元，请据此编制付款凭证。

由题意编制付款凭证，如表8-20所示。

表8-20　付款凭证

付款凭证　　总号

贷方科目：银行存款　　2023年12月23日　　分号

摘要	应借科目		√	金额									
	一级科目	二级和明细科目		千	百	十	万	千	百	十	元	角	分
付银行空头支票罚款	营业外支出	罚款							1	0	0	0	0
合计								¥	1	0	0	0	0

财务主管　　记账　　出纳　　复核　　制单　　收款人签章

第9章 常用银行结算方式

企业单位实行银行转账结算，可以避免由于实行现金结算发生的现金运输、保管过程中丢失、被抢、被窃等不测损失；而且通过银行转账结算，不论款项大小、时间长短，都有据可查。一旦发生意外情况也便于追索，从而保证结算资金的安全，减少损失。实行银行转账结算，用银行信用收付代替现金流通，使各单位之间的经济往来，只有结算起点以下的和符合现金开支范围内的业务才使用现金，缩小了现金流通的范围和数量，为国家有计划地组织和调节货币流通量、防止和抑制通货膨胀创造了条件。既然银行结算方式的好处这么多，作为出纳人员就应该好好利用其优点来完成自己的工作，对常用的银行结算方式应特别熟知其结算程序和方法。

9.1 支票结算业务

支票结算业务用起来简便、灵活、迅速可靠，适合同城企业单位之间的经济业务结算，加上其安全性很高，所以是最常选择的一种结算方式。本节主要通过支票概念、支票结算程序及银行印鉴管理三方面阐述支票结算业务。

9.1.1 支票概述

支票结算是指客户根据其在银行的存款和透支限额开出支票，要求银行从其账户中支付一定款项给收款人，从而实现资金调拨，了结债权债务关系的一种过程。它分为现金支票和转账支票两种。从2011年3月开始我国统一银行支票样式，目前从银行购买的支票都是一种绿色的印有“**支票”字样、信息的长条空白凭单，不管是哪个银行，支票样式都是一样的，只是支票上注明“****银行 **支票”字样。

企业单位要取得支票，必须到其所属银行购买。购买支票一般由出纳人员负责，首先需要在银行办一个“购买银行专用空白凭证证”，这个购票证需要企业单位提供一些材料（一般为购票人身份证、公章、银行预留印鉴）。当银行审批通过这些资料，就可以拿到购票证（注意银行只认购票证上的当事人才可买支票），然后在每次购买支票时提供该证就可以办理。在买支票时，需要填写一份申请表（如表9-1所示），按照要求填写信息，并且加盖银行预留印鉴。一般的银行按本卖支票，一本25元，每本25张。购买支票时，银行会在收到申请时打出支票，在票面上打出所属公司账号，包括银行所属支行名称。

表9-1　空白凭证购买单

客户填写栏	
账号：	户名：
日期：　　年　月　日	客户签章：
购买凭证种类　单位（本/张）　数量	客户签章
银行确认栏	
客户签收栏	
日期：　　年　月　日	姓名：
证件类型：	证件号码：

支票按照结算方式可以分为有密码结算和无密码结算两种形式。现在支票密码的获取很先进，之前支票密码是出纳购票时向银行直接出具所购支票对应的密码。随着科技的发展，为了加强支票的安全性，支票密码会按照企业单位（出票人）签发的日期不同分别设置密码，每个企业都会收到银行发放的一个电子产品，每次在开具支票时，出纳只需在这个电子产品上输入开具的支票号码和签发日期即可即时获得该张支票的密码。

支票相当于一种形式货币，具有货币资金的性质，因此对于支票的填制签发有很多要求，概括有以下几条。

- 支票填写时，首先要保证票面整洁、字迹清楚，支票日期要大写，如“2023年2月10日”，要写成“贰零贰叁年零贰月壹拾日”，金额大小写按照支票票面信息分开写，在小写栏中应该在金额前用人民币符号“¥”封口。
- 支票填写完，在支票上加盖银行预留印鉴（财务章、法人章），印章要保证清晰，若印章没有盖清楚，可以重新在另外的支票空白处加盖一个。

- 支票存根联内容填写应与支票内容相符，包括日期、金额、用途，要求领用支票人在存根联上签字。
- 支票上若出现了填写错误，不管是日期还是金额或者用途，该张支票就只能作废。作废支票也不可以乱扔，应该在开错的支票上加盖“作废”章，或写上“作废”字样。
- 签发现金支票必须符合国家现金管理规定，禁止签发空头支票或签发与其预留银行签章不符的支票。对于使用支付密码的支票，不得签发支付密码错误的支票，否则银行都会予以退票，情形严重的处以相应罚款、赔偿金，甚至停止其签发支票。支票的付款期限为10天（包含签发日期当天）。

如今有支票打印机，可以根据发生的经济业务打印支票，减少了填写支票错误的可能性。但是，还是要熟悉支票填写的要求，熟悉出纳工作中这项基本的业务内容。

例9-1

A公司2023年10月12日采购部门购进一批医疗器械，C供应商业务员小罗送货时带着发票到财务部门结账，票面金额100 000元，税额17 000元，出纳据此签发了一张117 000元的转账支票交付给小罗（注：该支票为不需密码转账支票）。支票如表9-2所示，试问该支票填写是否正确。

表9-2 转账支票

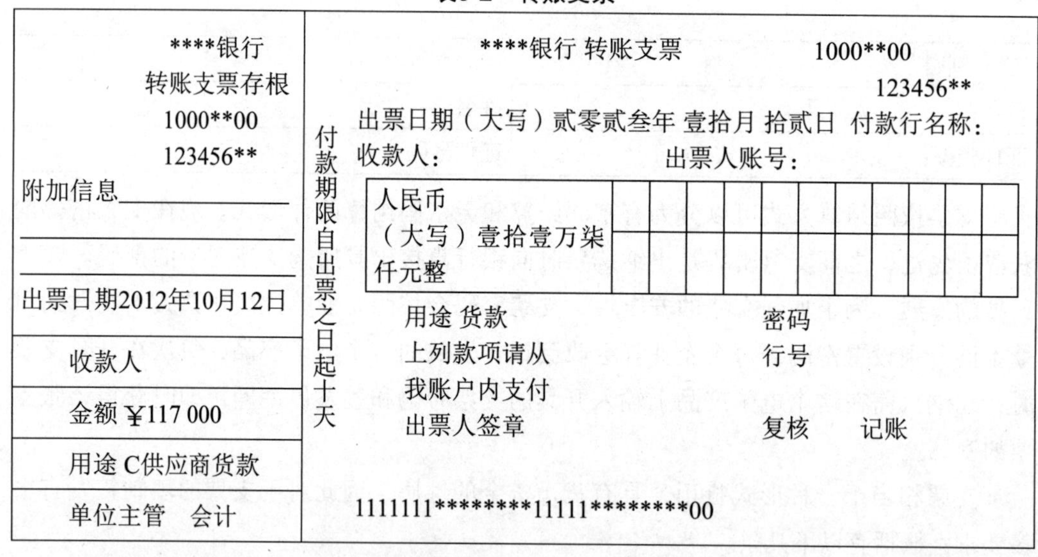

****银行
转账支票存根
1000**00
123456**
附加信息
出票日期2012年10月12日
收款人
金额 ¥117 000
用途 C供应商货款
单位主管 会计

付款期限自出票之日起十天

****银行 转账支票 1000**00
123456**
出票日期（大写）贰零贰叁年 壹拾月 拾贰日 付款行名称：
收款人： 出票人账号：
人民币
（大写）壹拾壹万柒仟元整
用途 货款 密码
上列款项请从 行号
我账户内支付
出票人签章 复核 记账
1111111********11111********00

结合支票签发的要求，从表9-2中可以看出几点错误，首先是日期，在支票上大写日期填写有误，应该写“贰零贰叁年壹拾月壹拾贰日”，然后加盖银行预留印鉴，存根联要领取支票人签字。正确支票如表9-3所示。

表9-3　转账支票

<table>
<tr><td>****银行
转账支票存根
1000**00
123456**
附加信息______________
____
____
出票日期2023年10月12日</td><td rowspan="5">付款期限自出票之日起十天</td><td rowspan="5">****银行 转账支票　　1000**00
123456**
出票日期（大写）贰零贰叁年 壹拾月 壹拾贰日 付款行名称：
收款人：　　出票人账号：
人民币（大写）壹拾壹万柒仟元整
用途 货款　　密码
上列款项请从我账户内支付　　行号
出票人签章　A公司财务章　**之印　　复核　记账
1111111********11111********00</td></tr>
<tr><td>收款人 小罗</td></tr>
<tr><td>金额 ¥117 000</td></tr>
<tr><td>用途 C供应商货款</td></tr>
<tr><td>单位主管　会计</td></tr>
</table>

9.1.2　支票结算的程序

支票结算分为现金支票结算和转账支票结算两种。

1. 现金支票结算程序

现金支票是用来支取现金的，一般企业单位都会自己来支取现金，也有另一种情况让他人支取现金，这就是一种现金支票结算方式。这种情况下，先由出票人（企业单位）签发现金支票，把相应的收款人名称、日期、金额等项目标注清楚，盖上银行预留印鉴，然后交由收款人到开户银行提取现金。

提示

现金支票支取现金有限，目前在我国，银行规定当日开具支票到银行提现的（未提前与银行预约提款），最高不能超过5万元人民币。超过5万元人民币的需提前与银行预约，且出具该笔款项的所需用款明细项目。

2. 转账支票结算程序

转账支票顾名思义是专门用于转账结算的，不可提现。当企业单位有经济业务发生时，可以用转账支票结算，由付款人（出票人）根据相应的经济业务签发支票，即填写日期、金额、用途等，保证支票票面整洁，字迹清晰，加盖银行预留印鉴交付收款人。这其中有三种支付结算形式。

- 收款人收到转账支票直接送存其开户银行。这种形式，只需收款人直接背书并填制进账单。
- 收款人收到转账支票转给另一个企业单位，收款人只需在支票背面背书，加盖预留印鉴，再转给另一企业单位。

- 收款人没有亲自拿到转账支票，由出票人签发转账支票后，出票人填制进账单，到其开户行交转账支票，办理转账付讫。

不管是转账支票，还是现金支票，其结算程序都是出票人签发、收款人进账、银行付款三步。

例9-2

2023年2月12日A公司从B公司采购医疗器械一台，共5万元，A公司出纳小王开具了一张转账支票付讫该笔货款。试以三种不同方式的转账支票结算程序，列出图表来分析A、B两个公司的处理方法。

根据题意，可以按照以下三种转账支票结算方式。

（1）直接付给B公司货款，且B公司收到转账支票填写进账单（哪天存支票写哪天的日期）直接入账，转账支票、进账单填写如表9-4至表9-6所示。

表9-4 转账支票（A公司签发支票）

付款期限自出票之日起十天	****银行 转账支票 1000**00 123456**
	出票日期（大写）贰零贰叁年 零贰月 壹拾贰日 付款行名称：
	收款人：B公司 出票人账号：
	人民币（大写）伍万元整
	用途 货款 密码
	上列款项请从我账户内支付 行号
	出票人签章 A公司财务章 **之印 复核 记账
	1111111********11111********00

表9-5 进账单

****银行进账单（回单）1

2023年2月12日

出票人	全称	A公司	收款人	全称	B公司											此联是开户银行交给持票人的回单
	账号	111********		账号	1212********											
	开户银行	建行***支行		开户银行	招商银行***支行											
金额	人民币（大写）伍万元整				万	千	百	十	万	千	百	十	元	角	分	
								¥	5	0	0	0	0	0	0	
票据种类	转账支票	票据张数	1													
票据号码																
复核	记账			开户行签章												

表9-6 转账支票（背面）（B公司收到转账支票直接背书存款）

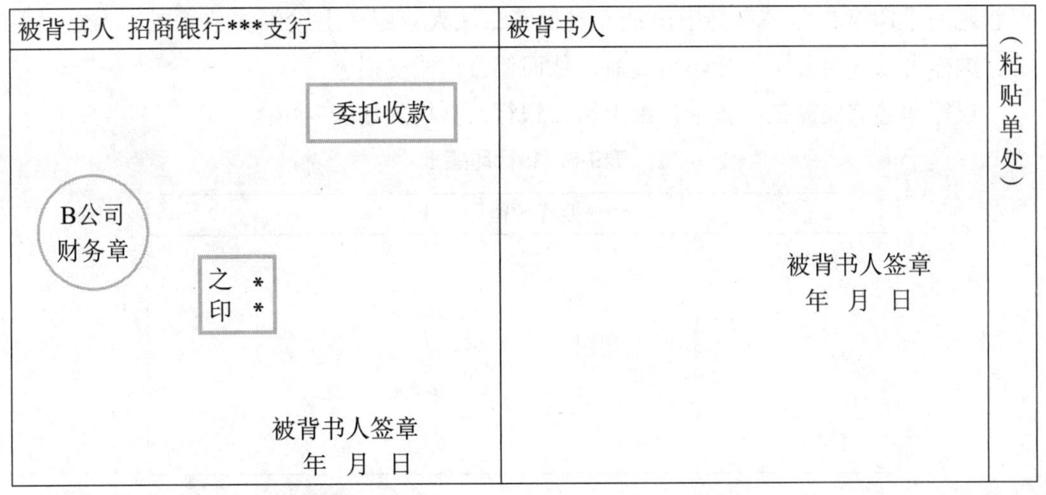

被背书人 招商银行***支行	被背书人	（粘贴单处）
委托收款 B公司财务章 之 * 印 * 被背书人签章 年 月 日	被背书人签章 年 月 日	

（2）B公司收到转账支票后转给C公司，此时，进账单由C公司填写，转账支票正面与上面一致，背面转账支票如表9-7所示。

表9-7 转账支票（背面）（B公司收到转账支票直接背书存款）

被背书人	被背书人 **银行***支行	（粘贴单处）
B公司财务章 之 * 印 * 被背书人签章 年 月 日	委托收款 C公司财务章 之 * 印 * 被背书人签章 年 月 日	

（3）B公司未收到转账支票，A公司出纳小王开具支票后，直接到开户银行给B公司送存，转账支票正面、进账单都与上面一致，其背面不需要填写内容和加盖印鉴。

9.1.3 银行印鉴管理

初涉财务的人去银行经常能听到“印章”“印鉴”这样的词汇，那么这些到底是什么呢？企业在银行开设账户，开户时需要在银行预留印鉴，也就是财务章和法人代表（或者其授权的一个人）名字的印章（俗称“小印”），印鉴要盖在一张卡片纸上留在银行。当企业需要通过银行对外支付时，先填写对外支付申请，申请必须盖上印鉴。银行经过核对，确认对外支付申请上的印鉴与预留印鉴相符，即可代企业进行支付。财务印章和法人印章，两者缺一不可。

银行印鉴牵涉到银行结算，因此要细致保管这两个印章。一般，企业单位会分开保管这两个印章，财务章会由出纳人员保管，法人章则在上级领导手里或法人自己保管，这样可以杜绝公司银行印鉴被盗，从而使公司蒙受损失。

银行印鉴需要盖在一张卡片纸上留在银行，其格式如表9-8所示。

表9-8　银行印鉴卡

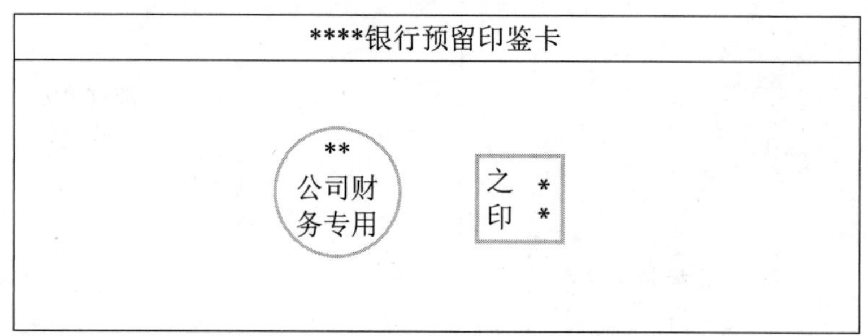
****银行预留印鉴卡

**公司财务专用

之印 **

9.2　银行本票结算

银行本票结算指利用银行本票办理转账的结算方式。它具有使用方便、信誉度高、支付能力强等特点。本节主要讲述银行本票的基本格式及结算程序两部分内容。

9.2.1　本票概述

银行本票是一种见票即付、当场抵用、付款保证程度高的票据。按照其金额是否固定，它可分为不定额银行本票和定额银行本票两种。其中，不定额银行本票指凭证上金额栏是空白的，签发时根据实际需要填写金额，并用压数机压印金额的银行本票，其格式如表9-9和表9-10所示；定额银行本票指凭证上预先印有固定面额的银行本票。

表9-9　银行本票（正面）

付款期 一个月		* * 银 行 本 票1	本票号码 第 号
签发日期　年　月　日 （大写）			
收款人：			
见票 即付	人民币 （大写）		
转账	现金		科目（付）
			双方科目（收）
			兑付日期　年　月　日
签发银行盖章			出纳　　复核　　经办
此区域供打印磁性字码			

表9-10　银行本票（背面）

注意事项

一、本票在指定的城市范围内使用

二、本票经背书可以转让

被背书人	被背书人	被背书人
背书人 日期　年 月 日	背书人 日期　年 月 日	背书人 日期　年 月 日

提示

（1）不定额银行本票起点金额为5 000元，银行本票提示付款期限自出票日起最长不得超过2个月。

（2）申请人或收款人为单位的，不得申请签发现金银行本票。

（3）申请人因银行本票超过提示付款期限或其他原因要求退款时，应将银行本票提交到出票银行，申请人为单位的应出具该单位的证明；申请人为个人的，应出具本人的身份证。

在使用银行本票结算时，必须确定银行本票上有标明“银行本票”的字样。银行本票上有确定的金额数目，收款人、出票人的名称清晰，出票日期明确且附有无条件支付的承诺。只有这样，银行才会受理，否则银行本票将无效。

9.2.2　银行本票结算的程序

1. 申请办理银行本票

申请人办理银行本票，应向银行填写一式三联“银行本票申请书”，其格式由人民银行各分行确定印制，详细填明收款人名称，个体经营者和个人需要支取现金的还应填明“现金”字样。如申请人在签发银行有关账户，则应在“银行本票申请书”上加盖预留银行印鉴。

2. 银行本票的签发

银行受理银行本票申请书，在办好转账或收妥现金后，签发银行本票。对个体经营者和个人需支取现金的，在银行本票上划去“转账”字样，加盖印章，不定额银行本票用压数机压印金额，将银行本票交给申请人。专业银行签发不定额银行本票的余额和签发定额银行本票收到的款项，应划缴人民银行。

3. 银行本票的付款

申请人持银行本票可以向填明的收款单位或个体经营户办理结算，收款人为个人的也可以持转账的银行本票经背书向被背书的单位或个体经营户办理结算，具有“现金”字样的银行本票可以向银行支取现金。未在银行开立账户的收款人，凭具有“现金”字样的银行本票向银行支取现金，应在银行本票背面签字或盖章，并向银行交验有关证件。

兑付银行在接到收款人或被背书人交来的本票和两联进账单时，应审查本票是否真实、本票上的收款人或被背书人名称是否为该收款人、背书是否连续、内容是否符合规定、是否在付款期内、印章是否齐全、金额是否为压数机压印、大小写金额是否一致、进账单与本票是否相符等。确认无误后，办理兑付手续。如是转账支取的，应在第一联进账单上加盖转讫章作收款通知交给收款人或被背书人，第二联进账单作收入传票。如是现金支取的，由收款人填制一联支款凭条，经审查本票上填明收款人姓名和具有“现金”字样，并查验收款人的身份证后，办理现金支付手续。

例9-3

（1）2023年8月10日，A公司填写银行本票申请书，将款项100 000元缴存银行。A公司于当日直接将银行本票转给甲公司付前欠货款，请据此编制会计分录。

根据题意可以做下面会计分录：

借：应付账款——甲公司 100 000

　　贷：银行存款 100 000

（2）上题变为A公司填写“银行本票申请书”，将款项100 000元缴存银行。未做支付结算业务。编制分录。

此时，我们可以编制分录：

借：其他货币资金——银行本票 100 000

　　贷：银行存款 100 000

（3）2023年8月23日，A公司持银行本票购买医用耗材一批，收到的增值税专用发票标明售价100 000元，增值税率为13%，税额13 000，税额用现金付讫，材料已经验收入库。编制会计分录。

由此编制会计分录：

借：库存商品——医用耗材 100 000

　　应交税费——应交增值税（进项税额） 13 000

　　贷：其他货币资金——银行本票 100 000

　　　　库存现金 13 000

作为银行本票收款人时，收到银行本票，企业单位应该在收到银行本票时审核银行本票的相关内容，以确保银行本票有效并可以迅速结算到资金。需要注意的是，收款人可以将银行本票背书转让给被背书人。一般，企业单位收到银行本票时应该注意以下几点。

- 收款人是否为本企业单位名称，若收款人为个人的，看是否为本人名字。
- 查看银行本票是否在提示付款期限内。
- 银行本票票面中必须记载的事项是否齐全。
- 出票人签章是否符合规定，不定额银行本票是否有压数机压印的出票金额，与大写出票金额是否一致。
- 银行本票是否有改动，如出票金额、出票日期、收款人名称是否更改，对于有更改的其他记载事项的是否有原记载人的签章证明。

例9-4

（1）2023年8月24日，A公司收到一医院银行本票一张，金额150 000元，为一医院前欠货款，请据此编制会计分录。

由题意编制分录：

借：其他货币资金——银行本票　150 000

　　贷：应收账款——一医院　　　　150 000

（2）2023年8月25日，A公司出纳小王将收到的银行本票150 000元送存开户银行，请据此编制会计分录。

由题意编制分录：

借：银行存款　　　　　　150 000

　　贷：其他货币资金——银行本票　150 000

（3）若A公司没有把收到一医院的银行本票150 000元送存银行，而用来采购商品转给甲公司，作为采购支架的预付货款。请据此编制会计分录。

由题意编制分录：

借：预付账款——甲公司　　　　150 000

　　贷：其他货币资金——银行本票　150 000

9.3 银行汇票结算

银行汇票多用于办理异地转账结算和支取现金，具有使用灵活、票随人到、兑现性强等特点，适用于先收款后发货或钱货两清的商品交易。本节主要对汇票的基本概念和结算程序进行讲述。

9.3.1 汇票概述

银行汇票指由出票银行签发，由其在见票时按照实际结算金额无条件付给收款人或者持票人的票据，银行汇票的出票银行为银行汇票的付款人。单位和个人各种款项的结算，均可使用银行汇票。银行汇票一式四联，每一联都有不同的意义。其中，第一联为卡片（是承兑行支付票款时作付出传票的）；第二联为银行汇票（作为付款或收款的资金票据），第二联和第三联一并由汇款人自带，在兑付行兑付汇票后第二联作银行往来账付出的传票；第三联为解讫通知，是在兑付行兑付后随报单寄签发行，由签发行作余款收入的传票；第四联为多余款通知，是收款兑换人在签发行结清后交汇款人的。银行汇票票样格式，如表9-11和表9-12所示。

表9-11　银行汇票（正面）

<table>
<tr><td>付款期限
壹个月</td><td colspan="4">****银行
银行汇票</td><td colspan="4">1</td><td colspan="3">北京</td><td colspan="4">1111*****11
票号</td><td rowspan="8">此联代理付款行付款后作银行往账借方凭证附件</td></tr>
<tr><td colspan="3">出票日期　年　月　日
（大写）</td><td colspan="13">代理付款行：　　　行号：</td></tr>
<tr><td colspan="8">收款人：</td><td colspan="8">账号：</td></tr>
<tr><td colspan="5">出票金额：</td><td colspan="11">（压数机压印出票金额）</td></tr>
<tr><td colspan="5" rowspan="2">实际结算金额人民币：
（大写）</td><td>万</td><td>千</td><td>百</td><td>十</td><td>万</td><td>千</td><td>百</td><td>十</td><td>元</td><td>角</td><td>分</td></tr>
<tr><td></td><td></td><td></td><td></td><td></td><td></td><td></td><td></td><td></td><td></td><td></td></tr>
<tr><td colspan="3" rowspan="2">申请人____________
出票行________行号______
备注 ____________

凭票付款

出票行签章</td><td colspan="13">账号或住址____________</td></tr>
<tr><td colspan="9">多余金额
百　十　万　千　百　十　元　角　分</td><td colspan="4">科目（借方）
对方科目（贷方）
兑付日期　年 月 日

复核　记账</td></tr>
</table>

表9-12　银行汇票（背面）

<table>
<tr><td>被背书人</td><td>被背书人</td><td>被背书人</td><td rowspan="3">粘贴单处</td></tr>
<tr><td>

背书人签章</td><td>

背书人签章</td><td>

背书人签章</td></tr>
<tr><td colspan="2">持票人向银行
提示付款签章：</td><td>身份证件名称：
号　　码：
发 证 机 关：</td></tr>
</table>

银行汇票与前面的银行本票一样，既可以用于转账也可以用于支取现金（填明“现金”字样即可）。又与银行本票有区别，对于申请人或者收款人不是个人的，企业单位则不能在“银行汇票申请书”上填“现金”字样。

银行汇票是一种异地结算票据，现今异地企业单位之间的经济业务往来结算，采用银行汇票结算的较为普遍，因此其适用范围相对广。银行汇票与支票一样办理背书转让，同时具备支票没有的功能，它能在银行办理分次支取或转让，非常适合于企业单位灵活采购商品物资。银行汇票是采购单位购货交款，银行便可开票，直接票随人走，银行承诺的票款也具有安全性，及时兑换。若有多汇的款项，银行也能自动退还，通过银行汇票第四联通知汇款人。银行汇票结算没有固定的起点金额限制，这对采购公司付款人来说相对自由。

9.3.2 银行汇票结算的程序

银行汇票结算是利用银行汇票办理转账的结算，当事人包括出票人、收款人和付款人。其中，银行汇票结算的出票人指签发汇票的银行；收款人则指从银行提取汇票所汇款项的单位和个人；收款人可以是汇款人本身，也可以是与汇款人有商品交易往来或汇款人要与之办理结算的人；付款人是指负责向收款人支付款项的银行。如果出票人和付款人属于同一个银行，如都是中国工商银行的分支机构，则出票人和付款人实际上为同一个人；如果出票人和付款人不属于同一个银行，是两个不同银行的分支机构，则出票人和付款人为两个人。对于银行汇票结算程序可以画图解析，如图9-1所示。

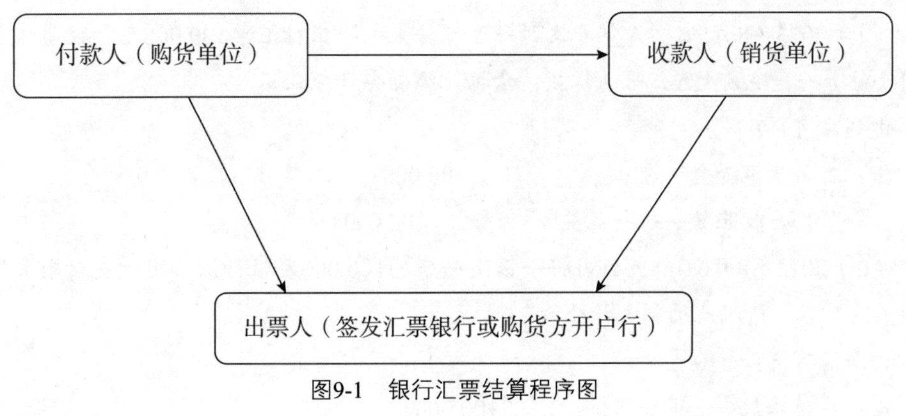

图9-1　银行汇票结算程序图

提示

首先由付款人向出票人（银行）申请银行汇票，出票人根据付款人要求签发汇票给付款人，付款人拿着银行汇票给收款人办理结算，收款人收到票据到自己开户银行办理入账，出票人（银行）收到相应的票据付款。

如果出票人和付款人属于同一个银行，即是同一个银行的分支机构，例如中国建设银行，则出票人和付款人就是同一个人；反之，如果出票人和付款人不属于同一个银行，是两个不同银行的分支机构，则出票人和付款人为两个人。

在日常的经济业务结算中发生了用银行汇票结算的，出纳人员应该分清。银行汇票主要分这四个步骤办理结算程序：承汇、结算、兑付和结清余额。其具体结算程序如图9-2所示。

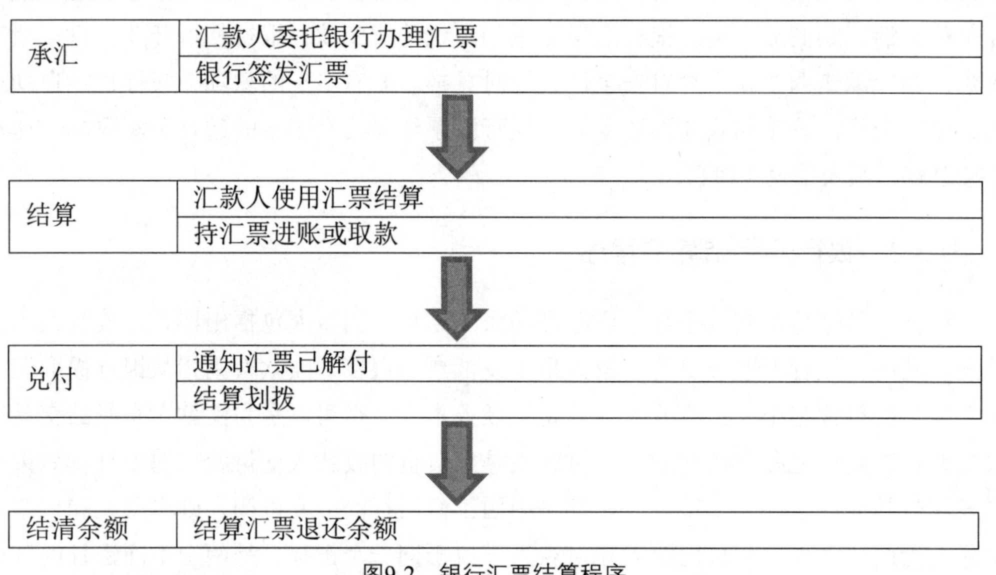

图9-2　银行汇票结算程序

例9-5

（1）2023年8月5日，A公司收到一医院转来一张银行汇票100 000元，该笔汇票资金用于结算一医院前欠A公司的货款，请据此编制会计分录。

由题意可得：

借：其他货币资金　　　　　　100 000

　　贷：应收账款——一医院　　　　100 000

（2）2023年8月6日，A公司将一医院转来的100 000元银行汇票用于支付前欠甲公司的采购货款，请据此编制会计分录。

由题意可得：

借：应付账款——甲公司　　　　100 000

　　贷：其他货币资金　　　　　　100 000

提示

此例是作为收款单位，收到银行汇票做的会计处理。

例9-6

（1）2023年8月8日，A公司委托其开户银行办理了一张银行汇票，金额为50 000元，银行及时从A公司账上扣走该笔款项，出具了一张银行汇票交由A公司，据此编制会计分录。

由题意可得：

借：其他货币资金　　　　　　　　50 000

　　贷：银行存款　　　　　　　　　50 000

（2）2023年8月12日，A公司将该银行票据用于支付给B公司的前欠采购货款，请据此编制会计分录。

由题意可得：

借：应付账款　　　　　　　　　　50 000

　　贷：其他货币资金　　　　　　　　50 000

提示

此例是作为付款单位，支付银行票据而做的会计处理。

9.4 汇兑结算

汇兑结算即汇款人（付款企业）委托银行将其款项支付给收款人的结算方式。在不断深化、复杂的经济活动中，它虽然具有手续简单、灵活方便等特点。但随着电子技术的介入、网上银行的兴起，汇兑结算在现在的企业单位经济业务活动中逐渐淡出，但身为财务人员，仍需要简单了解汇兑结算方式。这节将介绍与汇兑结算相关的概念及结算程序等知识。

9.4.1 汇兑概述

汇兑即汇兑结算，其实是一种简单的结算方式，这种方式便于汇款人向异地的收款人主动付款，单位和个人异地之间的各种款项的结算，均可使用。汇兑分为信汇、电汇两种。信汇指汇款人委托银行通过邮寄方式将款项划给收款人，电汇指汇款人委托银行通过电讯方式将款项划转给收款人，两种方式可由汇款人根据需要选择使用。这两种形式的结算，银行都会收取相关的手续费，信汇由于到账时间相对较长，因此其手续费相对低一些；电汇则到账时间短，手续费相对高一些。汇兑结算格式，如表9-13所示。

表9-13　**银行电/信汇凭证（回单）

******银行电/信汇凭证**

委托日期　　　　　　　　　年 月 日　　　　　　　　　　　　第　号

<table>
<tr><td rowspan="3">收款单位</td><td>全称</td><td colspan="2"></td><td rowspan="3">汇款单位</td><td>全称</td><td colspan="11"></td></tr>
<tr><td>账户或住址</td><td colspan="2"></td><td>账户或住址</td><td colspan="11"></td></tr>
<tr><td>汇入地点</td><td colspan="2"></td><td>汇出地点</td><td colspan="3">省　市
县</td><td colspan="3">汇出行名称</td><td colspan="5"></td></tr>
<tr><td rowspan="2">金额</td><td colspan="5" rowspan="2">人民币：
（大写）</td><td>万</td><td>千</td><td>百</td><td>十</td><td>万</td><td>千</td><td>百</td><td>十</td><td>元</td><td>角</td><td>分</td></tr>
<tr><td></td><td></td><td></td><td></td><td></td><td></td><td></td><td></td><td></td><td></td><td></td></tr>
<tr><td colspan="3">汇款用途：</td><td colspan="14" rowspan="2">科目（付）______________
对方科目（收）______________
汇邮行汇出日期
年 月 日

复核员　　记账员</td></tr>
<tr><td colspan="3">上列款项请在本单位账户内支付，并按照汇兑结算方式规定拨给收款单位。

（汇款单位盖章）</td></tr>
</table>

由上表，可以归纳汇兑记载的事项有：

（1）单据上有表明“信汇”或“电汇”的字样。

（2）是一种无条件支付的委托。

（3）有确定的金额。

（4）收款人名称。

（5）汇款人名称。

（6）有汇入地点、汇入行名称（需要填明账号）。

（7）有汇出地点、汇出行名称（需要填明账号）。

（8）有完整的委托日期（汇款人向银行提交汇兑凭证的当日）。

（9）有汇款人签章（银行预留印鉴）。

汇兑结算方式较为简单，因此其应用方便，尤其对于异地的款项结算。在网上银行兴起前，汇兑是最为常见和应用最为广泛的一种结算程序。一笔汇兑结算，企业单位的出纳人员就要拿着填好的汇兑单据到银行办理结算，且汇兑不能实时到账，即使操作简单，在应用中还是比较烦琐。这里需要说明的是，汇款人在办理汇款业务后，要及时向银行索取汇款回单以便编制会计凭证。

9.4.2　汇兑结算的程序

汇兑结算的基本程序，首先是汇款人委托开户银行办理汇款，然后银行受理退汇回单，银行间划拨，最后收款开户银行通知收款人汇款已到。汇兑结算可以简单概括为两个步骤，即申请汇款和汇款解付。

1. 申请汇款

汇款人委托银行办理汇兑，填写好信、电汇凭证，详细填明汇入地点、汇入银行名称、收款人名称、汇款金额、汇款用途等各项内容，且需在信/电汇凭证上加盖银行预留印鉴。

提示

（1）作为汇款单位到汇入银行领取汇款时，除在“收款人”栏写明取款人的姓名外，还应在“账号或住址”栏内注明“留行待取”字样。对于留行待取的汇款，需要指定具体收款人领取汇款的，则应注明收款人的单位名称。

（2）对于个体经营户和个人需要在汇入银行支取现金的，应在信/电汇凭证上“汇款金额”大写栏先填写“现金”字样，然后紧靠其后填写汇款金额大写。

（3）汇款人确定不得转汇的，应在“备注”栏内注明。

（4）汇款需要收款单位凭印鉴支取的，应在信汇凭证第四联上加盖收款单位银行预留印鉴。

汇兑结算方式中电汇和信汇两种凭证的格式不同，其中，电汇为一式三联，信汇则为一式四联。两种凭证的联次，如表9-14所示。

表9-14　汇兑结算方式

<table>
<tr><th colspan="2">电汇凭证</th><th colspan="2">信汇凭证</th></tr>
<tr><td>第一联（回单）</td><td>汇出行给汇款人的回单</td><td>第一联（回单）</td><td>汇出行受理信汇凭证后给汇款人的回单</td></tr>
<tr><td>第二联（付款凭证）</td><td>汇出银行办理转账付款的支款凭证</td><td>第二联（付款凭证）</td><td>汇款人委托开户银行办理汇出时转账付款的支付凭证</td></tr>
<tr><td rowspan="2">第三联（发电依据）</td><td rowspan="2">汇出行向汇入行拍发电报的凭据</td><td>第三联（收款凭证）</td><td>汇入行将款项收入收款人账户后的收款凭证</td></tr>
<tr><td>第四联（收账通知或取款通知）</td><td>直接记入收款人账户后通知收款人的收款通知，或不直接记入收款人账户时收款人凭此领取款项的取款收据</td></tr>
</table>

申请汇款时，银行（汇出行）受理信/电汇凭证后，银行会按规定审查信、电汇凭证填写的各项内容是否齐全、正确，汇款人账户内是否有足够支付的存款余额，汇款人盖的印章是否与预留银行印鉴相符等。当银行审查无误后方可办理汇款手续，银行在第一联回单上加盖“转讫”章退给汇款单位，并按规定收取手续费；若不符条件，汇出银行将不予办理汇出手续，则会作退票处理。

2. 汇款解付

汇款解付即银行在收到汇入银行的款项时，该笔款项已经收到且票据收妥，银行将该笔款项转到收款人账户，也就是银行帮收款单位办理了款项入账。这里可能出现两种情况：转汇和退汇。若出现转汇则必须先解付，再委托汇入行重新办理汇款，收款人必须是原收款人；若出现退汇，即收款人在两个月后没有办理取款收汇，银行则主动办理退汇。

汇兑结算的一般程序可以用图表示，如图9-3所示。

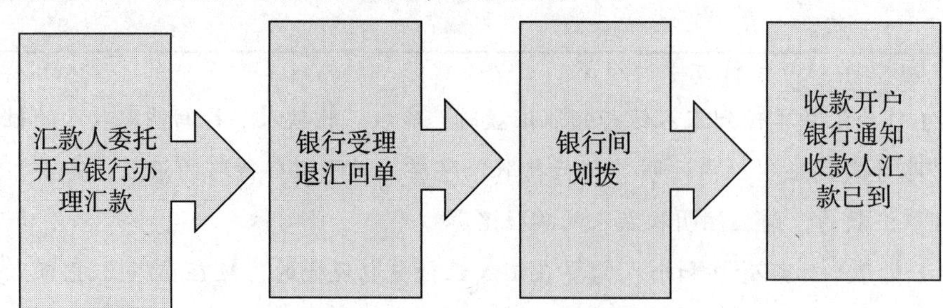

图9-3　汇兑结算一般程序

汇兑结算的经济业务在财务上的会计分录，一般是借方记有关科目，贷方记银行存款科目，会计处理相对简单，下面举例说明。

例9-7

2023年8月10日，A公司有一笔采购支架订单，金额为80 000元，A公司将该笔款项用电汇方式预付给B公司，出纳小王填制电汇凭证到银行办理了电汇结算，其中银行扣除10元手续费。据此编制会计分录。

由题意可得：

借：预付账款——B公司　　80 000

　　财务费用——手续费　　10

　　贷：银行存款　　80 010

第10章 其他银行结算方式

通过第9章的学习了解了支票、银行本票、银行汇票和汇兑四种常用银行结算方式，本章将对其他几种银行结算方式进行阐述。虽然这几种结算方式在工作中不常见，但作为财务人员需要对这些银行结算形式大概了解。

10.1 委托收款结算方式

委托收款是收款人委托银行向付款人收取相关款项，而且其收款人和付款人为银行开立账户的各种企业、经济组织或者个人，范围较广。虽然在日常经济业务活动中，委托收款结算形式应用得比较少，但还是要了解它的概念性知识和结算程序，以备不时之需。

10.1.1 委托收款概述

委托收款的划回方式有邮寄和电报两种，选择哪种形式由收款人决定。所谓划回方式指凭证在收付款人、开户银行间传递过程中使用的方式。其中，前者以邮寄方式由付款人开户银行向收款人开户银行转送委托收款凭证、提供收款依据的方式，后者则是以电报方式由付款人开户银行向收款人开户银行转送委托收款凭证、提供收款依据的方式。这两种委托收款形式都要填制一式五联的委托收款凭证进行结算，下面列表说明这五联的用途，如表10-1所示。

表10-1 委托收款凭证联次用途

联次	用途
第一联	回单，由银行盖章后退给收款单位
第二联	收款凭证，收款单位开户银行作为收入传票
第三联	付款凭证，付款人开户银行作为付出传票
第四联	“委邮”第四联为收账通知，是收款单位开户银行在款项收妥后给收款人的收账通知
	“委电”第四联为发电报的依据，付款单位开户银行凭此向收款单位开户银行拍发电报
第五联	付款通知，是付款人开户银行给付款单位按期付款的通知

委托收款不受地区限制，两个企业不管是同城，或是异地都可以选择委托收款方式办理银行结算业务。委托收款结算方式没有特定的金额起点，因此委托收款结算方式在应用上很灵活、简便。委托收款凭证格式，如表10-2所示。

表10-2　委托收款凭证

托收凭证（受理回单）　1

托收日期　　年　　月　　日

<table>
<tr><td colspan="2">业务类型</td><td colspan="14">委托收款（□邮划□电划）　托收承付（□邮划□电划）</td></tr>
<tr><td rowspan="3">付款人</td><td>全称</td><td></td><td rowspan="3">收款人</td><td>全称</td><td colspan="11"></td></tr>
<tr><td>账号</td><td></td><td>账号</td><td colspan="11"></td></tr>
<tr><td>开户银行</td><td></td><td>开户银行</td><td colspan="11"></td></tr>
<tr><td rowspan="2">委托金额</td><td rowspan="2">人民币（大写）</td><td colspan="4" rowspan="2"></td><td>千</td><td>百</td><td>十</td><td>万</td><td>千</td><td>百</td><td>十</td><td>元</td><td>角</td><td>分</td></tr>
<tr><td></td><td></td><td></td><td></td><td></td><td></td><td></td><td></td><td></td><td></td></tr>
<tr><td>款项内容</td><td>合同号</td><td></td><td colspan="2">收款人
联系电话</td><td colspan="11"></td></tr>
<tr><td></td><td>备注</td><td colspan="3">收款人签章</td><td colspan="11">付款人开户银行签章</td></tr>
</table>

单位主管　　　　会计　　　　复核　　　　记账

委托收款银行结算应用在日常经济业务活动中，较为常见的是社会保险基金管理中心委托银行代收的职工社会保险款项。它是社会保险基金中心委托其开户银行收款，每月在固定时间扣除企业单位相应的社保费用。这种形式下，企业单位充当的是委托收款中付款人的身份。

若是企业单位作为收款人，委托银行办理收款业务，则出纳人员应按规定逐项填明委托收款凭证的各项内容，如收款企业单位名称、账号、开户银行和付款企业单位名称、账号或地址、开户银行、委托金额、款项内容等，然后在委托收款凭证第二联上加盖收款单位印章，再将委托收款凭证和委托收款依据一并送交开户银行办理委托收款。

10.1.2　委托收款结算的程序

委托收款结算的程序，首先收款人付出商品或劳务供应后，委托其开户银行收款；收款人开户银行接收委托回单后，将“委托收款凭证”传递给付款人开户银行并通知其付款；最后划拨款项，即委托收款结算程序是收款企业单位委托其开户行办理向付款人开户行收款的一种结算方式。委托收款结算的程序，如图10-1所示。

图10-1　委托收款结算的程序

提示

（1）收款人向付款人提供商品、劳务等，形成了应收应付债权。

（2）收款人提供收款依据，填写委托收款凭证委托开户银行收款。

（3）收款人开户银行审核无误受理收款人的委托收款。

（4）收款人开户银行向付款人开户银行传递委托收款凭证。

（5）付款人开户银行通知付款人付款。

（6）付款人承认付款。

（7）收款人和付款人开户银行之间划拨。

（8）收款人开户银行通知收款人款项已经收妥入账。

例10-1

2023年8月27日，A公司收到一张同城委托收款凭证的付款通知，是A公司全体职工的社会保险费用，凭证上共扣除12 940.79元，其中单位承担部分为9 990.75元，职工个人承担部分为2 950.04元。请据此编制记账凭证。

由题意可得：

（1）银行扣款

借：应付职工薪酬——社会保险费　　9 990.75

　　其他应收款　　2 950.04

　　贷：银行存款　　12 940.79

（2）计提应付职工薪酬：

借：管理费用　　9 990.75

　　贷：应付职工薪酬——社会保险费　　9 990.75

10.2　异地托收承付结算方式

异地托收承付又称为托收承付，是转账结算的一种方式。它是指销货方根据购销合同发货后，委托其开户银行向购货方收款（托收），购货方审核无误承认付款（承付）后，由其开户银行办理划拨转账手续。因为这种结算方式只适用于异地间的经济业务结算，所以，在企业单位在经济业务中很少采用这种结算方式。

10.2.1　异地托收承付概述

异地托收承付适用于银行或其他金融机构开户的位于不同城市和地区的国有企业、供销合作社的商品交易以及由商品交易产生的劳务供应（应随同当次或并入下次货款办理托收）的款项结算。城乡集体所有制工业企业重合同、守信用、经营较好的，须向开户银行书面申请，经审查批准，可以使用异地托收承付结算方式。异地托收承付结算方法分为邮寄和电报两种方法，一般由收款人选用。因而相应地，托收承付结算凭证也分为邮划托收承付结算凭证和电划托收承付结算凭证两种。托收承付凭证与委托收款凭证一样是一式五联的结算凭证。需要注意的是，我国《支付结算办法》中规定，托收承付结算每笔金额不能低于1万元，也就是其起点为1万元（新华书店系统每笔金额起点为1 000元）。

异地托收承付结算方式具有局限性，企业单位要采用此种方式结算必须满足以下条件：

- 必须是商品交易，以及因商品交易产生的劳务供应的款项，对于企业单位代销、寄销、赊销商品的款项，不得办理托收承付结算。
- 必须是异地的订有经济合同的商品交易及相关劳务款项的结算。
- 必须签有符合《合同法》的购销合同。
- 使用该结算方式的收款单位和付款单位，必须是国有企业，供销合作社以及经营较好并经开户银行审查同意的城乡集体所有制工业企业。

异地托收承付结算方式，填写的异地托收承付凭证格式和委托收款凭证格式大同小异，如表10-3所示。

表10-3　异地托收承付凭证

异地托收承付结算凭证　第二联（收账通知）

委托日期　　年　　月　　日

<table>
<tr><td colspan="2">业务类型</td><td colspan="11">委托收款（□邮划□电划）　托收承付（□邮划□电划）</td></tr>
<tr><td rowspan="3">付款人</td><td>全称</td><td></td><td rowspan="3">收款人</td><td colspan="2">全称</td><td colspan="7"></td></tr>
<tr><td>账号</td><td></td><td colspan="2">账号</td><td colspan="7"></td></tr>
<tr><td>开户银行</td><td></td><td colspan="2">开户银行</td><td colspan="7"></td></tr>
<tr><td rowspan="2">托收金额</td><td rowspan="2">人民币（大写）</td><td rowspan="2"></td><td>千</td><td>百</td><td>十</td><td>万</td><td>千</td><td>百</td><td>十</td><td>元</td><td>角</td><td>分</td></tr>
<tr><td></td><td></td><td></td><td></td><td></td><td></td><td></td><td></td><td></td><td></td></tr>
<tr><td rowspan="3">附寄单证号码或件数</td><td rowspan="3"></td><td rowspan="2">商品发运或交付情况</td><td rowspan="2" colspan="4">合同名称号码及日期</td><td colspan="6">合同规定</td></tr>
<tr><td colspan="3">承付期</td><td colspan="3">赔偿金</td></tr>
<tr><td></td><td colspan="4"></td><td colspan="3"></td><td colspan="3"></td></tr>
<tr><td colspan="3">备注：</td><td colspan="5">收款人签章</td><td colspan="5">付款人开户银行签章</td></tr>
</table>

单位主管　　　　　　会计　　　　　　复核　　　　　　记账

异地托收承付其实很好理解，只需从文字上就能推出其结算形式的要求。异地指非同城的两个单位之间的经济业务结算；托收即指收款人（销货单位）委托其开户银行收取款项，收款人在办理托收时，必须具有符合《合同法》规定的经济合同，且在合同上注明使用托收承付结算方式和遵守“发货结算”的原则，银行才会受理；承付即指付款人（购货单位）在承付期限内，向银行承认付款，其中付款人（购货单位）在承付时，可以选择验单付款和验货付款两种形式[验单即指付款人（购货单位）收到银行传递的承付通知和相关凭证，与合同核对相符后承认付款，其承付期为3天；验货即指付款人（购货单位）除了验单外，还要等商品全部收到并验收入库后才承付货款]，其承付期为10天。

异地托收承付结算方式，有可能出现付款方（购货人）不能付款的可能，如付款人在承付期满日，无足够资金支付该笔款项，则其不足部分，即为逾期未付款项，将按逾期付款处理，按照规定将按每天（到期后拖欠天数和未付金额）万分之五计算逾期罚款。付款人（购货方）在承付期内，若有正当理由，可向银行提出全部或部分拒绝付款，如验单付款，发现所列货物的品种、规格、数量、价格与合同规定不符；验货付款，经查验货物与合同规定或与发货清单不符，归纳出来就是收款方（销货方）出现的问题，付款人（购货方）则能以正当理由拒绝付款，这种情况下不需要支付逾期付款的罚款。

10.2.2 异地托收承付结算的程序

相对来说，委托收款结算的办理程序比异地托收承付简便，但几乎相同，其结算程序如图10-2所示。

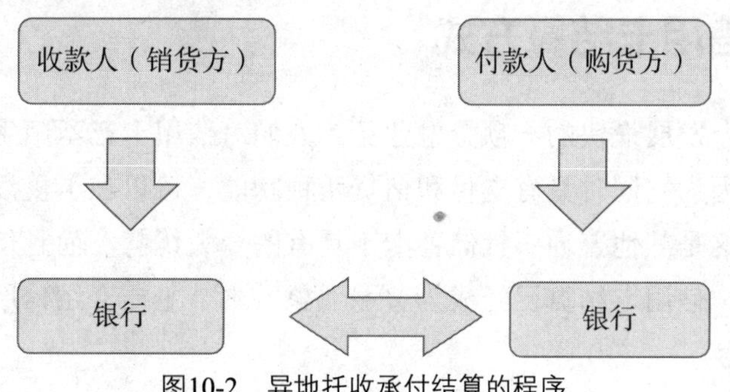

图10-2 异地托收承付结算的程序

提示

（1）收款人（销货方）发出商品。

（2）收款人（销货方）委托银行收款。

（3）收款人（销货方）开户行将托收凭证传递给付款人开户行。

（4）付款人（购货方）开户行通知付款人承付。

（5）付款人（购货方）承认付款。

（6）银行间划拨款项。

（7）通知收款人（销货方）货款收妥入账。

例10-2

（1）A公司2023年8月21日收到红星药厂发来的货物，增值税专用发票上注明货款300 000元，增值税51 000元，同时当天收到银行转来的红星药厂异地托收承付收账通知，经过A公司审查无误后承认付款。请据此编制会计分录。

由题意可得：

借：库存商品　　　　　　　　　　　　300 000

　　应交税费——应交增值税（进项税额）　　51 000

　　贷：银行存款　　　　　　　　　　　　351 000

（2）若由于A公司银行账户资金不足，不能完全支付，不能支付部分只能作为逾期付款，其中逾期未付款为100 000元，这10万元于2023年8月25日支付。请据此编制会计分录。

由题意可得：

逾期付款罚金=100 000×0.00005×4=20（元）

借：应付账款——红星药厂　　　　　100 000

　　营业外支出　　　　　　　　　　　　20

　　贷：银行存款　　　　　　　　　　100 020

10.3　信用卡结算方式

信用卡是当今发展最快的一项金融业务，人们对信用卡已不陌生，大多数人持有一张甚至多张。因为它同时具有支付和信贷两种功能，可以在卡里没有现金的情况下进行普通消费，这是其他普通银行储蓄卡不具有的一大优势。而且使用很安全，为人们带来很大方便，信用卡结算已经成为普遍现象。本节主要介绍信用卡相关概念及结算程序两方面内容。

10.3.1　信用卡概述

信用卡是以一种非现金交易付款方式提供信贷服务的工具。即银行提供给用户的一种先消费后还款的小额信贷支付工具，是银行或其他财务机构签发给资信状况良好的人士，用于在指定商家购物和消费或在指定银行机构存取现金的特制卡片，是一种特殊的信用凭证。其形式是一张正面印有发卡银行名称、有效期、号码、持卡人姓名等内容，背面有磁条、签名条的卡片。一般发卡银行会根据客户提供的信息资料，分析其付款能力，发给客户不同信用等级的卡片。信用卡按信用等级可分为普通卡、金卡、白金卡等。图10-3为信用卡解析图。

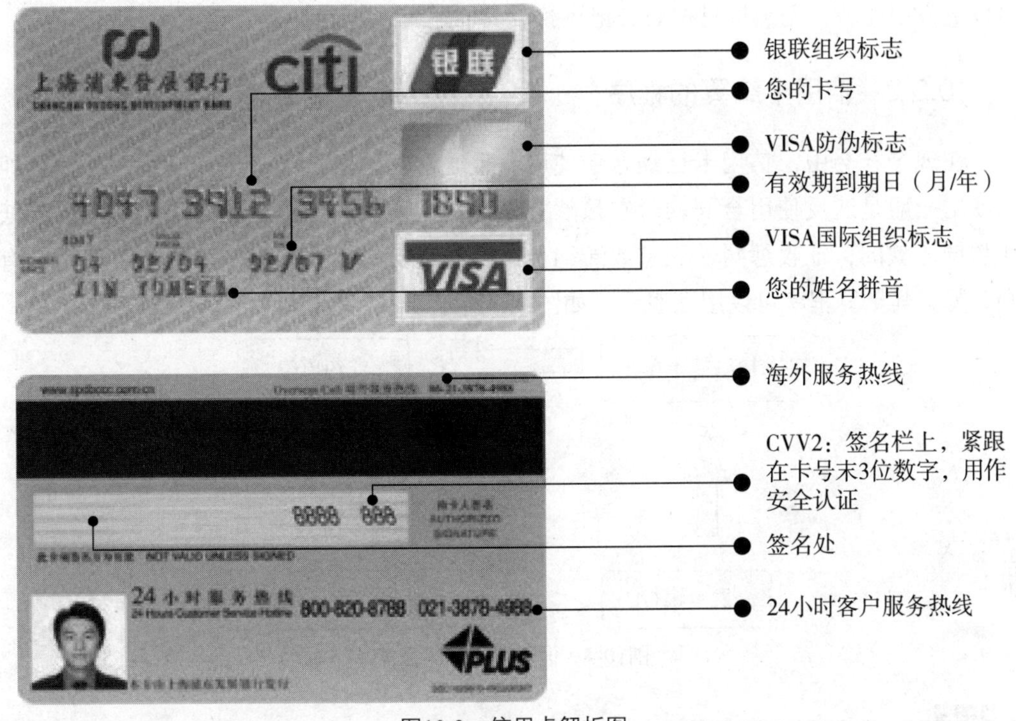

图10-3　信用卡解析图

信用卡每月会有固定的出账单日和还款日，根据持卡人选择的银行而分不同日期。每到出账单日，银行会将上个月的消费明细情况用账单形式传给持卡人，以告知持卡人上月消费多少，这月应还多少款。持卡人则必须在还款日（包含当天）之前还清账单所欠账款。一般银行会在账单上出具一个最低还款额，最低还款额是应还账款的10%，若选择最低还款的话需支付利息，因此一般不支持选择在还款日只还最低还款额。

信用卡消费的账单金额，也可以分期付款的形式还清账款，一般银行会有3期、6期、12期三档还款期限供选择。对于账单金额较大的，分期付款很适用。但是“天下没有免费的午餐”，若选择了分期付款银行会收取一定的手续费用，还有信用卡是一种个人或企业单位诚信的象征，应该及时缴清所有欠款，不要影响个人或是企业单位的信用程度。信用卡每月应还款金额计算公式为

本期应还金额=上期应还余额-还款/退货/费用返还+交易/分期/其他费用

提示

上期应还余额为上期应还但未还的款项（此时为正数）和上期多还的款项（此时为负数），还款/退货/费用返还的则指未到还款日所还款项或已经刷卡消费但是发生退货的货款和费用返回，交易/分期/其他费用则指在账户交易发生的款项或分期的款项和费用等。

在还信用卡账款时有多种方法，选择直接到发卡银行的柜台办理还款，也可以选择约定的储蓄卡签约还款。签约还款将在每月还款日直接在签约卡上扣除应还款项，可以更方便还款，无须每月担心忘记还款。其他还有ATM机还款、手机银行还款等。

10.3.2　信用卡结算的程序

在现今社会中，信用卡已经普遍使用，且通常仅限于持卡人本人使用，外借给他人使用一般是违反使用合同的。它虽然有先消费后还款的优点，但对未能按期以最低还款额还款的，征收惩罚性利息或滞纳金；恶意透支的，要承担法律责任。信用卡有利有弊。其结算程序可以用图表示，如图10-4所示。

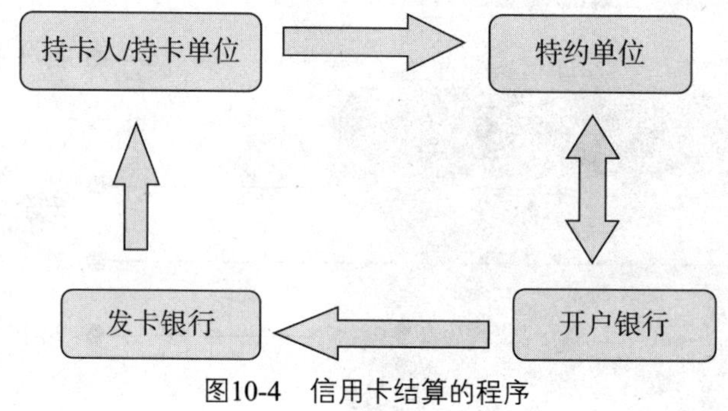

图10-4　信用卡结算的程序

提示

（1）持卡人/持卡单位到特约单位持卡消费。

（2）特约单位委托其开户银行收款，收款后通知特约单位。

（3）发卡银行和特约单位的开户银行交换相应的单据，并作清算。

（4）发卡银行向持卡人/持卡单位通知付款（还款）。

例10-3

A公司出纳小王管理A公司申请的信用卡，其账单日为每月2日，还款日为每月27日，2023年7月12日该卡交易了一笔65 000元款项，2023年7月27日还前欠账款300元，该信用卡无其他交易明细。试问A公司2023年8月2日出账单应还金额为多少。

由题意可得：

8月份应还金额=-300+65000=64700元

第11章 现金管理

我国对一切企事业单位、机关、团体等使用现金的数量与范围进行控制与管理，其目的是保证货币发行权集中于中央，有计划地调节货币流通，节约现金使用，稳定市场物价。现金管理，需结合执行国家对信贷与结算的其他有关规定，以中国人民银行为国民经济的信贷中心、结算中心与现金出纳中心，充分发挥人民银行对国民经济各部门的监督作用。对防止与打击非法分子贪污盗窃、投机倒把，保护社会主义的经济建设都具有重要意义。当然，对企业出纳人员而言，现金管理是非常需要责任心和细致心的一个工作内容。本章通过库存现金、现金支出和收入等方面详细阐述现金管理的主要内容。

11.1 库存现金

库存现金指单位为了满足经营过程中零星支付需要而保留的现金。对库存现金进行监督盘点，可以确定库存现金的真实存在和库存现金管理的有效性，对于评价企业的内控制度起到积极作用。库存现金包括人民币现金和外币现金。

11.1.1 现金管理制度

现金指可以立即投入流通的交换媒介，具有普遍的可接受性。它可以立即用来购买货物、劳务或是偿还债务，是企业中流通性最强的资产。由于现金的这一特性，企业单位对于现金的管理更应加强，应形成系统的、可视的现金管理制度。一个单位无论在几家银行开户，只能在一家银行开设现金结算账户支取现金，并由该家银行负责核实现金库存限额和进行现金管理。

现金在我国企业会计中的总账账户称为“库存现金”，它和银行存款、其他货币资金一起合称为货币资金，属于流动资产。我国对现金的管理制定了相应的现金管理制度，在我国企业单位对现金的管理都必须按照国家要求的现金管理制度执行。我国《现金管理暂行条例》见附录。

每个企业都有自身的现金管理制度，但是各个企业的现金管理制度都是万变不离其宗，都要按照我国《现金管理暂行条例》来执行、制定。每个企业单位都必须有健全的现金账目，由专人管理、专人负责，保证现金账目真实、可靠，这个专人就是出纳人员。

11.1.2 现金保管

现金是流动性最强的资产，可以直接使用，因而现金是犯罪分子谋取的直接目标。因此各单位应建立健全现金保管制度，防止由于制度不严、工作疏忽给犯罪分子以可乘之机，给单位造成损失。出纳人员在保管现金时，应该具有高尚的职业道德，万不可监守自盗，作出违背职业道德的事情。出纳还要要细心、耐心、谨慎，对于现金的每一笔收支要及时登记，每一份收支凭证都让经办人签字盖章，以明确责任、有据可依。

现金管理除了主观因素（出纳自身的品质）外，还有客观因素。客观因素包括现金管理办法、企业单位自身提供的现金保管设施。现金管理办法是现金保管的根本依据，企业单位自身提供的现金保管设施则是现金保管的基本保障，两者相辅相成，对于现金管理来说缺一不可。

出纳人员要按照现金管理办法的要求做好现金保管工作，应该做到以下几条。

- 建立现金账，即现金日记账，逐日逐笔登记企业单位发生的所有现金收支的经济业务，保证现金日记账的真实性和准确性。
- 保证现金账目的真实，不能以白条抵库，实实在在付出去的或收回来的现金都要一一记入现金日记账。
- 每一笔现金收支经济业务，在原始收付凭证上要有经手人的签章，以明确责任、日后查对。
- 现金做到日清月结，每日下班前做好现金清算，核对现金实际数和现金日记账的余额，保证账实相符。

例11-1

A公司2023年8月22日发生的现金业务：支付销售张三报销差旅费1 620元；收到一笔公司卖废品现金收入30元，同时支出一笔销售发货快递费30元；采购部门写给小王一张借条，借走500元买办公用品。小王当天的现金日记账记录，如表11-1所示，请问是否存在问题。

表11-1　现金日记账

2023年		凭证号	摘　要	对方科目	借方	贷方	借或贷	余额
月	日							
8	21	01	支付公司7月份电话费	管理费用		210	借	4 030
8	21	02	支付经理报销差旅费	管理费用		2 000	借	2 030
8	21	05	收销售冲牙器款	主营业务收入	2 020		借	4 050
8	22	01	付销售部张三报销差旅费	销售费用		1 620	借	2 430

结合题意可以看出上面的现金日记账存在以下问题。

- 出纳小王没有登记收到的30元废品收入和支付的30元快递费用，小王违背了实实在在付出去的或收回来的现金都要一一记入现金日记账的规定。即使这两者金额相同，也不能相抵销，应该把发生的经济业务一一登记入账。
- 出纳小王没有登记采购借走的500元，违背了要保证现金账目的真实，不能以白条抵库的规定，采购虽然没有买回办公用品来报销费用，但是采购借走了现金，等于是一笔支出，不能用借条充当现金，这样会让现金实际金额和现金日记账账目余额不相符。

企业单位自身应该提供可靠的现金保管设施，以确保现金安全。因为即使出纳人员对现金做到建账登记、日清月结，把现金管理得再好，如果企业单位没有可靠的现金管理设施，现金保管也没有保障。

现金保管设施，企业单位需要保证有存放现金的保险箱，其钥匙和密码都只能由出纳掌管。保险箱不能太小或是太轻，应该购买相对宽大、沉重的，这样可以防范不法分子连同保险箱一起搬走。财务室应该设置在企业单位办公区域中四面为实体墙且没有窗户的办公室（即使有窗户也是那种不过半米的小窗，并且在窗户上安装防盗窗）。

要保管好现金，不仅需要出纳自身对现金有正确的管理方法，更需要企业单位有对现金保管的各种设备、设施。只有两者相结合，才能保证做好现金管理，完成现金保管工作。

11.2 现金支出

现金支出是“现金收入”的对称，有狭义和广义之分。狭义即指银行向市场投放货币。在我国，中国人民银行发行的人民币是唯一合法的通货，现金支出即付出人民币；广义则指社会各单位付出现金，如向职工发放工资、收购农副产品、提取储蓄存款和发放救济款等。对出纳人员来说，现金支出也是其工作流程中重要的把关环节。这节主要从现金付款和现金报销两方面来讲述现金支出的内容。

11.2.1 现金付款

现金付款具有交易简单、迅速等优点，所以企业单位的出纳人员对于每一笔现金付款的经济业务，在付款前必须对现金付款凭证进行认真、细致的复核，一般现金付款前需要审核的内容包括：

- 审核该笔现金支出是否符合现金开支的范围和有关财经政策和财务制度的有关规定。
- 审核该笔现金支出是否有企业单位相关负责人、审批人、证明人签字。

● 审核票据是否真实，所附票据金额是否和需付款金额相符。

只有需要现金付款的支出凭单审核符合规定时，出纳人员才能付款。当付完款时，一定要求经手人员签字，以明确责任，表示该笔款项已经由谁领取，并且在加盖“现金付讫”戳记后才能把该笔支出凭单作为一种原始单据编制记账凭证。只有经审核无误的原始凭证才能作为编制付款凭证的依据。支出现金时按照支出现金的用途借记有关科目，贷记“库存现金”科目。在现在的企业单位中，现金付款时的付款单据，如图11-1所示。

支　出　凭　单

年　月　日　　　第　号

即　付＿＿＿＿＿＿＿＿＿＿

＿＿＿＿＿＿＿＿款　　　　对方科目编号　　　附单据　张

¥＿＿＿＿＿＿

计人民币：＿＿＿＿＿＿＿＿

领款人：＿＿＿＿＿　　　主管审批：＿＿＿＿＿

财务主管　　记账　　出纳　　审核　　制单

图11-1　支出凭单

注：填写支出凭单时，要保证字迹清楚，单面整洁，不可涂改。支出凭单作为记账凭证的原始单据，单据上相关人员的签章都要真实且不可缺少。

例11-2

A公司2012年9月1日发生如下现金付款业务（上月现金余额为4 600元）：

◆ 购买办公室桶装水，现金付款300元；

◆ 购买电脑交换机一个，现金付款29元；

◆ 付公司车辆违反交通法规罚款200元，现金付款；

◆ 付销售发货快递费710元。

请根据例题编制支出凭单，再根据支出凭单编制记账凭证，最后根据记账凭证登记现金日记账。

由题意我们可编制支出凭单，如图11-2～图11-5所示。

支　出　凭　单

2023年9月1日　　　　第 01 号

即　付 办公室买桶装饮　现金付讫　　对方科目编号

款

计人民币：叁佰元整　　　　¥ 300.00

领款人：*****　　　　主管审批：李**

附单据　张

财务主管 张**　记账 王**　出纳 王**　审核 郭**　制单 王**

图11-2　支出凭单

支　出　凭　单

2023年9月1日　　　　第 01 号

即　付 购电脑交换机费用　　对方科目编号

款

计人民币：贰拾玖元整　现金付讫　¥ 29.00

领款人：*****　　　　主管审批：李**

附单据　张

财务主管 张**　记账 王**　出纳 王**　审核 郭**　制单 王**

图11-3　支出凭单

支　出　凭　单

2023年9月1日　　　　第 01 号

即　付 公司车辆违反交通法规罚款费用　　对方科目编号

款

计人民币：贰佰元整　现金付讫　¥ 200.00

领款人：*****　　　　主管审批：李**

附单据　张

财务主管 张**　记账 王**　出纳 王**　审核 郭**　制单 王**

图11-4　支出凭单

<u>支　出　凭　单</u>

2023年9月1日　　　　　第 01 号

即　付 销售发货快递费	对方科目编号	附单据　张
＿＿＿＿＿款		
计人民币：柒佰壹拾元整　现金付讫	¥ 710.00	
领款人：*****	主管审批：李**	

财务主管 张**　　记账 王**　　出纳 王**　　审核 郭**　　制单 王**

图11-5　支出凭单

根据例题中的4笔现金支出分别编制了支出凭单（支出凭单不可涂改，各方责任人签名处都必须有相关人员签章，付完款必须加盖“现金付讫”的戳记），每张支出凭单后面应该附其支出费用的发票，支出凭单后有几张发票就写附单据多少张。然后，这个支出凭单就成为有效的原始单据，便可以根据支出凭单编制记账凭证，如表11-2所示。

表11-2　记账凭证

<u>记 账 凭 证</u>

A公司　　　　2023-09-01　　　　记字第 1 号

摘要	科目名称	借方金额	贷方金额
支付办公室桶装水费	管理费用——办公费	300	
支付电脑交换机费用	管理费用——办公费	29	
支付公司车辆违规罚款	营业外支出——罚款	200	
支付销售发货快递费	销售费用——快递费	710	
现金付款	库存现金		1 239
附件 4 张	合计	1 239	1 239

制单：**　　签字：**　　审核：**　　登账：**

注：记账凭证可以根据多张原始凭证编制，也就是借贷记账法下一借多贷的体现，根据几张原始凭证（支出凭单）编制的记账凭证，就在记账凭证中填写几张附件张数。

根据记账凭证编制现金日记账，如表11-3所示。

表11-3　现金日记账

2012年		凭证号	摘　要	对方科目	借方	贷方	借或贷	余额
月	日							
			上月余额				借	4 600
9	1	01	支付办公室桶装水费	管理费用		300	借	4 300
9	1	01	支付电脑交换机费用	管理费用		29	借	4 271
9	1	01	支付公司车辆违规罚款	营业外支出		200	借	4 071
9	1	01	支付销售发货快递费	销售费用		710	借	3 361

注：现金日记账要根据所发生的现金收支业务逐日逐笔登记。

11.2.2　现金报销

企业单位为加强本公司的财务管理工作，严格执行财务制度，完善财务管理，结合公司的具体情况，一定要统一各部门的报销程序及规定。所有申请报销的支出必须经过完整的验收、审核、批准手续，方可报销。现金报销内容很多，在实际工作中，差旅费是现金报销的一大部分。一般现金报销时，要填写费用报销单报销相关费用。费用报销单格式如表11-4所示，差旅费报销单如表11-5所示。

表11-4　费用报销单

（　　）费用报销单

单位：　　　　　　　　　　　　年　　月　　日　　　　　　　　　　　　第　　号

<table>
<tr><td>摘　　要</td><td colspan="3"></td></tr>
<tr><td>金　　额</td><td colspan="3">人民币（大写）　　　　　　　¥__________</td></tr>
<tr><td>附单据张数</td><td></td><td>领款人签章</td><td></td></tr>
</table>

审批人　　　　　　　审核　　　　　　　证明或验收　　　　　　　经手

表11-5　差旅费报销单

差　旅　费　报　销　单

部门　　　　　　　　　　　　　年　　月　　日

<table>
<tr><td>出差人</td><td colspan="8"></td><td colspan="3">出差事由</td><td colspan="3"></td></tr>
<tr><td colspan="4">出　发</td><td colspan="4">到　达</td><td rowspan="2">交通工具</td><td colspan="2">交通费</td><td colspan="2">出差补贴</td><td colspan="3">其他费用</td></tr>
<tr><td>月</td><td>日</td><td>时</td><td>地点</td><td>月</td><td>日</td><td>时</td><td>地点</td><td>单据张数</td><td>金额</td><td>天数</td><td>金额</td><td>项目</td><td>单据张数</td><td>金额</td></tr>
<tr><td></td><td></td><td></td><td></td><td></td><td></td><td></td><td></td><td></td><td></td><td></td><td></td><td></td><td>住宿费</td><td></td><td></td></tr>
<tr><td></td><td></td><td></td><td></td><td></td><td></td><td></td><td></td><td></td><td></td><td></td><td></td><td></td><td>市内车费</td><td></td><td></td></tr>
</table>

（续表）

<table>
<tr><td colspan="2">出差人</td><td colspan="8"></td><td colspan="3">出差事由</td><td colspan="3"></td></tr>
<tr><td colspan="4">出 发</td><td colspan="4">到 达</td><td rowspan="2">交通工具</td><td colspan="2">交通费</td><td colspan="2">出差补贴</td><td colspan="3">其他费用</td></tr>
<tr><td>月</td><td>日</td><td>时</td><td>地点</td><td>月</td><td>日</td><td>时</td><td>地点</td><td>单据张数</td><td>金额</td><td>天数</td><td>金额</td><td>项目</td><td>单据张数</td><td>金额</td></tr>
<tr><td></td><td></td><td></td><td></td><td></td><td></td><td></td><td></td><td></td><td></td><td></td><td></td><td></td><td>邮电费</td><td></td><td></td></tr>
<tr><td></td><td></td><td></td><td></td><td></td><td></td><td></td><td></td><td></td><td></td><td></td><td></td><td></td><td>办公用品费</td><td></td><td></td></tr>
<tr><td></td><td></td><td></td><td></td><td></td><td></td><td></td><td></td><td></td><td></td><td></td><td></td><td></td><td>不买卧铺补贴</td><td></td><td></td></tr>
<tr><td></td><td></td><td></td><td></td><td></td><td></td><td></td><td></td><td></td><td></td><td></td><td></td><td></td><td>其他</td><td></td><td></td></tr>
<tr><td colspan="9">合 计</td><td></td><td></td><td></td><td></td><td></td><td></td><td></td></tr>
<tr><td rowspan="2">报销总额</td><td colspan="7" rowspan="2">人民币（大写）</td><td rowspan="2">预借旅费</td><td colspan="4" rowspan="2">¥</td><td>补领金额</td><td colspan="2"></td></tr>
<tr><td>退还金额</td><td colspan="2"></td></tr>
</table>

主管　　　　审核　　　　出纳　　　　领款人

现金报销时，应把所有报销款项的相关票据贴在费用报销单后面，证明该项费用的来龙去脉。出纳人员在办理现金报销时，应该严格审核相关的费用单据。

（1）应查看该笔报销的单据是否真实、合理，是否属于企业单位经济业务中必须支付的费用，有无虚报、谎报。

（2）核查该笔费用报销单是否有相关负责人、证明人、经手人签字。

（3）审查所填报销金额是否与后面所附票据金额相符。

例11-3

A公司2023年9月2日销售部门经理孙××从上海办完展会回来到财务部门报销差旅费，出差5天，出差费用明细：交通费（北京—上海）机票2张，金额1 750元，火车票4张（卧铺北京—上海），金额1 350元，返程交通费车票张数和价格一样；住宿费1张，金额3 000元；北京市内打车票4张，金额232元；出差餐票11张，金额1 300元，销售部出差前预借差旅费5 000元。另外销售经理请客户吃饭花费355元。出纳到银行取备用金5 000元，作为报销费用款。请据此填制报销单和编制记账凭证，登记现金日记账。

由题意编制差旅费报销单，如表11-6所示。编制费用报销单，如表11-7和表11-8所示。

表11-6　差旅费报销单

差 旅 费 报 销 单

部门 销售部　　　　　　2023 年9月2日

出差人	孙**、杨**、张**、王**、李**、郑**									出差事由		展会		
出 发				到 达				交通工具	交通费		出差补贴		其他费用		
月	日	时	地点	月	日	时	地点		单据张数	金额	天数	金额	项目	单据张数	金额
8	28	8	北京	8	28	10	上海	飞机	2	1 750			住宿费	1	3 000
8	27	22	北京	8	28	8	上海	火车	4	1 350			市内车费	4	232
9	01	15	上海	9	01	17	北京	飞机	2	1 750			邮电费		
9	01	14	上海	9	01	23	北京	火车	4	1 350			办公用品费		
													不买卧铺补贴		
													其他	11	1 300
合 计									12	6200				16	4 532
报销总额	人民币壹万零柒佰叁拾贰元整（大写）							预借旅费	¥5 000.00				补领金额	5 732.00	
													退还金额	0	

现金付讫

主管 张**　　审核 郭**　　出纳 王**　　领款人 孙**

表11-7　费用报销单

（餐费）费用报销单

单位：A公司　　　　2023 年 9月2日　　　　第　　号

摘　　要	请客户吃饭餐费		
金　　额	人民币（大写）叁佰伍拾伍元整　　¥ 355.00		
附单据张数	1	领款人签章	孙**

现金付讫

审批人 张**　　审核 郭**　　证明或验收 刘**　　经手 孙**

表11-8　费用报销单

（　　）费用报销单

单位：A公司　　　　2023 年 9月2 日　　　　第　　号

摘　　要	银行提备用金 0123**01#		
金　　额	人民币（大写）伍仟元整　　¥ 5 000.00		
附单据张数	1	领款人签章	王**

现金付讫

审批人 张**　　审核 郭**　　证明或验收 刘**　　经手 王**

注：表11-8费用报销单是根据现金支票存根填制的，是现金收款的一种。当然也可以做银行付款，银行提现时做了现金收款单据就不需要做银行付款单据，反之亦然。不然会重复，出现错账。

当根据审核无误的费用报销单给领款人付款后，应该加盖“现金付讫”的戳记，再根据该张完整的原始凭证编制记账凭证，如表11-9所示。

表11-9　记账凭证

记账凭证

A公司　　2023-09-02　　记字第 3 号

摘要	科目名称	借方金额	贷方金额
银行提备用金0123**01#	库存现金	5 000	
银行提备用金0123**01#	银行存款		5 000
附件 1 张	合计	5 000	5 000

制单：**　　签字：**　　审核：**　　登账：**

注：根据提现金的费用报销单编制的记账凭证。

表11-10　记账凭证

记账凭证

A公司　　2023-09-02　　记字第 4 号

摘要	科目名称	借方金额	贷方金额
支付销售部报销差旅费	销售费用——差旅费	10 732	
支付请客户吃饭餐费	销售费用——业务招待费	355	
现金付款	库存现金		6 087
预借差旅费冲回	其他应收款——预借差旅费		5 000
附件 2 张	合计	11 087	11 087

制单：**　　签字：**　　审核：**　　登账：**

注：这张记账凭证的编制重点是预借差旅费的冲回，从例题中看到销售部门在出差前预借了一笔差旅费用5 000元，因为在财务上不可以用白条抵库，已经做了会计处理，属于一个暂付应收的资产类项目，记入“其他应付款”科目，出差回来，则应该冲回这个科目。

根据记账凭证编制现金日记账，如表11-11所示。

表11-11　现金日记账

2012年		凭证号	摘要	对方科目	借方	贷方	借或贷	余额
月	日							
			上日余额				借	3 361
9	2	03	银行提现金	银行存款	5 000		借	8 361
9	2	04	收前借差旅费	其他应收款	5 000		借	13 361
9	2	04	支付销售部报销差旅费	销售费用		10 732	借	2 629
9	2	04	支付业务活动费	销售费用		355	借	2 274

注：现金日记账上应该标注出收回前借差旅费，这样一收一支，才能保证账面平衡，款项来龙去脉清晰。

11.3 现金收入

现金收入是“现金支出”的对称，有狭义和广义之分。狭义指银行回笼货币。在我国，中国人民银行发行的人民币是唯一合法的通货，现金收入即回笼流通中的人民币。广义则指社会各单位收入现金，主要包括银行提现收入、销售收入和其他收入等。本节通过现金收款和现金提取两方面讲述现金收入的内容。

11.3.1 现金收款

企业单位的现金收款是指企业在销售房产、办理进户、收取物业费后收取的结算款项，包括现金、银行存款等有效货币资金。作为公司管钱的出纳人员，必须确保款项的准确、安全收回。为了保障企业生产经营活动资金的流动性、安全性，控制公司财务风险，企业必须制定相关制度做会计处理、管理现金。在收到现金时，应该编制现金收入凭单，写明现金收款项目、内容、日期、金额等，要交款人、出纳签章明确责任，只有按照要求填写的收入凭单才能作为原始单据编制记账凭证。收入凭单格式，如图11-6所示。

收　入　凭　单

附件　　张　　　　　　　　年　　月　　日　　　　　　　　第　　号

兹　由________________________________

收　到________________________________　　对方科目编号

计人民币（大写）________________________________¥__________

交款人：__________

会计主管人员		出纳员收讫	

图11-6　收入凭单

例11-4

A公司2023年9月2日，个人客户陈超到公司买冲牙器两台，含税金额2 500元，个人客户用现金交付款项，出纳小王收到款项给对方开具了一张增值税发票。请据此编制相关财务凭证。

由题意我们首先编制收入凭单，凭单后附上对应开具的增值税发票记账联，收入凭单如图11-7所示。

收 入 凭 单

附件 01 张　　2023年9月2日　　第　号

兹 由 公司个人客户陈超

收 到 2台冲牙器货款

计人民币（大写） 贰仟伍佰元整　　¥ 2 500.00

交款人：陈超

会计主管人员	郭**	出纳员收讫	王**

现金付讫　对方科目编号

图11-7 收入凭单

注：当收到现金款项编制收入凭单后，应该在凭单上加盖现金收讫章。

收入凭证编制完且填写无误，即可作为原始单据编制记账凭证，根据此例题，可编制记账凭证，如表11-12所示。

表11-12 记账凭证

记 账 凭 证

A公司　　2023-09-02　　记字第 05 号

摘要	科目名称	借方金额	贷方金额
现金收冲牙器货款	库存现金	2 500	
销售收入	主营业务收入		2 212.39
销项税额	应交税费——应交增值税（销项税额）		287.61
附件 1 张	合计	2 500	2 500

制单：**　　签字：**　　审核：**　　登账：**

注：现金收款的2500元是含税收入，要做销售收入凭证时，应先价税分离，即：2500/1.13=2212.39×13%=287.61，价税分开做账。

根据记账凭证登记现金日记账，如表11-13所示。

表11-13 现金日记账

2023年		凭证号	摘 要	对方科目	借方	贷方	借或贷	余额
月	日							
9	2	04	支付请客户吃饭餐费	管理费用		355	借	2 274
9	2	05	收冲牙器货款	主营业务收入/应交税费	2 500		借	4 774

11.3.2 现金提取

单位支付现金必须具有一定的库存现金才能开展业务。当各单位需要用现金发放工资或者其库存现金小于库存现金定额而需要补足现金时，除了按规定可以用非业务性现金收入补充以及国家规定可以坐支的外，可以按规定从银行提取现金。现金收入的一部分来源于企业单位从银行提取的现金。一般在现金支票上的用途中可以填写备用金、差旅费等来提取现金。现金提取的程序如下。

- 出纳人员填制现金支票（现金支票是支票的一种，是专门用于支取现金的）。
- 现金支票应认真填写支票的有关内容，如用途、金额、收款人名称（开户单位签发现金支票支取现金以自己为收款人），并加盖财务章和法人章。
- 出纳持现金支票到开户银行取款，一般银行会有专门的企业对公窗口办理现金提取业务（或叫银行出纳窗口），银行经办人员对现金支票进行审核，核对密码和预留印件后，即会办理规定的付款手续。在提取款项时，银行经办人员可能会提问，如提取的数额、收款单位等，这些问题出纳人员的回答与现金票面上的要一致才行。
- 出纳人员收到银行付给的现金时，应当面清点现金数量，清点无误后才能离开柜台。

例11-5

A公司2023年9月5日，销售经理孙××出差去美国10天，需要预支差旅费30 000元，经向上级部门申请，上级部门同意预支费用。由于财务出纳小王管理的库存现金只有4 800元，因此出纳小王填制了一张30 000元现金支票，如表11-14所示，到银行提取现金。请据此编制相关单据凭证。

表11-14 现金支票

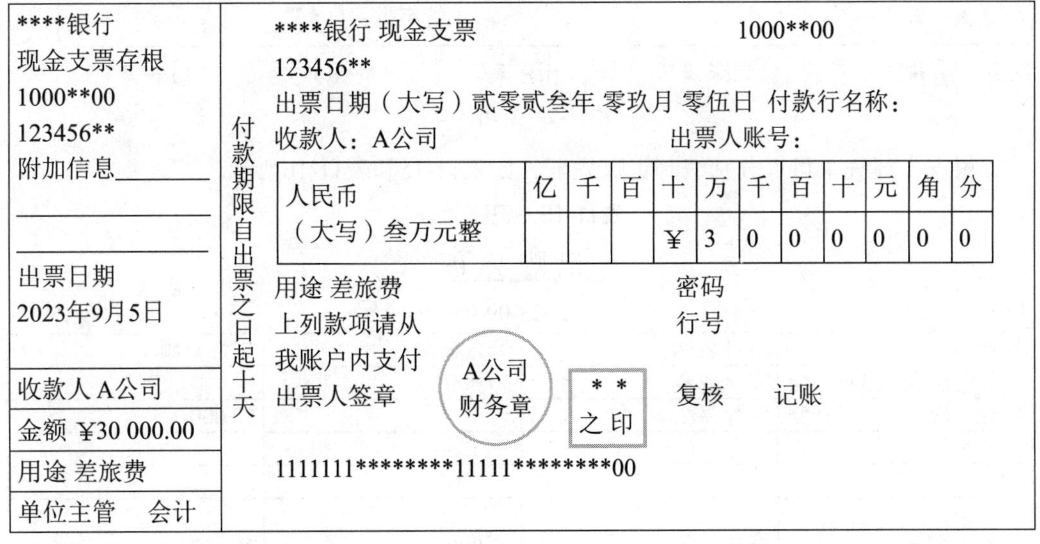

****银行
现金支票存根
1000**00
123456**
附加信息

出票日期
2023年9月5日

收款人 A公司
金额 ¥30 000.00
用途 差旅费
单位主管 会计

付款期限自出票之日起十天

****银行 现金支票 1000**00
123456**
出票日期（大写）贰零贰叁年 零玖月 零伍日 付款行名称：
收款人：A公司 出票人账号：

人民币（大写）叁万元整	亿	千	百	十	万	千	百	十	元	角	分
				¥	3	0	0	0	0	0	0

用途 差旅费 密码
上列款项请从 行号
我账户内支付
出票人签章 A公司财务章 **之印 复核 记账

1111111********11111********00

根据题意，当出纳到银行提取现金回来时，可以编制收入凭单，如图11-8所示。

收　入　凭　单

附件　01　张　　　　　　2023年 9 月 5 日　　　　　　第　　号

兹　由　公司现金支票123456**#提款			
收　到　现金			
计人民币（大写）叁万元整	￥30 000.00		
交款人：王**	会计主管人员 郭**	出纳员收讫 王**	

现金付讫　　对方科目编号

图11-8　收入凭单

注：1. 当收到银行提取的现金时，可以编制收入凭单或费用报销单，只是这两种单子上加盖的印章不一样。如图11-8是收入凭单，则应该在凭单上加盖现金收讫章，若是费用报销单则需要加盖银行付讫章。

2. 收入凭单后应附现金支票存根作为附件。

支付销售经理预支差旅费时，需要其写一张借条，然后出纳根据借条做一张支出凭单，如图11-9所示。

支　出　凭　单

2023年9月5日　　　　　　第　号

即　付　销售经理孙**美国出差预支差旅费用

________款

计人民币：叁万元整　　　　￥30 000.00

领款人：孙**　　　　主管审批：李**

对方科目编号　　现金付讫

附单据 1 张

财务主管 张**　　记账 王**　　出纳 王**　　审核 郭**　　制单 王**

图11-9　支出凭单

根据上述凭单可以分别编制记账凭证，如表11-15和表11-16所示。

表11-15　记账凭证

记 账 凭 证

A公司　　　　　　2023-09-05　　　　　　记字第 24 号

摘要	科目名称	借方金额	贷方金额
银行提现金 123456**#	库存现金	30 000	
银行提现金 123456**#	银行存款		30 000
附件 1 张	合计	30 000	30 000

制单：**　　签字：**　　审核：**　　登账：**

表11-16　记账凭证

记 账 凭 证

A公司　　2023-09-05　　记字第 25 号

摘要	科目名称	借方金额	贷方金额
支付销售经理孙**预借差旅费	其他应收款	30 000	
现金付款	库存现金		30 000
附件 1 张	合计	30 000	30 000

制单：**　　签字：**　　审核：**　　登账：**

根据记账凭证登记日记账，如表11-17所示。

表11-17　现金日记账

2023年		凭证号	摘要	对方科目	借方	贷方	借或贷	余额
月	日							
			上日余额				借	4 800
9	5	24	银行提现金	银行存款	30 000		借	34 800
9	5	25	支付销售经理孙**预借差旅费	其他应收款		30 000	借	4 800

11.4　现金复核和保管

出纳人员身处管理现金和使用现金的“前沿阵地”，负有直接的、重要的现金管理职责，因此，要切实执行好现金管理制度，加强企业单位现金复核工作和现金保管工作的力度。本节将通过现金日记账、现金送存和库存现金盘查等来详细讲述现金复核和保管的相关工作内容。

11.4.1　现金日记账

现金日记账是专门用来记录现金收支业务的一种特种日记账，是企业单位现金收支的一种书面证明账簿，由出纳人员根据审核后的现金收款凭证和现金付款凭证逐日逐笔顺序登记。每日业务终了时，应计算、登记当日现金收入合计数、现金支出合计数以及账面结余额，并将现金日记账的账面余额与库存现金实有数核对，借以检查每日现金收入、付出和结存情况。现金日记账的格式，如表11-18所示。

表11-18　现金日记账

年		凭证号	摘　要	对方科目	借方	贷方	借或贷	余额
月	日							

现金日记账可以让我们追溯前期发生的现金收支业务，也可以让我们核对当时的现金余额，因此我们一定要保证现金日记账的质量，即账面记录应该完整、准确。现金日记账要逐日逐笔登记，每天发生的现金业务，都应按照规定登记并且结出相应的余额，一定要使其与有关的账目、款项相符。出纳人员一定要在收、付现金以后及时记账，并且要按照一定的程序进行对账，使账证、账账和账实相符。

- 把现金日记账的记录与有关的收付款凭证进行核对。
- 把现金日记账与现金总分类账的期末余额进行核对。
- 把现金日记账的余额与实际库存数额进行核对。

例11-6

A公司2023年9月12日库存现金余额为3 400元，当天发生的现金业务，编制了如表11-19和表11-20记账凭证。

表11-19　记账凭证

记账凭证

A公司　　　　2023-09-12　　　　记字第 48 号

摘要	科目名称	借方金额	贷方金额
支付8月份电话费	管理费用——电话费	366	
支付8月份电费	管理费用——电费	665	
支付办公用品费用	管理费用——办公费	700	
现金付款	库存现金		1 731
附件 3 张	合计	1 731	1 731

制单：**　　签字：**　　审核：**　　登账：**

表11-20　记账凭证

记 账 凭 证

A公司　　2023-09-12　　记字第 49 号

摘要	科目名称	借方金额	贷方金额
现金收款	库存现金	1 500	
卖废品收入	营业外收入		1 500
附件 1 张	合计	1 500	1 500

制单：**　　签字：**　　审核：**　　登账：**

请据此登记现金日记账。

由题意可以编制现金日记账，如表11-21所示。

表11-21　现金日记账

2023年		凭证号	摘 要	对方科目	借方	贷方	借或贷	余额
月	日							
			上日余额				借	3 400
9	12	48	支付8月份电话费	管理费用		366	借	3 034
9	12	48	支付8月份电费	管理费用		665	借	3 269
9	12	48	支付办公用品费用	管理费用		700	借	1 669
9	12	49	卖废品收入	营业外收入	1 500		借	3 169

注：登记现金日记账时，应根据审核无误的记账凭证逐日逐笔登记，并且实时结出余额，便于账实核对。每日终了，出纳人员将登记好的现金日记账与实际库存现金数来核对。只要每一笔现金收支单据都一一登记到现金日记账中，就算现金实际数和现金日记账不符，也可以根据相应的现金日记账找出差错根源。

11.4.2　现金送存

按照规定，各单位在其日常现金收支业务中，除了按规定可以坐支的现金和非业务性零星收入收取的现金可以用于补足库存现金限额不足外，其他业务活动取得的现金以及超过库存现金限额的现金都必须按规定于当日送存银行。当日送存银行确有困难的，由开户银行确定送存时间。送存现金的基本程序为

- 出纳人员应将需要送存银行的现金整理好，将同面额的纸币摆放在一起，按每100张为一把整理好，不够则从大额到小额顺序放。若有硬币，则将同额硬币放在一起，一定数额用纸卷成一卷。然后将每一项款项清点整齐且核对无误。
- 出纳人员根据整理好的现金填写现金交款单如表11-22，再将现金和现金交款单一并交开户银行收款柜收款。

表11-22　现金交款单

币别：　　　　　　　　　年　　月　　日　　　　　　　　流水号：

<table>
<tr><td rowspan="3">单位填写</td><td>收款单位</td><td></td><td>交款人</td><td colspan="11"></td></tr>
<tr><td>账号</td><td></td><td>款项来源</td><td colspan="11"></td></tr>
<tr><td colspan="3" rowspan="2">（大写）</td><td>亿</td><td>千</td><td>百</td><td>十</td><td>万</td><td>千</td><td>百</td><td>十</td><td>元</td><td>角</td><td>分</td></tr>
<tr><td></td><td></td><td></td><td></td><td></td><td></td><td></td><td></td><td></td><td></td><td></td><td></td></tr>
<tr><td>银行确认栏</td><td colspan="14">现金回单（无银行打印记录及银行签章此单无效）</td></tr>
</table>

复核　　　　　　　　　　录入　　　　　　　　　　出纳

注：1. 现金交款单为一式三联或一式二联，以一式三联为例，第一联为回单，此联由银行盖章后退回存款企业单位；第二联为收入凭证，此联由收款人开户银行作凭证；第三联为附联，作附件（银行出纳留底联）。

2. 出纳人员在填写现金交款单时，交款日期必须填写交款的当日，收款人名称应填写企业单位的全称，款项来源应该如实填写，大小写金额的书写要标准，字迹要清楚，整张交款单不可涂改。

还有一种情况，企业单位可以将现金送存银行，即收到残缺破损的或已经穿孔、裂口、破缺、压薄、变形的，甚至纸币正面、背面的数字模糊不清的，出纳人员根据现金送存规定将其送存银行。

例11-7

A公司经银行核定的库存现金数额为5 000元，2023年9月15日当天期初库存现金为4 600元，当天发生了一笔现金经济业务，收到销售部交回一笔冲牙器货款现金20 000元，当天下午下班前出纳小王将收到的现金送存银行。请问出纳小王将现金送存银行需要做什么。

由题意分析，出纳将现金货款20 000元送存银行时，应该点清楚现金数额，根据清点核对无误后的现金数填写现金交款单（如表11-23），将现金和交款单一并送存银行即可。

表11-23　现金交款单

币别：人民币　　　　　　2023年9月15日　　流水号：

<table>
<tr><td rowspan="4">单位填写</td><td>收款单位</td><td>A公司</td><td>交款人</td><td colspan="11">王**</td></tr>
<tr><td>账号</td><td>11011******0123</td><td>款项来源</td><td colspan="11">销售冲牙器货款</td></tr>
<tr><td colspan="3" rowspan="2">（大写）贰万元整</td><td>亿</td><td>千</td><td>百</td><td>十</td><td>万</td><td>千</td><td>百</td><td>十</td><td>元</td><td>角</td><td>分</td></tr>
<tr><td></td><td></td><td></td><td>¥</td><td>2</td><td>0</td><td>0</td><td>0</td><td>0</td><td>0</td><td>0</td></tr>
<tr><td>银行确认栏</td><td colspan="14">现金回单（无银行打印记录及银行签章此单无效）</td></tr>
</table>

复核　　　　　　　　　　录入　　　　　　　　　　出纳

11.4.3 库存现金盘查

为了严格执行现金清查盘点制度，保证现金安全完整，企业单位的现金库存必须经常与现金账余额保持一致，并且要定期清点盘查，发现问题及时查明原因并加以解决。清点盘查库存现金时，要采用科学合理的方法，否则违法行为查不出来会滋长违法乱纪的行为。究竟怎样才能有效清查出库存现金的问题呢，我们在清点时一定要注意以下几点。

- 企业单位清点库存现金时，应该由两人或两人以上人员同时进行。
- 企业单位清点库存现金时，应将现金逐捆逐把逐张进行盘查清点，不能因为是捆扎好的现金而不进行细数、盘点。
- 企业单位在清点库存现金时，若发现有残缺或假钞，应提出另放并择日到银行调换或处理。
- 企业单位在清点库存现金时，应停止收付现金业务，只有等所有现金清点无误后才可以办理现金收付业务。
- 企业单位在清点库存现金时，如果出现长短款，必须及时查找原因，找出相关责任人。

企业单位在进行库存现金盘查时，应根据盘查的实际情况填制现金盘查表（表11-24），可以清晰明了地展现现金盘查情况，并有相关盘查人员签字。出现现金长短款，会追究相关责任人。对于待查明原因的现金短缺或长款，一般通过“待处理财产损益——待处理流动资产损益”科目进行会计核算，等查明原因后再进行处理。若发现现金长短款是记账差错或单据丢失造成的，则应更正错误或补办入账；若属于工作失职的责任事故，则借记“其他应收款”科目；若属于无法查明的其他原因，经上级部门批准后借记“管理费用”科目；若为现金长款，又无法查明原因，经上级部门批准转入“营业外收入”科目。

表11-24 现金盘查表

现金盘查表		
编制单位：	盘查日期：	
面额	数量	金额
壹佰元		
伍拾元		
贰拾元		
壹拾元		
伍元		
壹元		
伍角		

（续表）

面额	数量	金额
壹角		
伍分		
贰分		
壹分		
合计		
备注： 现金日记账账面余额： 长款金额：　　　　短款金额：		

财务主管：　　　　会计：　　　　出纳员：

说明：此表用于月底轧账盘点、核对账实之用。

例11-8

2023年9月20日，A公司上级领导派财务主管和会计临时到出纳人员处做现金盘查，编制现金盘查表，如表11-25所示。

表11-25　现金盘查表

现金盘查表		
编制单位：A公司	盘查日期：2023年9月20日	
面额	数量	金额
壹佰元	36	3 600
伍拾元	4	200
贰拾元	20	400
壹拾元	30	300
伍元	35	175
壹元	41	41
伍角	10	5
壹角	23	2.3
伍分	6	0.3
贰分	6	0.12
壹分	8	0.08
合计		4 723.8
备注： 现金日记账账面余额：4 673.8 长款金额：0　　　　短款金额：50		

财务主管：张**　　　　会计：郭**　　　　出纳员：王**

说明：此表用于月底轧账盘点、核对账实之用。

由表11-25可以看出，现金日记账和实际盘查的库存现金余额不同，出现了现金短款50元，没有查明原因时，可以据此编制会计分录：

借：待处理财产损益——待处理流动资产损益　　　　　　50

　　贷：库存现金　　　　　　　　　　　　　　　　　　50

倘若查明原因为出纳小王工作失职、管理不当造成，应由出纳小王赔偿，则应作如下分录：

借：其他应收款——应收现金短缺款（小王）　　　　　　50

　　贷：待处理财产损益——待处理流动资产损益　　　　50

当收到出纳小王的现金赔款时，会计分录如下：

借：库存现金　　　　　　　　　　　　　　　　　　　50

　　贷：其他应收款——应收现金短缺款（小王）　　　　50

11.4.4　空白现金支票和空白收据保管

在银行存款的额度内，开户单位均可向开户银行领购支票。企业一般保留一定数量的空白支票以备使用。支票是一种支付凭证，一旦填写了有关内容，并加盖在银行留有印样的图章后，即可成为直接从银行提取现金或与其他单位进行结算的凭据。所以，在空白支票使用上必须加强管理，同时采取必要措施，妥善保管，以免发生非法盗用、遗失等情况，给国家和企业造成不必要的经济损失。

空白现金支票和空白收据都应该由出纳人员管理。出纳人员从银行买回空白现金支票以后应该将其支票号码登记在支票登记簿（表11-26）中，然后在每次使用现金支票时在支票簿里使用的现金支票号中标注金额、收款单位、用途、经手人等信息，以注销该张现金支票，这样会方便保管未使用的空白现金支票。

表11-26　支票登记簿

支票（转账、现金）使用销号登记簿

年		支票顺序号	金额	收款单位	用途（必须真实）	经手人签章	报销日期
月	日						

由于现金支票是一种填制完整就可以到开户银行直接支取现金的凭证，因此管理要特别严格。首先要求出纳人员应把空白支票存放在保险柜内，防止遗失。现金支票需加盖的银行预留印鉴应该分开存放，或两个章分别由两个人保管。

收据主要是用来证明该笔现金收入已经收妥，出纳人员并据此签发收据给交款人来明确责任的一种票据。因此，空白收据也有一定的经济责任意义。出纳人员在管理收据时，应该认真对待。收据格式如图11-10所示。

收　据

年　月　日　　　　　　No.0001

今收到____________

交来____________

人民币（大写）____________

¥____________

收款单位
财务章____________　　收款人____________　　交款人____________

图11-10　收据

收据都是一本一本的，一般一式多联，且每一页都有编号，应按照编号开具收据。对于写错的收据应该在收据上写明“作废”。收据应该由一人填写，保证字迹一致，也可分辨收据签发的真伪，便于追究责任，以防差错与作弊。空白收据应该由专人管理，收据联应该盖有企业单位印章才可生效，这样能加强对空白收据的管理。

例11-9

2023年9月21日，A公司出纳小王到银行购买了一本现金支票（每本25张），现金支票号码为0110**01—0110**25，回到公司收到库房孟一交来卖废品现金收入700元。请问出纳小王要怎么对现金支票和收据进行管理。

由题意，出纳小王首先应该把买回来的现金支票按其顺序号一一登记到支票登记簿中（表11-27），然后将空白支票存放在保险柜里。

表11-27　支票登记簿

支票（转账、现金）使用销号登记簿

2023年		支票顺序号	金额	收款单位	用途（必须真实）	经手人签章	报销日期
月	日						
		0110**01					
		0110**02					
		0110**03					
		0110**04					
		0110**05					

（续表）

2012年		支票顺序号	金额	收款单位	用途（必须真实）	经手人签章	报销日期
月	日						
		0110**06					
		0110**07					
		0110**08					
		0110**09					
		0110**10					
		0110**11					
		0110**12					
		0110**13					
		0110**14					
		0110**15					
		0110**16					
		0110**17					
		0110**18					
		0110**19					
		0110**20					
		0110**21					
		0110**22					
		0110**23					
		0110**24					
		0110**25					

注：买回来的现金支票先将号码登记在支票簿中，哪天使用现金支票时在日期栏、金额栏、用途栏、经手人栏等依次填入相应内容。

其次，出纳小王收到孟一的现金时，为了明确经济责任，应开具一张收据，将加盖财务章的收据联给孟一，双方签字明确责任。收据的存根联连同整本收据妥善保存，不能撕毁。收据如图11-11所示。

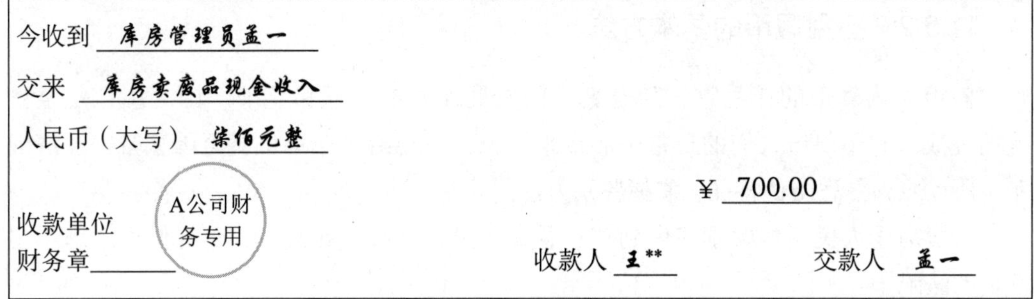

收　据

2023年 9月 21日　　No.000*1

今收到 库房管理员孟一

交来 库房卖废品现金收入

人民币（大写）柒佰元整

¥ 700.00

收款单位财务章 A公司财务专用

收款人 王**　　交款人 孟一

图11-11　收据

11.5 人民币鉴别

人民币是指中国人民银行成立后于1948年12月1日首次发行的货币，中华人民共和国成立后为中国的法定货币，至1999年10月1日启用新版为止共发行五套，形成了包括纸币与金属币、普通纪念币与贵金属纪念币等多品种、多系列的货币体系。目前，市场上流通的是第五套人民币。当然，随着人民币的流通，一些不法分子为了利益竟投机取巧地制造一些假币，给企业单位及个人的经济利益带来很大损失。出纳人员为了保证企业单位的现金安全和维护自身的经济利益，应该学会人民币的真假鉴别，本节学习怎样辨别人民币的真伪。

11.5.1 假币类型

提起假币，人人都深恶痛绝。近几年来尽管我国有关部门采取多种手段对假币进行严厉打击，可是假币的发案率仍呈上升趋势，且版本越来越多，可以说让人民群众防不胜防。目前，国内发现的假币种类大致可分为伪造人民币和变造人民币两种。

- 伪造人民币是指不法分子通过机制、拓印、刻印、照相、描绘等手段制作的假人民币。这种假币中，在市场中看到的还是电子扫描分色制版印刷的机制假币数量最多，因此机制伪造假币水平很高，其危害性最大。
- 变造人民币是指不法分子将真的人民币通过挖补、剪接、涂改、揭层等各种方法达到以少制多，使原币改变数量和形态，从而达到非法牟利的假货币。

伪造人民币中手工描绘或手工刻板印刷的假币是一种手段落后的造假技术，一般用手工雕刻塑料、木头制版进行印刷，造出来的假币质量非常低劣，因此这种比较容易识别。不法分子一般会将以文化程度较低的农民、个体户、小商贩或老人和小孩为损害对象。

伪造币还有一种是利用一些小型印刷设备、机器制造，即复印、照相等手法，这样印刷的假币比较粗糙，与真币的主要特征比较很明显；若是机器制造的假币，即利用现代化制版印刷设备伪造的货币，比较难辨别，它对社会的威胁也大，是社会公害最为严重的一种。财务人员更应该学会对真假币的鉴别。

11.5.2 鉴别假币的基本方法

假币作为真币的伴生物，随着真币的发展而发展，假币绝非一国之患，是全世界的公敌。它不但给人们的日常生活带来损失，还会给事业单位甚至国家带来经济混乱。所以应该熟悉防伪特征，掌握鉴别方法。

一般对于人民币的鉴别应做到“一看、二摸、三听、四测”，这样假币才逃不出我们的法眼。

- 所谓看，就是从人民币的外观着手，用眼睛看，一般真纸币水印清晰、有层次和立体感；看安全线；看票面图案使用特制的机器和油墨印刷，整体效果精美细致。例如现在流通的100元人民币，可以看其左下角的100字体，它有两种颜色，在晃动时会变色。真纸币整体清晰，会反光，特别是正面，点和线是立体的、凹进去和凸出来的，都会反光，清晰可见。假币则比较粗糙，没有真币应该有的特征，使用时都会露出马脚。

- 所谓摸，指用手触摸票面上凹印部位的线条是否有明显的凹凸感，一般假币无凹凸感或凹凸感不强。真纸币上的金额处凹凸感明显，纸币上的图案都会有明显的凹凸感。若用手指将真纸币按到白纸上擦一擦，白纸上则会有纸币的颜色。一般假币没有这种特征，因为其只是用普通纸制作的，手感会觉得很滑。
- 所谓听，即指通过用手抖动或用手弹纸币，听其发出来的声音辨别。因为流通的人民币都由经过特殊处理、添加化学成分的纸张制成的，真币挺括耐折，且抖动时会发出清脆的声音。若是假币，抖动或弹击时，只会发出沉闷的声音。
- 所谓测，指在通过前面的看、摸、听都辨认不出时，通过仪器验证其真伪，如验钞机。一般真纸币的尺寸十分严格，精确到毫米，再用验钞机来检测是否有荧光图纹；或者用磁性仪检测纸币上的磁性印记。

科技进步了，真币的特征很多假币都有。但假币再怎么“真”都会有其各种缺陷。这要根据真币的特点来辨别，且擦亮眼睛，练就“火眼金睛”鉴别真假币。

例11-10

A公司出纳小王在收现金时，一时疏忽收到一张100元的假钞，由于时过境迁，找不到是谁交来的，由此出纳小王打算浑水摸鱼将其转手他人。试问出纳小王这种做法违背了什么原则。

解析：

出纳小王违背了人民币管理中的反假币原则，人民币管理中规定爱护人民币是每个公民应尽的职责和义务。爱护人民币，包括保持人民币的整洁、便利流通、防假和维护国家货币的信誉等内容。

出纳小王想把该假币转手他人是一种损害人民币和妨碍人民币流通的行为，因为假币在市场上流通，会损害人民币法定货币的地位和良好信誉，从而妨碍人民币的正常流通。出纳小王的这种做法甚至严重到损害了国家和广大人民的切身利益。

出纳小王应该将该假币送交银行，中断其继续在市场流通。

第3篇

财务处理篇

第12章 筹资阶段账务处理

账务处理是指从审核原始凭证、编制记账凭证开始，由记账、对账、结账等一系列会计处理，到编制出会计报表的过程。企业的会计管理是在一定的整体目标下，关于资产购置（投资）、资本融通（筹资）和经营中现金流量（营运资金）以及利润分配的管理。简而言之，就是资金流的核算与管理，即是一个完整的资金流转过程：从初始的资金投入，到生产运营，到产品销售，到货款回收，到利润结算与分配，至此完成，如图12-1所示。本章从资金流转的起点——筹资开始对企业的各项经济业务进行账务处理。

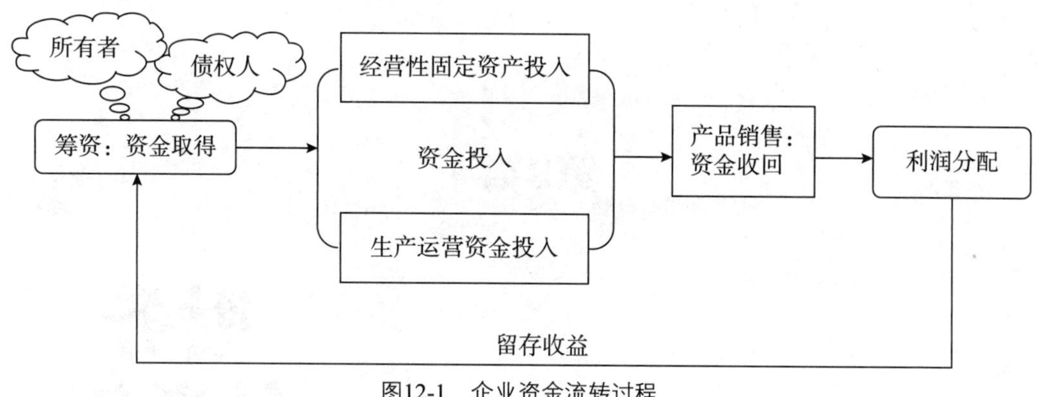

图12-1 企业资金流转过程

12.1 筹资方式

筹资方式是指企业筹集资金所采取的具体形式，体现资金的属性。一般来说，企业最基本的筹资方式有两种：股权筹资和债权筹资。股权筹资形成企业的股权资金，通过吸收直接投资、公开发行股票等方式取得；债权筹资形成企业的债务资金，通过向银行借款、发行公司债券、利用商业信用等方式取得。这两种方式各有优劣，而选择合理的筹资方式，使各种资金来源和资本配比保持合理的比例，既是提升企业核心竞争力、提高经营绩效的必要条件，也是企业财务战略管理的核心。本节将详细介绍这两种筹资方式。

12.1.1 投资人投入

投资人又称为投资者，是指投入现金购买某种资产以期获取利益或利润的自然人和法人。广义的投资者包括公司股东、债权人和利益相关者。狭义的投资者仅指股东

（企业的直接所有者），享有企业收益的剩余权益。本节所讲的投资人为狭义上的投资人。一般非股份制企业通常由所有者直接投入资本，股份有限公司的投资人既包括直接投资的所有者，又包括从资本市场上购买公司股票的间接投资人。

投资人可以以现金、实物、无形资产等对企业进行投资。这种直接筹资的优点有以下几个方面：

- 筹资方式简便。
- 有利于提高企业信誉。
- 有利于尽快形成生产能力。
- 有利于降低财务风险。

同时直接筹资有以下几个缺点：

- 筹集资金成本较高。
- 容易分散企业控制权。
- 不利于产权交易。

12.1.2 债务筹资

债务筹资是指企业按约定代价和用途取得且需要按期还本付息的一种筹资方式。当企业急需资金，在满足向银行贷款的条件下，可采用向银行借款方式筹资。债务筹资一般分为长期借款和短期借款，该种筹资方式优缺点如下。

优点：

- 筹资速度快，灵活有弹性。
- 筹资成本低。
- 不会削弱股东控制权。
- 便于利用财务杠杆效应。

缺点：

- 筹资风险较高。
- 限制性条款较多。
- 筹资数量有限。

12.2 主要账户设置

从上节中我们了解到，企业可以通过投资人投入和向债务人借入两种方式筹得资金。那么本节讲述企业在发生经济业务时，在筹资阶段涉及的一些账户类型，即“实收资本”账户、“资本公积”账户、“固定资产”账户、“无形资产”账户、“银行存款”账户、“短期借款”账户、“长期借款”账户、“财务费用”账户及“应付利息”账户。

12.2.1 “实收资本”账户

实收资本是指企业投资者按照企业章程或合同、协议的约定，实际投入企业的资本。即企业向直接投资者筹集资本收到的资金、资金等价物或实物资产等，应记入“实收资本”账户。

- 性质：该账户属于所有者权益类账户。
- 用途：用来核算投资者投入企业的实收资本。股份有限公司的投资者投入的资本称为“股本”。
- 结构：该账户贷方登记企业收到的投资者投入的资本，借方登记依法减资的数额。期末余额在贷方，表示投入企业的资本总额。
- 明细账的设置：该账户可按投资者设置明细分类账，进行明细核算。

12.2.2 “资本公积”账户

资本公积是企业收到的投资者出资额超出其在企业注册资本所占份额，以及直接计入所有者权益的利得和损失等。

企业应设置“资本公积”账户核算资本公积的增减变动情况。该账户是“实收资本”账户的补充账户。

- 性质：该账户属于所有者权益类账户。
- 用途：用来核算企业收到投资者出资额超出其在注册资本或股本中所占份额的部分，直接计入所有者权益的利得和损失，核算也通过本科目。
- 结构：该账户贷方登记企业接受投资时其出资额超出其注册资本或股本所占份额部分，借方登记企业依法减少的资本公积，余额在贷方反映企业资本公积的累计数。
- 明细账的设置：可分别按“资本溢价（股本溢价）”“其他资本公积”进行明细核算。

12.2.3 “固定资产”账户

固定资产，是指企业为生产商品、提供劳务、出租或经营管理而持有的、使用寿命超过一个会计年度的有形资产。

- 性质：该账户属于资产类账户。
- 用途：用来核算企业固定资产原值的增减变动和结存情况。外购固定资产的成本，包括购买价款、相关税费、使固定资产达到可使用状态前所发生的可归属于该项资产的运输费、装卸费、安装费和专业人员服务费以及资本化利息。

- 结构：其借方登记固定资产增加的原始价值，贷方登记减少固定资产的原始价值，期末余额在借方，表示期末企业现有固定资产的原始价值。
- 明细账的设置：该账户应按固定资产类别和项目设置明细账，进行明细分类核算。

12.2.4 “无形资产”账户

无形资产是看不见摸不着的，没有实体且不具有流动性，为特定主体所有，并在将来给企业带来额外经济利益的一种资产。例如：专利权、版权、特许权、租赁权、商标权等。

- 性质：该账户属于资产类账户。
- 用途：用来核算企业持有的无形资产成本，包括专利权、非专利技术、商标权、著作权、土地使用权等。
- 结构：借方登记无形资产价值的增加额，贷方登记无形资产价值的减少额。期末余额在借方，反映企业无形资产的成本。
- 明细账的设置：按无形资产项目设置明细账。

12.2.5 “银行存款”账户

银行存款是企业存入银行或其他金融机构的货币资金。企业根据业务需要，在其所在地银行开设账户，运用所开设的账户进行存款、取款以及各种收支转账业务的结算。

- 性质：该账户属于资产类账户。
- 用途：用来核算企业存入银行或其他金融机构的各种存款。
- 结构：借方登记银行存款的增加额，贷方登记银行存款的减少额。期末余额在借方。
- 明细账的设置：按企业的开户银行及存款币别分别设置“银行存款日记账”。

12.2.6 “短期借款”账户

短期借款是指企业用来维持正常生产经营所需的资金或为抵偿某项债务而向银行或其他金融机构等外单位借入的、还款期限在一年或超过一年的一个经营周期内的各种借款。

- 性质：该账户属于负债类账户。
- 用途：用来核算企业向银行或其他金融机构等借入的期限在一年以下（含一年）的各种借款。
- 结构：该账户贷方登记借入的各种短期借款，借方登记偿还的短期借款数额。期末余额在贷方，表示企业尚未偿还的短期借款的本金。
- 明细账的设置：该账户可按借款种类、贷款人和币种进行明细核算。

12.2.7 “长期借款”账户

长期借款是指企业向银行或其他金融机构借入的期限在一年以上（不含一年）的各项借款。一般用于固定资产的构建、改扩建工程、大修理工程、对外投资以及为了保持长期经营能力等方面的需要。

- 性质：该账户属于负债类账户。
- 用途：用来核算企业向银行或其他金融机构等借入的期限在一年以上（不含一年）的各种借款。
- 结构：贷方登记借入的各种长期借款，借方登记偿还的长期借款数额。期末余额在贷方，表示企业尚未偿还的长期借款的本金。
- 明细账的设置：该账户按贷款种类和贷款单位进行明细核算。

12.2.8 “财务费用”账户

财务费用是指企业为筹集生产经营所需资金等而发生的费用，包括利息支出（减利息收入）、汇兑损失（减汇兑收益）以及相关的手续费等。

- 性质：该账户属于损益类账户。
- 用途：用来核算企业为筹集生产经营所需资金而发生的费用，包括利息支出及相关的手续费等。
- 结构：该账户借方登记企业发生的各项财务费用，贷方登记期末结转记入“本年利润”账户的金额。期末结转后无余额。
- 明细账的设置：该账户按费用项目设置明细账。

12.2.9 “应付利息”账户

应付利息是指金融企业根据存款或债券金额及其存续期限和规定的利率，按期计提应支付给单位和个人的利息。应付利息应按已计但尚未支付的金额入账。通常情况下，企业向银行借入的“长期借款”产生的利息，首先在“应付利息”账户归集，待年度支付或一次性还本付息时再转出。

- 性质：该账户属于负债类账户。
- 用途：用来核算企业按照合同约定应支付的利息。
- 结构：资产负债表日，企业按合同利率计算确定的应付未付利息，记入贷方；企业实际支付利息时，记入借方。本账户期末余额在贷方，反映企业应付未付的利息。
- 明细账的设置：该账户按债权人进行明细核算。

12.3 筹资账务处理

通过上节对筹资阶段所涉账户的讲述，本节主要是在各种筹资方式下将这些账户设置体现在现实工作中，通过一些案例进行分析。

12.3.1 投资人现金投入

例12-1

20××年1月，东华有限公司成立，按章程规定注册资本为1 000万元，1月21日收到大秦公司投入的货币资金100万元，收到股东张某投入的货币资金50万元，分别占注册资本的10%和5%，款项已收到并存入基本户。

（1）案例分析

本题涉及“实收资本”与“银行存款”账户。“实收资本”账户按照投资者大秦公司和张某分别设置明细账核算，“银行存款”账户按照银行名称设置明细账核算。“实收资本”增加在贷方，“银行存款”增加在借方。

（2）账务处理

借：银行存款——中国银行　　　　1 500 000

　　贷：实收资本——大秦公司　　　　1 000 000

　　　　　　　　——张　　某　　　　500 000

东华公司筹资的记账凭证，如表12-1所示。

表12-1　记账凭证

记账凭证																									
		20××年1月21日													字第 1 号										
摘　要	总账科目	明细科目	记账√	借方金额										记账√	贷方金额										
				千	百	十	万	千	百	十	元	角	分		千	百	十	万	千	百	十	元	角	分	
收到大秦公司及张某货币投资	银行存款	中国银行			1	5	0	0	0	0	0	0	0												
收到大秦公司货币投资	实收资本	大秦公司														1	0	0	0	0	0	0	0	0	附件
收到张某货币投资	实收资本	张某															5	0	0	0	0	0	0	0	
																									3
				¥	1	5	0	0	0	0	0	0	0		¥	1	5	0	0	0	0	0	0	0	张
会计主管	记账	出纳	审核											制单	李清筱										

12.3.2 投资人实物投入

例12-2

20××年2月5日，世宇公司以一座厂房出资，该厂房原值500万元，已提折旧250万元，投资各方确认的价值为300万元（同公允价值），约定占东华公司注册资本的27%。

1）案例分析

本题涉及“固定资产”“实收资本”与“资本公积”账户。固定资产的价值按照投资各方约定的价值入账，约定价值不公允的除外。本题投资各方约定的价值同公允价值，因此固定资产的入账价值为300万元，同时投资各方约定世宇公司的出资占东华公司注册资本的27%，即270万元，因此产生的30万元差异记入“资本公积”账户。

2）账务处理

借：固定资产——厂房　3 000 000

　　贷：实收资本——世宇公司　2 700 000

　　　　资本公积——资本溢价　300 000

世宇公司筹资的记账凭证，如表12-2所示。

表12-2　记账凭证

记账凭证																									
		20××年2月5日													字第 12 号										
摘　要	总账科目	明细科目	记账√	借方金额										记账√	贷方金额										
				千	百	十	万	千	百	十	元	角	分		千	百	十	万	千	百	十	元	角	分	
收到世宇公司厂房投资	固定资产	厂房			3	0	0	0	0	0	0	0	0												
收到世宇公司厂房投资	实收资本	世宇公司														2	7	0	0	0	0	0	0	0	附件
收到世宇公司厂房投资	资本公积	资本溢价															3	0	0	0	0	0	0	0	
																									3
				¥	3	0	0	0	0	0	0	0	0		¥	3	0	0	0	0	0	0	0	0	张
会计主管	记账	出纳	审核											制单	李清筱										

12.3.3 投资人无形资产投入

例12-3

20××年2月18日，刘某以个人的一套软件专利权出资，投资各方约定价值为100万元，新丰公司以一块土地使用权出资供东华公司兴建仓库，该土地使用权作价120万元，投资各方约定两份出资分别占注册资本的10%，各方已向东华公司移交了权利证书等有关凭证。

1）案例分析

本题涉及“无形资产”“实收资本”与“资本公积”账户，无形资产按照专利权、土地使用权分别设置明细账，无形资产的价值按照投资各方约定的价值入账，本题土地使用权的约定价值为120万元，但所占注册资本为10%，因此产生的20万元差异记入“资本公积”。

2）账务处理

借：无形资产——专 利 权　　1 000 000
　　　　　　——土地使用权　　1 200 000
　贷：实收资本——刘 某　　1 000 000
　　　　　　——新丰公司　　1 000 000
　　资本公积——资本溢价　　200 000

东华公司筹资的记账凭证，如表12-3所示。

表12-3 记账凭证

记账凭证																									
		20××年2月18日													字第 22 号										
摘要	总账科目	明细科目	记账√	借方金额										记账√	贷方金额										
				千	百	十	万	千	百	十	元	角	分		千	百	十	万	千	百	十	元	角	分	
收到刘某专利权投资	无形资产	专利权			1	0	0	0	0	0	0	0	0												
收到新丰公司土地使用权投资	无形资产	土地使用权			1	2	0	0	0	0	0	0	0												附件
收到刘某专利权投资	实收资本	刘某														1	0	0	0	0	0	0	0	0	
收到新丰公司土地使用权投资	实收资本	新丰公司														1	0	0	0	0	0	0	0	0	
收到新丰公司土地使用权投资	资本公积	资本溢价															2	0	0	0	0	0	0	0	3
				¥	2	2	0	0	0	0	0	0	0		¥	2	2	0	0	0	0	0	0	0	张
会计主管	记账	出纳	审核											制单		李清筱									

12.3.4 组合方式筹资

例12-4

20××年5月，甲、乙、丙、丁四方共同投资成立天蓝股份有限公司，注册资本为1 000万元。甲以一条全新生产线投资，协议约定价值为180万元，占天蓝公司注册资本的15%；乙以商标权出资，协议约定价值300万元，占天蓝公司注册资本的30%；丙以货币资金250万元出资，占天蓝公司注册资本的25%，资金已存入招商银行；丁以其生产的产品出资，天蓝公司将其作为原材料核算，经投资各方协商约定该批原材料价值为330万元，占天蓝公司注册资本的30%，天蓝公司取得的增值税专用发票上注明的不含税价款为330万元，增值税为42.9万元。

1）案例分析

本题首先应注意涉及的是股份有限公司，因此账户应为“股本”及“股本溢价”。本题涉及多个投资者以多种筹资方式共同投资，该种业务可以分别编制会计分录，也可以合并编制。固定资产、无形资产以及货币资金方式的投资，已经以例题的方式进行讲解。本题需要特别注意的是，投资方以生产的产品出资视为销售，筹资方将收到产品投资视为购买原材料，正常核算增值税（进项税额）。

2）账务处理

分别编制会计分录：

借：固定资产——机器设备　　1 800 000
　　贷：股本　　1 500 000
　　　　资本公积——股本溢价　　300 000

借：无形资产——商标权　　3 000 000
　　贷：股本　　3 000 000

借：银行存款——招商银行　　2 500 000
　　贷：股本　　2 500 000

借：原材料　　3 300 000
　　应交税费——应交增值税（进项税额）　　429 000
　　贷：股本　　3 000 000
　　　　资本公积——股本溢价　　729 000

合并编制会计分录：

借：固定资产——机器设备　　1 800 000
　　无形资产——商标权　　3 000 000
　　银行存款——招商银行　　2 500 000
　　原材料　　3 300 000

应交税费——应交增值税（进项税额）　429 000

贷：股本　10 000 000

资本公积——股本溢价　1 029 000

以合并会计分录为例，天蓝公司筹资的记账凭证如表12-4所示。

表12-4　记账凭证

记账凭证

			20××年5月18日												字第 1 号										
摘　要	总账科目	明细科目	记账√	借方金额										记账√	贷方金额										
				千	百	十	万	千	百	十	元	角	分		千	百	十	万	千	百	十	元	角	分	
收到甲生产线投资	固定资产	机器设备			1	8	0	0	0	0	0	0	0												
收到乙商标权投资	无形资产	商标权			3	0	0	0	0	0	0	0	0												附件
收到丙现金投资	银行存款	招商银行			2	5	0	0	0	0	0	0	0												
收到丁产品投资	原材料				3	3	0	0	0	0	0	0	0												
收到丁产品投资	应交税费	应交增值税（进项税额）				4	2	9	0	0	0	0	0												6
收到甲、乙、丙、丁投资	股本														1	0	0	0	0	0	0	0	0	0	张
收到甲、乙、丙、丁投资溢价	资本公积	股本溢价														1	0	2	9	0	0	0	0	0	
				1	1	0	2	9	0	0	0	0	0		1	1	0	2	9	0	0	0	0	0	
会计主管	记账	出纳	审核											制单	李清筱										

12.3.5　短期借款筹资

例12-5

20××年1月1日，天蓝公司急需购买生产经营用的一批原材料，因资金紧张，决定从招商银行借入到期一次还本付息，偿还期限为6个月，年利率为6%的借款20万元。企业当日收到借款并存入中国银行。

1）案例分析

本题借款时间为6个月，属于一年以内的短期借款，因此涉及“短期借款”“银行存款”“财务费用”与“应付利息”账户。该借款的偿还方式为一次还本付息，因此应按月计提利息，待借款期满连同本金一同偿还。计算借款利息时应注意利率，本题借款的年利率为6%，换算成月利率应为6%除以12，得出月利率为0.5%。

2）账务处理

收到借款时：

借：银行存款——中国银行　　　200 000

　　贷：短期借款——招商银行　　　200 000

1月31日，企业计提本月应承担的上述短期借款的利息，金额为1 000元。

借：财务费用　　　　　　　　　1 000

　　贷：应付利息——招商银行　　　1 000

2月至5月的利息计提同上，会计分录略。

6月30日，该笔短期借款到期，企业偿还本金及利息。

借：短期借款——招商银行　　　200 000

　　应付利息——招商银行　　　　5 000

　　财务费用　　　　　　　　　　1 000

　　贷：银行存款——中国银行　　　206 000

天蓝公司收到短期借款的记账凭证，如表12-5所示。

表12-5　记账凭证

记账凭证																									
		20××年1月1日												字第 1 号											
摘　要	总账科目	明细科目	记账√	借方金额										记账√	贷方金额										
				千	百	十	万	千	百	十	元	角	分		千	百	十	万	千	百	十	元	角	分	
收到银行短期借款	银行存款	中国银行				2	0	0	0	0	0	0	0												
收到银行短期借款	短期借款	招商银行															2	0	0	0	0	0	0	0	附件
																									3
					¥	2	0	0	0	0	0	0	0			¥	2	0	0	0	0	0	0	0	张
会计主管	记账	出纳	审核											制单		李清筱									

天蓝公司计提借款利息的记账凭证，如表12-6所示。

表12-6　记账凭证

记账凭证																								
		20××年1月31日													字第 152 号									
摘　要	总账科目	明细科目	记账√	借方金额										记账√	贷方金额									
				千	百	十	万	千	百	十	元	角	分		千	百	十	万	千	百	十	元	角	分	
计提短期借款利息	财务费用							1	0	0	0	0	0												
计提短期借款利息	应付利息	招商银行																	1	0	0	0	0	0	附件
																									3
							¥	1	0	0	0	0	0					¥	1	0	0	0	0	0	张
会计主管	记账	出纳	审核											制单	李清筱									

天蓝公司偿还短期借款本金及最后一期利息的记账凭证，如表12-7所示。

表12-7　记账凭证

记账凭证																								
		20××年6月30日													字第 125 号									
摘　要	总账科目	明细科目	记账√	借方金额										记账√	贷方金额									
				千	百	十	万	千	百	十	元	角	分		千	百	十	万	千	百	十	元	角	分	
偿还短期借款本金	短期借款	招商银行				2	0	0	0	0	0	0	0												
偿还短期借款利息	应付利息	招商银行						5	0	0	0	0	0												附件
偿还短期借款利息	财务费用							1	0	0	0	0	0												
偿还短期借款本金及利息	银行存款	中国银行															2	0	6	0	0	0	0	0	3
					¥	2	0	6	0	0	0	0	0			¥	2	0	6	0	0	0	0	0	张
会计主管	记账	出纳	审核											制单	李清筱									

12.3.6　长期借款筹资

例12-6

20×1年6月30日，东华公司从银行借入到期还本分期付息，偿还期限为3年，年利率为6%的借款100万元。企业收到借款存入银行。（本案例省略二级明细科目）

1）案例分析

本案借款时间为3年，属于一年以上的长期借款，因此涉及“长期借款”“银行存款”“财务费用”与“应付利息”账户。本案的偿还方式为到期一次还本，按年分期付息。因此，应于每月计提利息费用，待借款每满一年期时偿还利息，即于20×2年6月30日、20×3年6月30日支付利息，20×4年6月30日偿还利息及本金。借款年利率为6%，因此月利率为0.5%。

2）账务处理

20×1年收到三年期借款：

借：银行存款　　　1 000 000

　　贷：长期借款　　　1 000 000

20×1年7月31日起每月末计提长期借款利息：

借：财务费用　　　5 000

　　贷：应付利息　　　5 000

20×2年6月30日向银行偿还一年利息：

借：应付利息　　　55 000

　　财务费用　　　5 000

　　贷：银行存款　　　60 000

20×3年6月30日账务处理同上。

20×4年6月30日偿还长期借款本金及一年利息：

借：长期借款　　　1 000 000

　　应付利息　　　55 000

　　财务费用　　　5 000

　　贷：银行存款　　　1 060 000

东华公司收到长期借款的记账凭证，如表12-8所示。

表12-8　记账凭证

记账凭证																									
			20×1年6月30日												字第 225 号										
摘　要	总账科目	明细科目	记账√	借方金额										记账√	贷方金额										
				千	百	十	万	千	百	十	元	角	分		千	百	十	万	千	百	十	元	角	分	
收到银行三年期借款	银行存款				1	0	0	0	0	0	0	0	0												
收到银行三年期借款	长期借款															1	0	0	0	0	0	0	0	0	附件

（续表）

																									3
				¥	1	0	0	0	0	0	0	0	0		¥	1	0	0	0	0	0	0	0	0	张
会计主管	记账	出纳	审核											制单			李清筱								

东华公司计提长期借款利息的记账凭证，如表12-9所示。

表12-9 记账凭证

记账凭证																									
		20×1年7月31日													字第 178 号										
摘要	总账科目	明细科目	记账√	借方金额										记账√	贷方金额										
				千	百	十	万	千	百	十	元	角	分		千	百	十	万	千	百	十	元	角	分	
计提长期借款利息	财务费用							5	0	0	0	0	0												
计提长期借款利息	应付利息																		5	0	0	0	0	0	附件
																									3
							¥	5	0	0	0	0	0					¥	5	0	0	0	0	0	0
会计主管	记账	出纳	审核											制单			李清筱								

东华公司按年偿还长期借款利息的记账凭证，如表12-10所示。

表12-10 记账凭证

记账凭证																									
		20×2年6月30日													字第 196 号										
摘要	总账科目	明细科目	记账√	借方金额										记账√	贷方金额										
				千	百	十	万	千	百	十	元	角	分		千	百	十	万	千	百	十	元	角	分	
偿还长期借款一年利息	财务费用							5	0	0	0	0	0												
偿还长期借款一年利息	应付利息						5	5	0	0	0	0	0												附件
偿还长期借款一年利息	银行存款																	6	0	0	0	0	0	0	
																									3
						¥	6	0	0	0	0	0	0				¥	6	0	0	0	0	0	0	0
会计主管	记账	出纳	审核											制单			李清筱								

东华公司偿还借款本金及最后一年利息的记账凭证，如表12-11所示。

表12-11　记账凭证

记账凭证																									
			20×4年6月30日												字第 221 号										
摘　要	总账科目	明细科目	记账√	借方金额										记账√	贷方金额										
				千	百	十	万	千	百	十	元	角	分		千	百	十	万	千	百	十	元	角	分	
偿还三年期借款本金	长期借款				1	0	0	0	0	0	0	0	0												
偿还长期借款一年利息	财务费用							5	0	0	0	0	0												附件
偿还长期借款一年利息	应付利息						5	5	0	0	0	0	0												
偿还三年期借款本金及利息	银行存款															1	0	6	0	0	0	0	0	0	
																									3
				¥	1	0	6	0	0	0	0	0	0		¥	1	0	6	0	0	0	0	0	0	0
会计主管	记账	出纳	审核											制单	李清筱										

12.4　常见差错点拨

企业筹资阶段的账务处理是会计工作的重要环节，会计人员一定要谨慎认真，以免出现计算和逻辑上的错误。为了预防因一时疏忽造成的差错，本节将筹资阶段账务处理常出现的错误一一列出，以供大家警戒。

12.4.1　资本公积计算错误

在企业筹资阶段，企业收到投资人投资时，会计人员通常直接按照投资人投入的货币资金或者实物的协议价格入账，忽略了资本公积，未考虑投资人在本公司占有的注册资本份额。在【例12-2】中，世宇公司对东华公司的投资占东华公司注册资本的27%，即270万元，并不是厂房的约定价值300万元，因此多出的30万元需记入“资本公积”中。该案例以实物出资，如果是以现金或者无形资产出资，当实际出资额大于投资人占被投资公司注册资本份额的，亦同此案例的方式来处理。

所以会计人员在记录此类业务的时候，一定要注意以下三点。

- 投资者的实际出资额。
- 本公司的注册资本额。
- 投资人的投资占本公司注册资本的份额。

12.4.2 实物或无形资产入账价值计算错误

投资人所投资的实物资产或者无形资产，在价值估值时，往往会涉及两种价值，一是投资人账上的账面余额，二是公允价值或双方按其他方式协议的价值。会计人员在入账时，有时无法分辨哪一个价值是正确的入账价值。下面先讨论一下此类非货币性资产价值的确定问题，通常的确定方法有以下四种。

- 同类或类似资产存在活跃市场的，按同类或类似资产的市场价格估计的金额，加上应支付的相关税费，作为入账价值。
- 同类或类似资产不存在活跃市场的，按该接受投资资产的预计未来现金流量现值，作为入账价值。
- 如接受的投资是旧的资产，按照上述方法计算的价值，减去按该项资产的新旧程度估计的价值损耗后的余额，作为入账价值。
- 按投资双方协议约定的价值，但该价值不公允的除外。

在【例12-2】中，世宇公司作为投资的厂房原价是500万元，已计提折旧250万元，说明该厂房属于旧的资产，原值减去折旧后的净值为250万元。很多人会误以为250万元为该资产在被投资公司的入账价值，其实不然。随着时间的推移、外部市场环境及相关政策环境的变化，该厂房在投资公司入账时的价值与现在的价值不同。那么投资双方需按照现行的市场环境等因素重新评估该资产的价值，该价值称为公允价值。本案例所给的资产原价与折旧是投资公司记账的依据，因为固定资产的价值是以历史成本为原则计价。

出于共同利益的考虑，有时投资方与被投资方会达成一个协议，确定投资资产的价值，只要协议价值与公允价值相差不大（通常不超过10%的差异），首选协议价值为该资产的入账价值。在【例12-2】中明确指出了协议价值与公允价值一致，那么会计人员在记账时采用的固定资产价值就是300万元。

12.4.3 借款利息计算错误

当企业通过债务方式（即向银行等金融机构借款）筹资时，通常会计算借款利息。常用的计息方式为按规定的年利率和借款本金单利计息，分解到每一个月就是用年利率除以12得出月利率，然后用月利率乘借款本金，得出月度借款利息。

在这里有一个容易忽视的问题就是利率的计算，通常银行给的是年利率，会计人员在计算月利息时，会直接用年利率乘借款本金，导致的差错比较严重。所以，会计人员进行账务处理时一定要了解清楚，利率是年度的还是月度的，如果是年度的按照以上方法计算出月利率，再据以计算出月利息。

有些银行的计息方式是复利的，偿还方式通常为一次还本付息。计算公式：

$$TC=P（1+i）n$$

其中，TC代表总金额，P代表借款本金，i代表借款利率，n代表借款期数。如果i为年利率，则n为借款年数；如果i为月利率，则n为借款月数。

会计人员在进行借款筹资账务处理时应注意如下问题：

- 该借款是短期借款还是长期借款？
- 借款利率是年利率还是月利率？
- 是单利计息还是复利计息？
- 偿还方式是一次还本付息还是分期付息到期还本？

12.4.4 接受产品投资处理错误

在【例12-4】中，丁以其生产的产品作为出资，通常情况下会计人员会忽视该种情况的特殊处理，直接将收到的产品作为库存商品或原材料入账，未考虑税金等问题。所以遇到该种情况时，正确的处理方法是：投资方丁公司应当视为销售处理，正常核算税金，会计分录如下。

借：长期股权投资

　　贷：主营业务收入

　　　　应交税费——应交增值税（销项税额）

被投资公司的账务处理：

借：原材料（或库存商品）

　　应交税费——应交增值税（进项税额）

　　贷：实收资本（或股本）

　　　　资本公积——资本溢价（或股本溢价）

第13章 生产运营阶段账务处理

第12章讲述了企业筹资阶段的账务处理，那么企业为了赚取利润，会将筹到的资金投入到生产运营中。同时，会计人员要记录企业在此阶段发生的每一笔业务，本章就是讲述会计记录过程中涉及的账户类型，即企业生产运营阶段的账务处理。

13.1 主要账户设置

本节主要介绍企业在生产运营阶段涉及的一些会计账户，包括每一会计账户的含义、性质、用途、结构和设置。

13.1.1 “在建工程”账户

在建工程是指企业固定资产的新建、改建、扩建，或技术改造、设备更新和大修理工程等尚未完工的工程支出。该账户主要核算企业基建、技改等在建工程发生的价值，包括动产与不动产的购入及自建。

- 性质：该账户属于资产类账户。
- 用途：核算企业购入需安装的固定资产，企业基建、更新改造等自营建造的固定资产，包括领用的工程物资、原材料或库存商品等。未完工前的工程支出皆在此账户归集，待所建工程达到预定可使用状态时，转入固定资产账户。
- 结构：借方登记在建工程发生的成本，贷方登记已达到预定可使用状态转出的工程成本。期末余额一般在借方，表示尚未达到预定可使用状态的在建工程成本。
- 明细账的设置：按所建工程的性质，如“建筑工程”“安装工程”“在安装设备”等设置明细账。

13.1.2 “在途物资”账户

“在途物资”账户，核算企业采用实际成本（进价）进行材料、商品等物资的日常核算、货款已付尚未验收入库的各种物资（即在途物资）的采购成本，本账户应按供应单位和物资品种进行明细核算。

- 性质：该账户属于资产类账户。
- 用途：核算企业采用实际成本进行材料日常核算时，材料已采购但尚未到达或验收入库的材料采购成本。材料的采购成本，包括购买价款、相关税费、运输费、装卸费、保险费以及其他可归属于存货采购成本的费用。

- 结构：借方登记在途材料的采购成本，贷方登记已验收入库的材料采购成本。期末余额一般在借方，表示尚未运达企业或已运达企业但尚未入库的在途材料的采购成本。
- 明细账的设置：按供应单位和物资品种设置明细账。

13.1.3 “材料采购”账户

材料采购是指企业利用货币资金购买材料的活动，是生产准备业务的主要内容之一。本账户核算企业采用计划成本进行材料日常核算而购入材料的采购成本。

- 性质：该账户属于资产类账户。
- 用途：核算企业采用计划成本进行材料日常核算时，材料已采购但尚未运达或验收入库的材料采购成本。
- 结构：借方登记在途材料的采购成本，贷方登记已验收入库的材料采购成本。期末余额一般在借方，表示尚未运达企业或已运达企业但尚未入库的在途材料的实际成本。
- 明细账的设置：按供应单位和材料品种设置明细账。

13.1.4 “材料成本差异”账户

“材料成本差异”账户，用于核算企业各种材料的实际成本与计划成本的差异。

- 性质：该账户属于资产类账户。
- 用途：核算材料的实际采购成本与计划成本的差异金额。
- 结构：材料入库时，其借方登记实际成本大于计划成本的差异，贷方登记实际成本小于计划成本的差异；结转已发出材料时，借方登记实际成本小于计划成本的差异，贷方登记实际成本大于计划成本的差异。
- 明细账的设置：按材料类别或品种进行明细分类核算。

13.1.5 “原材料”账户

原材料是指企业用于制造产品并构成产品实体的购入物品，以及购入的用于产品生产但不构成产品实体的辅助性物资等。

- 性质：该账户属于资产类账户。
- 用途：核算企业库存原材料的收入、发出、结存情况，包括原料及主要材料、辅助材料、外购半成品（外购件）、修理用备件（备品备件）、包装材料、燃料等。
- 结构：借方登记已验收入库材料的实际成本，贷方登记发出材料的实际成本。

期末余额一般在借方，表示各种库存材料的实际成本。

- 明细账的设置：按原材料的类别、品种和规格分别设置明细分类账。

13.1.6 “应付账款”账户

应付账款是企业因购买材料、商品或接受劳务等经营活动应支付的款项。企业应通过该账户核算应付账款的发生、偿还、转销等情况。

- 性质：该账户属于负债类账户。
- 用途：核算企业因购买材料、商品和接受劳务供应而应支付给供应单位的款项。
- 结构：借方登记应付账款的偿还数，贷方登记应付未付款项的数额。期末余额一般在贷方，反映企业尚未支付的账款余额。
- 明细账的设置：按供应单位设置明细账。

13.1.7 “应付票据”账户

在我国，应付票据是用来核算企业在商品购销活动中由于采用商业汇票结算方式而发生的、用来明确债权债务关系、具有法律效力的商业汇票。因为票据具有远期结算功能，可以起到资金融通的作用，因此“应付票据”也可以说是企业进行短期筹资的一种方式。

- 性质：该账户属于负债类账户。
- 用途：核算企业因购买材料、商品和接受劳务供应等而开出的商业汇票，包括银行承兑汇票和商业承兑汇票。
- 结构：该账户的借方登记应付票据的已偿付额，贷方登记企业开出的应付票据的金额。期末余额一般在贷方，表示尚未偿付的应付票据款。企业应设置应付票据备查簿登记每一张票据的详细资料，包括签发日期、金额、收款人、付款日期等。
- 明细账的设置：按债权人进行明细核算。

13.1.8 “应交税费”账户

应交税费是指企业根据在一定时期内取得的销售收入、实现的利润等，按照现行税法规定，采用一定的计税方法计提的应缴纳的各种税费。

- 性质：该账户属于负债类账户。
- 用途：核算企业按照税法等规定计算应缴纳的各种税费，包括增值税、消费税、所得税、城市维护建设税、教育费附加等。
- 结构：该账户借方登记实际缴纳的各种税费，贷方登记应缴纳的各种税费。期末余额如在贷方，表示企业尚未缴纳的税费。
- 明细账的设置：按税种设置明细账。其中，“应交税费——应交增值税”核算企业应缴和实缴增值税的结算情况，借方登记增值税的进项税额，贷方登记增值税的销项税额。一般纳税人从销项税额中抵扣进项税额后向税务部门缴纳增值税。该账户期末借方余额反映多上缴或尚未抵扣的增值税，期末贷方余额反映企业尚未缴纳的增值税。

13.1.9 “预付账款”账户

预付账款是指企业按照购货合同规定预付给供应单位的款项，预付账款按实际付出的金额入账，如预付的材料、商品采购货款、必须预先发放的在以后收回的农副产品预购定金等。本账户用于核算企业按照合同规定向购货单位预收的款项。

- 性质：该账户属于负债类账户。
- 用途：表示企业已收或应收客户对价而向客户转让商品的义务。
- 结构：该帐户贷方表示增加，借方表示减少，期末余额在贷方。
- 明细账的设置：按供应单位设置明细账。

13.1.10 “生产成本”账户

生产成本是生产单位为生产产品或提供劳务而发生的各项生产费用，包括各项直接支出和制造费用。

- 性质：该账户属于成本类账户，同时按照其经济内容划分又属于资产类账户。
- 用途：用来归集和分配产品生产过程中发生的各项费用，以正确计算产品成本。
- 结构：其借方登记应计入产品生产成本的各项费用，包括直接材料、直接人工以及制造费用；贷方登记结转完工入库产品的生产成本。期末余额一般在借方，表示尚未完工的产品（在产品）的实际成本。
- 明细账的设置：按产品的品种设置明细账。

13.1.11 “制造费用”账户

制造费用是企业生产单位为生产产品或提供劳务而发生的，应计入产品或劳务成本但没有专设成本项目的各项生产费用，属于间接费用的一种。

- 性质：该账户属于成本类账户，同时按照其经济内容划分又属于资产类账户。
- 用途：用来归集和分配企业制造部门为生产产品和提供劳务而发生的各项间接费用。包括生产车间发生的管理人员工资及其他非生产人员工资等职工薪酬、车间发生的机物料消耗、车间固定资产折旧、车间水电费、车间办公费、季节性停工损失。
- 结构：其借方登记实际发生的各项制造费用，贷方登记分配转入“生产成本”账户借方。期末该账户一般无余额。
- 明细账的设置：按不同生产车间、部门和费用项目进行明细分类核算。

13.1.12 “应付职工薪酬”账户

本账户核算企业根据有关规定应付给职工的各种薪酬。

- 性质：该账户属于负债类账户。
- 用途：核算企业根据有关规定应付给职工的各种费用，包括工资、职工福利、工会经费、社会保险费、住房公积金、职工教育经费、非货币性福利等所有为职工支付的费用。
- 结构：其借方登记本期实际支付的职工薪酬，贷方登记企业应支付给职工的各种薪酬。期末贷方余额，反映企业应付未付的职工薪酬。
- 明细账的设置：按“工资”“职工福利”“社会保险费”“住房公积金”“工会经费”“职工教育经费”“非货币性福利”“辞退福利”“股份支付”等进行明细核算。

13.1.13 “累计折旧”账户

累计折旧是指企业在报告期末提取的各年固定资产折旧累计数。本账户属于资产类的备抵调整账户，其结构与一般资产账户的结构刚好相反。

- 性质：该账户属于资产类账户。
- 用途：核算企业固定资产因使用而发生的正常损耗。
- 结构：贷方登记固定资产计提的折旧额，借方登记已提固定资产折旧的减少数或转销数额。期末余额在贷方，表示现有固定资产已提取折旧。
- 明细账的设置：按固定资产的类别或项目进行明细核算。

13.1.14 “库存商品”账户

库存商品是指企业已完成全部生产过程并已验收入库，合乎标准规格和技术条件，可以按照合同规定的条件送交订货单位，或可以作为商品对外销售的产品以及外购或委托加工完成验收入库用于销售的各种商品。本账户核算库存商品的增减变化及其结存情况。

- 性质：该账户属于资产类账户。
- 用途：核算企业生产完工并验收入库的产品的实际成本。
- 结构：其借方登记已生产完工并验收入库商品的成本，贷方登记因销售等原因发出的库存商品的成本。期末余额在借方，表示库存商品实际成本。
- 明细账的设置：按商品的种类、品名和规格设置明细账，进行明细核算。

13.1.15 “管理费用”账户

管理费用是期间费用的一种，主要指企业行政管理部门为组织和管理生产经营活动而发生的各种费用。为了核算和监督管理费用的发生和结转情况，企业设置了本账户。

- 性质：该账户属于损益类账户。
- 用途：核算企业为组织和管理企业生产经营所发生的管理费用，包括企业在筹建期间发生的开办费、董事会和行政管理部门在企业的经营管理中发生的或者应由企业统一负担的公司经费（包括行政管理部门职工工资及福利费、物料消耗、低值易耗品摊销、办公费和差旅费等）、工会经费、董事会费（包括董事会成员津贴、会议费和差旅费等）、聘请中介机构费、咨询费（含顾问费）、诉讼费、业务招待费、房产税、车船使用税、土地使用税、印花税、技术转让费、矿产资源补偿费、研究费用、排污费等。企业生产车间（部门）和行政管理部门等发生的固定资产修理费用等后续支出，也在本科目核算。
- 结构：其借方登记管理费用实际发生数，贷方登记期末转入“本年利润”的数额，期末结转后无余额。
- 明细账的设置：按照费用项目设置明细账，进行明细核算。

13.2 生产运营账务处理

本节主要将上节所述生产运营阶段的各账户在实际案例中体现出来，即通过实例讲解生产运营阶段的账务处理。

13.2.1 经营性固定资产的采购

例13-1

东方公司为增值税一般纳税人，于2023年2月12日购进一台不需要安装的生产设备，收到的增值税专用发票上注明的设备价款为500万元，增值税额为65万元，款项已支付；另支付保险费2.5万元，装卸费1.2万元。当日，该设备投入使用。

1）案例分析

本题涉及“固定资产”“应交税费”“银行存款”账户。新的税法规定自2009年1月1日起一般纳税人购入的生产经营用固定资产可以抵扣增值税，因此本案中的增值税不再计入固定资产成本，应记入“应交税费”科目。固定资产的成本包含购买价款、相关税费以及使固定资产达到预定使用状态前发生的可归属于该资产的运输费、装卸费、保险费和专业人员服务费等。

2）账务处理

借：固定资产——机器设备　　5 037 000

　　应交税费——应交增值税（进项税额）　　650 000

　　贷：银行存款　　5 687 000

记账凭证如表13-1所示。

表13-1　记账凭证

记账凭证																									
		2023年2月12日													字第 15 号										
摘　要	总账科目	明细科目	记账√	借方金额										记账√	贷方金额										
				千	百	十	万	千	百	十	元	角	分		千	百	十	万	千	百	十	元	角	分	
购入生产设备	固定资产	机器设备			5	0	3	7	0	0	0	0	0												
购入生产设备	应交税费	应交增值税（进项税额）				6	5	0	0	0	0	0	0												附件
购入生产设备	银行存款															5	6	8	7	0	0	0	0	0	
																									3
				¥	5	6	8	7	0	0	0	0	0		¥	5	6	8	7	0	0	0	0	0	张
会计主管	记账	出纳	审核											制单	李清筱										

附件主要包含：发票、入库单、付款单（或转账支票）等。

例13-2

南林公司为增值税一般纳税人，于2023年8月5日购入设备安装某生产线。该设备购买价格为1 000万元，增值税额为130万元，支付保险5万元，支付运杂费3万元。该生产线安装期间，领用生产用原材料的实际成本为100万元，发生安装工人薪酬10万元。此外，支付为达到正常运转发生的测试费20万元，外聘专业人员服务费2万元，均以银行存款支付。假定该生产线于8月31日达到预定可使用状态。

1）案例分析

本题涉及“在建工程”“应交税费”“应付职工薪酬”“固定资产”“银行存款”账户。所购设备需要经过安装方成为固定资产，因此先通过“在建工程”核算。另外税法规定，生产经营用固定资产涉及在建工程，领用生产用原材料的进项税额不用转出。

2）账务处理

借：在建工程　　10 080 000

　　应交税费——应交增值税（进项税额）　　1 300 000

　　贷：银行存款　　11 380 000

借：在建工程　　1 320 000

　　贷：原材料　　1 000 000

　　　　应付职工薪酬　　100 000

　　　　银行存款　　220 000

领用生产用原材料的进项税额转出

借：在建工程　　　　　　　　　130 000

　　贷：应交税费——应交增值税（进项税额转出）　130 000

8月31日时

借：固定资产——生产线　　　　　　　　11 530 000

　　贷：在建工程　　　　　　　　　　　　11 530 000

设备购入的记账凭证，如表13-2所示。

表13-2　记账凭证

记账凭证																								
		2023年8月5日													字第 26 号									
摘　要	总账科目	明细科目	记账√	借方金额										记账√	贷方金额									
				千	百	十	万	千	百	十	元	角	分		千	百	十	万	千	百	十	元	角	分
购入需安装设备	在建工程			1	0	0	8	0	0	0	0	0	0											
购入需安装设备	应交税费	应交增值税（进项税额）			1	3	0	0	0	0	0	0	0											附件
购入需安装设备	银行存款														1	1	3	8	0	0	0	0	0	0
																								3
			¥	1	1	3	8	0	0	0	0	0	0	¥	1	1	3	8	0	0	0	0	0	0	张
会计主管	记账	出纳	审核											制单	李清筱									

设备安装的记账凭证，如表13-3所示。

表13-3　记账凭证

记账凭证																									
		2023年8月25日													字第 26 号										
摘　要	总账科目	明细科目	记账√	借方金额										记账√	贷方金额										
				千	百	十	万	千	百	十	元	角	分		千	百	十	万	千	百	十	元	角	分	
生产线安装费用	在建工程				1	3	2	0	0	0	0	0	0												
生产线安装领用原材料	原材料															1	0	0	0	0	0	0	0	0	附件
生产线安装人工费	应付职工薪酬																1	0	0	0	0	0	0	0	
生产线测试费用与人员服务费	银行存款																2	2	0	0	0	0	0	0	3
				¥	1	3	2	0	0	0	0	0	0		¥	1	3	2	0	0	0	0	0	0	张
会计主管	记账	出纳	审核											制单	李清筱										

领用生产原材料进项税额转出的记账凭证，如表13-4所示。

表13-4 记账凭证

记账凭证																								
		2023年8月31日													字第 26 号									
摘　要	总账科目	明细科目	记账√	借方金额										记账√	贷方金额									
				千	百	十	万	千	百	十	元	角	分		千	百	十	万	千	百	十	元	角	分
进项税额转出	在建工程					1	3	0	0	0	0	0	0											
进项税额转出	应交税费	应交增值税															1	3	0	0	0	0	0	0
			¥			1	3	0	0	0	0	0	0	¥			1	3	0	0	0	0	0	0
会计主管	记账	出纳	审核											制单	李清筱									

附件 3 张

设备安装完毕结转固定资产的记账凭证，如表13-5所示。

表13-5 记账凭证

记账凭证																								
		2023年8月31日													字第 26 号									
摘　要	总账科目	明细科目	记账√	借方金额										记账√	贷方金额									
				千	百	十	万	千	百	十	元	角	分		千	百	十	万	千	百	十	元	角	分
结转在建工程	固定资产	生产线		1	1	5	3	0	0	0	0	0	0											
结转在建工程	在建工程														1	1	5	3	0	0	0	0	0	0
			¥	1	1	5	3	0	0	0	0	0	0	¥	1	1	5	3	0	0	0	0	0	0
会计主管	记账	出纳	审核											制单	李清筱									

附件 3 张

13.2.2 原材料采购

例13-3

大华公司为增值税一般纳税人，20××年7月发生如下采购业务，向东方公司采购甲材料3 000千克，单价10元，价款30 000元，增值税3 900元，东方公司代垫运费2 000

元，货款及增值税均以银行存款支付，材料尚未到达企业。大华公司采用实际成本法进行材料的日常核算。

1）案例分析

本题涉及“在途物资”“应交税费”与“银行存款”账户。材料的采购成本包括购买价款与采购费用，采购费用一般指企业在采购材料过程中发生的各项费用，包括材料的运杂费（运输费、装卸费、包装费、保险费等）、仓储费、运输途中的合理损耗、入库前的挑选整理费及购入材料应负担的税金（如关税）和其他费用等。大华公司采用实际成本法核算材料业务，因此对于已付款但尚未到达企业的材料放在“在途物资”账户核算。另外，税法规定增值税一般纳税人进行采购业务发生的运输费允许按9%的税率进行进项税额的扣除。

2）账务处理

材料采购成本=30000+2000 ÷ 1.09=30000+1834.86=31834.86（元）

借：在途物资　　31 834.86

　　应交税费——应交增值税（进项税额）　　4 065.14

　　贷：银行存款　　35 900

8月2日甲材料运抵大华公司，入库前发生挑选整理费500元以现金支付，入库时发现途中合理损耗10千克。当日材料入库。[注：材料途中的合理损耗不影响材料的入库金额，但影响材料的单价，如本题中材料单价为（31834.86+500）÷（3000−10）=10.81（元）。]

借：原材料——甲材料　　32 334.86

　　贷：在途物资　　31 834.86

　　　　现金　　500

材料采购的记账凭证，如表13-6所示。

表13-6　记账凭证

记账凭证

20××年7月31日　　字第 92 号

摘　要	总账科目	明细科目	记账√	借方金额										记账√	贷方金额										
				千	百	十	万	千	百	十	元	角	分		千	百	十	万	千	百	十	元	角	分	
材料采购	在途物资						3	1	8	3	4	8	6												
材料采购	应交税费	应交增值税（进项税额）						4	0	6	5	1	4												附件
材料采购	银行存款																	3	5	9	0	0	0	0	
																									3
						¥	3	5	9	0	0	0	0				¥	3	5	9	0	0	0	0	0
会计主管	记账	出纳	审核											制单	李清筱										

材料入库的记账凭证，如表13-7所示。

表13-7　记账凭证

记账凭证																									
		20××年8月2日													字第 92 号										
摘　要	总账科目	明细科目	记账√	借方金额										记账√	贷方金额										
				千	百	十	万	千	百	十	元	角	分		千	百	十	万	千	百	十	元	角	分	
原材料入库	原材料	甲材料					3	2	3	3	4	8	6												
原材料入库	在途物资																	3	1	8	3	4	8	6	附件
原材料入库	现金																			5	0	0	0	0	
																									3
						¥	3	2	3	3	4	8	6				¥	3	2	3	3	4	8	6	
会计主管	记账	出纳	审核											制单	李清筱										

例13-4

东华公司为小规模纳税人，20××年7月发生如下采购业务，向大华公司采购乙材料500吨，单价200元/吨，价款100 000元，增值税13 000元；同时向大华公司采购丙材料300吨，单价300元/吨，价款90 000元，增值税11 700元。东华公司将两材料一同运回，产生运输费5 000元，装卸费1 000元，保险费3 000元，货款尚未支付，材料尚未到达企业。东华公司采用实际成本法进行材料的日常核算。

1）案例分析

本题涉及“在途物资”“应付账款”账户。企业于同一地点同时购入两种或两种以上的材料发生的运杂费等各项采购费用，如在发生时不能分清各种材料应负担的费用额，为了准确计算各种材料的采购成本，应采用一定的分配方法，按一定的分配标准在所采购的各种材料之间进行分配。如果材料的计量单位一致，可以采用重量标准进行分配。东华公司为小规模纳税人，不需要将增值税单独列出做账务处理，增值税直接计入材料成本。

2）账务处理

材料采购费用=5000+1000+3000=9000（元）

采购费用分配率=9000/（500+300）=11.25（元）

乙材料分担采购费用=500×11.25=5625（元）

丙材料分担采购费用=300×11.25=3375（元）

借：在途物资——乙材料　　118 625

　　在途物资——丙材料　　105 075

　　贷：应付账款　　223 700

东华公司材料采购费用分配的记账凭证，如表13-8所示。

表13-8　记账凭证

记账凭证																									
		20××年7月25日													字第 192 号										
摘　要	总账科目	明细科目	记账√	借方金额										记账√	贷方金额										
				千	百	十	万	千	百	十	元	角	分		千	百	十	万	千	百	十	元	角	分	
材料采购	在途物资	乙材料				1	1	8	6	2	5	0	0												附件
材料采购	在途物资	丙材料				1	0	5	0	7	5	0	0												
材料采购	应付账款																2	2	3	7	0	0	0	0	
																									3
					¥	2	2	3	7	0	0	0	0			¥	2	2	3	7	0	0	0	0	
会计主管	记账	出纳	审核											制单	李清筱										

例13-5

海业公司为一般纳税人，2023年9月发生如下采购业务，向东方公司采购甲材料3 000吨，单价120元/吨，价款360 000元，增值税46 800元；9月2日东方公司要求海业公司预付10%的货款，待货物到达海业公司验收合格后支付剩余款项。9月15日材料运抵海业公司发生运输费1 400元，装卸费600元，途中因海业公司运输人员失误导致材料损失5吨。海业公司采用计划成本法对材料进行日常核算，甲材料的计划成本为每吨115元。9月16日甲材料验收合格入库，当日海业公司将剩余货款用商业承兑汇票支付给东方公司。

1）案例分析

本题涉及“材料采购”“材料成本差异”“预付账款”“应付票据”“其他应收款”账户。海业公司采用计划成本法核算材料，因此本题需用“材料采购”和“材料成本差异”账户。材料入库前因人为失误导致的损失，能确认责任人的，由责任人赔偿。运费增值税税率9%，不含税运费为1284.4（1400÷1.09）元，运费进项税115.6（1284.4×9%）元。

2）账务处理

9月2日预付货款10%

借：预付账款　　　　　36 000

　　贷：银行存款　　　　　36 000

9月15日货物运抵海业公司

借：材料采购——甲材料　　　　　　　　　361 284.40

　　应交税费——应交增值税（进行税额）　46 915.60

　　其他应收款——员工　　　　　　　　　600

贷：预付账款　　　　　　　　　　　36 000

　　应付账款　　　　　　　　　　　372 800

9月16日材料入库

借：原材料——甲材料　　　　　346 309.40

　　材料成本差异　　　　　　　14 975

　　贷：材料采购——甲材料　　　　361 284.40

借：应付账款　　　　372 800

　　贷：应付票据　　　　372 800

海业公司预付材料款的记账凭证，如表13-9所示。

表13-9　记账凭证

记账凭证																									
			2023年9月2日											字第 192 号											
摘　要	总账科目	明细科目	记账√	借方金额										记账√	贷方金额										
				千	百	十	万	千	百	十	元	角	分		千	百	十	万	千	百	十	元	角	分	
预付材料采购款	预付账款						3	6	0	0	0	0	0												
预付材料采购款	银行存款																	3	6	0	0	0	0	0	附件
																									3
						¥	3	6	0	0	0	0	0				¥	3	6	0	0	0	0	0	
会计主管	记账	出纳	审核											制单		李清筱									

海业公司材料采购的记账凭证，如表13-10所示。

表13-10　记账凭证

记账凭证																									
			2023年9月15日											字第 192 号											
摘　要	总账科目	明细科目	记账√	借方金额										记账√	贷方金额										
				千	百	十	万	千	百	十	元	角	分		千	百	十	万	千	百	十	元	角	分	
材料采购	材料采购	甲材料				3	6	1	2	8	4	4	0												
材料采购	应交税费	应交增值税（进项税额）					4	6	9	1	5	6	0												附件
材料采购	其他应收款	员工							6	0	0	0	0												
材料采购	预付账款																	3	6	0	0	0	0	0	3
材料采购	应付账款																3	7	2	8	0	0	0	0	
					¥	4	0	8	8	0	0	0	0			¥	4	0	8	8	0	0	0	0	
会计主管	记账	出纳	审核											制单		李清筱									

海业公司材料入库的记账凭证，如表13-11所示。

表13-11　记账凭证

记账凭证																									
			2023年9月16日												字第 192 号										
摘　要	总账科目	明细科目	记账√	借方金额										记账√	贷方金额										
				千	百	十	万	千	百	十	元	角	分		千	百	十	万	千	百	十	元	角	分	
原材料入库	原材料	甲材料				3	4	6	3	0	9	4	0												附件
原材料入库	材料成本差异						1	4	9	7	5	0	0												
原材料入库	材料采购																3	6	1	2	8	4	4	0	
																									3
					¥	3	6	1	2	8	4	4	0			¥	3	6	1	2	8	4	4	0	
会计主管	记账	出纳	审核											制单	李清筱										

13.2.3　直接材料核算

例13-6

天蓝公司是一家从事生产加工的企业，2023年5月从仓库领用甲、乙、丙材料各一批，用以生产A、B两种产品和其他一般耗用。会计部门根据转来的领料凭证汇总后，编制“材料耗用汇总表”，如表13-12所示。

表13-12　材料耗用汇总表

项　目	甲材料		乙材料		丙材料		金额合计
	数量（千克）	金额（元）	数量（千克）	金额（元）	数量（千克）	金额（元）	
A产品耗用	1 000	5 000	800	1 600	1 500	6 000	12 600
B产品耗用	2 500	12 500	1 200	2 400	800	3 200	18 100
小 计	3 500	17 500	2 000	4 000	2 300	9 200	30 700
车间一般耗用	500	2 500			200	800	3 300
行政管理部门耗用			300	600			600
合 计	4 000	20 000	2 300	4 600	2 500	10 000	34 600

1）案例分析

本题涉及“生产成本”“原材料”“制造费用”“管理费用”账户。企业在生产过程中，必然要消耗材料。生产部门需要材料时，应该填制有关的领料凭证，向仓库办理手续领料。月末会计部门根据领料凭证编制领料汇总表，根据汇总表按部门及不同用途领用材料的数额分别记入有关账户。其中，直接为生产产品领用的材料，直接记入“生产成本”账户；生产车间一般耗用材料，记入“制造费用”账户；行政管理部门领用的材料，记入“管理费用”账户；销售部门领用的材料，记入“销售费用”账户；工程部门领用的材料，记入“在建工程”账户。

2）账务处理

借：生产成本——A产品　　12 600

　　　　　　——B产品　　18 100

　　制造费用　　3 300

　　管理费用　　600

　　贷：原材料——甲材料　　20 000

　　　　　　　——乙材料　　4 600

　　　　　　　——丙材料　　10 000

天蓝公司结转产品直接材料至生产成本的记账凭证，如表13-13所示。

表13-13　记账凭证

记账凭证																									
				2023年5月31日											字第 182 号										
摘　要	总账科目	明细科目	记账√	借方金额										记账√	贷方金额										
				千	百	十	万	千	百	十	元	角	分		千	百	十	万	千	百	十	元	角	分	
结转原材料发出成本	生产成本	A产品					1	2	6	0	0	0	0												附件
结转原材料发出成本	生产成本	B产品					1	8	1	0	0	0	0												
结转原材料发出成本	制造费用							3	3	0	0	0	0												
结转原材料发出成本	管理费用								6	0	0	0	0												
结转原材料发出成本	原材料	甲材料																2	0	0	0	0	0	0	4
结转原材料发出成本	原材料	乙材料																	4	6	0	0	0	0	
结转原材料发出成本	原材料	丙材料																1	0	0	0	0	0	0	
						¥	3	4	6	0	0	0	0				¥	3	4	6	0	0	0	0	张
会计主管	记账	出纳	审核											制单		李清筱									

13.2.4　直接人工核算

例13-7

天蓝公司2023年5月末根据考勤记录和有关资料计算职工工资（本例不考虑职工薪酬的其他方面），并编制“职工薪酬费用分配汇总表”，如表13-14所示。

表13-14　职工薪酬费用分配汇总表

项目	工资	合计
生产A产品工人	18 000	20 520
生产B产品工人	22 000	25 080
小计	40 000	45 600
车间管理人员	6 000	6 840
行政管理人员	6 500	7 410
合计	52 500	59 850

1）案例分析

本题涉及“生产成本”“制造费用”“管理费用”“应付职工薪酬”账户。工资费用是指企业支付给劳动者的劳动报酬，包括工资、奖金和各种津贴。企业支付的职工薪酬，应根据职工的具体工作岗位不同记入不同的成本费用账户。生产工人的薪酬记入“生产成本”账户，车间管理人员的薪酬记入“制造费用”账户，企业行政管理部门人员的薪酬记入“管理费用”账户。

2）账务处理

借：生产成本——A产品　　　　　20 520

　　　　　　——B产品　　　　　25 080

　　制造费用　　　　　　　　　　6 840

　　管理费用　　　　　　　　　　7 410

　　贷：应付职工薪酬——工资　　　59 850

天蓝公司结转产品人工费用至生产成本的记账凭证，如表13-15所示。

表13-15　记账凭证

记账凭证

		2023年5月31日													字第 195 号										
摘要	总账科目	明细科目	记账√	借方金额										记账√	贷方金额										
				千	百	十	万	千	百	十	元	角	分		千	百	十	万	千	百	十	元	角	分	
结转人工费用	生产成本	A产品					2	0	5	2	0	0	0												附件
结转人工费用	生产成本	B产品					2	5	0	8	0	0	0												
结转人工费用	制造费用							6	8	4	0	0	0												
结转人工费用	管理费用							7	4	1	0	0	0												
结转人工费用	应付职工薪酬	工资																5	9	8	5	0	0	0	6
						¥	5	9	8	5	0	0	0				¥	5	9	8	5	0	0	0	
会计主管	记账	出纳	审核											制单	李清筱										

13.2.5 制造费用分配

例13-8

天蓝公司按照生产工人的工资比例将5月份发生的制造费用，分配转入生产成本账户。另外，本月计提固定资产折旧11 000元。其中，生产车间固定资产折旧6 000元，管理用固定资产折旧5 000元，如表13-16所示。

表13-16 制造费用总分类账

2011年		凭证类型	摘要	借方	贷方	借/贷	余额
月	日						
5	略	略	生产车间耗用材料	3 300		借	3 300
			车间管理人员工资	6 840		借	6 840
			车间固定资产折旧	6 000		借	6 000
			分配转出制造费用		16 140	平	0

天蓝公司本期制造费用分配表，如表13-17所示。

表13-17 制造费用分配表

产品名称	a生产工人工资（元）	b=c/a分配率	c分配金额（元）
A产品	18 000		7 263
B产品	22 000		8 877
合计	40 000	0.4035	16 140

1）案例分析

本案涉及“生产成本”“制造费用”账户。为组织和管理生产活动而发生的各项制造费用，不能直接计入产品的成本。为了正确计算产品的成本，必须将这些费用先记入“制造费用”账户，然后按照一定的标准，将其分配计入有关产品成本。本案中的制造费用分配率公式：

分配率=制造费用总额÷生产工人工资总额=16 140÷（18 000+22 000）=0.4035

A产品承担的制造费用=18 000×0.4035=7 263

B产品承担的制造费用=22 000×0.4035=8 877

2）账务处理

借：生产成本——A产品　　7 263

　　　　　　——B产品　　8 877

　贷：制造费用　　16 140

天蓝公司本期制造费用分配的记账凭证，如表13-18所示。

表13-18　记账凭证

记账凭证

2023年5月31日　　　　字第 206 号

摘　要	总账科目	明细科目	记账√	借方金额										记账√	贷方金额									
				千	百	十	万	千	百	十	元	角	分		千	百	十	万	千	百	十	元	角	分	
结转制造费用	生产成本	A产品						7	2	6	3	0	0												
结转制造费用	生产成本	B产品						8	8	7	7	0	0												附件
结转制造费用	制造费用																	1	6	1	4	0	0	0	
																									3
						¥	1	6	1	4	0	0	0				¥	1	6	1	4	0	0	0	张

会计主管　　记账　　出纳　　审核　　　　制单　　李清筱

13.2.6　生产成本归集

例13-9

本例沿用13.2.3直接材料核算至13.2.5制造费用分配的案例，以此来进行生产成本的归集，结转A、B产品的完工入库成本。假设2023年5月31日，生产部门将完工产品卡片交至财务部门，财务人员据此结合其他资料将生产成本明细账完善，并结转完工入库产品的成本。A产品生产成本明细账，如表13-19所示。

表13-19　生产成本明细账

产品名称：A产品　　　　完工产量：1 200件　　　　单位：元

2023年		摘要	成本项目			合计
月	日		直接材料	直接人工	制造费用	
5	略	期初余额	3 000	1 700	1 200	5 900
		生产领用材料	12 600			18 500
		生产工人工资		20 520		39 020
		分配制造费用			7 263	46 283
		合计	15 600	22 220	8 463	46 283
		结转完工产品成本	15 600	22 220	8 463	

B产品生产成本明细账，如表13-20所示。

表13-20　生产成本明细账

产品名称：B产品　　　　　　　　完工产量：2 300件　　　　　　　　单位：元

2023年		摘要	成本项目			合计
月	日		直接材料	直接人工	制造费用	
5	略	期初余额	0	0	0	0
		生产领用材料	18 100			18 100
		生产工人工资		25 080		43 180
		分配制造费用			8 877	52 057
		合计	18 100	25 080	8 877	52 057
		结转完工产品成本	18 100	25 080	8 877	

1）案例分析

企业因生产工艺特点、生产组织方式及管理要求的不同，可以采用不同成本计算方法。这些方法大致包括以下程序。

① 确定成本计算对象。成本计算对象，就是生产费用归集的对象，即通常所说的计算什么的成本。如要计算各种产品的成本，那么产品品种就是成本计算对象。

② 归集和分配成本费用。成本计算对象确定以后，应根据成本计算的要求，对本期发生的各项费用在各成本计算对象之间进行归集和分配。

③ 费用在完工产品和月末在产品之间的分配。月末计算产品成本时，如果某种产品全部完工，这种产品的各项费用之和，就是这种产品的完工产品成本；如果某种产品未完工，这种产品的各项生产费用之和，就是这种产品的月末在产品成本；如果某种产品一部分已经完工，其他部分尚未完工，这种产品的各项费用，还应采用适当的分配方法，在完工产品与月末在产品之间进行分配，分别计算完工产品成本和月末在产品成本。计算公式为

月初在产品成本+本月生产费用=本月完工产品成本+月末在产品成本

④ 编制成本计算单。为系统地归集、分配应计入各种成本计算对象的费用，按成本计算对象和成本核算项目分别设置和登记费用、成本明细分类账户，根据这些账户资料，编制各种成本计算表，据以计算各种成本计算对象的总成本和单位成本。

本题涉及“生产成本”“库存商品”账户。依据成本计算的步骤，分别将A、B产品的料、工、费归集至生产成本明细账，以计算出完工入库产品的生产成本。

2）账务处理

借：库存商品——A产品　　　46 283
　　库存商品——B产品　　　52 057
　　贷：生产成本——A产品　　　46 283
　　　　生产成本——B产品　　　52 057

天蓝公司完工产品入库的记账凭证，如表13-21所示。

表13-21　记账凭证

记账凭证

2023年5月31日　　字第 225 号

摘　要	总账科目	明细科目	记账√	借方金额										记账√	贷方金额									
				千	百	十	万	千	百	十	元	角	分		千	百	十	万	千	百	十	元	角	分	
结转入库产品成本	库存商品	A产品					4	6	2	8	3	0	0												
结转入库产品成本	库存商品	B产品					5	2	0	5	7	0	0												附件
结转入库产品成本	生产成本	A产品																4	6	2	8	3	0	0	
结转入库产品成本	生产成本	B产品																5	2	0	5	7	0	0	3
						¥	9	8	3	4	0	0	0				¥	9	8	3	4	0	0	0	张
会计主管	记账	出纳	审核											制单			李清筱								

13.2.7　期间费用核算

例13-10

天蓝公司在2023年5月发生如下费用：行政部门购买饮用水1 900元，办公用品3 600元，名片印刷费900元，通信费1 500元。支付5月份银行贷款利息6 000元，支付5月份促销费用3 000元。除银行贷款利息外，其余费用皆用现金支付。

1）案例分析

期间费用是指不能直接或间接归属于某个特定的产品成本的费用。它是随着时间推移而发生的，与当期产品的管理和销售直接相关，与产品的产量、制造过程无直接关系，即容易确定其发生的期间，而难以判别其应归属的产品，因而不能计入产品的制造成本，在发生当期直接从损益中扣除。它包括财务费用、管理费用和销售费用。

财务费用的账务处理在前面章节已讲述，销售费用将在后面章节详细讲述，本节只做管理费用的账务处理。本题中的管理费用涉及多个方面，包括饮用水、办公用品、印刷费和通信费等。企业可以根据实际情况在管理费用下设二级明细账户进行核算。

2）账务处理

管理费用=1900+3600+900+1500=7900（元）

借：管理费用——饮用水　　　1 900

　　　　　　——办公用品　　3 600

　　　　　　——印刷费　　　900

——通信费　　　1 500

贷：现金　　　　　　7 900

天蓝公司管理费用归集的记账凭证，如表13-22所示。

表13-22　记账凭证

记 账 凭 证

		2023年5月31日												字第 235 号											
摘　要	总账科目	明细科目	记账√	借方金额										记账√	贷方金额										
				千	百	十	万	千	百	十	元	角	分		千	百	十	万	千	百	十	元	角	分	
支付饮用水费用	管理费用	饮用水						1	9	0	0	0	0												附件
支付办公用品费	管理费用	办公用品						3	6	0	0	0	0												
支付印刷费	管理费用	印刷费							9	0	0	0	0												
支付5月份固定电话费	管理费用	通信费						1	5	0	0	0	0												3
支付5月份管理费用	现金																		7	9	0	0	0	0	
							¥	7	9	0	0	0	0					¥	7	9	0	0	0	0	张
会计主管	记账	出纳	审核											制单				李清筱							

13.2.8　存货发出成本计价方法

存货，是指企业在日常活动中持有以备出售的产成品或商品、处在生产过程中的在产品、在生产过程或提供劳务过程中耗用的材料、物料等。其持有用途主要是为了日常的生产经营和销售活动。

企业发出存货成本的计价方法有个别计价法、先进先出法、加权平均法。企业应当根据各类存货的实物流转方式、企业管理要求、存货性质等实际情况，合理确定发出存货成本的计价方法。

1. 个别计价法

也称为个别认定法、具体辨认法，采用这一方法是假设存货具体项目的实物流转与成本流转一致，按照各种存货逐一辨认各批发出存货和期末存货所属的购进批别或生产批别，分别按其购入或生产时确定的单位成本计算各批存货和期末存货的基础，是把每一种存货的实际成本作为计算发出存货成本和期末存货成本的基础。个别计价法的成本计算准确，符合实际情况，但在存货收发频繁情况下，其发出成本分辨的工作量较大。因此，这种方法适用于一般不能替代使用的存货、为特定项目专门购入或制造的存货以及提供劳务的成本。

2. 先进先出法

先进先出法是以先购入的存货先发出（销售或耗用）这样一种存货实物流动假设

为前提，对发出存货进行计价。采用这种方法，先购入的存货成本在后购入的存货成本之前转出，据此确定发出存货和期末存货的成本。具体方法是，收入存货时，逐笔登记收入存货数量、单价和金额；发出存货时，按照先进先出的原则逐笔登记存货的发出成本和结存金额。先进先出法可以随时结转存货成本，但较烦琐；如果存货收发业务较多且存货单价不稳定时，其工作量较大。

3. 加权平均法

加权平均法是指以当月全部进货数量加上月初存货数量作权数，去除当月全部进货成本加月初成本，计算出存货的加权平均单位成本，以此为基础计算当月发出存货成本和期末存货成本的一种方法。计算公式为

存货单位成本=[月初库存存货的实际成本+∑（本月各批进货的实际单位成本×本月各批进货的数量）]÷（月初库存存货数量+本月各批进货数量之和）

本月发出存货的成本=本月发出存货的数量×存货单位成本

本月月末库存存货成本=月末库存存货数量×存货单位成本

下面以原材料的购入发出为例，用不同的方法计算原材料发出的成本，其他存货的计算亦同此例。

例13-11

天蓝公司2023年9月份原材料购入、发出情况，如表13-23所示。请分别采用先进先出法、加权平均法计算发出材料的实际成本。

表13-23　原材料收发明细表

原材料：A原料　　　　单位：元/千克

2023年		凭证编号	摘要	收入			发出			结余		
月	日			数量	单价	金额	数量	单价	金额	数量	单价	金额
9	1	略	期初余额							1 200	6	7 200
	3		购入	600	7	4 200				1 800		11 400
	5		购入	500	6.5	3 250				2 300		14 650
	8		生产领用				1 000			1 300		
	12		购入	500	8	4 000				1 800		
	18		生产领用				900			900		

本题需要用三种方法计算存货的发出成本，根据上面的计算公式依次解答。

（1）先进先出法

发出材料的成本=1000×6+200×6+600×7+100×6.5=12050（元）

（2）加权平均法

材料单位成本=（7200+4200+3250+4000）÷（1200+600+500+500）=18650÷2800=6.66（元）

发出材料的成本=（1000+900）×6.66=12654（元）

13.3 常见差错点拨

在企业的会计处理各阶段，生产运营阶段是最复杂的一个阶段，会计人员在此阶段进行账务处理时发生错误的概率会更大。为了减少或避免各种各样的差错，本节列出各种常见错误，望大家注意。

13.3.1 材料成本差异核算不准确

当企业采用计划成本法对材料进行日常核算时，涉及的账户为“材料采购”“材料成本差异”，而不是“在途物资”，这一点会计人员通常容易混淆。

计划成本法是指企业存货的收入、发出和结余均按预先制定的计划成本计价。同时另设“材料成本差异”科目，作为计划成本和实际成本联系的纽带，用来登记实际成本和计划成本的差额，即实际采购的成本在“材料采购”账户反映，计划成本在入库时的“原材料”账户反映。另外“材料成本差异”账户的性质为资产类账户，其增加在借方，减少在贷方，即实际成本大于计划成本时的差异在该账户借方反映，实际成本小于计划成本时差异在该账户贷方反映。

很多会计人员在处理该类业务时，容易把“原材料”按照实际采购成本核算，将“材料采购”按照计划成本核算，这样会导致“材料成本差异”记错方向。

所以在记录此类业务时，一定要注意以下三点。

- 企业对材料核算采用的方法。
- 相应处理方法对应的会计科目、会计账户。
- 各账户应记录的内容。

13.3.2 一般纳税人与小规模纳税人的区别

无论是新办企业，还是老企业扩大规模，经常会遇到选择增值税纳税人身份的问题。选择不好，对税负有较大影响。增值税有两类纳税人，一类是一般纳税人，另一类是小规模纳税人。一般纳税人和小规模纳税人在很多账务处理上表现不同，下面列出常见的三种。

- 一般纳税人2009年1月1日以后采购的生产经营用固定资产，增值税可以抵扣。小规模纳税人无论何时采购的固定资产，增值税都不可以抵扣，应直接计入固定资产的入账成本。
- 一般纳税人采购生产用原材料发生的增值税，可以抵扣。小规模纳税人采购原材料发生的增值税，不可以抵扣，应直接计入原材料的入库成本。
- 一般纳税人因采购发生的运输费，可以按运输费的9%进行进项税额抵扣。小规模纳税人不允许对运输费产生的税额进行抵扣，运输费应全额计入采购材料成本中。

13.3.3 制造费用分配标准不合理

制造费用的分配方法，一般按生产工人工资、生产工人工时、机器工时、耗用原材料的数量或成本、直接成本（原材料、燃料、动力、生产工人工资及应提取的福利费之和）、产品产量等进行分配。具体采用哪种分配方法，由企业自行决定。分配方法一经确定，不得随意变更。分配标准有多种，企业应当根据实际情况选择合适的分配标准，以使这种分配是合理的。

总结了如下几个分配标准供大家参考。

- 生产工时比例法，多适用于各种产品生产机械化程度大致相同的企业。
- 生产工人工资比例法，多适用于各种产品生产机械化程度大致相同的企业。
- 机器工时比例法，多适用于机械化程度较高的企业。
- 年度计划分配率法，多适用于季节性生产的车间。

13.3.4 存货明细账设置不清晰

《企业会计制度》规定，企业的存货应当在期末时，按照成本与可变现净值孰低计量，对可变现净值低于存货成本的差额，计提存货跌价准备。存货的种类很多，计价方法也很多，如果存货的分类不明确或者混乱，就会影响存货的计量方法和可变现净值的确定，从而影响存货跌价准备的计提。

存货的分类通常有如下几种，企业应当明确拥有存货的类别，以此设置明细账分类核算，做到账目清晰，核算准确。

- 外购存货，包括原材料、商品、低值易耗品、工程物料等。
- 通过进一步加工取得的存货，包括委托外单位加工的存货、生产的存货等。
- 其他方式取得的存货，包括投资者投入、通过债务重组和非货币性资产交换取得的存货等。
- 通过提供劳务取得的存货。

第14章 产品销售阶段账务处理

企业将筹资投入生产经营后，会将生产出来的产品投入销售，即企业资金流转的第三阶段。同样在这一阶段会进行很多相关的账务处理，本章讲述产品销售阶段账务处理涉及的内容，主要包括各账户设置、收入确认与成本结转、商品销售方式、应收账款回收、销售费用归集和销售税费计算等。

14.1 主要账户设置

本节主要介绍产品销售阶段涉及的重要账户的含义、性质、用途、结构和设置等内容。

14.1.1 “主营业务收入”账户

“主营业务收入”账户用于核算企业在销售商品、提供劳务及让渡资产使用权等日常活动中所产生的收入。

- 性质：该账户属于损益类账户。
- 用途：核算企业确认的销售商品、提供劳务及让渡资产使用权等日常活动中所产生的收入。
- 结构：贷方登记企业销售商品或提供劳务实现的收入，借方登记发生的销售退回而冲减的销售收入和期末转入“本年利润”账户的数额。期末结转后该账户一般无余额。
- 明细账的设置：按主营业务的种类设置明细账。

14.1.2 “主营业务成本”账户

主营业务成本是指公司生产和销售与主营业务有关的产品或服务必须投入的直接成本，主要包括原材料、人工成本（工资）和固定资产折旧等。本账户用于核算企业因销售商品、提供劳务或让渡资产使用权等日常活动而发生的实际成本。

- 性质：该账户属于损益类账户。
- 用途：核算企业确认销售商品、提供劳务及让渡资产使用权等日常活动中所产生的实际成本。
- 结构：借方登记企业本期因销售商品、提供劳务或让渡资产使用权等日常活动而发生的实际成本，贷方登记应冲减销售成本和期末转入“本年利润”账户的已销售产品的生产成本。期末结转后该账户一般无余额。

- 明细账的设置：按主营业务的种类设置明细账。

14.1.3 “税金及附加”账户

税金及附加由“营业税金及附加”科目改名，本账户核算因产品销售而产生的各种税金及附加。

- 性质：该账户属于损益类账户。
- 用途：核算企业经营活动发生的房产税、土地使用税、印花税、车船税、消费税、城市维护建设税、资源税和教育费附加等相关税费。
- 结构：借方登记按照规定计算应缴纳的税金及附加，贷方登记期末转入“本年利润”账户的数额。期末结转后本账户应无余额。
- 明细账的设置：按应缴税金的种类设置明细账。

14.1.4 “应收账款”和“合同资产”账户

应收账款是指企业在生产经营过程中因销售商品或提供劳务应向购货单位或接受劳务单位收取的款项。本账户与日常发生的主营业务相关，只有发生“主营业务收入”时才会产生“应收账款”。

- 性质：该账户属于资产类账户。
- 用途：核算企业因销售商品、提供劳务等经营活动应向购货单位或接受劳务单位收取的款项。
- 结构：借方登记因销售商品、提供劳务等经营活动应收取的款项，贷方登记实际收回的应收款项。本科目期末借方余额，反映企业尚未收回的应收账款。期末如为贷方余额，反映企业预收的账款。期末余额一般在借方，表示企业尚未收回的应收账款。
- 明细账的设置：按债务人进行明细分类核算。

合同资产是指企业已经向客户转让商品而有权收取对价的权利，且该权利取决于时间之外的其他因素。和应收账款的区别在于，应收账款是无条件收取的合同对价的权利，企业会随着时间的流逝能够收到货款，而合同资产却不是一项无条件能够收到货款的，合同资产的收款权利除了时间因素外，还取决于其他条件才能够收到货款。

- 性质：该账户属于资产类账户。
- 用途：核算企业因销售商品、提供劳务等经营活动应向购货单位或接受劳务单位应收而未收到的款项。
- 结构：借方登记因销售商品、提供劳务等经营活动应收取的款项，贷方登记可以或是实际收回的应收款项。本科目期末借方余额，反映企业尚未收到的合同资产。期末如为贷方余额，反映企业能够无条件收回的合同资产。期末余额一般在借方，表示企业尚未收到的合同资产。

- 明细账的设置：按债务人进行明细分类核算。

14.1.5 “应收票据”账户

应收票据是指企业持有的、尚未到期兑现的商业票据。该账户与“应收账款”账户性质一样，只是形式不同。

- 性质：该账户属于资产类账户。
- 用途：核算企业因销售商品、提供劳务等收到的商业汇票，包括银行承兑汇票和商业承兑汇票。
- 结构：借方登记应收票据的增加，贷方登记到期收回的票据应收款。期末余额一般在借方，表示尚未到期的票据应收款项。企业应设置应收票据备查簿登记应收票据的详细资料。
- 明细账的设置：按债务人进行明细分类核算。

14.1.6 “合同负债”账户

合同负债科目核算企业已收或应收客户对价而向客户转让商品的义务。

- 性质：该账户属于负债类账户。因为该笔业务将导致未来经济利益（即产品）流出企业。
- 用途：核算企业按照合同规定预收的款项。
- 结构：本科目期末贷方余额，反映企业在同客户转让商品之前，已经收到的合同对价或已经取得的无条件收取合同对价权利的金额。
- 明细账的设置：按购货单位进行明细核算。

14.1.7 “销售费用”账户

销售费用是企业销售成本的组成部分，属于期间费用的一种，都属于损益中直接扣除的项目。

- 性质：该账户属于损益类账户。
- 用途：核算企业销售商品和材料、提供劳务过程中发生的各种费用，包括保险费、包装费、展览费和广告费、商品维修费、预计产品质量保证损失、运输费、装卸费等以及为销售本企业商品而专设的销售机构（含销售网点、售后服务网点等）的职工薪酬、业务费、折旧费等经营费用。企业发生的与专设销售机构相关的固定资产修理费用等后续支出，也在本科目核算。
- 结构：借方登记企业在销售商品过程中发生的各项费用，贷方登记转入“本年利润”账户的本期销售费用。期末结转后该账户应无余额。

- 明细账的设置：按费用项目进行明细核算。

14.1.8 “其他应收款”账户

其他应收款是企业应收款项的另一重要组成部分。该账户与“应收账款”账户形成互补，除日常经营活动外的各种应收及暂付款项均在此账户核算。

- 性质：该账户属于资产类账户。
- 用途：核算企业除应收票据、应收账款、预付账款、应收股利、应收利息、长期应收款等以外的其他各种应收及暂付款项。采用售后回购方式融资的，通过“其他应收款”科目核算，销售价格与原购买价格之间的差额，应在售后回购期间内按期计提应计利息，借记“其他应收款”科目，贷记“财务费用”科目；应收补贴款转入“其他应收款”科目。
- 结构：借方登记企业发生的其他各种应收款项，贷方登记已收回的其他各种应收款项。期末余额在借方，表示尚未收回的其他应收款项。
- 明细账的设置：可按对方单位（或个人）设置明细账，进行明细核算。

14.2 收入确认与成本结转

收入确认与成本结转一直是所有会计较难处理的问题。因为从收入可以看出企业的规模，收入与成本的结转对企业的利润与税金都有重大影响。本节通过各种销售方式加上实际案例来对收入确认和成本结转进行详细解析。

14.2.1 一般现销方式

例14-1

万达公司为增值税一般纳税人，万达公司于2023年6月1日和天奇公司签订销售合同，合同规定2023年6月2日天奇公司预付10%货款（1 600元），6月5日万达公司向天奇公司出售×产品100件，每件不含增值税售价160元，计货款16 000元，增值税2 080元。×产品同时是应缴纳消费税的产品，其适用的消费税是10%。货物发出后，6月22日，收到天奇公司剩余货款16 480元存入银行。6月30日，结转本月销售的×产品成本，×产品的单位成本为90元。

1）案例分析

本题涉及“主营业务收入”“主营业务成本”“预付账款”等账户。根据新修订的收入会计准则的规定，企业履行了合同中的履约义务，即客户取得了相关商品的控制权时确认收入。

本题涉及的是一个简单的现销业务，所发生的收入符合新修订的收入确认原则，因此可以在2023年6月份确认收入，同时可以在销售当期末确认并结转对应的销售成本。

2）账务处理

6月2日预收货款

借：银行存款　　　　　　　　　　1 600

　　贷：预收账款——甲公司　　　　　　1 600

6月5日销售×产品确认收入

借：预收账款——甲公司　　　　　　　　　　18 080

　　贷：主营业务收入　　　　　　　　　　　　16 000

　　　　应交税费——应交增值税（销项税额）　　2 080

借：税金及附加　　　　　　　　　　　　1 600

　　贷：应交税费——应交消费税　　　　　　　1 600

6月22日收到剩余货款

借：银行存款　　　　　　　　　　　16 480

　　贷：预收账款——甲公司　　　　　　　16 480

6月30日结转销售成本

借：主营业务成本　　　　　　　　　9 000

　　贷：库存商品　　　　　　　　　　　　9 000

万达公司预收销货款的记账凭证，如表14-1所示。

表14-1　记账凭证

记账凭证																									
		2023年6月2日													字第 15 号										
摘　要	总账科目	明细科目	记账√	借方金额										记账√	贷方金额										
				千	百	十	万	千	百	十	元	角	分		千	百	十	万	千	百	十	元	角	分	
预收天奇公司货款	银行存款							1	6	0	0	0	0												
预收天奇公司货款	预收账款	天奇公司																	1	6	0	0	0	0	附件
																									3
							¥	1	6	0	0	0	0					¥	1	6	0	0	0	0	张
会计主管	记账	出纳	审核											制单	李清筱										

万达公司确认销售收入的记账凭证，如表14-2所示。

表14-2　记账凭证

记账凭证																									
		2023年6月5日													字第 36 号										
摘　要	总账科目	明细科目	记账√	借方金额										记账√	贷方金额										
				千	百	十	万	千	百	十	元	角	分		千	百	十	万	千	百	十	元	角	分	
确认×产品销售收入	预收账款	甲公司					1	8	0	8	0	0	0												
确认×产品销售收入	主营业务收入																	1	6	0	0	0	0	0	附件
确认×产品销售收入	应交税费	应交增值税（销项税额）																	2	0	8	0	0	0	
计提应交消费税	税金及附加							1	6	0	0	0	0												3
计提应交消费税	应交税费	应交消费税																	1	6	0	0	0	0	
						¥	1	9	6	8	0	0	0				¥	1	9	6	8	0	0	0	张
会计主管	记账	出纳	审核											制单	李清筱										

万达公司收回余款的会计凭证，如表14-3所示。

表14-3　记账凭证

记账凭证																									
		2023年6月22日													字第 116 号										
摘　要	总账科目	明细科目	记账√	借方金额										记账√	贷方金额										
				千	百	十	万	千	百	十	元	角	分		千	百	十	万	千	百	十	元	角	分	
收回甲公司剩余货款	银行存款						1	6	4	8	0	0	0												
收回甲公司剩余货款	预收账款	甲公司																1	6	4	8	0	0	0	附件
																									3
						¥	1	6	4	8	0	0	0				¥	1	6	4	8	0	0	0	张
会计主管	记账	出纳	审核											制单	李清筱										

万达公司结转本月×产品销售成本的会计凭证，如表14-4所示。

表14-4　记账凭证

记账凭证																									
		2023年6月30日													字第 168 号										
摘　要	总账科目	明细科目	记账√	借方金额										记账√	贷方金额										
				千	百	十	万	千	百	十	元	角	分		千	百	十	万	千	百	十	元	角	分	
结转本月×产品销售成本	主营业务成本							9	0	0	0	0	0												
结转本月×产品销售成本	库存商品																		9	0	0	0	0	0	附件
																									3
							¥	9	0	0	0	0	0					¥	9	0	0	0	0	0	张
会计主管	记账	出纳	审核											制单	李清筱										

14.2.2　委托代销方式

例14-2

永丰公司为增值税一般纳税人，2023年7月8日委托万鑫公司销售乙商品10万件，协议价为2元/件，成本为1.2元/件。代销协议约定，万鑫公司在取得代销商品后，无论是否能够卖出、是否获利，均与永丰公司无关（不得退货）。这批商品已经发出，货款尚未收到，永丰公司开出增值税专用发票。

1）案例分析

本题是委托代销方式中的视同买断方式，万鑫公司取得代销商品后，这批商品与永丰公司就没有关系了，永丰公司是主要负责人，乙产品的收益权、处置权等都归万鑫公司所有，其实这也就是万鑫公司取得了乙产品控制权。因此万鑫公司取得了乙产品的控制权即可以确认收入，同时亦可以结转该批商品的销售成本。

2）账务处理

借：应收账款　　226 000

　　贷：主营业务收入　　200 000

　　　　应交税费——应交增值税（销项税额）　　26 000

借：主营业务成本　　120 000

　　贷：库存商品　　120 000

永丰公司确认销售收入及结转销售成本的记账凭证，如表14-5所示。

表14-5　记账凭证

记账凭证																									
		2023年7月8日													字第 26 号										
摘　要	总账科目	明细科目	记账√	借方金额										记账√	贷方金额										
				千	百	十	万	千	百	十	元	角	分		千	百	十	万	千	百	十	元	角	分	
确认乙产品销售收入	应收账款					2	2	6	0	0	0	0	0												
确认乙产品销售收入	主营业务收入																2	0	0	0	0	0	0	0	附件
确认乙产品销售收入	应交税费	应交增值税（销项税额）																2	6	0	0	0	0	0	
结转乙产品销售成本	主营业务成本					1	2	0	0	0	0	0	0												3
结转乙产品销售成本	库存商品																1	2	0	0	0	0	0	0	
					¥	3	4	6	0	0	0	0	0			¥	3	4	6	0	0	0	0	0	张
会计主管	记账	出纳	审核											制单	李清筱										

例14-3

东方公司为增值税一般纳税人，2023年7月18日委托万鑫公司销售乙商品10万件，协议价为20元／件，成本为12元／件。代销协议约定，东方公司按照商品销售额的10%支付万鑫公司手续费。7月26日，东方公司收到万鑫公司的代销清单已销售2万件，并开具增值税专用发票。

1）案例分析

本题是委托代销中的支付手续费方式，虽然东方公司将商品发给了万鑫公司，但万鑫公司并没有取得相关产品的控制权，万鑫公司只是代理人，因此在发出商品时，东方公司既不确认商品销售收入，也不结转相应的销售成本。只有当万鑫公司将相关商品的控制权转移给别的客户时，才确认商品销售收入并结转相应的销售成本，并计提应支付的手续费，该手续费计入“销售费用”中。例题中万鑫公司的代销清单已销售2万件，即表示乙商品的控制权已经转移出去。

2）账务处理

7月18日东方公司将商品发给万鑫公司

借：发出商品　　　　　　2 000 000

　　贷：库存商品　　　　　　2 000 000

7月26日东方公司收到代销清单

借：应收账款　　　　　　　　　　　　　　　　　452 000

　　贷：主营业务收入　　　　　　　　　　　　　　　　400 000

　　　　应交税费——应交增值税（销项税额）　　　　52 000

借：主营业务成本　　　　　　　240 000

　　贷：发出商品　　　　　　　　　240 000

借：销售费用　　　　　　40 000

　　贷：应收账款　　　　　　40 000

东方公司向万鑫公司发出商品的记账凭证，如表14-6所示。

表14-6　记账凭证

记账凭证																									
			2023年7月18日											字第 96 号											
摘　要	总账科目	明细科目	记账√	借方金额										记账√	贷方金额										
				千	百	十	万	千	百	十	元	角	分		千	百	十	万	千	百	十	元	角	分	
向万鑫公司发出商品	发出商品				2	0	0	0	0	0	0	0	0												
向万鑫公司发出商品	库存商品															2	0	0	0	0	0	0	0	0	附件
																									3
				¥	2	0	0	0	0	0	0	0	0		¥	2	0	0	0	0	0	0	0	0	张
会计主管	记账	出纳	审核											制单				李清筱							

东方公司收到代销清单确认收入并结转成本的记账凭证，如表14-7所示。

表14-7　记账凭证

记账凭证																									
			2023年7月26日											字第 132 号											
摘　要	总账科目	明细科目	记账√	借方金额										记账√	贷方金额										
				千	百	十	万	千	百	十	元	角	分		千	百	十	万	千	百	十	元	角	分	
收到代销清单	应收账款					4	5	2	0	0	0	0	0												
收到代销清单	主营业务收入																4	0	0	0	0	0	0	0	附件
收到代销清单	应交税费	应交增值税（销项税额）																5	2	0	0	0	0	0	

（续表）

摘要	总账科目	明细科目	记账√	千	百	十	万	千	百	十	元	角	分	记账√	千	百	十	万	千	百	十	元	角	分	附件
结转代销商品成本	主营业务成本					2	4	0	0	0	0	0	0												3
结转代销商品成本	发出商品																2	4	0	0	0	0	0	0	
					¥	6	9	2	0	0	0	0	0			¥	6	9	2	0	0	0	0	0	张
会计主管	记账	出纳	审核											制单	李清筱										

东方公司支付万鑫公司手续费的记账凭证，如表14-8所示。

表14-8　记账凭证

记账凭证																									
		2023年7月26日													字第 96 号										
摘　要	总账科目	明细科目	记账√	借方金额 千	百	十	万	千	百	十	元	角	分	记账√	贷方金额 千	百	十	万	千	百	十	元	角	分	
计提代销手续费	销售费用						4	0	0	0	0	0	0												
计提代销手续费	应收账款																	4	0	0	0	0	0	0	附件
																									3
						¥	4	0	0	0	0	0	0				¥	4	0	0	0	0	0	0	张
会计主管	记账	出纳	审核											制单	李清筱										

14.2.3　以旧换新方式

例14-4

2023年2月，东方公司向个人销售电视机100台，不含税价款0.3万元，每台成本0.2万元，增值税率为13%，同时回收旧款电视机作为商品购进，价款为0.01万元（不考虑增值税），贷款已经收到。

1）案例分析

本题属于以旧换新的销售方式。以旧换新销售，是指销售方在销售商品的同时回收与所售商品相同的旧商品。这种销售方式的账务处理为，销售的商品应当按照销售商品收入确认条件确认收入，回收的旧商品作为购进库存商品或者原材料处理。

2）账务处理

借：银行存款　　　　339 000

贷：主营业务收入　　　　　　　　　300 000

　　应交税费——应交增值税（销项税额）　39 000

借：主营业务成本　　　　　　200 000

　贷：库存商品　　　　　　　　200 000

借：库存商品/原材料　　　　　10 000

　贷：银行存款　　　　　　　　10 000

东方公司销售新电视机确认收入及结转成本的记账凭证，如表14-9所示。

表14-9　记账凭证

记 账 凭 证

2023年2月2日　　　　字第 92 号

摘　要	总账科目	明细科目	记账√	借方金额										记账√	贷方金额									
				千	百	十	万	千	百	十	元	角	分		千	百	十	万	千	百	十	元	角	分	
电视机销售收入	银行存款					3	3	9	0	0	0	0	0												
电视机销售收入	主营业务收入																3	0	0	0	0	0	0	0	附件
电视机销售收入	应交税费	应交增值税（进项税额）																3	9	0	0	0	0	0	
结转电视机销售成本	主营业务成本					2	0	0	0	0	0	0	0												3
结转电视机销售成本	库存商品																2	0	0	0	0	0	0	0	
					¥	5	3	9	0	0	0	0	0			¥	5	3	9	0	0	0	0	0	
会计主管	记账	出纳	审核											制单	李清筱										

东方公司回收旧电视机的记账凭证，如表14-10所示。

表14-10　记账凭证

记 账 凭 证

2023年2月2日　　　　字第 92 号

摘　要	总账科目	明细科目	记账√	借方金额										记账√	贷方金额										
				千	百	十	万	千	百	十	元	角	分		千	百	十	万	千	百	十	元	角	分	
回收旧电视机	库存商品/原材料						1	0	0	0	0	0	0												
回收旧电视机	银行存款																	1	0	0	0	0	0	0	附件

（续表）

						3
				¥1000000	¥1000000	
会计主管	记账	出纳	审核	制单	李清筱	

14.2.4 分期收款方式

例14-5

2023年1月1日，东方公司与万达公司签订一项购货合同，万达公司向东方公司销售商品——大型机器设备。合同约定，万达公司采用分期收款方式销售商品。该设备价款共计900万元，分6期平均支付，首期款项150万元于2023年1月1日支付，其余款项在2023年至2027年的5年期间平均支付，每年的付款日期为当年12月31日。假定东方公司于收到货款时分别开出增值税专用发票，该大型设备成本为600万元。东方公司按照合同约定如期收到了款项。假定折现率为10%，[（P/A，10%，5）=3.7908]。

1）案例分析

本题是具有融资性质的分期收款销售商品，在这种销售方式下，应当根据应收款项的公允价值（或现行售价）一次确认收入。应收款项的公允价值，通常按照其未来现金流量现值或商品现销价格计算确定。应收款项与其公允价值之间的差额，在合同或协议期间内，按照应收款项的摊余成本和实际利率计算确定的金额进行摊销，作为财务费用的抵减。本题涉及“长期应收款”“未实现融资收益”等账户。

2）账务处理

销售收入的现值=150+150×（P/A，10%，5）=150+150×3.7908=718.62（万元）

2023年1月1日

借：长期应收款　　9 000 000

　　贷：主营业务收入　　7 186 200

　　　　未实现融资收益　　1 813 800

借：银行存款　　1 695 000

　　贷：长期应收款　　1 500 000

　　　　应交税费——应交增值税（销项税额）　195 000

借：主营业务成本　　6 000 000

　　贷：库存商品　　6 000 000

2023年12月31日

本期未实现融资收益摊销额=（长期应收款期初余额–未实现融资收益期初余额）

×折现率=（750−181.38）×10%=56.86（万元）

借：未实现融资收益　　568 600

　贷：财务费用　　568 600

借：银行存款　　1 695 000

　贷：长期应收款　　1 500 000

　　应交税费——应交增值税（销项税额）　　195 000

2024年12月31日

本期未实现融资收益摊销额=[（750−150）−（181.38−56.86）]×10%=47.55（万元）

借：未实现融资收益　　475 500

　贷：财务费用　　475 500

借：银行存款　　1 695 000

　贷：长期应收款　　1 500 000

　　应交税费——应交增值税（销项税额）　　195 000

2025年12月31日

本期未实现融资收益摊销额=[（750−150−150）−（181.38−56.86−47.55）]×10%=37.3（万元）

借：未实现融资收益　　373 000

　贷：财务费用　　373 000

借：银行存款　　1 695 000

　贷：长期应收款　　1 500 000

　　应交税费——应交增值税（销项税额）　　195 000

2026年12月31日

本期未实现融资收益摊销额=[（750−150−150−150）−（181.38−56.86−47.55−37.3）]×10%=26.03（万元）

借：未实现融资收益　　260 300

　贷：财务费用　　260 300

借：银行存款　　1 695 000

　贷：长期应收款　　1 500 000

　　应交税费——应交增值税（销项税额）　　195 000

2027年12月31日

本期未实现融资收益摊销额=181.38−56.86−47.55−37.3−26.03=13.64（万元）

借：未实现融资收益　　136 400

　贷：财务费用　　136 400

借：银行存款　　1 695 000

贷：长期应收款　　　　　　　　　　　　　1 500 000

　　应交税费——应交增值税（销项税额）　　195 000

东方公司确认销售收入的记账凭证，如表14-11所示。

表14-11　记账凭证

记账凭证																									
			2023年1月1日												字第 192 号										
摘　要	总账科目	明细科目	记账√	借方金额										记账√	贷方金额										
				千	百	十	万	千	百	十	元	角	分		千	百	十	万	千	百	十	元	角	分	
确认设备销售收入	长期应收款	乙材料			9	0	0	0	0	0	0	0	0												
确认设备销售收入	主营业务收入	丙材料														7	1	8	6	2	0	0	0	0	附件
确认设备销售收入	未实现融资收益															1	8	1	3	8	0	0	0	0	
																									3
				¥	9	0	0	0	0	0	0	0	0		¥	9	0	0	0	0	0	0	0	0	
会计主管	记账	出纳	审核											制单	李清筱										

东方公司收到销售款的记账凭证，如表14-12所示。

表14-12　记账凭证

记账凭证																									
			2023年1月1日												字第 192 号										
摘　要	总账科目	明细科目	记账√	借方金额										记账√	贷方金额										
				千	百	十	万	千	百	十	元	角	分		千	百	十	万	千	百	十	元	角	分	
收到商品销售收入首款	银行存款				1	6	9	5	0	0	0	0	0												
收到商品销售收入首款	长期应收款															1	5	0	0	0	0	0	0	0	附件
收到商品销售收入首款	应交税费	应交增值税（销项税额）															1	9	5	0	0	0	0	0	
																									3
				¥	1	6	9	5	0	0	0	0	0		¥	1	6	9	5	0	0	0	0	0	
会计主管	记账	出纳	审核											制单	李清筱										

东方公司结转销售成本的记账凭证，如表14-13所示。

表14-13　记账凭证

记账凭证																									
		2023年1月1日												字第 192 号											
摘　要	总账科目	明细科目	记账√	借方金额										记账√	贷方金额										
				千	百	十	万	千	百	十	元	角	分		千	百	十	万	千	百	十	元	角	分	
结转商品销售成本	主营业务成本				6	0	0	0	0	0	0	0	0												附件
结转商品销售成本	库存商品															6	0	0	0	0	0	0	0	0	
																									3
				¥	6	0	0	0	0	0	0	0	0		¥	6	0	0	0	0	0	0	0	0	
会计主管	记账	出纳	审核											制单				李清筱							

14.2.5　提供劳务方式

例14-6

东方公司2021年4月1日接受一项劳务合同，合同期限为2年，合同收入为300万元，分3年收取，原估计总成本为180万元（全部为职工薪酬）。

2021年实际发生成本为70万元，预计将发生成本110万元，本年预收款为150万元；2022年实际发生成本90万元，由于人工成本的提高，预计将发生成本30万元，本年预收款为120万元；2023年实际发生成本36万元，本年预收款30万元。各年预计成本与实际成本，如表14-14所示。

表14-14　年度预计成本与实际成本表

年度	本年已发生成本	预计将发生成本
2021年	70万元	110万元
2022年	90万元	30万元
2023年	36万元	0

东方公司采用已提供劳务量占应提供劳务量的履约进度确认收入，且各年提供劳务量均衡发生。

1）案例分析

本题是以提供劳务方式取得收入，这种方式周期较长，因此企业在资产负债表日如果能够可靠估计劳务交易的结果，应当采用完工百分比法确认劳务收入。企业确定提供劳务交易的完工进度，一般采用已经提供的劳务量占应提供劳务总量的比例，这种方法主要以劳务量为标准确定提供劳务交易的完工程度。或者采用已经发生的成本占预计总成本的比例，这种方法主要以成本为标准确定提供劳务交易的完工程度。只有反映已提供劳务的成本才能包括在已经发生的成本中，只有反映已提供或将提供劳务的成本才能包括在预计总成本中。本题涉及“劳务成本”“预收账款”“应付职工薪酬”等账户。本题采用第一种方法计算确认劳务收入。

2）账务处理

2021年

借：劳务成本　　700 000

　　贷：应付职工薪酬　　700 000

借：银行存款　　1 500 000

　　贷：预收账款　　1 500 000

2021年12月31日确认收入=300×9/24−0=112.50（万元）

2021年12月31日确认成本=（70+110）×9/24−0=67.50（万元）

借：预收账款　　1 125 000

　　贷：主营业务收入　　1 125 000

借：主营业务成本　　675 000

　　贷：劳务成本　　675 000

2022年

借：劳务成本　　900 000

　　贷：应付职工薪酬　　900 000

借：银行存款　　1 200 000

　　贷：预收账款　　1 200 000

2022年12月31日确认收入=300×21/24−112.5=150（万元）

2022年12月31日确认成本=（70+90+30）×21/24−67.5=98.75（万元）

借：预收账款　　1 500 000

　　贷：主营业务收入　　1 500 000

借：主营业务成本　　987 500

　　贷：劳务成本　　987 500

2023年

借：劳务成本　　360 000

　　贷：应付职工薪酬　　360 000

借：银行存款　　300 000

　　贷：预收账款　　300 000

2023年3月31日确认收入=300×24÷24−（112.5+150）=37.5（万元）

2023年3月31日确认成本=（70+90+36）×24/24−（67.5+98.75）=29.75（万元）

借：预收账款　　　　　　　375 000

　　贷：主营业务收入　　　　　375 000

借：主营业务成本　　　　297 500

　　贷：劳务成本　　　　　　297 500

东方公司2021年确认实际成本的记账凭证，如表14-15所示。

表14-15　记账凭证

记账凭证																								
			2021年4月1日												字第 192 号									
摘　要	总账科目	明细科目	记账√	借方金额										记账√	贷方金额									
				千	百	十	万	千	百	十	元	角	分		千	百	十	万	千	百	十	元	角	分
确认劳务成本	劳务成本					7	0	0	0	0	0	0	0											
确认劳务成本	应付职工薪酬																7	0	0	0	0	0	0	0	附件
																								3
					¥	7	0	0	0	0	0	0	0			¥	7	0	0	0	0	0	0	0	
会计主管	记账	出纳	审核											制单			李清筱							

东方公司2021年预收合同款的记账凭证，如表14-16所示。

表14-16　记账凭证

记账凭证																								
			2021年4月1日												字第 192 号									
摘　要	总账科目	明细科目	记账√	借方金额										记账√	贷方金额									
				千	百	十	万	千	百	十	元	角	分		千	百	十	万	千	百	十	元	角	分
预收劳务款	银行存款				1	5	0	0	0	0	0	0	0											
预收劳务款	预收账款															1	5	0	0	0	0	0	0	0	附件
																								3
				¥	1	5	0	0	0	0	0	0	0		¥	1	5	0	0	0	0	0	0	0	
会计主管	记账	出纳	审核											制单			李清筱							

东方公司2021年底确认劳务收入的记账凭证，如表14-17所示。

表14-17　记账凭证

记账凭证																								
		2021年12月31日													字第 192 号									
摘　要	总账科目	明细科目	记账√	借方金额										记账√	贷方金额									
				千	百	十	万	千	百	十	元	角	分		千	百	十	万	千	百	十	元	角	分
确认劳务收入	预收账款				1	1	2	5	0	0	0	0	0											
确认劳务收入	主营业务收入															1	1	2	5	0	0	0	0	0
				¥	1	1	2	5	0	0	0	0	0		¥	1	1	2	5	0	0	0	0	0
会计主管	记账	出纳	审核											制单	李清筱									

附件 3

东方公司2021年底结转劳务成本的记账凭证，如表14-18所示。

表14-18　记账凭证

记账凭证																								
		2021年12月31日													字第 192 号									
摘　要	总账科目	明细科目	记账√	借方金额										记账√	贷方金额									
				千	百	十	万	千	百	十	元	角	分		千	百	十	万	千	百	十	元	角	分
结转劳务成本	主营业务成本					6	7	5	0	0	0	0	0											
结转劳务成本	劳务成本																6	7	5	0	0	0	0	0
					¥	6	7	5	0	0	0	0	0			¥	6	7	5	0	0	0	0	0
会计主管	记账	出纳	审核											制单	李清筱									

附件 3

14.2.6　让渡资产使用权方式

例14-7

2022年1月1日科华软件公司向卓越公司转让某软件的使用权，约定卓越公司每年年末按年销售收入的10%支付使用费，使用期10年。第一年，卓越公司实现销售收入100万元；第二年，卓越公司实现销售收入150万元。假定科华公司均于每年年末收到使用费，不考虑其他因素。

1）案例分析

本题以让渡资产使用权方式取得收入，让渡资产使用权收入主要包括利息收入和使用费收入。企业对外出租资产收取的租金、进行债权投资收取的利息、进行股权投资取得的股利，也属于让渡资产使用权形成的收入。本题按照约定分期收取使用费，因此应按规定的收款时间和金额或规定的收费方法计算确定的金额分期确认收入。本题有一个容易让人产生疑问的地方，即软件公司转让软件使用权取得的收入应记入什么会计账户，一般工业企业转让无形资产的使用权收入记入“其他业务收入”账户，但是软件企业如果转让自行研发的无形资产使用权则属于主营业务，其收入记入“主营业务收入”账户；如果转让的无形资产不属于自行研发范围，则属于其他业务，其收入记入“其他业务收入”账户。假设本题中科华软件公司转让的软件属自行研发的软件，那么本案涉及“主营业务收入”和“银行存款”账户。

2）账务处理

2022年12月31日

借：银行存款　　　　　　100 000

　　贷：主营业务收入　　　　100 000

2023年12月31日

借：银行存款　　　　　　150 000

　　贷：主营业务收入　　　　150 000

科华公司确认软件收入的记账凭证，如表14-19所示。

表14-19　记账凭证

记账凭证

		2022年12月31日														字第 182 号									
摘要	总账科目	明细科目	记账√	借方金额										记账√	贷方金额										
				千	百	十	万	千	百	十	元	角	分		千	百	十	万	千	百	十	元	角	分	
转让软件使用权收入	银行存款					1	0	0	0	0	0	0	0												
转让软件使用权收入	主营业务收入																1	0	0	0	0	0	0	0	附件
																									4
					¥	1	0	0	0	0	0	0	0			¥	1	0	0	0	0	0	0	0	
会计主管	记账	出纳	审核											制单	李清筱										

14.3 商品销售其他处理

企业在销售商品时，为了扩大销售、占领市场，往往会采取多种促销方式，主要包括商业折扣、现金折扣、销售折让和销售退回等。本节主要通过一些案例介绍这些销售优惠方式的账务处理。

14.3.1 商业折扣

商业折扣是指企业根据市场供需情况或针对不同的顾客，在商品标价上给予的扣除。商业折扣是企业最常用的促销方式之一。

例14-8

东方公司为增值税一般纳税企业，适用的增值税税率为13%。2023年3月1日，东方公司向达业公司销售一批商品，按价目表上标明的价格计算，其不含增值税额的售价总额为100万元。因属批量销售，东方公司同意给予达业公司10%的商业折扣。

1）案例分析

在确认销售商品收入的金额时，不应考虑预计可能发生的现金折扣、销售折让，即应按总价确认，应是扣除商业折扣后的净额。因此本题涉及的商业折扣应在计算总价时扣除，产生的增值税以扣除后的不含税金额为基数计算。

2）账务处理

3月1日销售商品

借：应收账款　　　　　　　　　　　　　　　1 017 000

　　贷：主营业务收入　　　　　　　　　　　　　900 000

　　　　应交税费——应交增值税（销项税额）　　117 000

东方公司确认收入的记账凭证，如表14-20所示。

表14-20 记账凭证

记账凭证																									
			2023年3月1日												字第 15 号										
摘　要	总账科目	明细科目	记账√	借方金额										记账√	贷方金额										
				千	百	十	万	千	百	十	元	角	分		千	百	十	万	千	百	十	元	角	分	
确认商品销售收入	应收账款				1	0	1	7	0	0	0	0	0												
确认商品销售收入	主营业务收入																9	0	0	0	0	0	0	0	附件
确认商品销售收入	应交税费	应交增值税（销项税额）															1	1	7	0	0	0	0	0	

（续表）

																								6
				¥	1	0	1	7	0	0	0	0	0		¥	1	0	1	7	0	0	0	0	0
会计主管	记账	出纳	审核											制单			李清筱							

14.3.2 现金折扣

现金折扣又称为销售折扣，是为敦促顾客尽早付清货款而提供的一种价格优惠。

例14-9

沿用【例14-8】，东方公司为了鼓励达业公司尽快付清货款，特提供以下现金折扣条件：2/10，1/20，n/30。假设达业公司于3月16日付清货款，假设现金折扣不包含增值税。

1）案例分析

收入确认时不考虑现金折扣，按合同总价款全额计量收入。当现金折扣以后实际发生时，直接计入当期损益（财务费用）。本案涉及的现金折扣意义是，分母代表付款的期间，分子代表折扣的比例。如2/10代表达业公司若在10天内支付货款将享受2%的折扣。本题中达业公司付款期间在20天内，应享受1%的折扣。

2）账务处理

3月16日收到达业公司货款

借：银行存款　　　　　　1 088 000

　　财务费用　　　　　　　　9 000

　　贷：应收账款　　　　　1 017 000

东方公司收到货款的记账凭证，如表14-21所示。

表14-21　记账凭证

记账凭证																								
		2023年3月16日													字第 206 号									
摘　要	总账科目	明细科目	记账√	借方金额										记账√	贷方金额									
				千	百	十	万	千	百	十	元	角	分		千	百	十	万	千	百	十	元	角	分	
收到乙公司货款	银行存款				1	0	0	8	0	0	0	0	0											
收到乙公司货款	财务费用							9	0	0	0	0	0											附件
收到乙公司货款	应收账款															1	0	1	7	0	0	0	0	0

（续表）

						3
				¥101700000	¥101700000	张
会计主管	记账	出纳	审核		制单	李清筱

14.3.3 销售折让

所谓销售折让是指由于商品的质量、规格等不符合要求，销售单位同意在商品价格上给予的减让。

例14-10

东方公司于2023年5月1日向天蓝公司销售一批商品，开出的增值税专用发票上注明销售价格为200万元，增值税税额为26万元。5月4日，天蓝公司在验收过程中发现商品质量不合格，要求在价格上给予5%的折让。假定东方公司已确认销售收入，款项尚未收到，发生的销售折让允许扣减当期增值税税额，东方公司于5月31日收到折让后货款。

1）案例分析

通常情况下，销售折让发生在销售收入已经确认后，因此销售折让发生时，应直接冲减当期销售商品收入。折让一般只是降低售价并不退回商品，因此只冲减收入，不冲减成本。

2）账务处理

5月1日销售商品

借：应收账款　　2 260 000

　　贷：主营业务收入　　2 000 000

　　　　应交税费——应交增值税（销项税额）　　260 000

5月4日发生销售折让

借：主营业务收入　　100 000

　　应交税费——应交增值税（销项税额）　　13 000

　　贷：应收账款　　113 000

5月31日收到货款

借：银行存款　　2 147 000

　　贷：应收账款　　2 147 000

东方公司确认销售收入的记账凭证，如表14-22所示。

表14-22　记账凭证

记账凭证																									
			2023年5月1日											字第 8 号											
摘　要	总账科目	明细科目	记账√	借方金额										记账√	贷方金额										
				千	百	十	万	千	百	十	元	角	分		千	百	十	万	千	百	十	元	角	分	
确认商品销售收入	应收账款				2	2	6	0	0	0	0	0	0												
确认商品销售收入	主营业务收入															2	0	0	0	0	0	0	0	0	附件
确认商品销售收入	应交税费	应交增值税（销项税额）															2	6	0	0	0	0	0	0	
																									3
				¥	2	2	6	0	0	0	0	0	0		¥	2	2	6	0	0	0	0	0	0	张
会计主管	记账	出纳	审核											制单	李清筱										

东方公司确认销售折让的记账凭证，如表14-23所示。

表14-23　记账凭证

记账凭证																									
			2023年5月4日											字第 36 号											
摘　要	总账科目	明细科目	记账√	借方金额										记账√	贷方金额										
				千	百	十	万	千	百	十	元	角	分		千	百	十	万	千	百	十	元	角	分	
确认商品销售折让	主营业务收入					1	0	0	0	0	0	0	0												
确认商品销售折让	应交税费	应交增值税（销项税额）					1	3	0	0	0	0	0												附件
确认商品销售折让	应收账款																1	1	3	0	0	0	0	0	
																									3
					¥	1	1	3	0	0	0	0	0			¥	1	1	3	0	0	0	0	0	张
会计主管	记账	出纳	审核											制单	李清筱										

14.3.4　销售退回

销售退回是指企业销售出的商品，由于质量、到货时间、品种等不符合要求的原因发生的退货。

例14-11

东方公司于2023年6月28日向达丰公司销售一批商品，开出的增值税专用发票注明的销售价格为200万元，增值税税额为26万元，东方公司已确认销售收入。7月5日，达丰公司在验收过程中发现商品发错，遂将该批货物全部退回，增值税发票抵扣联一并退回。该批商品的成本为120万元。

1）案例分析

已确认收入的售出商品发生销售退回的，企业一般应在发生时冲减当期销售商品收入，同时冲减当期销售商品成本及增值税额。本题即对销售退回时做账务处理，确认收入的账务处理（略）。

2）账务处理

7月5日销售退回

借：库存商品　　　　　　　　　　　　　1 200 000

　　贷：主营业务成本　　　　　　　　　　　1 200 000

借：主营业务收入　　　　　　　　　　　2 000 000

　　应交税费——应交增值税（销项税额）　260 000

　　贷：应收账款　　　　　　　　　　　　　2 260 000

东方公司销售退回的记账凭证，如表14-24所示。

表14-24　记账凭证

记账凭证

				2023年7月5日											字第 35 号										
摘要	总账科目	明细科目	记账√	借方金额										记账√	贷方金额										
				千	百	十	万	千	百	十	元	角	分		千	百	十	万	千	百	十	元	角	分	
销售退回冲减商品成本	库存商品				1	2	0	0	0	0	0	0	0												
销售退回冲减商品成本	主营业务成本															1	2	0	0	0	0	0	0	0	附件
销售退回冲减收入	主营业务收入				2	0	0	0	0	0	0	0	0												
销售退回冲减收入	应交税费	应交增值税（销项税额）				2	6	0	0	0	0	0	0												3
销售退回冲减收入	应收账款															2	2	6	0	0	0	0	0	0	
				¥	3	4	6	0	0	0	0	0	0		¥	3	4	6	0	0	0	0	0	0	张
会计主管	记账	出纳	审核											制单	李清筱										

14.4 应收账款回收

应收账款回收管理的好坏直接影响企业资产的完整性和利润的真实性。如管理不善，企业损失风险加大，会使资金周转困难。因此，企业应强化应收账款的回收管理，采取各种灵活有效的措施，力争最大限度地收回款项。本节通过理论和案例结合的方式解析应收账款的回收。

14.4.1 坏账准备的处理

坏账准备指企业的应收款项（含应收账款、其他应收款等）计提，是备抵账户。企业对坏账损失的核算，采用备抵法。备抵法是期末在检查应收款项收回的可能性前提下，预计可能发生的坏账损失并计提坏账准备，当某一应收款项全部或部分被确认为坏账时，将其金额冲减坏账准备并相应转销应收款项的方法。其计算方法有应收账款余额百分比法、账龄分析法、销货百分比法、个别认定法。

1. 应收账款余额百分比法

首先计算期末应提足的坏账准备：

期末应提足的坏账准备=期末应收账款的余额×坏账估计百分比

然后结合“坏账准备”目前的余额状况，做如下调整：如果应提足额大于已提足额，则本期应计提两者之差；反之，则反冲坏账准备。如果“坏账准备”出现借方余额，则直接计提（期末应提足数+坏账准备的借方余额）。总之，要把“坏账准备”贷方余额调整至期末应提足数。

2. 账龄分析法

在计算上，与应收账款余额百分比法只在第一步不同，其余完全相同。即该方法在认定期末应提足数时，以应收账款的账龄为标准划分为不同的层次，并匹配不同的坏账估计百分比认定期末应提足数。采用账龄分析法计提坏账准备时，收到债务单位当期偿还的部分债务后，对账龄的确定是：

- 剩余的应收账款不应改变其账龄。
- 存在多笔应收账款且账龄不同的情况下，应当逐笔认定收到的是哪一笔应收账款。
- 确实无法认定的，按照先发生先收回的原则确定。

3. 销货百分比法

这种方法是直接按当期的赊销额乘以坏账估计百分比来认定当期应提坏账损失额，不需要结合“坏账准备”来调整认定。

4. 个别认定法

在采用余额百分比法和账龄分析法时，如果某项应收账款的可收回性与其他各项应收账款存在明显差别，可对该项应收账款采用个别认定法计提坏账准备。

下面以应收账款余额百分比法为例讲解这种业务的账务处理。

例14-12

东方公司采用应收账款余额百分比法计提坏账准备，计提比例5%，年初坏账准备余额50万元，本年发生坏账损失10万元，本年收回上年已核销的坏账8万元，年末应收账款余额1 000万元，其中有一项100万元的应收账款有确凿证据表明只能收回20%，计算本年应计提的坏账准备金额，并作相关的会计处理。

1）案例分析

本题按照坏账准备的第一种计算方法确认坏账准备的计提与转销等业务。

2）账务处理

年末应保留的坏账准备余额=900×5%+100×80%=125（万元）

本年应计提的坏账准备=125-（50-10+8）=77（万元）

实际发生坏账损失10万元

借：坏账准备　　　　　　100 000

　　贷：应收账款　　　　　　100 000

收回上年已核销坏账8万元

借：应收账款　　　　　80 000

　　贷：坏账准备　　　　　80 000

借：银行存款　　　　　80 000

　　贷：应收账款　　　　　80 000

本年应计提坏账准备

借：资产减值损失　　　　770 000

　　贷：坏账准备　　　　　　770 000

14.4.2 账龄分析表制作

例14-13

东方公司2023年6月30日的应收账款如下：应收达业公司2023年2月1日货款150万元，2023年4月18日货款120万元；应收天蓝公司2022年12月3日货款310万元，2023年3月8日货款110万元。编制2023年6月30日东方公司账龄分析表，如表14-25所示。

表14-25　东方公司账龄分析表

会计科目：应收账款　　　　2023年6月30日　　　　单位：元

往来单位名称	应收账款余额	1～30天	31～60天	61～90天	91～180天	181～360天	360天以上
达业公司	2 700 000	0	0	1 200 000	1 500 000	0	0
天蓝公司	4 200 000	0	0	0	1 100 000	3 100 000	0

（续表）

往来单位名称	应收账款余额	1～30天	31～60天	61～90天	91～180天	181～360天	360天以上
合计	6 900 000	0	0	1 200 000	2 600 000	3 100 000	0
占总额%	100	0	0	17.39	37.68	44.93	0

14.5 销售费用归集

产品销售费用不计入产品的成本，按照期间（月份、季度或年度）核算，作为期间费用，直接计入当月损益。因此，这种费用应按年、季、月和费用项目编制费用计划加以控制和考核。这种费用的归集，可以反映和监督其费用计划的执行情况，并正确、及时计入当月损益。本节对销售费用的归集举例说明，记账凭证（略）。

例14-14

东方公司为增值税一般纳税人的工业企业，主营A、B产品，2023年6月发生如下经济业务。

1）5日，以现金支付销售A产品运杂费1 500元。

借：销售费用　　　　1 500

　　贷：库存现金　　　　1 500

2）10日，工程技术人员王某为帮助调试A产品出差预借差旅费1 800元，以现金付讫。

借：其他应收款——王某　　　　1 800

　　贷：库存现金　　　　1 800

3）12日，王某出差回来，报销差旅费1 600元，归还现金200元。

借：销售费用　　　　1 600

　　库存现金　　　　200

　　贷：其他应收款——王某　　　　1 800

4）15日，为进行B产品推广，以银行存款支付某广告公司20 000元的广告费。

借：销售费用　　　　20 000

　　贷：银行存款　　　　20 000

5）18日，销售部业务员方某因为业务需要招待客户达业公司刘某发生餐费220元。

借：销售费用　　　　220

　　贷：库存现金　　　　220

6）30日，经核算销售部门职工本月工资为30 000元，奖金为5 000元。

借：销售费用　　　　35 000

贷：应付职工薪酬——工资　　　　30 000

奖金　　　　5 000

7）根据以上业务，归集6月份甲公司的销售费用，并结转至当期损益。

销售费用=1500+1600+20000+220+35000=58320（元）

借：本年利润　　　　58 320

贷：销售费用　　　　58 320

提示

在进行会计核算时，销售费用的归集并不按照产品分配，但是企业如果为了管理的需要，会计人员可以将销售费用按照产品或者项目分别核算，以计算每一产品或项目的实际利润。

14.6 销售税费计算

本节主要通过实际案例介绍企业在销售过程中涉及的增值税、消费税的计算。

14.6.1 增值税的计算

例14-15

东方公司为增值税一般纳税人，2023年8月26日向达丰公司销售其生产的电脑100台，每台不含增值税售价为35 00元，发票上注明的货款为350 000元，增值税为45 500元，东方公司于当日收到达丰公司开出的商业承兑汇票1张，金额为395 500元。

1）案例分析

增值税是流转税，实行价外计征的办法，即价款和税费是分开的，体现在增值税专用发票上是销售金额为一栏，税额则根据销售金额和税率的计算而来并单独一栏显示。另外，对于增值税一般纳税人而言，增值税根据企业当月销项税额减去进项税额后正的余额来缴纳，若余额为负则可累积到下个月进行抵扣。

2）账务处理

借：应收票据　　　　395 500

贷：主营业务收入　　　　350 000

应交税费——应交增值税（销项税额）　　　　45 500

记账凭证略。

14.6.2 消费税的计算

例14-16

馨美化妆品公司长期以来一直委托加工厂加工应税化妆品，收回后继续生产加工成应税化妆品销售，加工厂一直是以60元/千克的价格代收代缴消费税。2023年7月，化妆品公司收回用当月外购的原材料委托加工好的化妆品3 000千克（外购材料和加工费均取得专用发票），用于继续生产加工，当月将收回的该批化妆品继续生产加工后全部销售，共800箱，每箱售价600元。化妆品公司月初进项税余额为零。试计算馨美化妆品公司当月应该申报缴纳的消费税（化妆品消费税率为15%）。

1）案例分析

消费税的征收范围是我国境内生产、委托加工、零售和进口《中华人民共和国消费税暂行条例》规定的应税消费品的单位和个人。消费税实行价内税，只在应税消费品的生产、委托加工和进口环节缴纳，在以后的批发、零售等环节，因为价款中已包含消费税，因此不用再缴纳消费税，税款最终由消费者承担。本题中化妆品是属于应征消费税的税目，适用15%的税率。按照相关会计制度规定，如委托加工的应税消费品收回后继续加工成应税消费品销售的，应将受托方代收代缴的消费税计入“应交税费——应交消费税”账户借方，待最终销售后缴纳消费税时抵扣。如委托加工的应税消费品收回后直接用于销售的，应将受托方代收代缴的消费税连同应支付的加工费一并计入委托加工的应税消费品成本中。

2）账务处理

消费税=800×600×15%−3000×60×15%=72 000-27000＝4500（元）

从受托方处提货时

借：委托加工物资　　180 000
　　应交税费——应交消费税　　27 000
　　应交税费——应交增值税（进项税额）　　23 400
　　贷：银行存款　　230 400

最终销售时

借：税金及附加　　72 000
　　贷：应交税费——应交消费税　　72 000

14.7 常见差错点拨

本章介绍的销售阶段与前两章介绍的筹资阶段、生产经营阶段一样，都是会计账务处理的重点，会计人员在进行账务处理时同样会出现失误，本节主要讲述在这一阶段经常出现的几个错误点。

14.7.1　收入确认时间不准确

按照规定，收入的确认时间为收讫销售款项或者取得索取销售款项凭据的当天，即为纳税义务发生时间，也就是开发票的时间。

比如，某公司某项业务每天都会发生应收账款，次月与业务单位对账，对账后有可能调账，然后确定金额后再给对方开具发票。很多会计在商品发出时即确认收入和应收账款，并结转销售成本，这就是没有明确确认收入的时间。正确做法是应该在次月给对方开具发票时确认收入，因为开票即取得了索取销售款的凭据，开票意味着销售的成功与实现，客户取得了相关商品的控制权，所以确认收入就是开票这个收款凭据的当天。

这个例子的账务处理为

发出商品时

借：发出商品

　　贷：库存商品

开具发票时

借：应收账款

　　贷：主营业务收入

　　　　应交税费——应交增值税（销项税额）

借：主营业务成本

　　贷：发出商品

14.7.2　销售税费计算不准确

销售税费的计算包括增值税和消费税两个税种税金的计算，其中，各种税费单独计算比较简单，复杂的是两种税种同时计算。有些企业生产的商品，既要征收增值税，又要征收消费税，计算起来比较复杂。

在此特举例说明，如某化妆品公司长期以来一直委托加工厂加工应税化妆品，收回后继续生产加工成应税化妆品销售。加工厂一直以60元/千克的价格代收代缴消费税。2023年7月，化妆品公司收回用当月外购的原材料委托加工好的化妆品3 000千克（外购材料和加工费均取得专用发票），月初库存为2 000千克，月末库存为1 000千克。当月销售继续生产的化妆品800箱，每箱售价600元。化妆品公司月初进项税余额为零。试计算该化妆品公司当月应该申报缴纳的消费税和增值税。（化妆品税率为15%；当月外购原材料和支付加工费取得增值税专用发票，税率为13%）

该公司当月应缴纳的消费税=800×600×15%−（2000+3000−1000）×60×15%=36000（元）

由于加工厂以60元/千克价格计算代扣代缴的消费税，即加工厂计算代扣代缴消费税的组成计税价格是60元/千克，因此可以推出：

60=（材料成本+加工费）÷（1−15%）

材料成本+加工费=60×（1−15%）=51（元）

据此计算出化妆品公司当月实际支付的进项税额。

进项税额：3000×51×13%=19890（元）

据此，当月应纳增值税额为

应纳增值税额=800×600×13%−19890=42510（元）

所以，该化妆品公司当月应该申报缴纳的消费税和增值税分别为36 000元和42 510元。

第15章 利润核算与分配账务处理

前几章学习了资金流转过程的前三个阶段，即资金的取得、资金的投入与资金的收回，本章将详细介绍资金流转的最后一个阶段利润分配。本章主要阐述的内容包括利润的核算、利润的分配、利润的构成及利润分配核算等几方面。

15.1 主要账户设置

在利润核算和分配的账务处理中，会涉及营业外收入、营业外支出、其他业务收入、本年利润、盈余公积、所得税费用、利润分配、应付股利等会计账户，本节讲述这些账户类型。

15.1.1 “营业外收入”账户

营业外收入是指与企业生产经营活动没有直接关系的各种收入。营业外收入不是由企业经营资金耗费产生的，实际上是一种纯收入，不可能也不需要与有关费用进行配比。因此，在会计核算上，应当严格区分营业外收入与营业收入的界限。

- 性质：该账户属于损益类账户。
- 用途：核算企业发生的各项营业外收入，主要包括与企业日常活动无关的政府补助、盘盈利得、捐赠利得（企业接受股东或股东的子公司直接成间接的捐赠，经济实质属于股东对企业的资本性投入的除外）等。
- 结构：贷方登记企业发生的各项营业外收入，借方登记期末转入“本年利润”账户的营业外收入数。期末结转后一般无余额。
- 明细账的设置：按营业外收入项目进行明细核算。

15.1.2 “营业外支出”账户

营业外支出是指不属于企业生产经营费用，与企业生产经营活动没有直接关系，但应从企业实现的利润总额中扣除的支出。

- 性质：该账户属于损益类账户。
- 用途：核算企业发生的各项营业外支出，包括非流动资产处置损失、公益性捐赠支出、非常损失、盘亏损失等。
- 结构：借方登记企业发生的各项营业外支出，贷方登记期末转入“本年利润”

账户的营业外支出数。期末结转后该账户一般无余额。

- 明细账的设置：按支出项目进行明细核算。

15.1.3 “其他业务收入”账户

其他业务收入是指企业主营业务收入以外所有通过销售商品、提供劳务收入及让渡资产使用权等日常活动中形成的经济利益的流入。

- 性质：该账户属于损益类账户。
- 用途：核算除主营业务活动以外的其他经营活动实现的收入，包括出租固定资产、出租无形资产、出租包装物和商品、销售材料等实现的其他业务收入。
- 结构：贷方登记企业获得的其他业务收入，借方登记期末结转到“本年利润”账户，结转后该账户一般无余额。
- 明细账的设置：按其他业务收入种类进行明细核算。

15.1.4 “其他业务成本”账户

其他业务成本是指企业确认的除主营业务以外的其他日常经营活动所发生的支出。其他业务成本包括销售材料的成本、出租固定资产的折旧额、出租无形资产的摊销额、出租包装物的成本或摊销额等。企业从事其他多种经营，加工业生产、商业贸易、运输和服务等也应纳入其他业务成本，具体成本划分可比照执行相关行业财务制度的规定。

- 性质：该账户属于损益类账户。
- 用途：核算企业确认的除主营业务活动以外的其他经营活动发生的支出，包括销售材料的成本、出租固定资产的折旧额、出租无形资产的摊销额、出租包装物的成本或摊销额等。除主营业务活动以外的其他经营活动发生的相关税费，也在“税金及附加”科目核算。
- 结构：借方登记企业发生的其他业务成本，贷方登记期末结转到“本年利润”账户的其他业务成本，结转以后该账户一般无余额。
- 明细账的设置：按其他业务的种类设置明细账。

15.1.5 “本年利润”账户

本年利润是用来核算企业当年实现的净利润（或发生的净亏损）的会计科目。该账户是核算企业利润的重要账户。

- 性质：该账户属于所有者权益类账户。
- 用途：核算企业当期实现的净利润（或发生的净亏损）。
- 结构：贷方登记期末从“主营业务收入”“其他业务收入”“营业外收入”“投资收益”（投资净收益）等账户的转入数；借方登记期末从“主营业务成本”“税金及附加”“其他业务成本”“销售费用”“管理费用”“财务

费用”“营业外支出”“所得税费用”等账户的转入数。若为贷方余额表示实现的净利润，若为借方余额表示发生的亏损。在年度中间，该账户的余额保留在本账户不予结转，表示截至本期的本年累计实现的净利润（或亏损）。年度终了，应将本年实现的净利润，转入“利润分配”科目，借记本科目，贷记“利润分配——未分配利润”科目；如为净亏损，做相反的会计分录。年终结转后本科目应无余额。

- 明细账的设置：不进行明细核算。

15.1.6 “所得税费用”账户

所得税费用指企业为取得会计税前利润应缴纳的所得税。“所得税费用”，核算企业负担的所得税，一般不等于当期应缴所得税，因为可能存在“暂时性差异”。如果只有永久性差异，则等于当期应缴所得税。

- 性质：该账户属于损益类账户。
- 用途：核算企业按规定在本期损益中减去的所得税费用。
- 结构：借方登记企业应记入本期损益的所得税额，贷方登记企业期末转入“本年利润”账户的所得税额，结转后该账户一般无余额。
- 明细账的设置：不进行明细核算。

15.1.7 “利润分配”账户

利润分配指企业按照国家规定的政策和比例，对已实现的净利润在企业和投资者之间进行分配。

- 性质：该账户属于所有者权益类账户。
- 用途：用来反映企业利润的分配（或亏损的弥补）和历年分配（或弥补）后的结存余额。
- 结构：年度终了，企业应将全年实现的净利润，自“本年利润”科目转入本账户，如为净亏损，则转入该账户的借方，当年对净利润的分配记在该账户的借方。本账户年末余额，反映企业历年积存的未分配利润（或未弥补亏损）。余额在贷方，表示历年累计未分配的利润；余额在借方，则表示历年累计的未弥补亏损。
- 明细账的设置：本科目应当分别“提取法定盈余公积”“提取任意盈余公积”“应付现金股利或利润”“转作股本的股利、盈余公积补亏”“未分配利润”等进行明细核算。

15.1.8 “盈余公积”账户

盈余公积是指企业按照规定从净利润中提取的各种积累资金。一般盈余公积分为两种。一是法定盈余公积。其按照税后利润的10%提取（非公司制企业也可按照超过

10%的比例提取），法定盈余公积累计额已达注册资本的50%时可以不再提取。二是任意盈余公积。主要是公司制企业按照股东大会的决议提取。两者的区别是计提的依据不同，前者以国家的法律或行政规章为依据提取，后者则由企业自行决定提取。

- 性质：该账户属于所有者权益类账户。
- 用途：核算企业从净利润中提取的盈余公积。
- 结构：贷方登记企业按规定提取的盈余公积，借方登记以盈余公积金转增资本、弥补亏损等数额。期末余额在贷方，表示企业盈余公积金实际结存数。
- 明细账的设置：本科目应当分别"法定盈余公积""任意盈余公积"等进行明细核算。

15.1.9 "应付股利"账户

应付股利是指企业根据年度利润分配方案，确定分配的股利，是企业经董事会、股东大会或类似机构决议确定分配的现金股利或利润。

- 性质：该账户属于负债类账户。
- 用途：核算企业分配的现金股利或利润。
- 结构：贷方登记应支付的现金股利或利润，借方登记实际支付的现金股利或利润。期末余额在贷方，反映企业应付未付的现金股利或利润。
- 明细账的设置：该账户可按投资者进行明细核算。

> **提示**
>
> 企业分配的股票股利不通过本科目核算，通过"股本"科目核算。

15.2 利润的构成

利润是企业在一定会计期间的经营成果，包括收入减去费用后的净额、直接计入当期利润的利得和损失等。本节将讲解与利润有关的内容，包括销售毛利、营业利润、利润总额和净利润等。

15.2.1 销售毛利

毛利，又称为销售毛利。当一个商品有销售时，销售毛利就是移动平均成本和售价之间的差异，即：

销售毛利 = 销售收入-销售成本=主营业务收入-主营业务成本

通过上述公式，可以知道企业销售毛利的主要影响因素，因此要使企业盈利水平提高，主要有两种方法：增加销售收入和降低销售成本。

15.2.2 营业利润

营业利润永远是商业经济活动的行为目标，没有足够的利润企业无法继续生存，没有足够的营业利润企业无法继续扩大发展。它是企业利润的主要来源，指企业在销售商品、提供劳务等日常活动中产生的利润。计算公式如下：

营业收入=主营业务收入+其他业务收入

营业成本=主营业务成本+其他业务成本

营业利润=营业收入-营业成本-税金及附加-销售费用-管理费用-财务费用-资产减值损失+公允价值变动收益（-公允价值变动损失）+投资收益（-投资损失）+资产处置损益+其他收益

15.2.3 利润总额

利润总额指企业在生产经营过程中各种收入扣除各种耗费后的盈余，反映企业在报告期内实现的盈亏总额。利润总额是一家公司在营业收入中扣除折扣、成本消耗及营业税后的剩余，这就是人们通常所说的盈利。

利润总额=营业利润+营业外收入-营业外支出

营业外收入与营业外支出是独立的，与其他业务收入和其他业务成本不同，二者无匹配关系，各自独立发生。利润范围一般包括处置非流动资产的利得或损失、债务重组利得或损失、政府补助或行政罚款等。

15.2.4 净利润

净利润指在利润总额中按规定缴纳所得税以后公司的利润留存，一般称为税后利润或净收入。它是一个企业经营的最终成果，净利润多，企业的经营效益就好；净利润少，企业的经营效益就差。它是衡量一个企业经营效益的主要指标。净利润的计算公式为

净利润=利润总额-所得税费用

或者

净利润=利润总额×（1-所得税税率）

企业的净利润由企业留存，可用于弥补以前年度亏损、提取盈余公积、发放股利或者用于企业的再生产等。

15.3 利润的核算

所谓销售利润核算，是在销售量或销售收入核算与销售费用核算的基础上，通过对二者的对比分析反映企业促销业务和经营活动的经济效益。本节主要通过实际案例分析计算利润的核算。

15.3.1 其他业务收支的核算

例15-1

东方公司为生产家用电器的增值税一般纳税人，因生产技术的不断进步，有一批以前采购的原材料已不再需要。2023年7月21日，东方公司将该批原材料50吨全部出售给丰达公司，不含税售价每吨1 200元，增值税为7 800元，当日开出增值税发票并将原材料运输至丰达公司，同时丰达公司将该笔货款支付给东方公司。该批原材料的成本为每吨1 100元。

1）案例分析

本案例为一般工业企业将闲置的原材料出售的业务，视同销售。因为原材料不是企业经过加工后要出售的产成品，企业的主营业务不是销售原材料，因此，该业务不能用“主营业务收入”核算，要用“其他业务收入”核算；结转成本时也不能用“主营业务成本”，用“其他业务成本”结转。另外，该笔业务既然视同销售，那么在产生现金流的基础上增值税就不可避免地产生了。

2）账务处理

借：银行存款　　67 800

　　贷：其他业务收入　　60 000

　　　　应交税费——应交增值税（销项税额）　　7 800

借：其他业务支出　　55 000

　　贷：原材料　　55 000

东方公司销售原材料的记账凭证，如表15-1所示。

表15-1　记账凭证

记账凭证																									
		2023年7月21日													字第 115 号										
摘　要	总账科目	明细科目	记账√	借方金额										记账√	贷方金额										
				千	百	十	万	千	百	十	元	角	分		千	百	十	万	千	百	十	元	角	分	
销售原材料收入	银行存款						6	7	8	0	0	0	0												
销售原材料收入	其他业务收入																	6	0	0	0	0	0	0	附件
销售原材料收入	应交税费	应交增值税（销项税额）																	7	8	0	0	0	0	
																									3
						¥	6	7	8	0	0	0	0				¥	6	7	8	0	0	0	0	张
会计主管	记账	出纳	审核											制单			李清筱								

东方公司结转原材料成本的记账凭证，如表15-2所示。

表15-2　记账凭证

记账凭证																									
		2023年7月21日													字第 115 号										
摘　要	总账科目	明细科目	记账√	借方金额										记账√	贷方金额										
				千	百	十	万	千	百	十	元	角	分		千	百	十	万	千	百	十	元	角	分	
结转原材料成本	其他业务支出						5	5	0	0	0	0	0												
结转原材料成本	原材料																	5	5	0	0	0	0	0	附件
																									3
						¥	5	5	0	0	0	0	0				¥	5	5	0	0	0	0	0	张
会计主管	记账	出纳	审核											制单	李清筱										

15.3.2　营业外收支的核算

例15-2

由于技术进步，东方公司2023年6月5日将一项已经落后的电视机生产技术报废，该项技术原值为36万元，已使用5年，累计摊销为18万元，无形资产减值准备为8万元。

1）案例分析

本案例为一般工业企业报废无形资产的业务，该类业务一般属于生产企业主营业务以外的非日常业务，而且属于正常报废的非流动资产，因此该业务产生的利得或损失，应用“营业外支出”核算。本案例中东方公司的电视机生产技术已使用5年，原值减去累计摊销后的余额为18万元，因此该笔业务使东方公司产生损失，并记入“营业外支出”账户。

2）账务处理

无形资产净值=360 000−180 000−80 000=100 000（元）

借：营业外支出　　　　100 000

　　累计摊销　　　　　180 000

　　无形资产减值准备　　80 000

　　贷：无形资产　　　　　　360 000

东方公司转让电视机生产技术的记账凭证，如表15-3所示。

表15-3　记账凭证

记账凭证																									
		2023年6月5日													字第 32 号										
摘　要	总账科目	明细科目	记账√	借方金额										记账√	贷方金额										
				千	百	十	万	千	百	十	元	角	分		千	百	十	万	千	百	十	元	角	分	
转让电视机生产技术	营业外支出					1	0	0	0	0	0	0	0												
转让电视机生产技术	累计摊销					1	8	0	0	0	0	0	0												附件
转让电视机生产技术	无形资产减值准备						8	0	0	0	0	0	0												
转让电视机生产技术	无形资产																3	6	0	0	0	0	0	0	3
					¥	3	6	0	0	0	0	0	0			¥	3	6	0	0	0	0	0	0	3
会计主管	记账	出纳	审核											制单	李清筱										

例15-3

东方公司2023年2月销售一批冰箱给天蓝公司，价款50万元，增值税6.5万元。因天蓝公司发生财务困难，无法于合同约定日2023年5月20日前支付货款。经双方协商，于6月1日进行债务重组，约定天蓝公司以现金10万元和一条公允价值为40万元的生产线抵偿债务，该生产线原值60万元，已提折旧18万元。

1）案例分析

本案例是企业进行债务重组的业务，即债务人在发生财务危机时，债权人给予债务人一定的优惠，使债务人能够少承担一部分债务。这部分优惠对债务人来说是“营业外收入”，对债权人来说是“营业外支出”。本案例中的天蓝公司是债务人，享受东方公司的优惠正是天蓝公司的“营业外收入”。另外，本案例中有一个小陷阱，即天蓝公司生产线的净值和公允价值不一致，通常不容易分辨该使用哪一个数值，在此强调一下，债权人应以重组固定资产的公允价值为准，公允价值与净值不一致的由债务人做账务调整。天蓝公司的债务重组利得=56.5−10−40=6.5万元，计入营业外收入；天蓝公司的生产线公允价值与账面价值的差额=40−(60−18)=−2万元，为资产损益，计入资产处置损益。

2）天蓝公司账务处理

借：固定资产清理　　　　420 000
　　累计折旧　　　　　　180 000
　　贷：固定资产　　　　　　600 000
借：应付账款　　　　　565 000

货：固定资产清理　　　　　　4 000 000

营业外收入　　　　　　65 000

库存现金　　　　　　1 000 000

借：资产处置损益　　　　　　20 000

贷：固定资产清理　　　　　　20 000

天蓝公司债务重组的记账凭证，如表15-4～表15-6所示。

表15-4　记账凭证

记账凭证																									
		2023年6月1日													字第 12 号										
摘　要	总账科目	明细科目	记账√	借方金额										记账√	贷方金额										
				千	百	十	万	千	百	十	元	角	分		千	百	十	万	千	百	十	元	角	分	
与东方公司债务重组	固定资产清理					4	2	0	0	0	0	0	0												
与东方公司债务重组	累计折旧					1	8	0	0	0	0	0	0												附件
与东方公司债务重组	固定资产																6	0	0	0	0	0	0	0	
																									3
					¥	6	0	0	0	0	0	0	0			¥	6	0	0	0	0	0	0	0	
会计主管	记账	出纳	审核											制单	李清筱										

表15-5　记账凭证

记账凭证																									
		2023年6月1日													字第 12 号										
摘　要	总账科目	明细科目	记账√	借方金额										记账√	贷方金额										
				千	百	十	万	千	百	十	元	角	分		千	百	十	万	千	百	十	元	角	分	
与东方公司债务重组	应付账款					5	6	5	0	0	0	0	0												
与东方公司债务重组	固定资产清理															4	0	0	0	0	0	0	0	0	附件
与东方公司债务重组	营业外支出																	6	5	0	0	0	0	0	
与东方公司债务重组	库存现金																1	0	0	0	0	0	0	0	
																									3
					¥	5	6	5	0	0	0	0	0			¥	5	6	5	0	0	0	0	0	
会计主管	记账	出纳	审核											制单	李清筱										

表15-6　记账凭证

<table>
<tr><td colspan="26">记账凭证</td></tr>
<tr><td></td><td></td><td colspan="12">2023年6月1日</td><td></td><td colspan="10">字第 12 号</td><td></td></tr>
<tr><td rowspan="2">摘　要</td><td rowspan="2">总账科目</td><td rowspan="2">明细科目</td><td rowspan="2">记账√</td><td colspan="10">借方金额</td><td rowspan="2">记账√</td><td colspan="10">贷方金额</td><td rowspan="2"></td></tr>
<tr><td>千</td><td>百</td><td>十</td><td>万</td><td>千</td><td>百</td><td>十</td><td>元</td><td>角</td><td>分</td><td>千</td><td>百</td><td>十</td><td>万</td><td>千</td><td>百</td><td>十</td><td>元</td><td>角</td><td>分</td></tr>
<tr><td>与东方公司债务重组</td><td>资产处置损益</td><td></td><td></td><td></td><td></td><td></td><td>2</td><td>0</td><td>0</td><td>0</td><td>0</td><td>0</td><td>0</td><td></td><td></td><td></td><td></td><td></td><td></td><td></td><td></td><td></td><td></td><td></td><td></td></tr>
<tr><td>与东方公司债务重组</td><td>固定资产清理</td><td></td><td></td><td></td><td></td><td></td><td></td><td></td><td></td><td></td><td></td><td></td><td></td><td></td><td></td><td></td><td></td><td>2</td><td>0</td><td>0</td><td>0</td><td>0</td><td>0</td><td>0</td><td>附件</td></tr>
<tr><td></td><td></td><td></td><td></td><td></td><td></td><td></td><td></td><td></td><td></td><td></td><td></td><td></td><td></td><td></td><td></td><td></td><td></td><td></td><td></td><td></td><td></td><td></td><td></td><td></td><td></td></tr>
<tr><td></td><td></td><td></td><td></td><td></td><td></td><td></td><td></td><td></td><td></td><td></td><td></td><td></td><td></td><td></td><td></td><td></td><td></td><td></td><td></td><td></td><td></td><td></td><td></td><td></td><td>3</td></tr>
<tr><td></td><td></td><td></td><td></td><td></td><td></td><td></td><td></td><td></td><td></td><td></td><td></td><td></td><td></td><td></td><td></td><td></td><td></td><td></td><td></td><td></td><td></td><td></td><td></td><td></td><td></td></tr>
<tr><td></td><td></td><td></td><td></td><td></td><td>¥</td><td>6</td><td>0</td><td>0</td><td>0</td><td>0</td><td>0</td><td>0</td><td>0</td><td></td><td></td><td>¥</td><td>6</td><td>0</td><td>0</td><td>0</td><td>0</td><td>0</td><td>0</td><td>0</td><td></td></tr>
<tr><td>会计主管</td><td>记账</td><td>出纳</td><td colspan="2">审核</td><td colspan="10"></td><td colspan="3">制单</td><td colspan="8">李清筱</td></tr>
</table>

15.3.3　损益结转

例15-4

东方公司2023年6月30日结转本期损益，其中本期实现的主营业务收入为1 680 000元，主营业务成本为1 020 000元，税金及附加为28 560元，其他业务收入5 000元，其他业务成本4 500元，管理费用80 000元，销售费用120 000元，财务费用2 000元，营业外收入20 000元，营业外支出85 000元，根据以上资料结转东方公司6月份的损益。

1）案例分析

本案例是期末结转损益计算公司盈利还是亏损的业务，方法为将收入类账户金额从借方转入“本年利润”账户的贷方，将成本费用类账户金额从贷方转入“本年利润”账户的借方，二者之差若为“本年利润”贷方余额则为盈利，反之若为借方余额则表示企业当期亏损。

2）账务处理

首先将该案例涉及的“T”形账户简图附上，如图15-1所示。

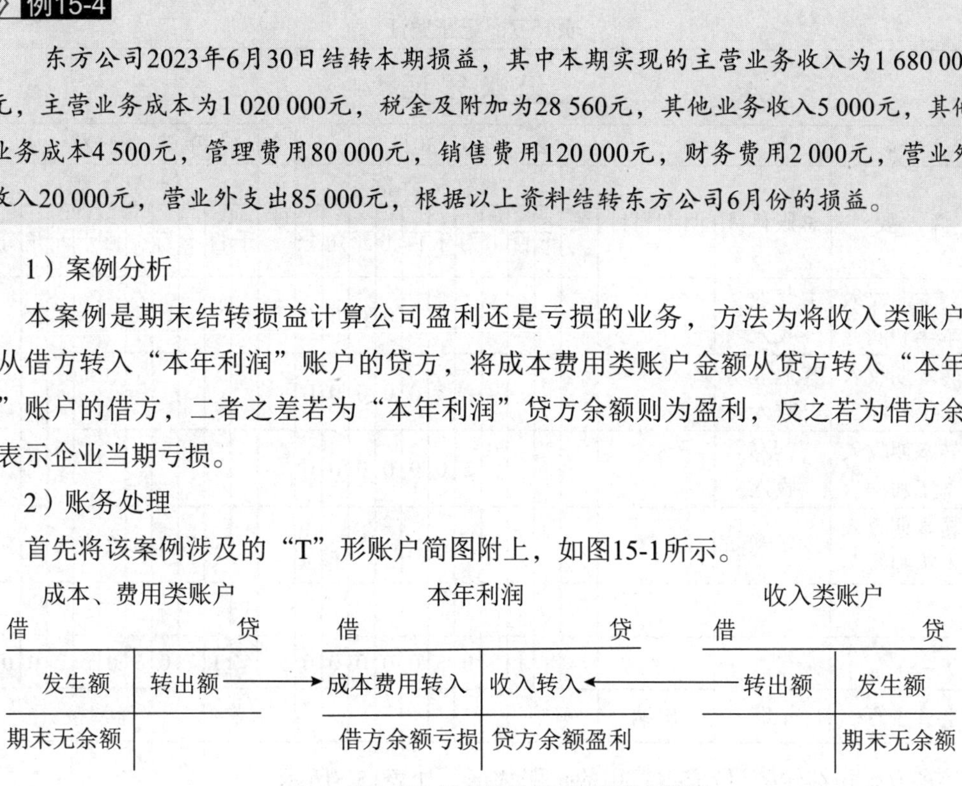

成本、费用类账户		本年利润		收入类账户	
借	贷	借	贷	借	贷
发生额	转出额 →	成本费用转入	收入转入 ←	转出额	发生额
期末无余额		借方余额亏损	贷方余额盈利		期末无余额

图15-1　结转损益“T”形账户简图

借：主营业务收入　　　　1 680 000

　　其他业务收入　　　　5 000

　　营业外收入　　　　　20 000

　　贷：本年利润　　　　　1 705 000

借：本年利润　　　　　　1 340 060

　　贷：主营业务成本　　　1 020 000

　　　　其他业务成本　　　4 500

　　　　税金及附加　　　　28 560

　　　　管理费用　　　　　80 000

　　　　销售费用　　　　　120 000

　　　　财务费用　　　　　2 000

　　　　营业外支出　　　　85 000

因此本期销售毛利=1680000−1020000=660000（元）

营业利润=660000+5000−4500−28560−80000−120000−2000=429940（元）

利润总额=429940+20000−85000=364940（元）或

利润总额=1705000−1340060=364940（元）

东方公司结转6月份收入的记账凭证，如表15-7所示。

表15-7　记账凭证

记账凭证																									
		2023年6月30日												字第 182 号											
摘　要	总账科目	明细科目	记账√	借方金额										记账√	贷方金额										
				千	百	十	万	千	百	十	元	角	分		千	百	十	万	千	百	十	元	角	分	
结转本期收入至本年利润	主营业务收入				1	6	8	0	0	0	0	0	0												
结转本期收入至本年利润	其他业务收入							5	0	0	0	0	0												附件
结转本期收入至本年利润	营业外收入						2	0	0	0	0	0	0												
结转本期收入至本年利润	本年利润															1	7	0	5	0	0	0	0	0	4
				¥	1	7	0	5	0	0	0	0	0		¥	1	7	0	5	0	0	0	0	0	张
会计主管	记账	出纳	审核											制单		李清筱									

东方公司结转6月份成本费用的记账凭证，如表15-8所示。

表15-8　记账凭证

记账凭证																								
		2023年6月30日													字第 183 号									
摘　要	总账科目	明细科目	记账√	借方金额										记账√	贷方金额									
				千	百	十	万	千	百	十	元	角	分		千	百	十	万	千	百	十	元	角	分	
结转本期成本费用至本年利润	本年利润				1	3	4	0	0	6	0	0	0												
结转本期成本费用至本年利润	主营业务成本															1	0	2	0	0	0	0	0	0	附件
结转本期成本费用至本年利润	其他业务成本																		4	5	0	0	0	0	
结转本期成本费用至本年利润	税金及附加																	2	8	5	6	0	0	0	
结转本期成本费用至本年利润	管理费用																	8	0	0	0	0	0	0	
结转本期成本费用至本年利润	销售费用																1	2	0	0	0	0	0	0	4
结转本期成本费用至本年利润	财务费用																		2	0	0	0	0	0	
结转本期成本费用至本年利润	营业外支出																	8	5	0	0	0	0	0	
				¥	1	3	4	0	0	6	0	0	0		¥	1	3	4	0	0	6	0	0	0	张
会计主管	记账	出纳	审核												制单		李清筱								

15.3.4　所得税核算

例15-5

本案例沿用【例15-4】内容，已知东方公司的利润总额，假设东方公司适用的所得税税率为25%，计算6月份东方公司应缴纳的所得税。

1）案例分析

企业所得税是针对企业的生产经营所得和其他所得征收的一种税，计算方法为应纳税所得额乘以所得税税率，一般来说应纳税所得额就是会计上的利润总额。知道了利润总额和所得税税率，企业所得税就计算出来了。另外，现行制度规定了一些所得税优惠政策，符合条件的企业应该注意不要错过企业应当享有的一些优惠政策。

2）账务处理

所得税费用=364940×25%=91235（元）

借：所得税费用　　　　　　　　91 235

贷：应交税费——应交所得税　　　　91 235

借：本年利润　　　　　　　　91 235

贷：所得税费用　　　　　　　　91 235

东方公司计提企业所得税的记账凭证，如表15-9所示。

表15-9　记账凭证

记账凭证																									
		2023年6月30日													字第 184 号										
摘　要	总账科目	明细科目	记账√	借方金额										记账√	贷方金额										
				千	百	十	万	千	百	十	元	角	分		千	百	十	万	千	百	十	元	角	分	
计提本期企业所得税	所得税费用						9	1	2	3	5	0	0												附件
计提本期企业所得税	应交税费	应交所得税																9	1	2	3	5	0	0	
						¥	9	1	2	3	5	0	0				¥	9	1	2	3	5	0	0	
会计主管	记账	出纳	审核											制单	李清筱										

东方公司结转所得税费用的记账凭证如表15-10所示。

表15-10　记账凭证

记账凭证																									
		2023年6月30日													字第 185 号										
摘　要	总账科目	明细科目	记账√	借方金额										记账√	贷方金额										
				千	百	十	万	千	百	十	元	角	分		千	百	十	万	千	百	十	元	角	分	
结转所得税费用	本年利润						9	1	2	3	5	0	0												附件
结转所得税费用	所得税费用																	9	1	2	3	5	0	0	
						¥	9	1	2	3	5	0	0				¥	9	1	2	3	5	0	0	
会计主管	记账	出纳	审核											制单	李清筱										

15.3.5　净利润

例15-6

本案例沿用【例15-4】和【例15-5】的内容，已知利润总额和所得税费用，计算东方公司6月份的净利润。

1）案例分析

企业的净利润也称为税后利润，即在利润总额中按规定缴纳所得税后的留存利润，本案例中的净利润为利润总额减去所得税后的差额，为273 705元。将净利润从“本年利润”账户的借方转入“利润分配——未分配利润”账户的贷方。

2）账务处理

本期净利润=364940−91235=273705（元）

借：本年利润　　　　　　　　　　273 705

　　贷：利润分配——未分配利润　　　　273 705

东方公司结转净利润的记账凭证，如表15-11所示。

表15-11　记账凭证

记账凭证																									
			2023年6月30日											字第 186 号											
摘要	总账科目	明细科目	记账√	借方金额										记账√	贷方金额										
				千	百	十	万	千	百	十	元	角	分		千	百	十	万	千	百	十	元	角	分	
结转净利润	本年利润					2	7	3	7	0	5	0	0												附件
结转净利润	利润分配	未分配利润															2	7	3	7	0	5	0	0	
					¥	2	7	3	7	0	5	0	0			¥	2	7	3	7	0	5	0	0	
会计主管	记账	出纳	审核											制单	李清筱										

15.4　利润的分配

企业经营一段时间产生了净利润，需按国家政策规定对已实现的净利润在企业和投资者之间进行分配。公司年度利润分配方案应由董事会制定，报股东会审议批准。公司利润总额是按照国家规定缴纳所得税后的利润，应按照下列顺序进行分配：

（1）如果上年度亏损，先弥补亏损。

（2）提取盈余公积，分为法定盈余公积和任意盈余公积。

（3）向投资者分配利润，所以投资者享有的权益也称为剩余收益权。

企业可供分配的利润经过上述分配后，剩下的为未分配利润（或未弥补亏损）。未分配利润可留待以后年度分配，未弥补亏损可由以后年度利润弥补，但弥补时间不超过5个会计年度。

15.4.1　弥补亏损

例15-7

东方公司2018年至2023年的税前利润如表15-12所示。

表15-12　东方公司各年税前利润表

单位：元

年度	2017	2018	2019	2020	2021	2022	2023
净利润	−2 650 000	250 000	420 000	360 000	485 000	650 000	770 000

1）案例分析

表15-12列示的是东方公司的利润总额，即税前利润。根据规定，企业以利润弥补亏损的形式有两种，一种是税前补亏，一种是税后补亏。

税前补亏，指纳税人本年度亏损的可用下一年度的税前利润弥补，弥补后有利润的部分按照相应税率计算缴纳所得税，弥补后仍有亏损的由以后年度继续弥补，弥补期限不可超过5个会计年度。税前补亏可由企业自行操作，无须经税务机关审核认定，纳税人必须保证亏损额真实、准确。

税后补亏，指已计算应缴所得税后的企业净利润（又称为税后利润），弥补企业往年被主管税务机关审核认定不得在税前弥补的亏损额或已超过延续弥补期限的挂账亏损额；企业当年发生亏损，用往年未分配利润或盈余公积弥补，也属于税后补亏的范畴。

从表15-12可知，东方公司2017年经营亏损，亏损金额可由之后5年的税前利润弥补。从2018年至2022年的5年内东方公司共产生利润2 165 000元，2017年产生的亏损为26 500 00元，因此尚有485 000元亏损不能用2010年的税前利润弥补，但可用2023年的税后利润（即净利润）来弥补。

2）账务处理

2017年

借：利润分配——未分配利润　　　2 650 000

　　贷：本年利润　　　2 650 000

2018年

借：本年利润　　　250 000

　　贷：利润分配——未分配利润　　　250 000

其他年度略。

15.4.2　提取盈余公积

例15-8

天蓝公司2023年度的税后净利润为6 150 000元，上年度法定盈余公积金账户余额为120 000元，提取法定盈余公积金的比例按规定是净利润的10%。另外经股东大会审议批准同意天蓝公司按照净利润的15%提取任意盈余公积金。已知2022年度天蓝公司无亏损，且天蓝公司注册资本为1 200 000元。

1）案例分析

法定盈余公积提取比例是税后净利润的10%，若企业累积法定盈余公积的金额达到注册资本的50%，不再提取。本案例中天蓝公司注册资本的50%为600 000元，本年度净利润的10%为615 000元，加上年度的盈余公积余额为735 000元，已超过注册资本的50%，因此本年度只需计提法定盈余公积480 000元即可。

2）账务处理

借：利润分配——提取法定盈余公积　　　　480 000

　　贷：盈余公积——法定盈余公积　　　　　　480 000

借：利润分配——提取任意盈余公积　　　　922 500

　　贷：盈余公积——任意盈余公积　　　　　　922 500

借：利润分配——未分配利润　　　　　　1 402 500

　　贷：利润分配——提取法定盈余公积　　　　480 000

　　　　　　　　——提取任意盈余公积　　　　922 500

天蓝公司提取法定盈余公积和任意盈余公积的记账凭证，如表15-13所示。

表15-13　记账凭证

记账凭证																									
		2023年12月31日													字第 335 号										
摘　要	总账科目	明细科目	记账√	借方金额										记账√	贷方金额										
				千	百	十	万	千	百	十	元	角	分		千	百	十	万	千	百	十	元	角	分	
提取法定盈余公积	利润分配	提取法定盈余公积				4	8	0	0	0	0	0	0												
提取法定盈余公积	盈余公积	法定盈余公积															4	8	0	0	0	0	0	0	附件
提取任意盈余公积	利润分配	提取任意盈余公积				9	2	2	5	0	0	0	0												
提取任意盈余公积	盈余公积	任意盈余公积															9	2	2	5	0	0	0	0	3
				¥	1	4	0	2	5	0	0	0	0		¥	1	4	0	2	5	0	0	0	0	张
会计主管	记账	出纳	审核											制单	李清筱										

天蓝公司结转盈余公积的记账凭证，如表15-14所示。

表15-14　记账凭证

记账凭证																									
			2023年12月31日												字第 336 号										
摘　要	总账科目	明细科目	记账√	借方金额										记账√	贷方金额										
				千	百	十	万	千	百	十	元	角	分		千	百	十	万	千	百	十	元	角	分	
结转盈余公积	利润分配	未分配利润			1	4	0	2	5	0	0	0	0												
结转盈余公积	利润分配	提取法定盈余公积															4	8	0	0	0	0	0	0	附件
结转盈余公积	利润分配	提取任意盈余公积															9	2	2	5	0	0	0	0	
				¥	1	4	0	2	5	0	0	0	0		¥	1	4	0	2	5	0	0	0	0	张
会计主管	记账	出纳	审核											制单	李清筱										

15.4.3　股利分配

例15-9

本案例沿用【例15-8】内容，天蓝公司2023年度的税后净利润为6 150 000元，已计提法定盈余公积和任意盈余公积1 402 500元，董事会提议向投资者分配现金股利500 000元，股东大会审批通过。

1）案例分析

向投资者分配的利润，也是投资者从企业取得的投资收益。企业只有在弥补亏损、提取公积金之后才能向投资者分配利润，所以投资者对企业享有的权益也称为剩余收益权。企业向投资者分配利润的方式通常有两种：现金股利和股票股利。现金股利即直接以现金的方式向投资者分配利润，会导致资产和留存收益的减少。股票股利即以股票的方式向投资者分配利润，但并不直接增加投资者的财富，不导致资产减少和负债增加，只是所有者权益各项目的结构发生了变化。因此，大多数投资者要求企业以现金股利进行支付。

2）账务处理

借：利润分配——应付现金股利　　500 000

　　贷：应付股利　　500 000

借：利润分配——未分配利润　　500 000

　　贷：利润分配——应付现金股利　　500 000

天蓝公司向投资者分配现金股利的记账凭证，如表15-15所示。

表15-15　记账凭证

记账凭证																									
		2023年12月31日													字第 337 号										
摘　要	总账科目	明细科目	记账√	借方金额										记账√	贷方金额										
				千	百	十	万	千	百	十	元	角	分		千	百	十	万	千	百	十	元	角	分	
提取向投资者分配的现金股利	利润分配	应付现金股利				5	0	0	0	0	0	0	0												
提取向投资者分配的现金股利	应付股利																5	0	0	0	0	0	0	0	附件
					¥	5	0	0	0	0	0	0	0			¥	5	0	0	0	0	0	0	0	张
会计主管	记账	出纳	审核											制单		李清筱									

天蓝公司结转向投资者分配现金股利的记账凭证，如表15-16所示。

表15-16　记账凭证

记账凭证																									
		2023年12月31日													字第 338 号										
摘　要	总账科目	明细科目	记账√	借方金额										记账√	贷方金额										
				千	百	十	万	千	百	十	元	角	分		千	百	十	万	千	百	十	元	角	分	
结转向投资者分配的现金股利	利润分配	未分配利润				5	0	0	0	0	0	0	0												
结转向投资者分配的现金股利	利润分配	应付现金股利															5	0	0	0	0	0	0	0	附件
					¥	5	0	0	0	0	0	0	0			¥	5	0	0	0	0	0	0	0	张
会计主管	记账	出纳	审核											制单		李清筱									

15.5　常见差错点拨

虽然利润核算与分配的账务处理没有其他环节的账务处理复杂，但会计人员在进行此阶段的财务处理时，也难免出现漏掉某个会计科目、看错数字等错误，本节主要介绍在实务中容易出错的几个方面，以供大家参考。

15.5.1　其他业务收支与营业外收支归属不当

在营业执照上有主营项目，除主营项目外的业务都叫其他业务，比如有的工厂，主要生产成品出售，但是这个月给别的单位加工一批产品，这个业务不是其主要业务，就可以列入其他业务中。企业发生的与主营业务和其他业务都没有关系的收入或支出，比如收到的行政罚款，可以列入营业外支出，固定资产盘盈就是营业外收入。两者的区别主要是发生经济业务的性质不同，这需要当事人根据实际情况判断。

关于这两个业务，很多人分不清楚到底该如何归属，在此把实务中两种业务的范围一一列举，供大家参考。

其他业务收入包括销售材料、销售废料、出租无形资产、出租固定资产、出租包装物、出租商品、以原材料为对价进行对外投资或进行非货币性交换、以原材料进行债务重组产生的收入，以及企业经营受托管理业务收取的管理费收入和采用成本模式计量的投资性房地产取得的租金收入。其他业务成本包括销售材料的成本、出租无形资产的摊销额、出租固定资产的折旧额、出租包装物成本或摊销额、进行非货币性交换或债务重组的原材料、以成本模式计量的投资性房地产计提的折旧额或摊销额等。

营业外收入包括固定资产正常报废利得、政府补助、教育费附加返还款、接受捐赠利得等。营业外支出包括固定资产正常报损损失、固定资产盘亏损失、非货币性资产交换损失、债务重组损失、公益性捐赠支出、非常损失、罚款支出、滞纳金支出等。

15.5.2 盈余公积提取时间和比例不当

公司在每个有盈余的年度，年终结转税后利润后，分配利润前，都要对盈余公积进行计提，用于企业职工集体福利方面开支的资金来源。经股东大会审议批准后，盈余公积也可用于企业的弥补亏损、转增资本、分配股利、扩大企业生产经营。

法定盈余公积的提取比例按规定为税后利润的10%，当法定盈余公积达到企业注册资本的50%时，可不再提取。这两个比例的限制有时会导致一些特殊情况的发生，例如有些企业第一年盈利时按税后利润的10%提取的盈余公积，已经超过了企业注册资本的50%，这时企业可以按照注册资本的50%提取。任意盈余公积的提取根据企业自身发展的需要，由股东大会审议是否提取，提取比例同样由股东大会审议确定。

15.5.3 不了解所得税优惠政策

国家为了促进经济增长，鼓励某些产业或某些企业的发展，根据“产业优惠为主，区域优惠为辅”的原则，出台了一系列税收优惠政策。企业的会计人员一定要了解和掌握现行企业优惠政策，及时帮助企业用足、用活、用好这些政策。

比如，税法规定对新办软件企业实行所得税两免三减半的税收优惠，即新办软件企业自第一个获利年度起，前两年所得税免征；第三年至第五年所得税减半征收，即按12.5%征收。另外，国家对高新技术企业同样有税收优惠，即取得高新技术资质的企业，所得税按15%征收。例如某企业即是软件企业也是高新技术企业，那么该企业即可自第一个获利年度起的前五年享受软件企业的税收优惠，五年后享受高新技术企业的税收优惠。这些优惠都需要企业去相应主管机关进行申请或备案，实际操作中需要会计人员根据企业情况和当地有关机关的具体规定去办理。另外，还有很多种税收优惠，也需要会计人员随时关注，及时为企业争取相应的合法合理的利益。

第16章 其他难点账务处理

在企业经济业务账务处理的过程中，除了前几章所述的重点内容外，会计人员还应该了解和掌握一些其他重点，也是日常工作中的难点。本章对这些难点业务进行解析，主要内容包括薪酬账务处理、研发支出账务处理和固定资产账务处理等。

16.1 薪酬账务处理

在现代社会中，薪酬与每个人息息相关。在人力资源越来越凸显重要性的今天，薪酬更是企业吸引、激励、保留员工的重要手段和平衡企业组织内部利益相关者物质利益冲突的主要工具。薪酬账务处理，顾名思义就是企业支付给职工的薪酬所进行的会计处理。其实，企业薪酬的账务处理也很复杂，本节结合实例讲解薪酬范围、薪酬分配、薪酬结转、计提和发放等方面的内容。

16.1.1 薪酬范围

职工为企业提供了服务，企业应该给予职工各种形式的报酬，即应付职工薪酬。职工薪酬不仅包括企业一定时期支付给全体职工的劳动报酬总额，也包括按照工资的一定比例计算并计入成本费用的其他相关支出。职工薪酬主要包括以下几个方面。

- 支付给职工的工资、奖金、津贴和补贴。
- 支付给职工的福利费。
- 为职工支付的医疗保险费、养老保险费、失业保险费、工伤保险费和生育保险费等社会保险费。其中，养老保险费包括按根据国家规定的标准向社会保险经办机构缴纳的基本养老保险费，以及根据企业年金计划向企业年金基金相关管理人缴纳的补充养老保险费。以购买商业保险形式提供给职工的各种保险待遇，也属于职工薪酬。
- 为职工支付的住房公积金。是指企业按照国家规定的基准和比例，向住房公积金管理机构缴存的住房公积金。
- 为职工支付的工会经费和职工教育经费。
- 支付给职工的非货币性福利，包括企业以自产产品发放给职工作为福利、将企业拥有的资产无偿提供给职工使用、为职工无偿提供医疗保健服务等。
- 辞退福利。是指企业在职工劳动合同到期之前解除与职工的劳动关系，或者为鼓励职工自愿接受裁减而给予职工的补偿。

- 其他与获得职工提供的服务相关的支出。企业以商业保险形式提供给职工的各种保险待遇、以现金结算的股份支付等都属于职工薪酬。
- 短期带薪缺勤。包括休年假、病假、婚假、产假、丧假，探亲假等。
- 短期利润分享计划，是指因职工提供服务而为职工达成的基于利润或其他经营成果提供薪酬的协议。
- 其他短期薪酬。
- 离职后福利。是指企业为获得职工提供的服务而在职工退休或与企业解除劳动关系后，提供的各种形式的报酬和福利，属于短期薪酬和辞退福利的除外。

16.1.2 薪酬分配

例16-1

东方公司2023年6月由人事部门计算的工资表，如表16-1所示。

表16-1 工资发放表

单位：东方公司　　2010年6月　　单位：元

姓名	部门	应发工资	代缴社保	代缴公积金	计税工资	代扣个税	离职补偿	其他扣款	实发合计
张三	行政部	4 900	502.8	588	3 809.2	0			3 809.2
李四	财务部	6 900	706.8	828	5 365.2	10.96			5 354.2
……									
小　计		65 000	6 660	7 800	50 540	400			50 140
王五	销售部	6 800	696.6	816	5 287.4	8.62			5 278.78
赵六	销售部	5 500	564	660	4 276	0		100	4 176
……									
小　计		120 000	12 270	14 400	93 330	1 300		100	91 930
孔一	生产部	4 600	472.2	552	3 575.8	0			3 575.8
刘二	生产部	3 800	390.6	456	2 953.4	0	2 500		5 453.4
……									
小　计		320 000	32 790	38 400	248 810	5 560	2 500		245 750
合　计		505 000	51 720	60 600	392 680	7 260	2 500	100	387 820

其中：

（1）本例以某市为例，企业代职工缴纳的社保金个人部分，即代缴社保金比例为社保基数的10.2%+3；企业代职工缴纳的公积金个人部分，即代缴公积金比例为公积金基数的12%。

（2）本例中社保基数和公积金基数均以应发工资为准，实际操作中社保基数可能与应发工资数不一致，请以人事部门的实际工资为准。

（3）本例中销售部赵六的其他扣款为差旅余款扣款。

要求：根据表16-1进行6月份工资分配。

1）案例分析

从表16-1可以看出，东方公司工资结构分为三个部分。其中，行政部和财务部职工工资属于管理费用，销售部职工工资属于销售费用，生产部门职工工资属于生产成本。那么，应先将表中工资数据分配进上述费用和生产成本中。

2）账务处理

借：管理费用——工资　　　　　　　65 000
　　销售费用——工资　　　　　　　120 000
　　生产成本——工资　　　　　　　320 000
　　贷：应付职工薪酬——工资　　　　　505 000

记账凭证略。

16.1.3　薪酬结转

例16-2

本例沿用【例16-1】内容，要求以表16-1为准进行薪酬结转。

1）案例分析

在薪酬分配中已经将工资表中的应发工资数分配到期间费用和生产成本中，但是这个应发工资不是实际发到员工手上的，其中有一部分是职工个人要缴纳的社保金、公积金、个税等，这部分由企业统一代扣代缴。因此要结转出这部分金额，将剩余部分发放给职工。企业代扣代缴的社保金、公积金可在会计科目“其他应付款”下设置明细科目“代缴社保金”和“代缴公积金”，进行明细核算。

2）账务处理

借：应付职工薪酬——工资　　　　　　　119 680
　　贷：其他应付款——代缴社保金　　　　　51 720
　　　　　　　　　——代缴公积金　　　　　60 600
　　　　应交税费——应交个人所得税　　　　7 260
　　　　其他应收款——员工借款（赵六）　　100
借：生产成本——辞退福利　　　　　　2 500
　　贷：应付职工薪酬——辞退福利　　　　2 500

根据以上两例的账务处理，将“应付职工薪酬”账户的贷方相加减去借方金额，可验证实发合计数是否正确。

实发合计（387820）=505000−119680+2500=387820（元）

可用简单的“T”形账户图表示，如图16-1所示。

应付职工薪酬

借	贷
119 680	505 000 2 500
余额	387 820

图16-1　应付职工薪酬“T”形账户

16.1.4　薪酬计提

例16-3

东方公司2023年6月由人事部门计算的社保统筹金缴纳表和住房公积金缴纳表，如表16-2和表16-3所示。

表16-2　社保统筹金缴纳表

单位：东方公司　　2023年6月

姓名	部门	社保基数	企业支付（32.8%）	个人支付（10.2%+3）
张三	行政部	4 900	1 607.2	502.8
李四	财务部	6 900	2 263.2	706.8
……				
小　计		65 000	21 320	6 660
王五	销售部	6 800	2 230.4	696.6
赵六	销售部	5 500	1 804	564
……				
小　计		120 000	39 360	12 270
孔一	生产部	4 600	1 508.8	472.2
刘二	生产部	3 800	1 246.4	390.6
……				
小　计		320 000	104 960	32 790
合　计		505 000	165 640	51 720

表16-3　公积金缴纳表

单位：东方公司　　2023年6月

姓名	部门	公积金基数	企业支付（12%）	个人支付（12%）
张三	行政部	4 900	588	588
李四	财务部	6 900	828	828
……				
小　计		65 000	7 800	7 800
王五	销售部	6 800	816	816
赵六	销售部	5 500	660	660

（续表）

姓名	部门	公积金基数	企业支付（12%）	个人支付（12%）
……				
小　计		120 000	14 400	14 400
孔一	生产部	4 600	552	552
刘二	生产部	3 800	456	456
……				
小　计		320 000	38 400	38 400
合　计		505 000	60 600	60 600

说明：为了方便大家理解，社保统筹金缴纳表中省略了养老保险、医疗保险等详细内容，直接以合计数列示。

要求：按照表16-2和表16-3计提东方公司应缴纳的社保和公积金企业支付部分。

1）案例分析

社保金和公积金缴纳表通常由人事部门按照国家或地区有关规定统一编制，其中一部分是企业为职工支付，一部分是职工个人支付但由企业从工资中代扣代缴。职工个人缴纳部分已计入相关费用或成本中，企业支付部分同样属于职工薪酬，因此也应按一定标准计提并分配到相关费用或成本中。

2）账务处理

借：管理费用——社会保险费　　21 320
　　销售费用——社会保险费　　39 360
　　生产成本——社会保险费　　104 960
　　贷：应付职工薪酬——社会保险费　　165 640

借：管理费用——住房公积金　　7 800
　　销售费用——住房公积金　　14 400
　　生产成本——住房公积金　　38 400
　　贷：应付职工薪酬——住房公积金　　60 600

16.1.5　薪酬发放

例16-4

根据以上账务处理，东方公司以银行存款支付6月份职工薪酬，发放职工工资387 820元，代缴个税7 260元，社保机构托收的社会保险费为217 360元，住房公积金为121 200元。

1）案例分析

企业职工的工资通常在当月底或次月初发放，社会保险费和住房公积金通常在次月由相关机构从企业账户托收，个人所得税通常在次月15日之前由企业代缴。在实际操作中因为种种原因，有时企业计提社保和公积金的基数与相关机构核定的基数不一致，导致企业计提的社保、公积金数与相关机构托收金额不一致。此种情况下，人事人员应及时到相关机构核对报表数字，找出差异，以使会计人员及时进行相关账务处理。

2）账务处理

借：应付职工薪酬——工资　　385 320
　　　　　　　——辞退福利　　2 500
　贷：银行存款　　387 820

借：应交税费——应交个人所得税　　7 260
　贷：银行存款　　7 260

借：应付职工薪酬——社会保险费　　165 640
　其他应付款——代缴社保金　　51 720
　贷：银行存款　　217 360

借：应付职工薪酬——住房公积金　　60 600
　其他应付款——代缴住房公积金　　60 600
　贷：银行存款　　121 200

到此，职工薪酬从分配到发放，整个流程的账务处理完成。

16.2 研发支出账务处理

对于新入门的会计人员来说，“研发支出”这个词貌似很陌生，其实研发支出是无形资产核算新增加的一级科目。它是指在研究与开发过程中所使用资产的折旧、消耗的原材料、直接参与开发人员的工资及福利费、开发过程中发生的租金以及借款费用等。当然，对应的研发支出的账务处理也是大多数现代高科技企业面临的一个重点和难点。本节从各方面入手，详细介绍研发支出账务处理的重点内容。

16.2.1 研究阶段与开发阶段的判断

研发活动从广义上讲是一种投资行为，但比一般投资活动具有更大的收益不确定性和风险性，因而增加了研发支出在会计确认与计量上的困难。研究与开发的含义有所不同。所谓研究是为获得新的科学技术知识而从事的有计划、有创造性的调查、分析和实验活动，可以是基础性研究，也可以是应用性研究，其目的在于发现新知识，并期望利用这种知识开发出新材料、新产品或新的配方技术，或对现有产品的性能、质量有较大改进。开发是在开始商品生产或使用前将研究成果转化为一种新产品或工艺的系列活动，包括概念的形成、样品的设计、不同产品的测试和模型的建造以及试验工厂的运行等。由此可见，研究是一个技术可行性的探索阶段，能否给企业带来经济效益具有很大的不确定性，风险较大；开发是将研究成果应用于实践，将技术转化为产品的阶段，因而带来经济效益的确定性较高。

在实际操作中，研究阶段与开发阶段的区分比较困难。尤其对不精通研发技术的会计人员来说，这项区分工作更加难以操作。笔者通过在软件企业工作的实际经历，总结出如下判断方法，仅供相关企业会计人员参考。

（1）企业要进行某项软件的开发，一般需要先提出设想，然后进行各方面的调查以确定研究是否可行。这个阶段可判断为研究阶段，相关业务部门可先进行预立项。

（2）可行性研究完成后，相关业务部门提出正式的立项申请，立项审批通过后提出相关实施方案并开始执行，这个阶段可判断为开发阶段。

会计人员可根据以上预立项的项目和立项的项目各自发生的支出，分别进行费用的归属。

16.2.2 资本化支出与费用化支出

企业研究阶段的支出全部费用化，计入当期损益（管理费用）；开发阶段的支出符合条件的才能资本化，不符合资本化条件的计入当期损益（首先在研究开发支出中归集，期末结转管理费用）。

综上所述，费用化支出包括研究阶段发生的支出和开发阶段不满足资本化条件的支出。这两部分的账务处理有所不同，研究阶段的支出发生时直接计入“管理费用——研发费用支出”账户，开发阶段的支出不符合资本化条件的计入账户“研发支出——费用化支出”中，待期末转入“管理费用——研发费用支出”账户中。开发阶段符合资本化条件的支出计入“研发支出——资本化支出”账户中，待研发项目达到预定用途形成无形资产时，转入“无形资产”账户。

税法对研发支出的具体优惠为，未形成无形资产计入当期损益的研发支出，在按照规定据实扣除的基础上，按照研究开发费用的50%加计扣除；形成无形资产的，按照无形资产成本的150%进行摊销。

16.2.3 费用化支出的结转

例16-5

东方公司2023年发生研发支出560 000元，其中120 000元属于开发失败未能形成无形资产的支出，在费用化支出中反映，期末将费用化支出结转至损益，请作出相关账务处理。

1）案例分析

根据规定，企业进行研究开发活动，开发失败未能形成无形资产部分的支出，在期末转入损益扣除。因此企业应在“管理费用”下设置二级明细科目“研发费用支出”，并经相关部门审计后，这部分支出在计算应税所得时可按照支出金额的50%加计扣除。

2）账务处理

借：管理费用——研发费用支出　　　　120 000

　　贷：研发支出——费用化支出　　　　120 000

16.2.4　资本化支出的结转

例16-6

沿用【例16-5】，东方公司2023年发生的研发支出中有440 000元属于开发成功形成无形资产的支出，假设该项无形资产已经销售，请作出相关账务处理。

1）案例分析

根据规定，企业进行研究开发活动，开发成功形成无形资产部分的支出，应当转入无形资产。该项无形资产经相关部门审计后，可按无形资产原值的150%进行摊销。

2）账务处理

借：无形资产　　　　440 000

　　贷：研发支出——资本化支出　　　　440 000

销售时结转

借：主营业务成本　　　　440 000

　　贷：无形资产　　　　440 000

16.3　固定资产账务处理

固定资产是企业的重要经济资源，是企业得以再生产和持续经营的物质保证。所以，企业必须加强固定资产管理，这要求企业会计人员必须认真仔细地做好每一步固定资产的账务处理。本节主要通过固定资产的概念、购入、折旧、减值准备和处理等几个方面，结合实际案例讲述固定资产的账务处理。

16.3.1　固定资产的概念

固定资产是指企业使用期限超过一年的房屋、建筑物、机器、机械、运输工具以及其他与生产、经营有关的设备、器具、工具等。简而言之，固定资产就是同时满足以下两个特征和两个条件的有形资产。

两个特征：第一，为生产商品、提供劳务、出租或经营管理而持有；第二，使用寿命超过一个会计年度。

两个条件：第一，与该固定资产有关的经济利益很可能流入企业；第二，该固定资产的成本能够可靠计量。

同时，从移动方式上讲，固定资产可分为动产和不动产。其中，有形动产主要包括机器、设备、办公家具等，有形不动产主要包括房屋、建筑物等。

固定资产应当按照成本进行初始计量，固定资产的成本也称为原始价值，简称原值。外购固定资产的成本，包括买价、相关税费、使固定资产达到预定可使用状态前所发生的可归属于该项资产的运输费、装卸费、安装费和专业人员服务费、资本化利息等。

16.3.2 固定资产的购入

例16-7

东方公司2023年3月购入一条需要安装的生产线，买价500 000元，增值税为65 000元，另付包装费和运杂费2 000元，款项以银行存款支付，另以银行存款支付安装费4 000元。

1）案例分析

企业购入需要安装的固定资产，应通过“在建工程”账户核算其安装工程成本，将其购进时支付的买价、运杂费、包装费以及安装时发生的安装费记入“在建工程”账户的借方。当工程达到预定可使用状态时，再按全部支出，即实际成本，从“在建工程”账户的贷方转入“固定资产”账户的借方。

2）账务处理

购入设备时：

借：在建工程　502 000

　应交税费——应交增值税（进项税额）　65 000

　贷：银行存款　587 000

支付安装费时：

借：在建工程　4 000

　贷：银行存款　4 000

安装完成，达到预定可使用状态时：

借：固定资产　506 000

　贷：在建工程　506 000

例16-8

东方公司2023年9月购入一台不需要安装的生产设备，买价200 000元，增值税26 000元，运杂费、包装费10 000元，全部款项已用银行存款支付。

1）案例分析

企业购入不需要安装即可投入生产使用的固定资产，应当按照购入时的实际成本即原始价值入账，实际成本包括买价、运输费、包装费等。另外根据有关规定，企业在2009年1月1日以后购买固定资产取得增值税专用发票的，其进项税额可以抵扣。

2）账务处理

借：固定资产　　　　　　　　　　　　　　210 000

　　应交税费——应交增值税（进项税额）　26 000

　　贷：银行存款　　　　　　　　　　　　　236 000

16.3.3 固定资产折旧

企业应根据固定资产所含经济利益的预期实现方式选择折旧方法，可供选择的折旧方法主要包括年限平均法、工作量法、双倍余额递减法、年数总和法等。折旧方法一经确定，不得随意变更。如需变更，应在会计报表附注中予以说明。

例16-9

东方公司2018年3月购入生产用固定资产，其原值为506 000元，经评估预计其可以使用5年，预计净残值为50 600元，采用双倍余额递减法计提折旧，计算2018年至2023年的折旧额。

1）案例分析

双倍余额递减法的假设前提是固定资产在前期消耗较大，在后期消耗较少。因此，会计上允许企业在使用固定资产的前期多提折旧，后期少提折旧，从而达到相对加速折旧的效果。双倍余额递减法的计算方法是在不考虑固定资产残值的情况下，以直线法折旧率的两倍作为固定折旧率乘以逐年递减的固定资产期初净值，得出各年应提的折旧额，并在最后两年按照固定资产账面净值扣除预计净残值后的余额进行平均摊销。其计算公式为

年折旧率=2÷预计使用年限×100%

月折旧率=年折旧率÷12

月折旧额=固定资产账面净值×月折旧率

2）账务处理

生产线2018年的折旧额=2/5×506000×9/12=151800（元）

借：制造费用　　　　　　151 800

　　贷：累计折旧　　　　　　151 800

生产线2019年的折旧额=2/5×506000×3/12+（506000−202400）×2÷5×9÷12=141680（元）

借：制造费用　　　　　　141 680

　　贷：累计折旧　　　　　　141 680

生产线2020年的折旧额=（506000−202400）×2÷5×3÷12+（506000−202400−

121440）×2/5×9/12=85008（元）

借：制造费用　　　　　　　　　85 008

　　贷：累计折旧　　　　　　　　　85 008

生产线2021年的折旧额=（506000−202400−121440）×2/5×3/12+（506000−202400−121440−72864−50600）÷2×9/12=40227（元）

借：制造费用　　　　　　　　　40 227

　　贷：累计折旧　　　　　　　　　40 227

生产线2022年的折旧额=（506000−202400−121440−72864−50600）÷2=29348（元）

借：制造费用　　　　　　　　　29 348

　　贷：累计折旧　　　　　　　　　29 348

生产线2023年的折旧额=（506000−202400−121440−72864−50600）÷2×3/12=7337（元）

借：制造费用　　　　　　　　　7 337

　　贷：累计折旧　　　　　　　　　7 337

验算：

应计提折旧额=506000−50600=455400（元）

累计折旧额=151800+141680+85008+40227+29348+7337=455400（元）

例16-10

东方公司2023年9月购入生产用固定资产，原值为210 000元，经评估预计可以使用10年，预计净残值为21 000元，采用年限平均法计提折旧。计算2023年的折旧额。

1）案例分析

固定资产的折旧是指固定资产在使用过程中发生的自然磨损，会计上允许采用一定的方法对固定资产计提折旧。当月增加的固定资产下月开始计提折旧，当月减少的固定资产当月仍然计提折旧。计提折旧的方法有四种，年限平均法（也称直线法）、工作量法、年数总和法、双倍余额递减法。本题采用直线法计提折旧，其计算公式为

年折旧=（原值-净残值）÷预计使用年限

月折旧=年折旧÷12

2）账务处理

生产设备2010年折旧额=［（210000−21000）÷（10×12）］×3=4725（元）

借：制造费用　　　　　　　　4 725

　　贷：累计折旧　　　　　　　　4 725

16.3.4　固定资产减值准备

固定资产发生损坏、技术陈旧或者其他经济原因，导致其可收回金额低于其账面价值，这种情况称为固定资产减值。如果固定资产的可收回金额低于其账面价值，应

当按可收回金额低于其账面价值的差额计提减值准备，并计入当期损益。

例16-11

东方公司2012年9月购入原值为210 000元的固定资产，2023年底经评估，其公允价值减去处置费用后的净额为160 000元，该固定资产账面价值为186 375元。计提该固定资产减值准备。

1）案例分析

根据会计准则规定，如果资产的可收回金额低于其账面价值，应当计提相应的减值准备。该减值损失一经计提，不得转回。资产的可收回金额可按照资产的公允价值减去处置费用后的净额计量，资产减值准备对应的账户为“资产减值损失”。

2）账务处理

借：资产减值损失　　26 375

　　贷：固定资产减值准备　　26 375

16.3.5 固定资产的处置

固定资产处置，包括固定资产的出售、转让、报废和毁损、对外投资、非货币性资产交换、债务重组等。

例16-12

东方公司2023年3月20日将2022年3月购入的生产线出售给天蓝公司，价款为400 000元，增值税税率为13%。2023年3月30日，东方公司与天蓝公司办理完财产移交手续，开出增值税发票并收到价款。

1）案例分析

根据会计准则规定，企业出售、转让、报废固定资产或发生固定资产毁损的，应当将固定资产的处置收入扣除其账面价值和相关税费后的金额计入当期损益。固定资产的处置一般通过“固定资产清理”账户进行核算，其处置利得或损失通过“资产处置损益—非流动资产损失”账户进行核算。

2）账务处理

借：固定资产清理　　303 600

　　累计折旧　　202 400

　　贷：固定资产　　506 000

借：银行存款　　452 000

　　贷：固定资产清理　　400 000

　　　　应交税费——应交增值税（销项税额）　　52 000

借：固定资产清理　　96 400

贷：资产处置损益——非流动资产损失　　　　　　　96 400

结转固定资产清理损益时：

借：营业外支出——处置非流动资产损失　　　　　96 400

　　贷：固定资产清理　　　　　　　　　　　　　96 400

16.4 常见差错点拨

本节主要讲述企业会计人员在进行薪酬、研发支出和固定资产账务处理过程中较常见和容易出错的内容，包括社保及公积金补缴处理、资本化支出时点判断不准确等几个问题。

16.4.1 社保及公积金补缴处理错误

社保及公积金是劳动者因年老丧失劳动能力时，在养老期间发给生活费以及生活方面给以照顾。即劳动者在失业期间的生活费、医疗费的给付以及转业培训、生产自救及职业介绍等保障措施。缴纳社保及公积金是根据个人的核定基数乘以规定的比例来缴纳，分为个人缴纳部分和公司缴纳部分，各自比例不一。个人部分从个人工资总额中代扣，缴纳时连同公司为个人缴纳的部分，统一由公司向相关机构缴纳。

其问题通常出在缴纳基数的核定上，例如某企业员工刘某属外埠农村户口，其公积金的缴纳基数假设应为1 600元，但人事专员在计算公积金时按照外埠城市户口的缴纳基数假设为2 200元来核算刘某应缴纳的公积金。会计人员在做账时根据人事部提供的资料，将刘某的公积金缴纳基数按照2 200元计提。次月会计人员发现问题，相关公积金管理部门从公司账户扣走的公积金低于人事部门计算的金额，经过打印详细报表，逐一查找原因，终于发现问题出在刘某，公司多计提了刘某当月公积金144元，其中72元属于刘某个人部分，另外72元属于公司为刘某缴纳部分。这时候会计人员需要调整有关账户金额，将多计提的公积金数冲掉。有些会计人员直接将银行扣账的数额冲减“应付职工薪酬”，结果导致该科目有余额。这是错误的，正确的操作应该如下，假设刘某为生产部门员工。

首先，将多计提的刘某个人部分公积金转出至“其他应付款”账户；其次，将多计提的刘某公司部分公积金从“制造费用”账户中转出。由此，多计提的144元公积金一部分归还给了个人，一部分冲销了费用，会计的账也就平了。

16.4.2 资本化支出时点判断不准确

资本化是指符合条件的相关费用支出不计入当期损益，而计入相关资产成本，作为资产负债表的资产类项目管理。简单地说，资本化就是公司将支出归类为资产的方式。在研发支出账务处理中，最困难的不是会计分录的编制，而是资本化支出的判断。对于企业在研究开发过程中发生的费用，研究阶段的费用很容易处理，全部费用化即可，开发阶段的费用处理比较复杂，需要区分是否能够资本化，从而进行下一步的账务处理。

我国会计准则虽然明确规定了有条件的资本化的概念，但是没有制定研究阶段和开发阶段的划分标准，所以资本化的时点到底怎么判断，在会计实际操作中比较困难。有些企业对这方面不重视，会计人员也不了解此知识点，将研发支出要么全部费用化，要么全部资本化，或者想当然地划分，导致企业不能正常享受相应的税收优惠政策，从而使企业利益受损。

针对这种情况，企业可结合自身的实际业务，联合相关业务部门和财务部门，共同制定可行的研究阶段与开发阶段的划分标准，这样会计人员在进行判断时就有了依据，能够快速准确地作出相关账务处理。例如在软件开发企业，可将某项软件开发前的市场调研和需求分析作为研究阶段，将代码编写、试运行到投产视为开发阶段。或者从更详细的业务层面划分，这样更有利于研发支出的正确账务处理，从而使企业得到应有的利益。

16.4.3 固定资产折旧的时间问题

《企业会计制度》规定，固定资产折旧时间是，当月增加的固定资产，当月不计提折旧，从下月起开始计提折旧；当月减少的固定资产，当月仍计提折旧，从下月起停止计提折旧。

通常情况下，只要有了固定资产的原值和净残值并确定了折旧方法，固定资产折旧的计算就不难，问题在于折旧的时间上。固定资产折旧通常按照年度来计算，预计该资产能使用几年，每一年的折旧是多少。它不按照购买的年度来算，所以会计人员通常会算第一年的折旧，但是第二年的折旧容易算错。

例如，某项固定资产当年8月购入，预计使用5年，以双倍余额递减法计算折旧。第一年比较简单，用年折旧率乘以原值再乘以4/12即可，因为8月份购入，9月份开始计提折旧，那么当年计提折旧的时间就是4个月。第二年的折旧如何计算呢，很多人直接用原值减去第一年4个月的折旧直接乘以年折旧率，这样计算是错误的。正确的计算方法是，先将第二年前8个月的折旧按照前4个月的方法一样计提，这样计提满一年以后，再用原值减去前12个月（即一个会计年度）的折旧乘以年折旧率再乘以4/12。也就是说，在第二年里有8个月的折旧属于第一个年度的折旧，剩下4个月的折旧才属于第二个年度的折旧。实际操作中，如果企业按照月度计提折旧，那么前12个月应当使用原值计算，从第二年的9月开始使用原值减去前12个月的折旧之和计算。详细解题步骤参见【例16-9】。

第17章 编制财务报表

本章首先对什么是财务报表、财务报表的进化过程、财务报表的构成、财务报表的分类和作用进行简要说明，然后详细介绍了三大报表的结构和编制方法，并给出了具体实例，方便读者学习。

17.1 财务报表简介

先简单介绍一下什么是财务报表。财务报表是主要反映企业财务和经营状况的会计报表，包括资产负债表、利润表、现金流量表、所有者权益表附表和附注等。例如可以通过阅读某企业2023年的财务报表，我们知道该企业的股东投入了多少资金、借入了多少资金进行生产运营、目前的资产状况如何、2023年度的经营成果怎样。这些财务信息都可以通过阅读财务报表获得。

17.1.1 为什么要看财务报表

为什么想获取一个企业的财务和经营状况要先看财务报表呢？试想一下，如果你是一个企业管理者，你打算借款、投资或与一个陌生的企业合作或交易，就需要掌握它的情况。实地考察固然重要，但要充分了解情况，受诸多因素限制和影响，如在现场观察与不在现场观察的差异，考察成本的考虑，等等。用什么方法可以比较有效率且成本较低地获取一个企业的信息呢？这就要看财务报表。

17.1.2 哪些人需要看懂财务报表

需要看懂财务报表的人有企业主、企业主管、与企业利益相关的债权人、准备参与投资的企业家、上班族等，他们需要了解企业的财务状况，为决策提供可靠依据。他们各自需要关注财务报表哪些部分呢？

1. 企业主

作为企业的投资人，企业主比较关注自己企业的经营状况和未来发展，所以资金流动性是重点关注的。他会关注现金流是否充足，未来是否有足够资金进行经营和投资。除资金流外，还会关注物流状况，如制造企业是否备有足够的库存进行生产等。还会关注利润表状况，利润水平是否达到预期，获知企业的毛利率状况和利润水平，决定将资金投入扩大再生产还是存放在银行获得的收益高等。

2. 企业主管

企业主管作为企业的管理人员，比较关注企业是否可以正常运营，也像企业主一样关注现金流和物流情况，但是眼光没有那么长远，只是着重近期的财务指标。

3. 与企业利益相关的债权人

与企业利益相关的债权人主要关注企业的债务偿还能力，如自有资本占总资产的比重，资产负债率的高低。还会关注企业的盈利能力指标，是否可以产生足够的利润偿还债务。

4. 准备参与投资的企业家

准备投资的企业家会比较关注企业的发展前景，所以会关注企业的财务指标变化程度，如总资产增长率的增加伴随着毛利润或净利润率的增长是否符合其预期，影响利润的是哪些因素。

5. 上班族

上班族主要是指在本企业的员工，他们比较关心企业的经营状况。如果企业经营状况好，他们的工资会比较有保证，奖金及提成也会兑现。他们会重点关注利润表中主营业务收入等有关经营业绩的指标。

6. 公众

公众比较关注企业对社会的贡献程度，如关注缴纳税款的多少、增加投资多少等。

17.1.3 财务报表的发展过程

财务报表经历了漫长的发展过程，才形成现在的三大会计报表体系（2006年财政部对原有《企业会计准则》修订后的新《企业会计准则》的四大会计报表，即将原来的利润分配表拆分成利润表和所有者权益变动表）。财务报表是随着财务报表使用者对会计信息披露程度要求越来越高而不断发展的。

现在以王老板投资的广州市比得利科技有限公司为例，简单描述财务报表使用者的需求如何促进财务报表的进化。

1. 初始投资筹建阶段

2022年12月王老板投入100万元资金成立了广州市比得利科技有限公司，购置了固定资产、存货，还从单位的银行存款中取出1万元作为企业的备用金。因为企业是王老板亲自创办的，所以企业的资产状况他很清楚。一张简单的资产清单和资金变动表就可以满足他的管理需要。

2. 刚开始正常经营阶段

2023年1月1日，王老板的广州市比得利科技有限公司终于正式生产运营了。每天都会购进、销售很多货物，同时支付、收到很多货款；有时由于赊购产生已收货未付货款，有时由于赊销产生已发货未收到货款。简单的资产清单已满足不了王老板的需求，一张能够体现某一时间企业资产和负债明细表就应运而生。

3. 需要扩大融资阶段

随着经营规模的发展，广州市比得利科技有限公司需要更多的资金投资，单凭王老板个人资本不够，需要向外借贷。放贷者出于对贷款本金安全性的考虑，关注企业的自有资产（即总资产减总负债）状况。在原来资产和负债明细表的基础上，加上所有者权益部分，资产负债表应运而生。

4. 商业竞争加剧阶段

王老板看准了新型防水建筑材料还处于萌芽时期，在2022年抢先进入该市场，由于竞争少，获利颇丰。后来大量资本涌进该市场，商业竞争加剧，商业社会对企业的信息披露要求越来越高，静态的、局限于时点的资产负债表已无法满足报表使用者的要求。报表使用者日益关注的是企业持续生存能力，即企业的盈利能力，于是反映期间经营成果的利润表出现了。

5. 利率上升，资金紧缩阶段

随着商业社会投资热情的高涨，利率不断上升，资金紧缩。在企业盈利的情况下，也可能出现资金紧缺的时候。在原来资金变动表的基础上发展出反映企业在一定会计期间内资金的来源渠道和运用去向的财务状况变动表。

经过几次会计准则和会计制度的变革，2006年2月，财政部颁布了《企业会计准则第31号——现金流量表》，因此有了以现金流量表代替财务状况变动表。

6. 财务报表使用者的范围扩大阶段

随着经济向纵深发展、股票市场的兴起，越来越多的人成为财务报表使用者。为便于财务报表使用者理解财务报表的内容，需要财务报表附注对财务报表的编制基础、编制依据、编制原则和方法及主要项目等情况进行解释。

财务报表的进化过程可以绘成财务报表进化图，如图17-1所示。

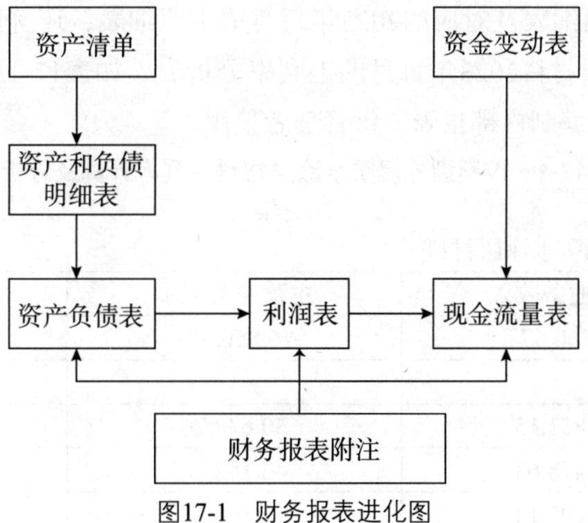

图17-1 财务报表进化图

17.1.4 财务报表的构成

现代财务报表由资产负债表、利润表、现金流量表、所有者权益变动表（或股东权益变动表）和财务报表附注构成。

17.2 财务报表的分类

财务报表可以按照不同的标准进行分类，还是以王老板投资的广州市比得利科技有限公司为例进行介绍。

17.2.1 按服务对象分类

财务报表可以按服务对象进行分类，分为对外财务报表和内部财务报表。

1. 对外财务报表

按照《中华人民共和国税收征收管理法》规定，广州市比得利科技有限公司必须依照法律、行政法规规定的申报期限、申报内容如实办理纳税申报，报送纳税申报表、财务报表及其他纳税资料。这一类财务报表属于对外报表，要求有统一的报表格式（一般征管机关会定期颁布规范化的报表格式），指标体系和编制时间。广州市比得利科技有限公司属于广州市税局管理，广州市税务局要求每一年度要递交当年的财务报表。

2. 内部财务报表

对于这一类报表不要求统一格式，没有统一指标体系，如广州市比得利科技有限公司的会计人员根据王老板的需要而编制的财务报表。如王老板想知道IV新型外墙防水涂层材料上一年的销售收入情况，会要求会计人员编制IV新型外墙防水涂层材料2023年每月的收入明细表及对应的2023年每月成本明细表，还可以根据以上资料编制IV新型外墙防水涂层材料2023年每月的毛利率分析表，如表17-1所示。按照每月的收入、成本、毛利率来编制内部报表，供管理者使用。

表17-1 IV新型外墙防水涂层材料毛利率计算及分析表

2023年

产品名称：IV新型外墙防水涂层材料　　货币单位：人民币元

月份	主营业务收入	主营业务成本	毛利率（%）
1	4 960.47	6 850.37	−38.10
2			
3	37 851.15	30 628.26	19.08
4	52 478.63	42 182.58	19.62
5	62 205.13	52 106.18	16.23
6	68 205.13	56 106.18	17.74

（续表）

月份	主营业务收入	主营业务成本	毛利率（%）
7	61 775.13	50 106.18	18.89
8	62 125.13	52 106.18	16.13
9	75 025.64	61 716.80	17.74
10	71 615.20	67 034.44	6.40
11	64 794.70	60 907.00	6.00
12	66 090.60	61 264.10	7.30
合计	627 126.91	541 008.27	13.73

17.2.2 按编制和报送时间分类

财务报表除了按服务对象进行分类外，还可以按编制和报送的时间分类，分为中期财务报表和年度财务报表等。

1. 中期财务报表

中期财务报表包括月份、季度、半年期财务报表。如广州市比得利科技有限公司每季度向广州市税务局报送的财务报表，就属于中期财务报表。

2. 年度财务报表

年度财务报表是全面反映企业整个会计年度的经营成果、现金流量情况及年末财务状况的财务报表。如广州市比得利科技有限公司在年度终了时，需向广州市税务局报送当年的财务报表，就属于这一类型。

17.2.3 其他分类

- 按报表所提供会计信息的重要性，可以分为主表和附表。
- 按编报单位不同，分为基层财务报表和汇总财务报表。
- 按编报的主体不同，分为个别报表和合并报表。

17.3 财务报表的作用

财务报表的作用就是提供决策信息，既服务于企业内部的管理者，又服务于企业外部与企业利益相关的各方。

17.3.1 服务于内部的管理者

如王老板通过阅读广州市比得利科技有限公司的资产负债表，知道某一时点企业的资产、负债和所有者权益等财务情况；根据利润表及一系列内部辅助财务报表及时掌握企业的经营成果，如王老板通过表17-1 IV新型外墙防水涂层材料毛利率计算及分析表，对IV新型外墙防水涂层材料的2023年毛利率水平有整体把握，便于2024年对IV新型外墙防水涂层材料的产品定价及市场的开拓发展；透过现金流量表及时发现现金的余缺情况，有利于广州市比得利科技有限公司的经营管理人员了解本企业各项指标的完成情况，评价管理人员的经营业绩，以便及时发现问题，调整经营方向，制定措施改善经营管理水平，提高经济效益，为经济预测和决策提供依据。

17.3.2　服务于外部与企业利益相关的各方

如广州市比得利科技有限公司的主管税务机关广州市税务局通过企业上报的2023年财务报表，掌握企业的财务状况、经营成果，为税收征管提供了依据。通过财务报表可以检查、监督企业是否遵守国家的各项法律、法规和制度，有无偷税漏税行为。此外，其他国家经济管理部门如广州市统计局等，根据企业上报的数据及其他单位提供的财务报表资料进行汇总和分析，了解和掌握各行业、各地区经济的发展情况，以便宏观调控经济，优化资源配置，保证国民经济稳定持续发展。

广州市比得利科技有限公司的债权人和其他与广州市比得利科技有限公司有业务往来的单位或者个人，凭借财务报表掌握企业的财务状况、经营成果和现金流量情况，进而分析企业的盈利能力、偿债能力、投资收益、发展前景等，为他们投资、贷款和贸易提供决策依据。

17.3.3　财务报表的编制要求和准备

财务报表是对企业经营状况的信息输出，具有不同知识背景的不同使用者，对各使用者的投资决策、经营决策等都起着非常重要的作用。针对这些情况，会计人员在编制财务报表时必须遵守相应的编制要求，也就是指编制财务报表时应符合的会计信息质量要求。

1. 财务报表的编制要求

编制财务报表应遵守如下“八性”：可靠性、相关性、可理解性、可比性、实质重于形式、重要性、谨慎性和及时性。具体要求如下。

（1）数字真实

财务报表提供的会计信息资料必须能如实反映企业的情况，才能作为使用者的决策依据。这是对所提供的会计资料最基本的信息质量要求。

（2）内容完整

财务报表是反映企业经营活动的全部信息，因此必须做到资料的完整性。凡是企业发生的业务都必须在重要性和成本允许的范围内尽可能完整反映，不得造成信息的遗漏；凡是会计制度要求编制的报表都必须全部编制，不得漏编、漏报。

（3）计算准确

会计核算和报表编制，涉及大量数字计算，只有计算准确，才能保证提供资料的真实可靠，也才能使所提供的资料确实可用。只有计算准确、真实的财务报表资料，才能与使用者的决策相关联，帮助他们对过去进行评价、对未来进行预测。

（4）前后可比

财务报表反映的信息资料，应当能够满足使用者进行横向或纵向的比较，也就是说能与不同时期不同企业的财务报表相比较，以利于报表使用者进行鉴别和分析。另外，因为使用者的知识背景不同，对报表的理解各有差异，所以，财务报表提供的信息在可比的同时还要便于理解，尽可能做到说明清楚。

（5）报送及时

信息的使用价值和传递的及时与否有很大的关系，财务报表应当按规定的时间送达使用者，才能为使用者的决策提供有用的依据。如果报表编制和传递不及时，就会失去其相关性，降低会计信息的使用价值。

2. 编制报表前的工作准备

编制报表的直接依据是会计账簿，财务报表的所有数据都是从已经登记好的账簿中摘取。因此，在编制报表前会计人员已经做了一系列的日常工作，如前面所述的对账、结账等工作。

在会计人员的实际工作中，编制报表、申报纳税都是集中在月末和月初进行的，这是会计人员最为忙碌的时候，忙乱容易出错。结合实际工作，对编制报表前的准备工作叙述如下，读者可结合前面所学的知识加以归纳和灵活掌握。

在编制会计报表前，会计人员一般应做好如下准备工作。

（1）资产的核实

包括现金和银行存款的明细核对；应收账款、其他应收款与债务人核对；各项存货、固定资产、在建工程的清查等。应保证各项资产实数与账面数一致，如出现差异应先编制相关凭证，查明原因后按规定处理。

（2）债务的清理

对各种经济往来中形成的债务要及时核对入账，已到期的要按时偿还，特别是税款、水电费等，确保企业的正常运转。

（3）成本的核算

日常工作中，企业的成本核算一般是定期（十天、半月或一个月）汇总编制成本核算表。月末编制会计报表前，应认真复核制造费用的分配、归集情况；各项生产、销售、库存项目的成本核算情况，计算本月的产品成本、销售成本等。避免出现少转、漏转、错转成本等情况，影响企业盈亏信息的真实性。

（4）做好费用的计提与摊销

一般企业每月的计提和摊销业务基本固定，有固定资产折旧的计提、无形资产摊销、水电费计提、工资计提以及以工资为基数计提的福利费、教育经费、工会经费，开办费的摊销、有银行借款业务的利息的计提、有外币业务的还应计算汇兑损益，调整相关外币账户。

（5）归集损益类科目，结转本年利润

月末将各损益类账户全部转入“本年利润”账户，年末将“本年利润”账户形成的本年税后净利润或亏损转入“利润分配”账户。

以上工作根据会计岗位的不同分工同时交叉进行，会计人员应区分轻重缓急，合理有序安排各项工作。

17.4 资产负债表

资产负债表是反映企业在某一特定日期的财务状况（资产、负债和所有者权益）的会计报表，它反映的是某一日期的财务状况，属于静态会计报表的范畴。

17.4.1 资产负债表的结构

资产负债表包含资产、负债和所有者权益三个大项目，三者之间存在一定的钩稽关系，利用“资产等于负债加所有者权益”的会计平衡等式，将各要素的会计科目分为“资产”“负债和所有者权益”两列，反映企业经营状况。

1. 资产负债表的内容

（1）资产，反映企业由过去的交易事项形成的，并且是由企业拥有或控制的，在可以预计的将来能给企业带来经济利益的资源。在资产负债表中，按照资产的流动性大小进行列示，表明企业拥有或控制的经济资源及其分布情况。具体分为流动资产和非流动资产两类。

流动资产，可以从字面上理解，流动即灵活变动。也就是说，这些资产能在较短的时间（一年或者超过一年的一个正常营业周期）内变现、出售或者耗用。

在表中列示的流动资产项目包括：货币资金、交易性金融资产、应收账款及应收票据、预付款项、其他应收款、存货和一年内到期的非流动资产等。

非流动资产，是对应流动资产来讲的，流动资产以外的资产就是非流动资产。如债权投资、其他债权投资长期应收款、长期股权投资、投资性房地产、固定资产、在建工程、无形资产等。

（2）负债，就是企业的欠债，是某一特定日期下企业承担的、预期会导致企业经济利益流出的义务。在资产负债表中，同样是按偿还期的长短对各项负债进行列示，分为流动负债和非流动负债。

流动负债，指一年内或者超过一年的一个营业周期内需要偿还的债务合计。在资产负债表中列示的流动负债项目有：短期借款、应付账款、应付票据、预收款项、应付职工薪酬、应交税费、其他应付款以及一年内到期的非流动负债等。

非流动负债，指流动负债以外的负债。其项目包括长期借款、应付债券、长期应付款等。

（3）所有者权益，是企业资产扣除负债后的剩余权益，是企业所有者对企业净资产的要求权，在数量上等于企业全部资产减去全部负债后的余额。这可以通过对会计恒等式的变形来表示，即：资产减负债等于所有者权益。资产负债表中的所有者权益包含实收资本、资本公积、其他综合收益、盈余公积和未分配利润等项目。

2. 资产负债表的结构

目前，国际上对于资产负债表主要采用账户式和报告式两种格式。我国企业的资产负债表采用账户式的结构。

账户式资产负债表的基本结构分左右两方，一般是按各种资产流动性大小的顺序逐一列在表的左方，反映单位所有的各项财产、物资、债权和权利；负债和所有者权益则按清偿时间的先后顺序逐一列在表的右方。负债一般列于右上方，分别反映各种长期和短期负债的项目；所有者权益列在右下方，反映企业所有者对企业净资产的所有权。

资产负债表左边资产各项目的合计等于右边负债和所有者权益各项目的合计，即“资产等于负债加所有者权益”。

账户式资产负债表的格式，如表17-2所示。

表17-2　资产负债表

会企01表

编制单位：深尔有限公司　　　　2009年11月30日　　　　单位：元

资　　产	年初数	期末数	负债和所有者权益	年初数	期末数
流动资产：			流动负债：		
货币资金	502 532.00	402 025.60	短期借款	200 000.00	250 000.00
交易性金融资产			交易性金融负债		
衍生金融资产			衍生金融负债		
应收票据及应收账款	148 690.61	118 952.49	应付票据及应付账款	563 833.00	597 121.42
应收款项融资					
预付款项			预收款项		
其他应收款	10 448.39	8 358.71	合同负债		
存货	761 964.59	609 571.67	应付职工薪酬	100 359.98	100 287.98
合同资产			应交税费	12 730.00	10 184.00
持有待售资产			其他应付款	17 124.33	13 699.46
一年内到期的非流动资产			持有待售负债		
其他流动资产			一年内到期的非流动负债		
流动资产合计	1 423 635.59	1 138 908.47	其他流动负债		
非流动资产：			流动负债合计	894 047.31	971 292.86

（续表）

资　　产	年初数	期末数	负债和所有者权益	年初数	期末数
债权投资			非流动负债：		
其他债权投资			长期借款		
长期应收款			应付债券		
长期股权投资			其中：优先股		
其他权益工具投资			永续债		
			租凭负债		
其他非流动金融资产			长期应付款		
投资性房地产			预计负债		
固定资产	415 480.49	332 384.39	递延收益		
在建工程			递延所得税负债		
生产性生物资产			其他非流动负债		
油气资产			非流动负债合计	-	-
使用权资产					
无形资产			负债合计	894 047.31	971 292.86
开发支出			所有者权益（或股东权益）：		
商誉			实收资本	500 000.00	500 000.00
长期待摊费用			其他权益工具		
递延所得税资产			其中：优先股		
其他非流动资产			永续债		
非流动资产合计	415 480.49	332 384.39	资本公积		
			减：库存股		
			其他综合收益		
			盈余公积		
			未分配利润	445 068.77	0
			所有者权益（或股东权益）合计	945 068.77	500 000.00
资产总计	1 839 116.08	1 471 292.86	负债和所有者权益（或股东权益）总计	1 839 116.08	1 471 292.86

会计主管：何佳　　　　审核：伍艳　　　　制表：周乐

17.4.2　资产负债表的作用

资产负债表通过对企业某一时点资产、负债、所有者权益的静态描述反映企业的账务状况，它的作用主要有以下几个方面。

（1）反映资产及其分布状况。资产负债表反映了企业在特定时间拥有的资产类别和数额，如流动资产的多少、固定资产的多少、长期投资资产的多少、无形资产的多少等。

（2）列示了企业承担的债务及偿还期限的长短。资产负债表通过列示企业在特定时点所承担的债务，如流动负债、长期负债等，让报表使用者清楚知道企业在这一时点需要偿还的债务有多少，哪些是需要在一年内偿还的、哪些偿还期在一年以上。

（3）反映净资产及其形成原因。资产负债表反映某一特定时间投资人拥有的净资产额度，及净资产产生的原因。净资产也就是股东权益，等于资产减去负债。在企业的清偿过程中，负债优于所有者权益，也就是所谓的先人后己。

（4）揭示企业的财务状况发展趋势。通过对几个会计期间编制资产负债表的分析，可以对企业财务发展状况的趋势有比较清楚的了解，如把各个月度（年度）企业应收账款进行对比，会很容易发现企业的销售状况是呈上升或下降趋势。

17.4.3 资产负债表的编制

了解资产负债表的内容和格式后，是不是想知道如何进行报表的编制了？一步一步跟着来吧。

1. 资产负债表的编制方法

资产负债表各项目分为“年初数”和“期末数”两栏，主要通过对日常会计记录的数据加以归集和整理形成。其中，“年初数”根据上年度资产负债表的“期末数”所列数字填列。“期末数”的数据来源，主要通过以下几种方式取得。

（1）根据总账科目余额直接填列。如“短期借款”项目，可直接根据“短期借款”总账科目的期末余额填列。

（2）根据总账科目余额计算填列。如“货币资金”项目，根据“库存现金”“银行存款”“其他货币资金”科目的期末余额合计数填列。

（3）根据明细科目余额计算填列。如“应付账款”“应付票据”项目，根据“应付账款”“预付账款”科目所属相关明细科目的期末贷方余额再加上“应付票据”期末贷方余额计算填列。

（4）根据总账科目和明细科目余额分析计算填列。如“长期借款”项目，根据“长期借款”总账科目期末余额，扣除“长期借款”科目所属明细科目中反映的、将于一年内到期的并且企业不能单方将偿还期限延期的长期借款部分，分析计算填列。

（5）根据科目余额减去其备抵项目后的净额填列。如“应收账款”“应收票据”项目，根据“应收账款”科目的期末余额，减去“坏账准备”备抵科目余额后的净额再加上“应收票据”科目的期末余额填列。

（6）综合运用以上所述方法分析填列。如“存货”项目，需要将“原材料”“库存商品”“委托加工物资”“周转材料”“材料采购”“在途物资”“发出商品”“材料成本差异”等总账科目期末数进行汇总后，减去“存货跌价准备”科目余额后的净额填列。

如果当年度资产负债表规定的各个项目的名称和内容同上年度不一致，应对上年年末资产负债表各项目的名称和数字按照本年度的规定进行调整，填入本表“年初数”栏内。

2. 资产负债表的具体填列

在此重点讲述“期末数”的主要项目的填列方法，对于企业很少应用的项目不做讲述。按照以下内容自己完成一张完整的资产负债表。

（1）“货币资金”项目。根据“库存现金”“银行存款”“其他货币资金”三个总账科目的期末余额合计数填列。

（2）“交易性金融资产”项目。反映企业为交易目的而持有的债券、股票、基金等交易性金融资产，应根据“交易性金融资产”账户的期末余额填列。

（3）“应收账款”及“应收票据”项目。其中“应收账款”项目。根据企业“应收账款”科目所属各明细科目的期末借方余额合计数，减去“坏账准备”科目中有关应收账款计提的坏账准备期末余额后的金额填列。如果“应收账款”科目所属明细科目期末有贷方余额，应在本表右列中的“预收账款”项目内填列“应收票据”项目，反映企业收到的未到期的商业承兑汇票和银行承兑汇票等应收票据余额，应根据“应收票据”科目的期末余额填列。已向银行贴现和已背书的应收票据应在会计报表附注中单独披露，不包括在本项目中。

（4）“应收款项融资”项目。它反映资产负债表目以公允价值计量且其变动计入其他综合收益的应收票据和应收账款等。

（5）“预付账款”项目。根据“预付账款”和“应付账款”账户所属各明细账户的期末借方余额合计数，减去“坏账准备”账户中有关预付账款计提的坏账准备期末余额后的金额填列。

（6）“其他应收款”项目。应根据“应收利息”“应收股利”“其他应收款”科目的期末余额合计数，减去“坏账准备”科目中相关坏账准备期末余额后的金额填列。

（7）“存货”项目。本项目应根据“材料采购”“在途物资”“原材料”“库存商品”“周转材料”“委托加工物资”“生产成本”“劳务成本”等账户的期末余额合计数，减去“存货跌价准备”账户期末余额后的金额填列。材料采用计划成本核算以及库存商品采用计划成本或售价核算的小企业，应按加、减材料成本差异或商品进销差价后的金额填列。

（8）“一年内到期的非流动资产”项目。反映企业非流动资产项目中在一年内到期的金额，包括一年内到期的持有至到期投资、长期待摊费用和一年内可收回的长期应收款。本项目应根据上述“持有至到期投资”“长期待摊费用”“长期应收款”账户分析计算后填列。

（9）“其他流动资产”项目。它指除以上流动资产项目以外的其他流动资产，根据有关科目的期末余额填列。如果其他流动资产价值较大，应在会计报表附注中披露其内容和金额。

（10）“债权投资”项目。它反映资产负债表日企业以摊余成本计量的长期债权投资的期末账面价值。该项目应根据“债权投资”科目的相关明细科目期末余额，减去“债权投资减值准备”科目中相关减值准备的期末余额后的金额填列。自资产负债表日起一年内到期的长期债权投资的期末账面价值，在“一年内到期的非流动资产”项目反映。企业购入的以摊余成本计量的一年内到期的债权投资的期末账面价值，在“其他流动资产”项目反映。

（11）“其他债权投资”项目。它反映资产负债表日企业分类为以公允价值计量且其变动计入其他综合收益的长期债权投资的期末账面价值。该项目应根据“其他债权投资”科目的相关明细科目期末余额分析填列。自资产负债表日起一年内到期的长期债权投资的期末账面价值，在“一年内到期的非流动资产”项目反映。企业购入的以公允价值计量且其变动计入其他综合收益的一年内到期的债权投资的期末账面价值，在“其他流动资产”项目反映。

（12）“长期应收款”项目。根据“长期应收款”期末余额减去一年内到期的部分金额、“未实现融资收益”账户期末余额，减去“坏账准备”账户中长期应收款计提的坏账损失后的金额填列。

（13）“长期股权投资”项目。根据“长期股权投资”期末余额减去“长期股权投资减值准备”账户期末余额后填列。

（14）“投资性房地产”项目。根据“投资性房地产”账户期末余额填列。

（15）“固定资产”项目。根据“固定资产”账户期末余额，减去“累计折旧”和“固定资产减值准备”账户期末余额以及“固定资产清理”科目的期末余额后的金额填列。

（16）“在建工程”项目。根据“在建工程”科目的期末余额减去“在建工程减值准备”科目期末余额后的金额，以及“工程物资”科目的期末余额减去“工程物资减值准备”科目期末余额后的金额填列。

（17）“使用权资产”项目。它反映资产负债表日承租人企业持有的使用权资产的期末账面价值。该项目应根据“使用权资产”科目的期末余额，减去“使用权资产累计折旧”和“使用权资产减值准备”科目的期末余额后的金额填列。

（18）“无形资产”项目。根据“无形资产”账户期末余额减去“无形资产减值准备”和“累计摊销”期末余额后的金额填列。

（19）“开发支出”项目。根据“开发支出”账户的期末余额填列。

（20）“长期待摊费用”项目。根据“长期待摊费用”账户期末余额减去将于一年内（含一年）摊销的数额后的金额填列。

（21）“商誉”项目。根据“商誉”账户期末余额填列。

（22）“递延所得税资产”项目。根据“递延所得税资产”账户期末余额填列。

（23）“其他非流动资产”项目。它指除上述非流动资产以外的其他长期资产，根据有关账户的期末余额填列。

（24）“短期借款”项目。根据“短期借款”账户期末余额数填列。

（25）“交易性金融负债”项目。根据“交易性金融负债”账户期末余额数填列。

（26）“应付账款”及“应付票据”项目。根据“应付账款”期末贷方余额加上“应付票据”科目的期末余额填列。如果科目期末有借方余额，应在本表“预付账款”项目内填列。

（27）“预收账款”项目。根据“预收账款”所属的各明细科目的期末贷方余额填列。如果“预收账款”的明细科目有借方余额，应在本表的“应收账款”项目内填列。同样，“应收账款”明细账户如有贷方余额，则应在本项目内反映。

（28）“应付职工薪酬”项目。根据“应付职工薪酬”账户期末借方余额填列，如果本科目期末为借方余额，则以“-”号填列。

（29）“应交税费”项目。根据“应交税费”账户的期末贷方余额填列，如果该科目期末为借方余额，则以“-”号填列。

（30）“其他应付款”项目。应根据“应付利息”“应付股利”和“其他应付款”科目的期末余额合计数填列。

（31）“一年内到期的非流动负债”项目。它是指一年内到期的长期借款、长期应付款和应付债券，应根据“长期借款”“长期应付款”“应付债券”等账户分析计算后填列。

（32）“其他流动负债”项目。它指除以上流动负债以外的其他流动负债，根据有关账户的期末余额填列。

（33）“长期借款”项目。根据“长期借款”科目的期末余额减去一年内到期部分的金额后的余额填列。

（34）“应付债券”项目。根据“应付债券”账户期末余额数减去所属相关明细科目中将于一年内到期的金额后的余额填列。

（35）“租凭负债”项目。它反映资产负债表日承租人企业尚未支付的租凭付款额的期末帐面价值。该项目根据“租凭负债”科目的期末余额填列。自资产负债表日起一年内到期应予以清偿的租凭负债的期末帐面价值，在“一年内到期的非流动负债”项目反映。

（36）“长期应付款”项目。根据“长期应付款”账户期末余额减去一年内到期部分和“未确认融资费用”账户期末余额后填列。

（37）“递延所得税负债”项目。根据“递延所得税负债”账户期末余额填列。

（38）“其他非流动负债”项目。它指除上述长期负债以外的其他长期负债，可以根据有关账户期末余额填列。

（39）“实收资本（或股本）”项目。根据“实收资本（股本）”账户期末余额填列。

（40）“资本公积”项目。根据“资本公积”科目期末余额填列。

（41）“其他综合收益”项目。根据“其他综合收益”科目余额填列。

（42）“盈余公积”项目。根据“盈余公积”账户的期末余额填列。

（43）“未分配利润”项目。根据“本年利润”和“未分配利润”科目的期末余额填列。如果存在未弥补的亏损，则以“-”号在本项目内填列。

一般日常工作中，企业涉及的项目相对来说比资产负债表中所列项目要少。一个典型的资产负债表，如表17-3所示。

表17-3　深尔公司12月资产负债表

资　产　负　债　表

会企01表

编制单位：深尔有限公司　　　　2023年12月31日　　　　单位：元

资产	年初数	期末数	负债和所有者权益（或股东权益）	年初数	期末数
流动资产：			流动负债：		
货币资金	354 350.00	402 025.60	短期借款	200 000.00	250 000.00
交易性金融资产			交易性金融负债		
衍生金融资产			衍生金融负债		
应收票据及应收账款	128 750.61	118 952.49	应付票据及应付账款	359 859.37	597 121.42
应收款项融资					
预付款项			预收款项		
其他应收款	59 795.20	8 358.71	合同负债		
存货	655 116.17	609 571.67	应付职工薪酬	109 745.43	100 287.98
合同资产			应交税费	26 189.38	10 184.00
持有待售资产			其他应付款	9 099.79	13 699.46
一年内到期的非流动资产			持有待售负债		
其他流动资产			一年内到期的非流动负债		
流动资产合计	1 198 011.98	1 138 908.47	其他流动负债		
非流动资产：			流动负债合计	704 893.97	971 292.86
债权投资			非流动负债：		
其他债权投资			长期借款		
长期应收款			应付债券		
长期股权投资			其中：优先股		
其他权益工具投资			永续债		
其他非流动金融资产			长期应付款		
投资性房地产			预计负债		
固定资产	541 827.62	332 384.39	递延收益		
在建工程			递延所得税负债		

（续表）

资产	年初数	期末数	负债和所有者权益（或股东权益）	年初数	期末数
生产性生物资产			其他非流动负债		
油气资产			非流动负债合计		
使用权资产					
无形资产			负债合计	704 893.97	971 292.86
开发支出			所有者权益（或股东权益）：		
商誉			实收资本	500 000.00	500 000.00
长期待摊费用			其他权益工具		
递延所得税资产			其中：优先股		
其他非流动资产			永续债		
非流动资产合计	541 827.62	332 384.39	资本公积		
			减：库存股		
			其他综合收益		
			盈余公积		
			未分配利润	534 945.63	0
			所有者权益（或股东权益）合计	1 034 945.63	500 000.00
资产总计	1 739 839.60	1 471 292.86	负债和所有者权益（或股东权益）总计	1 739 839.60	1 471 292.86

会计主管：何佳　　　　审核：伍艳　　　　制表：周乐

17.5 利润表

利润表也可以称为损益表，它是表示会计期间企业利润的实现或亏损情况的财务报表。利润表反映一定期间内企业的收入、成本、费用和利润（亏损）的数额和构成情况，是一张动态的报表。报表的使用者可以通过利润表全面了解企业的经营成果，分析企业的利润增减变化、获利能力和盈利增长趋势等，为经济决策提供依据。

17.5.1 利润表的结构

利润表一般有单步式和多步式两种格式，单步式在我国企业中应用比较少，我国企业的利润表采用多步式。多步式利润表，将收入和费用项目加以分类，分成利润构成和利润分配两大部分。

利润构成部分，反映了净利润的构成内容：先列示销售收入、然后减去销售成本得出销售利润，再减去各种税费、费用后得出营业利润或亏损，营业利润加上营业外收入、减去营业外支出后得到企业的利润总额或亏损额。

利润分配部分，先将利润总额减应缴所得税，计算得出企业的税后利润。再按照分配方案提取公积金或者应付利润等。企业也可以将利润分配部分单独以“利润分配表”列示。

多步式利润表的格式，如表17-4所示。

表17-4　利润表

会企02表

编制单位：深尔有限公司　　2023年11月　　单位：元

项目	本月数	本年累计数
一、营业收入	400 133.52	4 181 395.28
减：营业成本	215 506.61	2 692 403.70
税金及附加	3 099.98	32 394.79
销售费用	33 523.33	350 318.80
管理费用	51 273.61	535 809.22
研发费用		
财务费用	12 000.00	125 400.00
其中：利息费用		
利息收入		
加：其他收益		
投资收益（损失以“-”号填列）		
其中：对联营企业和合营企业的投资收益		
以摊余成本计量的金融资产终止确认收益（损失以“-”号填列）		
净敞口套期收益（损失以“-”号填列）		
公见价值变动收益（损失以“-”号填列）		
信用减值损失（损失以“-”号填列）		
资产减值损失（损失以“-”号填列）		
资产处置收益（损失以“-”号填列）		
二、营业利润（亏损以“-”号填列）	84 729.99	445 068.77
加：营业外收入		
减：营业外支出		
三、利润总额（亏损总额以“-”号填列）	84 729.99	445 068.77
减：所得税费用		
四、净利润（净亏损以“-”号填列）	84 729.99	445 068.77
（一）持续经营净利润（净亏损以“-”号填列）		
（二）终止经营净利润（净亏损以“-”号填列）		
五、其他综合收益的税后净额		
六、综合收益总额		
七、每股收益：		
（一）基本每股收益		
（二）稀释每股收益		

会计主管：何佳　　审核：伍艳　　制表：周乐

17.5.2 利润表的作用

利润表通过对企业经营成果的反映，提供给会计报表使用者相关信息，让他们对投资的价值和报酬进行评估。它的作用主要有以下几个方面。

（1）提供经营成果的分配依据。损益表反映企业一定会计期间内的营业收入、营业成本、税金及附加、所有期间费用和营业外收支等信息，最终计算出该会计期间内企业的利润，作为分配依据。

（2）综合反映生产经营的各个方面，通过本企业各个会计期间的纵向对比和与外部同行业企业的横向对比，有助于考核企业管理层的工作业绩；还可以通过利润表中所反映的收入、成本费用、利润等项目与企业生产经营预算进行对比，考核生产计划的完成情况。

（3）分析企业的获利能力，有助于报表使用者预测企业未来的发展前景，进行投资决策。同时，给报表使用者预测企业未来的现金流量提供依据。损益表详细说明了企业经营利润、投资净收益和营业外收支净额等项目，为分析企业的盈利水平、评估企业的获利能力提供了依据。

17.5.3 利润表的编制

利润表的编制相对资产负债表来说稍简单一些，其数据的来源大部分可以根据相对应的科目直接取得，进行加或减的计算要比资产负债表少。下面看一看利润表是如何编制的。

1. 利润表编制的步骤

利润表的编制步骤，可以按照其表格大的项目符号顺序进行。

（1）以营业收入为基数，减去营业成本、税金及附加、销售费用、管理费用、财务费用、资产减值损失、信用减值损失，然后加上其他收益、投资收益、净敞口套期收益、公允价值变动收益、资产处置收益得出来的结果为营业利润。

（2）在计算出来的营业利润基础上，加上营业外收入，减去营业外支出，得出利润总额。

（3）计算净利润。净利润是在利润总额的基础上，减去所得税费用。

2. 利润表的具体填列

利润表中各项目分列为“本月数”和“本年累计数”两列，其“本年累计数”为自年初起至本月末止的累计发生数。根据上月利润表的“本年累计数”栏各项目数额，加上本月利润表“本月数”栏各项目数额的合计数填列。

目前使用的利润表中有一些分列为“本月数”和“上期数”两列，“上期数”的各项数字应根据上年度同期利润表的“本月数”填列。

利润表各项目“本月数”的填写具体如下：

（1）“营业收入”项目。根据“主营业务收入”和“其他业务收入”账户的发生额分析填列。

（2）“营业成本”项目。根据“主营业务成本”和“其他业务成本”账户的发生额分析填列。

（3）“税金及附加”项目。它包含企业负担的消费税、土地增值税、城市维护建设税、资源税、印花税、车船税和教育费附加等。根据“税金及附加”账户的发生额分析填列。

（4）“销售费用”项目。根据“销售费用”科目的发生额分析填列。

（5）“管理费用”项目。根据“管理费用”科目的发生额分析填列。

（6）“研发费用”项目。它反映企业进行研究与开发过程中发生的费用化支出。该项目应根据“管理费用”科目下的“研发费用”明细科目的发生额分析填列。

（7）“财务费用”项目。根据“财务费用”科目的发生额分析填列。“其中：利息费用”项目，反映企业为筹集生产经营所需资金等而发生的应予费用化的利息支出。“利息收入”项目，反映企业确认的利息收入。

（8）“其他收益”项目。根据“其他收益”科目的发生额分析填列。

（9）“投资收益”项目。根据“投资收益”账户的发生额分析填列。如果为投资损失，则以“-”号填列。

（10）“以摊余成本计量的金融资产终止确认收益”项目。反映企业因转让等情形导致终止确认以摊余成本计量的金融资产而产生的利得或损失。该项目应根据“投资收益”科目的相关明细科目的发生额分析填列。

（11）“净敞口套期收益”项目。根据“净敞口套期损益”科目的发生额分析填列；如为套期损失，以“-”号填列。

（12）“公允价值变动损益”项目。根据“公允价值变动损益”科目的发生额分析填列。

（13）“信用减值损失”项目。根据“信用减值损失”科目的发生额分析填列。

（14）“资产减值损失”项目。根据“资产减值损失”账户的发生额分析填列。

（15）“资产处置收益”项目。根据“资产处置损益”科目的发生额分析填列。如为处置损失，以“-”号填列。

（16）“营业外收入”项目。根据“营业外收入”科目的发生额分析填列。

（17）“营业外支出”项目。根据“营业外支出”科目的发生额分析填列。

（18）“所得税费用”项目。根据“所得税费用”科目的发生额分析填列。

其他如营业利润、利润总额、净利润等，按照前面所述的步骤计算填列即可。一个完整的利润表，如表17-5所示。

表17-5　深尔公司12月利润表

会企02表

编制单位：深尔有限公司　　　　2023年12月　　　　单位：元

项目	本月数	本年累计数
一、营业收入	417 308.00	4 598 703.28
减：营业成本	224 754.39	2 917 158.09
税金及附加	3 232.00	35 626.79
销售费用	31 752.13	382 070.93
管理费用	55 692.62	591 501.84
研发费用		
财务费用	12 000.00	137 400.00
其中：利息费用		
利息收入		
加：其他收益		
投资收益（损失以“–”号填列）		
其中：对联营企业和合营企业的投资收益		
以摊余成本计量的金融资产终止确认收益（损失以“–”号填列）		
净敞口套期收益（损失以“–”号填列）		
公允价值变动收益（损失以“–”号填列）		
资产减值损失（损失以“–”号填列）		
信用减值损失（损失以“–”号填列）		
资产处置收益（损失以“–”号填列）		
二、营业利润（亏损以“–”号填列）	89 876.86	534 945.63
加：营业外收入		
减：营业外支出		
三、利润总额（亏损总额以“–”号填列）	89 876.86	534 945.63
减：所得税费用		
四、净利润（净亏损以“–”填列）	89 876.86	534 945.63
（一）持续经营净利润（净亏损以“–”号填列）		
（二）终止经营净利润（净亏损以“–”号填列）		
五、其他综合收益的税后净额		
六、综合收益总额		
七、每股收益		
（一）基本每股收益		
（二）稀释每股收益		

会计主管：何佳　　　　审核：伍艳　　　　制表：周乐

17.6　现金流量表

现金流量表是财务报表中三个基本报表之一，是反映一定会计期间现金和现金等价物流入和流出的报表。这里提到的现金，不要仅从字面意思理解，它在会计上是指企业的库存现金以及可以随时用于支付的存款，包括库存现金、银行存款和其他货币资金。现金等价物是指企业持有的期限短（从购买日起3个月内到期）、流动性强、易于转换成确定金额现金且价值变动风险很小的投资。

17.6.1　现金流量表的结构

现金流量表的结构从大的项目可分为三类。

1. 经营活动产生的现金流量

企业经营生产活动（如销售商品、提供劳务、购买商品、接受劳务、缴纳税金等），即投资活动和筹资活动以外的所有交易活动和事项产生的现金流入和流出。

2. 投资活动产生的现金流量

企业购买长期资产（固定资产、无形资产、在建工程等）和对外投资（不包括现金等价物的投资）等产生的现金流入和流出。

3. 筹资活动产生的现金流量

企业接受投资或借入款项（吸收投资、发行股票、借入款项、发行债券）和偿还债务或支付红利（偿还借款、偿还债券、支付利息、分配股利）等活动导致的现金流入和流出。

我国现金流量表采用报告式的结构，分为主表和附表（补充资料）两大部分。主表分别反映上述三类现金流量，并在最后汇总反映企业某个会计期间现金及现金等价物的净增加额，其格式如表17-6所示。

表17-6　现金流量表

会企03表

编制单位：深尔有限公司　　　　2023年01月　　　　单位：元

项目	本期金额	上期金额（略）
一、经营活动产生的现金流量		
销售商品、提供劳务收到的现金	55 814.03	
收到的税费返还	1 674.43	
收到的其他与经营活动有关的现金	38.56	
经营活动现金流入小计	57 527.02	
购买商品、接受劳务支付的现金	31 212.86	
支付给职工以及为职工支付的现金	21 092.36	
支付的各项税费	850.23	

（续表）

项目	本期金额	上期金额（略）
支付的其他与经营活动有关的现金	5 946.72	
经营活动现金流出小计	59 102.17	
经营活动产生的现金量净额	−1 575.15	
二、投资活动产生的现金流量		
收回投资所收到的现金		
取得投资收益所收到的现金		
处置固定资产、无形资产和其他长期资产所支付的现金净额		
处置子公司及其他营业单位收到的现金净额		
收到的其他与投资活动有关的现金		
投资活动现金流入小计		
购建固定资产、无形资产和其他长期资产所支付的现金		
投资所支付的现金		
取得子公司及其他营业单位支付的现金净额		
支付的其他与投资活动有关的现金		
投资活动现金流出小计		
投资活动产生的现金流量净额		
三、筹资活动产生的现金流量		
吸收投资所收到的现金		
取得借款所收到的现金		
收到的其他与筹资活动有关的现金		
筹资活动现金流入小计		
偿还债务所支付的现金		
分配股利利润或偿付利息所支付的现金		
支付的其他与筹资活动有关的现金		
筹资活动现金流出小计		
筹资活动产生的现金流量净额		
四、汇率变动对现金及现金等价物的影响		
五、现金及现金等价物净增加额	−1 575.15	
加：期初现金及现金等价物余额	513 336.20	
六、期末现金及现金等价物余额	511 761.05	

会计主管：何佳　　　　审核：伍艳　　　　制表：周乐

附表（补充部分）是现金流量表不可或缺的一部分，其格式如表17-7所示。

表17-7　现金流量表（附表）

编制单位：深尔有限公司　　2023年01月　　单位：元

补充资料	本期金额	上期金额（略）
一、将净利润调节为经营活动现金流量		
净利润	−22 108.52	
加：资产减值准备		
固定资产折旧、油气资产折耗、生产性生物资产折旧		
无形资产摊销		
长期待摊费用摊销		
处理固定资产、无形资产和其他长期资产的损失（收益以“−”号填列）		
固定资产报废（收益以“−”号填列）		
公允价值变动损失（收益以“−”号填列）		
财务费用（收益以“−”号填列）		
投资损失（收益以“−”号填列）		
递延所得税资产减少（增加以“−”号填列）		
递延所得税负债增加（减少以“−”号填列）		
存货的减少（减：增加）	6 840.23	
经营性应收项目的减少（减：增加）	34 164.54	
经营性应付项目的增加（减：减少）	−20 471.4	
其他		
经营活动产生的现金流量净额	−1 575.15	
二、不涉及现金收支的重大投资和筹资活动		
债务转为资本		
一年内到期的可转换公司债券		
融资租入固定资产		
三、现金及现金等价物变动情况		
现金的期末余额	1 213.85	
减：现金的期初余额	789	
加：现金等价物的期末余额	85 000	
减：现金等价物的期初余额	87 000	
现金及现金等价物净增加额	−1 575.15	

会计主管：何佳　　审核：伍艳　　制表：周乐

17.6.2 现金流量表的意义和作用

任何企业的经营管理活动过程都是由现金从始至终贯穿的，从现金到存货、应收账款再到现金的转换，是企业生存和发展的不断循环。企业现金是否运转畅顺关系着企业的生存与发展，保持现金的流入与输出管道均衡，在企业管理上是非常重要的。

现金流量表的编制对于投资者、企业管理者及其他利益相关者，都具有十分重要的意义和作用。

1. 现金流量表的意义

（1）弥补资产负债表信息量的不足

- 资产负债表反映企业资产和负债的“总额”“结构”“资源”，通过对资产、负债、所有者权益三个会计要素的期末余额编制，对发生额没有充分利用，并没有说明一个企业的资产、负债和所有者权益为什么发生变化。
- 根据资产负债表的平衡公式，可以转变成

  现金=负债+所有者权益-非现金资产

因此，可以发现，现金的增减变动是受公式右边因素影响的，负债、所有者权益的增加（减少）导致现金的增加（减少），非现金资产的减少（增加），导致现金的增加（减少），这样账簿的资料能够得到充分利用，现金变动原因的信息得到充分揭示。

（2）便于从现金流量的角度对企业进行考核

- 对于企业来说，有盈利代表企业经营良好。损益表的利润是根据权责发生制核算出来的，其所体现的利润与现金流量表不一致。所得的利润不代表实际能得到的现金资产，如果有利润而银行账户上没有现金资产的收回，缺乏购买与支付能力，再多的利润也会使企业陷于致命的地步，难以挽回。因此，通过损益表不能反映企业现金流量在管理中存在的缺陷。
- 通过编制收付实现制的现金流量表可以弥补上述缺陷，通过划分经营活动、投资活动、筹资活动，按类对企业某个会计时期现金流量的流入、流出及流入、流出的数额和现金流量净额进行了说明，可以很清晰地说明企业的现金从哪里来，又用到哪里去了，也对损益表中的利润没有变为现金流量的原因作出了全面合理的评价。

（3）了解企业筹措现金、获取现金的能力

- 现金好比是企业生存发展过程中的命脉。企业可以通过筹资吸收投资者的投资或者借款借入企业债权人的资金，这两者都会导致企业责任的加重。吸收投资，增加企业受托责任；借入资金，增加资金成本。
- 另一条现金来源的渠道是企业在自身经营过程中获取利润，这也是企业现金来

源的主要渠道。

- 通过对企业经营过程中各项现金流量的了解，可以知道企业在内外筹措了多少现金，这些现金来源的组成，以及是否按计划将各类现金用到了扩大企业生产规模、购置固定资产、补充流动资金上，为企业管理层提供重要信息，这些都是资产负债表和损益表不能提供的。

2. 现金流量表的作用

- 反映企业的现金流量，对企业未来产生现金流量的能力进行评价。
- 分析企业偿还债务、支付投资利润的能力，评价和判断企业的财务状况。
- 分析净收益与现金流量之间的差异，并据此查找差异产生的原因，对各类原因采取有效措施，提高现金流入，保持现金流量流入与流出的均衡。
- 通过现金流量表，对企业的现金投资、融资、非现金投资与融资进行分析，全面了解企业的财务状况。

17.6.3 现金流量表的编制

在编制现金流量表时一定将现金及现金等价物看作一个整体，在这个整体范围内发生的如银行提取现金、用现金购买短期债券等现金和现金等价物之间的转换不作为现金流量在表中核算。

1. 现金流量表的编制方法

现金流量表采用直接法进行编制，也就是说，将现金收入来源和现金支出去向的主要类别列示在表中。采用直接法进行现金流量表的具体编制工作时，可以采用工作底稿法和T形账户法，也可以直接根据有关科目记录进行分析后填列。

工作底稿法是指以工作底稿为手段，根据利润表和资产负债表的数据，对每一项目进行分析编制调整分录，再编制出现金流量的方法。

T形账户法同样以利润表和资产负债表为基础，并结合有关科目的记录，对现金流量表的项目进行分析并编制调整分录，再进一步编制现金流量表的方法。

2. 现金流量主表的具体编制

现金流量表最主要的内容反映在主表，主表中各主要项目的具体填列方法如下。

1）销售商品、提供劳务收到的现金

方法一：

销售商品、提供劳务收到的现金=营业收入+应交税费[应交增值税（销项税额）]+（应收票据期初余额-应收票据期末余额）+（应收账款期初余额-应收账款期末余额）+（预收款项期末余额-预收款项期初余额）-当期计提的坏账准备

方法二：

销售商品、提供劳务收到的现金=营业收入+应交增值税（销项税额）+（未扣除坏账准备前的应收账款期初余额-未扣除坏账准备前的应收账款期末余额）+收回的以前

年度核销的坏账

上述营业收入是指企业销售商品、材料，提供劳务等形成的收入。该项目可以根据“库存现金”“银行存款”“应收账款”“应收票据”“预收账款”“主营业务收入”“其他业务收入”等账户的明细记录分析填列。

2）收到的税费返还

收到的税费返还等于实际收到的增值税、消费税、所得税、关税、教育费附加返还等款项。

应根据“库存现金”“银行存款”“税金及附加”等科目记录分析填列。

3）收到的其他与经营活动有关的现金

收到的其他与经营活动有关的现金=罚款收入+接受捐赠现金收入+经营租赁固定资产收到的现金+投资性房地产收到的租金收入+出租和出借包装物的租金收入+逾期未退还出租和出借包装物没收的押金收入+流动资产损失中由个人赔偿的现金收入+除税费返还外的其他政府补助收入等

应根据“库存现金”“银行存款”“营业外收入”“其他业务收入”等科目记录分析填列。

4）购买商品、接受劳务支付的现金

购买商品、接受劳务支付的现金=营业成本+应交税费[应交增值税（进项税额）]+（存货期末余额-存货期初余额）+（应付账款期初余额-应付账款期末余额）+（应付票据期初余额-应付票据期末余额）+（预付款项期末余额-预付款项期初余额）-当期列入生产成本、制造费用的职工薪酬-当期列入生产成本、制造费用的折旧费

可以根据“库存现金”“银行存款”“主营业务成本”“应交税费”“应付账款”“应付票据”“预付账款”“生产成本”“制造费用”等科目记录填列。

5）支付给职工以及为职工支付的现金

支付给职工以及为职工支付的现金=生产成本、制造费用、管理费用中职工薪酬+（应付职工薪酬期初余额-应付职工薪酬期末余额）-[应付职工薪酬（在建工程）期初余额-应付职工薪酬（在建工程）期末余额]

应根据“应付职工薪酬”“库存现金”“银行存款”等科目记录填列。

6）支付的各项税费

支付的各项税费=当期所得税费用+（应交所得税期初余额-应交所得税期末余额）+支付的税金及附加+应交税费-应交增值税（已缴税金）

该项目包括企业本期发生并支付的税费，以及本期支付以前各期发生的税费和本期预缴的税费，有所得税、增值税、消费税、印花税、房产税、土地增值税、车船税、教育费附加、矿产资源补偿费等，但不包括计入固定资产价值、实际支付的耕地占用税，也不包括本期退回的增值税、所得税。

可以根据“应交税费”“库存现金”“银行存款”科目记录分析填列。

7）支付其他与经营活动有关的现金

支付其他与经营活动有关的现金=支付其他管理费用+支付的其他销售费用+支付的其他制造费用+进行捐赠的现金支出+罚款支出等

应根据“库存现金”“银行存款”“管理费用”“销售费用”“制造费用”等科目记录分析填列。

8）收回投资收到的现金

收回投资收到的现金=出售、转让或到期收回除现金等价物以外的债权投资、长期股权投资、交易性金融资产等而收到的现金

可根据“库存现金”“长期股权投资”“交易性金融资产”“债权投资”等科目记录分析填列。

9）取得投资收益收到的现金

取得投资收益收到的现金=因股权投资而收到的现金股利+从子公司、合营企业、联营企业分回利润、现金股利而收到的现金+因债权性投资而收到的利息

应根据“应收股利”“应收利息”“投资收益”“库存现金”“银行存款”等科目记录分析填列。

10）处置固定资产、无形资产和其他长期资产收回的现金

处置固定资产、无形资产和其他长期资产收回的现金=处置固定资产、无形资产和其他长期资产收回的现金-处置固定资产、无形资产和其他长期资产所发生的现金支出

应根据“固定资产”“无形资产”“库存现金”“银行存款”等科目记录分析填列。

11）处置子公司及其他营业单位收到的现金净额

处置子公司及其他营业单位收到的现金净额=处置子公司及其他营业单位所取得的现金-相关处置费用-子公司及其他营业单位持有的现金和现金等价物

可以根据“长期股权投资”“银行存款”“库存现金”等科目记录分析填列。

12）收到的其他与投资活动有关的现金

收到的其他与投资活动有关的现金=其他与投资活动有关的现金流入

13）购建固定资产、无形资产和其他长期资产支付的现金

购建固定资产、无形资产和其他长期资产支付的现金=企业本期购买、建造固定资产、取得无形资产和其他长期资产（如投资性房地产）的价款+税费+现金支付的应由在建工程和无形资产负担的职工薪酬

应根据“固定资产”“在建工程”“工程物资”“无形资产”“库存现金”“银行存款”等科目记录分析填列。

14）投资支付的现金

投资支付的现金=取得除现金等价物以外的交易性金融资产、债权投资、其他债权投资、长期股权投资的现金+支付给券商的佣金、手续费等附加费用

可以根据“交易性金融资产”“债权投资”“其他债权投资”“长期股权投资”等科目记录分析填列。

15）取得子公司及其他营业单位支付的现金净额

取得子公司及其他营业单位支付的现金净额=企业购买子公司及其他营业单位支出的现金–子公司及其他营业单位持有的现金和现金等价物

可以根据“长期股权投资”“库存现金”“银行存款”等科目记录分析填列。

16）支付的其他与投资活动有关的现金

支付的其他与投资活动有关的现金=其他与投资活动有关的现金流出

17）吸收投资收到的现金

吸收投资收到的现金=发起人投入的现金+以发行股票方式筹集的资金实际收到的股款净额

可以根据“实收资本（或股本）”“资本公积”“库存现金”“银行存款”等科目记录分析填列。

18）取得借款收到的现金

取得借款收到的现金=企业举借各种短期、长期借款而收到的现金+发行债券收入–委托其他单位发行债券所支付的佣金等发行费用

可以根据“短期借款”“长期借款”“交易性金融负债”“应付债券”“库存现金”“银行存款”等科目记录分析填列。

19）收到的其他与筹资活动有关的现金

收到的其他与筹资活动有关的现金=其他与筹资活动有关的现金流入

20）偿还债务支付的现金

偿还债务支付的现金=企业偿还银行、金融机构的借款本金+偿还债券本金

可以根据“短期借款”“长期借款”“应付债券”等科目记录分析填列。

21）分配股利、利润或偿付利息支付的现金

分配股利、利润或偿付利息支付的现金=企业实际支付的现金股利+支付给其他投资单位的利润+用现金支付的借款利息+支付的债券利息

可以根据“应付股利”“应付利息”“在建工程”“制造费用”“研发支出”“财务费用”等科目记录分析填列。

22）支付其他与筹资活动有关的现金

支付其他与筹资活动有关的现金=其他与筹资活动有关的现金流出

23）汇率变动对现金的影响

汇率变动对现金的影响=收入的外币现金×（期末汇率–记账汇率）–支付的外币现金×（期末汇率–记账汇率）

现金流量表准则规定，外币现金流量以及境外子公司的现金流量，应当采用现金流量发生日的即期汇率或即期汇率的近似汇率折算。

以上是现金流量表主表的具体填制方法，附表项目一般可以直接从相应的会计账户的发生额和余额取得，在此不再详细叙述。

17.7 其他财务报表

财务报表除了在本章前面所述的资产负债表、利润表、现金流量表外，还包括所有者权益变动表和财务报表附注等，虽然这两个财务报表不是会计工作中必须编制的，但是作为会计人员也应当有所了解。

17.7.1 所有者权益增减变动表

所有者权益变动表又称为股东权益变动表，是资产负债表的附表。它是反映组成企业所有者权益各个部分当期增减变动情况的报表。它应当全面反映一定时期所有者权益变动的情况，包括所有者权益总量的增减变动、所有者权益增减变动的重要结构性信息。通过反映直接计入所有者权益的利得和损失，让报表使用者能对所有者权益增减变动的根源准确理解。

1. 所有者权益变动表的内容和格式

所有者权益变动表分为“本年金额”和“上年金额”两列，包括所有者权益的来源项目（组成部分）和导致所有者权益变动的交易或事项。所有者权益变动表的格式，如表17-8所示。

2. 所有者权益变动表的填列方法

一、上年年末余额。根据上年年末资产负债表中实收资本（股本）、其他权益工具、资本公积、盈余公积、其他综合收益、未分配利润的年末余额填写。

会计政策变更和前期差错更正。会计政策变更，反映企业采用追溯调整法处理的会计政策变更的累积影响金额，前期差错更正反映采用追溯重述法处理的会计差错更正的累积影响金额。

根据“盈余公积”“利润分配”“以前年度损益调整”等科目的发生额分析填列。

二、本年年初余额。根据上年年末余额加会计政策变，前期差错更正等变更计算出来的余额。

三、本年增减变动额

（一）综合收益总额。反映企业净利润与其他综合收益扣除所得税影响后的净额相加的合计金额，在“未分配利润”和“其他综合收益”栏同时列示。

（二）所有者投入和减少资本

1. 所有者的普通股。它指企业接受投资者投入形成的实收资本（股本）和资本溢价（股本溢价），应根据“实收资本”“资本公积”等科目发生额分析填列。

表17-8　所有者权益变动表

编制单位：深尔有限公司　　　　2023年度　　　　会企04表
单位：元

项目	本年金额											上年金额										
	实收资本（或股本）	其他权益工具			资本公积	减：库存股	其他综合收益	专项储备	盈余公积	未分配利润	所有者权益合计	实收资本（或股本）	其他权益工具			资本公积	减：库存股	其他综合收益	专项储备	盈余公积	未分配利润	所有者权益合计
		优先股	永续债	其他									优先股	永续债	其他							
一、上年年末余额	500000										500000											0
加：会计政策变更											0											0
前期差错更正											0											0
其他											0											0
二、本年年初余额	500000	0	0	0	0	0	0		0	0	500000	0	0	0	0	0	0	0		0	0	0
三、本年增减变动金额（减少以“-”号填列）											0											0
（一）综合收益总额										534945.63	534945.63											0
（二）所有者投入和减少资本											0											0
1. 所有者投入的普通股											0											0
2. 其他权益工具持有者投入资本											0											0
3. 股份支付计入所有者权益的金额											0											0
4. 其他											0											0

（续表）

项目	本年金额											上年金额										
	实收资本（或股本）	其他权益、工具			资本公积	减：库存股	其他综合收益	专项储备	盈余公积	未分配利润	所有者权益合计	实收资本（或股本）	其他权益、工具			资本公积	减：库存股	其他综合收益	专项储备	盈余公积	未分配利润	所有者权益合计
		优先股	永续债	其他									优先股	永续债	其他							
（三）利润分配											0											0
1. 提取盈余公积											0											0
2. 对所有者（或股东）的分配											0											0
3. 其他											0											0
（四）所有者权益内部结转											0											0
1. 资本公积转增资本（或股本）											0											0
2. 盈余公积转增资本（或股本）											0											0
3. 盈余公积弥补亏损											0											0
4. 设定收益计划变动额结转留存收益											0											0
5. 其他综合收益结转留存收益											0											0
6. 其他											0											0
四、本年年末余额	500000	0	0	0	0	0	0		0	534945.63	1034945.6	0	0	0	0	0	0	0		0	0	0

2. 其他权益工具持有者投入资本。它反映企业接受其他权益工具持有者投入形成的实收资本（或股本）和资本公积，应根据“实收资本”“资本公积”等科目发生额分析填列。

3. 股份支付计入所有者权益的金额。它反映企业处于等待期中的权益结算的股份支付当年计入资本公积的金额，应根据“资本公积”科目所属的“其他资产本公积”二级科目的发生额分析填列。

（三）利润分配。指企业当年的利润分配金额。

1. 提取盈余公积。填写企业按照规定提取的盈余公积金。应根据“盈余公积”“利润分配”科目的发生额分析填列。

2. 对所有者（或股东）的分配。它指企业对所有者（或股东）分配的利润（或股利）的金额。应根据“利润分配”科目的发生额分析填列。

（四）所有者权益内部结转。它指构成企业所有者权益组成部分之间的增减变动，对企业当年所有者权益总额不产生影响。

1. 资本公积转增资本（或股本）。它指企业以资本公积转增资本或股本的金额。

2. 盈余公积转增资本（或股本）。它指企业以盈余公积转增资本或股本的金额。

3. 盈余公积弥补亏损。它指企业以盈余公积弥补亏损的金额。

4. 设定收益计划变动额结转留存收益。它指企业在权益范围内转移“重新计量设定受益计划净负债或净资产所产生的变动”金额。

“其他综合收益结转留存收益”项目。主要反映：（1）企业指定以公允价值计量且其变动计入其他综合收益的非交易性权益工具投资终止确认时，之前计入其他综合收益的累计利得或捉交从其他综合收益中转入留有收益的全额；（2）企业指定为公允价值计量且其变动计入当期损益的金融负债终止确认时，之前由企业自身信用风险变动引起而计入其他综合收益的累计利得或损失，从其他综合收益中转入留存收益的金额等。该项目应根据“其他综合收益”科目的相关明细科目的发生额分析填列。

四、本年年末余额，根据上述内容进行加减运算得出。

17.7.2 财务报表附注

财务报表附注是对财务报表的编制基础、编制依据、编制原则和方法及其他主要事项等说明，以便于财务报表使用者理解财务报表的内容而编制的。它是对财务报表的补充说明，同样在财务会计报告体系中发挥着重要的作用。

1. 财务报表附注的内容

财务报表包括的内容没有确切的规定，针对不同企业，不同经营管理者的需要，其内容不同，数据的详细程度不一样。一般来说，报表附注包括以下内容。

（1）企业的一般信息，企业概况、经营范围和企业结构等。

（2）企业的会计政策和会计估计变更以及差错更正的说明，企业执行的会计制度、会计期间、记账原则、计价基础、利润分配办法、合并报表的编制方法等内容。

（3）财务报表的编制基础。企业应当根据本准则的规定判断企业是否持续经营，并披露财务报表是否以持续经营为基础编制。

（4）遵循企业会计准则的声明。企业应当声明编制的财务报表符合企业会计准则的要素。

（5）重要会计估计的说明。企业应当披露重要会计估计，并结合企业的具体实际披露其会计估计所采用的关键假设和不确定因素。

（6）报表重要项目的说明。

企业应当按照资产负债表、利润表、现金流量表、所有者权益变动表及其项目列示的顺序，对报表重要项目的说明采用文字或数字描述相结合的方式进行披露。

（7）或有和承诺事项、资产负债表日后非调整事项、关联方关系及其交易等需要说明的事项。

（8）有助于时务报表使用者评价企业管理资本的目标、政策及程序的信用。

2. 财务报表附注的形式

财务报表附注的形式，可以根据编制者和使用者的需求灵活运用，主要有以下几种形式。

（1）括号说明。以简短的内容在财务报表主体内提供补充信息，比较直观，但是由于简短，描述不够详尽。

（2）尾注说明。在说明的内容较多时使用，也是财务报表附注的主要形式。

（3）脚注说明。对要说明的内容在报表下方进行描述。

（4）补充说明。编制单独的补充报表，对未在财务报表主体列示的详细数据、资料等进行揭示。

随着报表使用者对财务信息的要求越来越高，财务报表的内容会越来越复杂，财务报表附注的内容也会越来越多，日益发挥重要的作用。

17.7.3 其他常用企业内部报表

上述资产负债表、利润表、现金流量表、所有者权益增减变动表及财务报表附注均为企业对外提供的依据相关会计法规进行编制的，它们的格式、编制方法等均应按照法规制度严格操作。但各个企业自身特点不同，针对不同的经营模式和管理要求，往往需要编制很多适合企业内部管理的报表，比如货币资金变动情况表、应收账款月报表、固定资产报表等。在本节中，将对常用的一些内部报表加以简述。

1. 货币资金变动情况表

企业内部管理人员需要对企业每日货币资金的流向、结存等情况进行了解时，企业会计人员（出纳）可以根据每日库存现金、银行存款和其他货币资金的流动情况，依据“期初余额+本期收入−本期支出=期末余额”的计算依据进行编制。

各企业可以根据管理层的需要结合企业自身情况进行编制，货币资金变动情况表的格式，如表17-9所示。

表17-9　货币资金变动情况表

编制单位：深尔有限公司　　　　2023年12月5日　　　　金额单位：元

项目		银行存款			现金	其他货币资金			合计
		建设银行	工商银行	……		银行本票	银行汇票	……	
昨日账面余额		351 300.00			5 100.00				356 400.00
本日增加金额		26 900.00			1 300.00				28 200.00
其中：	营业收入								0.00
	融资收入								0.00
	账款收回	26 900.00							26 900.00
	投资收回								0.00
	其他收进				1 300.00				1 300.00
本日减少金额		35 100.00			500.00				35 600.00
其中：	营业支出								0.00
	归还借款								0.00
	归还账款	35 100.00							35 100.00
	投资支出								0.00
	内部借款				500.00				500.00
	其他支出								0.00
本日账面余额		343 100.00			5 900.00				349 000.00
加：	未记账增加								0.00
减：	未记账减少								0.00
本日实际余额		343 100.00			5 900.00				349 000.00
备注：									

会计主管：何佳　　　　复核：伍艳　　　　出纳：郭芳　　　　制表：李明

2. 应收账款常用账表

在企业日常经济活动过程中，应收账款的周转及收回情况往往是管理层关注的重点，对于应收账款，会计人员经常编制的表格有如下几种。

- 应收账款月报表，反映本月各客户应收账款额度的增减变化情况，如表17-10所示。

表17-10　应收账款月报表

2023-12-31　　　　单位：元

序号	客户名称	月初余额	本月增加	本月减少	月末余额	账款类别
1	仁兴公司	50 000.00	20 000.00	50 000.00	20 000.00	
2	康乐公司	30 000.00	20 000.00	20 000.00	30 000.00	
3	大发器具厂	70 000.00	40 000.00	60 000.00	50 000.00	
……	……	……	……	……	……	……
合计		148 690.61	115 660.00	135 600.00	128 750.61	

应收账款账龄分析表，反映企业应收账款的组成情况，据以计算坏账准备，对过长期限的应收账款采取相应措施，减少坏账损失，如表17-11所示。

表17-11　应收账款账龄分析表

编制单位：深尔有限公司　　　　2023年12月31日　　　　单位：元

账龄	仁兴公司		康乐公司		大发器具厂		……		合计	
	金额	比重（%）	金额	比重（%）	金额	比重（%）	金额	比重（%）	金额	比重（%）
折扣期内	20 000.00	100.00	20 000.00	66.67	40 000.00	80.00			80 000.00	80.00
过折扣期但未到期										
过期1～30天			10 000.00	33.33					10 000.00	10.00
过期31～60天					10 000.00	20.00			10 000.00	10.00
过期61～90天										
过期91～180天										
过期181天以上										
合计	20 000.00	100.00	30 000.00	100.00	50 000.00	100.00	0.00	0.00	100 000.00	100.00

会计主管：何佳　　　　复核：伍艳　　　　制表：李明

- 应收账款报告书：在某一客户应收账款出现问题时，报批上级主管进行审批，根据审批处理意见对该应收账款进行账务处理（确认坏账损失、继续记应收账款等），表格格式如表17-12所示。

表17-12　应收账款报告书

单位：元

基本资料栏	客户名称	鸿运电子设备有限公司		
	公司地址		电话	020-81565122
	工厂地址	广州白云区	传真	020-81565123
	负责人	蒋志国	联系人	刘鹏
	开始往来时间	2020年5月20日	交易项目	A产品
	平均每月交易额	35 000.00	授信额度	20 000.00
	问题账金额	15 000.00		
问题账形成原因	客户资金周转困难，无法还清此款，超额180天。			
处理意见	将款项转做坏账损失，日后若收回再做冲销处理。			
附件明细				

审批：李家旺　　复核：何佳　　报告人：伍艳　　日期：2023年10月15日

3. 固定资产常用账表

固定资产是企业必要的生产工具，是企业的主要劳动资料，在企业资产中占有极其重要的地位，因此企业要对固定资产进行合理的管理，使其充分发挥作用。会计人员在日常工作中，对固定资产的管理常通过以下表格来实现。

- 固定资产增加单：对企业取得的固定资产进行登记，留档备查，如表17-13所示。

表17-13　固定资产增加单

单位：元

资产名称	空压机	取得日期	2023年6月28日	资产成本记录		
资产编号	SCQY001	数量	壹台	设备内容	数量	取得成本
规格型号	7.5HP	取得金额	6 000.00			6 000.00
厂牌		耐用年限	5年			
存放地点	生产车间	残值率	5%			
附属设备		月折旧额	95.00	合计		6 000.00
备注						
财产管理部门负责人：		刘强	使用部门负责人：	张飞乐	会计主管：	何佳

注：本单一式三联，白联交由财产管理部门、蓝联交由使用部门、红联递交会计部门。

- 固定资产减损单：对固定资产的毁损减少进行记录，如表17-14所示。

表17-14　固定资产减损单

单位：元

申请人	程功	申请部门	生产部	申请日期	2009-01-20
资产名称	电脑服务器		资产编号	BGSB101	
资产原值	8 000.00	资产净值	2 427.00	购买日期	2005-05-20
资产残值	400.00	账面尚可使用寿命		16个月（此栏由财务部填写）	
附属设施					
减损原因	设备老化，遭雷击后无法修复			估计废品价值	800.00
				处理费用	50.00
处理办法	做固定资产报废处理				
总经理	蒋志国	财务核准	何佳	财产管理部门负责人	刘强

注：本单一式三联，一联由财产管理部门留存，一联交会计部，一联由使用部门留存。

● 固定资产累计折旧明细表，反映企业本月固定资产折旧情况，如表17-15所示。

表17-15 固定资产累计折旧明细表

单位名称：深尔有限公司 2023年12月31日 单位：元

序号	资产名称	型号（规格）	类别	单位	数量	购置日期	原价	预计使用年限（年）	残值率（%）	已计提折旧额	本月折旧额	净值
1	电脑	HP	办公设备	台	1	2007.12	3 100.00	5	5	1 129.00	49.00	1 922.00
2	打印机	HP	办公设备	台	1	2007.12	2 300.00	5	5	838.00	36.00	1 426.00
	……											
合计												

会计主管：何佳 复核：伍艳 制表：李明

注：本表需按办公设备、机器设备等分类。

4. 预算类常用表格

随着企业会计由事后反映向事中控制再到事前预算的发展，预算会计越来越明显地体现出它的重要作用，有些企业已经在会计部门专门设立了预算会计岗位。下面提到的表格是企业日常预算中经常使用到的。

● 财务预算申请表：应由财务部门组织，企业各部门予以配合，将各部门自身需要的资金数额预算表交由财务部，再由财务部统一填制财务预算申请表，如表17-16所示。

表17-16 财务预算申请表

编号：YS001 2023-01-05 单位：元

序号	预算项目	上年度实际支出	本年度预算申报金额	用途	说明
1	材料支出	300 000.00	350 000.00	用于支付生产所需各项主要材料款	本年度预计比上年度生产增长1.1%
2	工资支出	119 000.00	123 000.00	支付公司所有人员工资	
	……				
	合计				
审核意见：					

审批：蒋志国 复核：何佳 制表：伍艳

● 年度生产预算表：由销售部门和生产计划部门共同协商填写，如表17-17所示。

表17-17　年度生产预算表

编制部门：生产部　　2023年1月3日　　单位：件

季度预算项目		第一季度	第二季度	第三季度	第四季度	全年
产品A	预计销售量	20 000	30 000	35 000	30 000	115 000
	加：预计期末库存	5 000	5 000	5 000	5 000	20 000
	预计需要量	25 000	35 000	40 000	35 000	135 000
	减：期初库存	3 000	3 000	3 000	3 000	12 000
	预计生产量	22 000	32 000	37 000	32 000	123 000
产品B	预计销售量	……				
	加：预计期末库存	……				
	预计需要量	……				
	减：期初库存	……				
	预计生产量	……				

审批：蒋志国　　复核：邓强　　制表：刘力

- 年度销售预算表：由销售部门编写，如表17-18所示。

表17-18　年度销售预算表

编制部门：销售部　　2023年1月3日

销售产品		第一季度	第二季度	第三季度	第四季度	合计
产品A	预计销售量（件）	20 000	30 000	35 000	30 000	115 000
	销售单价（元）	0.80				
	预计销售额（元）	16 000	24 000	28 000	24 000	92 000
产品B	预计销售量（件）	……				
	销售单价（元）	……				
	预计销售额（元）	……				
……						
预计销售额合计						

审批：蒋志国　　复核：　　李加明　　制表：李佳

- 年度利润预算表：企业各预算表组成一套完整的预算体系，在各部门预算表编制完成后，由财务部综合编制年度利润预算表，如表17-19所示。

表17-19　年度利润预算表

预算编制单位：财务部　　2023年1月15日　　单位：元

项目		1月	2月	……	合计
一、主营业务收入		1 315 690.33	……		
减：	主营业务成本	838 010.91	……		
	主营业务税金及附加	53 762.13	……		
二、	主营业务利润	423 917.29	……		
减：	管理费用	239 141.36	……		
	财务费用	3 463.86	……		

（续表）

项目		1月	2月	……	合计
	销售费用	24 088.97	……		
三、	营业利润	157 223.10	……		
加：	其他业务利润	0.00	……		
	投资收益	0.00	……		
	营业外收支净额	268.00	……		
四、	利润总额	157 491.10	……		
减：	所得税	39 372.75	……		
五、	净利润	118 118.35	……		
	审批：蒋志国		复核：何佳		制表：伍艳

上述各类企业内部报表，其格式和内容不是固定的，可结合所在企业的特点和管理要求进行格式变动和内容删减。

17.7.4　会计报表的装订

会计人员在每月完成会计报表编制并及时报送后，应将企业留存的报表按月装订成册，妥善保管。装订时应按如下要求进行。

- 在进行会计报表装订前要按编报的目录进行核对，查看所有报表是否齐全；各报表表页是否完整；保持报表页面整洁，防止折角。如有损坏的应将损坏部分粘贴修补后再进行装订。
- 整理好的会计报表应按会计报表封面—会计报表编制说明—各种会计报表（按报表编号排序）—会计报表封底的顺序进行装订，装订好的凭证按保管期限编制卷号，按年分月妥善保管。

第4篇

税务处理篇

第18章 税收基础知识

实际工作中，很多会计会做账，但是不熟悉税务流程，导致纳税工作无法按要求执行，从而引发税务稽查和税务罚款，给企业造成不必要的经济损失。掌握办税流程和技巧对每一位会计来说，都是必不可少的。本书以实务的操作，用简洁的语言介绍涉税业务如何处理。

18.1 税务登记

18.1.1 设立登记

企业从工商局领到营业执照后，需要去税务局办理各项登记手续，税务登记报到后方可购买税控机、申领发票，这样开展业务时，才能为客户开具发票，按期申报纳税。一般的企业应于营业执照签发之日起30日内办理税务登记。办理税务登记所需资料：

（1）营业执照复印件（现在新版营业执照是带有统一信用代码，实行三证合一，即营业执照、组织机构代码证、税务登记证三证合一）；

（2）法人身份证复印件；

（3）章程复印件；

（4）全体股东身份证复印件；

（5）经营场所租赁协议及产权证复印件；

（6）公章、财务章、法人章。

到税务局办理登记后，企业才可以申请购买发票。如果想实现网络实时扣税，即申报的同时直接从银行将税款划拨到国库，纳税人需要申请签订三方协议。签订三方协议后，企业省去了去银行缴税的周折，每月在网上进行纳税申报时，税款直接由开户银行转款至相应的国库。在后面各税种纳税申报实务章节中，会有详细介绍。

18.1.2 变更登记

企业在发生重要事项改变时，要去税务部门进行变更登记。这些事项包括：企业名称发生改变、企业法定代表人发生改变、注册资金发生改变、注册地点发生改变、银行信息发生改变等。凡是原来在税务部门做过登记备案的事项发生了变化，都要做变更登记。

变更登记有一系列规定的流程，下面用实际案例进行演示。

例18-1

维曼化妆品公司今年更换了法定代表人，原来的法人王华退休了，由李强接任法人。企业于3月1日在工商部门完成了变更，拿到了新的法人营业执照。税务变更交给出纳王荣去做，王荣需要做如下的操作。

第一步：企业填写“变更税务登记表”。

按照企业实际情况填写纳税人名称和纳税人识别号、国税档案号、地税计算机代码，在变更登记事项处填写法人变更信息，填写内容见表18-1。在经办人、法定代表人处填写名字，并在纳税人处加盖企业公章。此表一式三份，国税、地税、纳税人各留一份。

表18-1　变更税务登记表

<table>
<tr><td colspan="2">纳税人名称</td><td colspan="2">维曼化妆品公司</td><td>纳税人识别号</td><td>911 0108697702701</td></tr>
<tr><td colspan="6">变更登记事项</td></tr>
<tr><td>序号</td><td>变更项目</td><td colspan="2">变更前内容</td><td>变更后内容</td><td>批准机关名称及文件</td></tr>
<tr><td>1</td><td>法人</td><td colspan="2">王华</td><td>李强</td><td></td></tr>
<tr><td></td><td></td><td colspan="2"></td><td></td><td></td></tr>
<tr><td></td><td></td><td colspan="2"></td><td></td><td></td></tr>
<tr><td colspan="6">送交证件情况：</td></tr>
<tr><td colspan="6">纳税人

经办人：王荣　　法定代表人（负责人）：李强　　纳税人（签章）
年 月 日　　年 月 日　　年 月 日</td></tr>
<tr><td colspan="6">经办主管税务机关审核意见：

经办人：　　负责人：　　税务机关（签章）
年 月 日　　年 月 日　　年 月 日</td></tr>
</table>

注：本表由税务局签署意见并加盖印章后即告生效，具有法律效力。

第二步：准备齐全其他资料。

（1）营业执照副本复印件；

（2）工商变更登记表复印件；

（3）纳税人变更登记内容的决议及有关证明文件；

（4）经办人身份证原件、公章。

第三步：携带“变更税务登记表”和第二步提到的其他资料，前往税务局做变更即可。

提示

税务变更要求纳税人在工商行政管理机关办理变更登记之日起30日内向原税务机关申报办理。超出期限，会有税务罚款。

18.1.3 注销登记

当纳税人发生解散、破产、撤销，或者被吊销营业执照，或者因住所、经营地点变动而涉及改变税务登记机关的情形时，需要到税务机关进行注销登记。

第一步：填写注销税务登记申请审批表，如表18-2所示。

表18-2 注销税务登记申请审批表

填表时间： 纳税人（扣缴义务人）编码：

纳税人（扣缴义务人）名称		纳税人（扣缴义务人）识别号	
注销原因			
附送资料			
纳税人（扣缴义务人） 经办人： 年 月 日	法定代表人（负责人）： 年 月 日	纳税人（扣缴义务人）（签章） 年 月 日	
以下由税务机关填写			
受理时间	经办人： 年 月 日	负责人： 年 月 日	
清缴税款、滞纳金、罚款情况	经办人： 年 月 日	负责人： 年 月 日	

（续表）

<table>
<tr><td>缴销发票情况</td><td colspan="5">经办人：　　　　负责人：
年 月 日　　　　年 月 日</td></tr>
<tr><td>税务检查意见</td><td colspan="5">检查人员：　　　　负责人：
年 月 日　　　　年 月 日</td></tr>
<tr><td rowspan="3">收缴税务
证件情况</td><td>种类</td><td>税务登记证
正本</td><td>税务登记证
副本</td><td>临时税务
登记证正本</td><td>临时税务
登记证副本</td></tr>
<tr><td>收缴数量</td><td></td><td></td><td></td><td></td></tr>
<tr><td colspan="5">经办人：　　　　负责人：
年 月 日　　　　年 月 日</td></tr>
<tr><td>批准
意见</td><td colspan="5">部门负责人：　　　　税务机关（签章）
年 月 日　　　　年 月 日</td></tr>
</table>

第二步：管理部门审核发票、申报征收记录。

（1）查验发票是否缴销；

（2）有无逾期申报未纳税情况；

（3）有无在查案件。

其他需要报送的资料：

（1）经办人身份证原件1份（查验后退回）；

（2）以下为条件报送资料：上级主管部门批复文件或董事会决议复印件1份（上级主管/董事会决议注销）；项目完工证明、验收证明等相关文件复印件1份（境外企业在中国境内承包建筑、安装、装配、勘探工程和提供劳务报送）；《发票领用簿》1份（领用发票的纳税人需报送）。

以上审核无问题，征收部门会将公司做销户处理。

提示

实际工作中，税务销户时，通常都要查账。税务有风险，销户需谨慎。

18.1.4 停业复业登记

当纳税人因各种原因需要停业时，要去税务机关办理相关手续。恢复营业时，也要办理手续。

1. 停业登记

第一步：填写停业报告书，如表18-3所示。

表18-3 停业复业（提前复业）报告书

填表日期： 年 月 日

<table>
<tr><td rowspan="2">纳税人基本情况</td><td colspan="3">纳税人名称</td><td colspan="2">纳税人识别号</td><td colspan="2">经营地点</td></tr>
<tr><td colspan="3"></td><td colspan="2"></td><td colspan="2"></td></tr>
<tr><td>停业期限</td><td colspan="3"></td><td>复业时间</td><td colspan="3"></td></tr>
<tr><td rowspan="4">缴回发票情况</td><td>种 类</td><td>号 码</td><td>本 数</td><td rowspan="4">领回发票情况</td><td>种类</td><td>号 码</td><td>本 数</td></tr>
<tr><td></td><td></td><td></td><td></td><td></td><td></td></tr>
<tr><td></td><td></td><td></td><td></td><td></td><td></td></tr>
<tr><td></td><td></td><td></td><td></td><td></td><td></td></tr>
<tr><td rowspan="2">缴存税务资料情况</td><td>发票领购簿</td><td>税务登记证</td><td>其他资料</td><td rowspan="2">领用税务资料情况</td><td>发票领购簿</td><td>税务登记证</td><td>其他资料</td></tr>
<tr><td>是（否）</td><td>是（否）</td><td>是（否）</td><td>是（否）</td><td>是（否）</td><td>是（否）</td></tr>
<tr><td rowspan="2">结清税款情况</td><td>应纳税款</td><td>滞纳金</td><td>罚款</td><td rowspan="2">停业期是（否）纳税</td><td>已缴应纳税款</td><td>已缴滞纳金</td><td>已缴罚款</td></tr>
<tr><td>是（否）</td><td>是（否）</td><td>是（否）</td><td>是（否）</td><td>是（否）</td><td>是（否）</td></tr>
<tr><td colspan="8">纳税人（签章）：
年 月 日</td></tr>
<tr><td>税务机关复核</td><td colspan="3">经办人：
年 月 日</td><td colspan="3">负责人：
年 月 日</td><td>税务机关（签章）
年 月 日</td></tr>
</table>

填表说明：1.申请提前复业的纳税人在表头“提前复业”字样上画钩。

2. 已缴还或领用税务资料的纳税人，在“是”字上画钩，未缴还或未领用税务资料的纳税人，在“否”字上画钩。

3. 纳税人在停业期间有义务缴纳税款的，在“停业期是（否）纳税”项目的“是”字上画钩，然后填写后面内容；没有纳税义务的，在“停业期是（否）纳税”项目的“否”字上画钩，后面内容不用填写。

第二步：结清应纳税款、滞纳金、罚款。

第三步：税务机关收存证件及资料。

税务机关收存其发票领购簿、未使用完的发票和其他税务证件。

纳税人停业期满不能及时恢复生产经营的，应当在停业期满前向税务机关提出延长停业登记申请，并如实填写“停业复业报告书”。

2. 复业登记

办理纳税人应当于恢复生产经营前，向税务机关申报办理复业登记，如实填写“停业复业报告书”，领回并启用发票领购簿及其停业前领购的发票。

18.1.5　外出经营登记

纳税人跨省（自治区、直辖市和计划单列市）临时从事生活经营活动，向机构所在地的税务机关填报《跨区域涉税事项报告表》。

取消跨区域涉税事项报验管理的固定有效期。税务机关不再按照180天设置报告管理的固定有效期，改按跨区域经营合同执行期限作为有效期限。

合同延期的纳税人可向经营地或机构所在地的税务机关办理报验管理有效期限延期手续。

纳税人跨区域经营活动结束后，应当结清经营地的税务机关的应纳税款以及其他涉税事项，向经营地的税务机关填报《经营地涉税事项反馈表》。

18.2　税种核定

税务局根据各企业的营业范围核定税种，企业要填写税种登记表，如表18-4所示。税务机关核定后，企业按照登记表内容进行相应税种的申报。

表18-4　纳税人税种登记表

纳税人识别号：

纳税人名称：

<table>
<tr><td colspan="5">一、增值税</td></tr>
<tr><td rowspan="2">类别</td><td rowspan="2">1.销售货物
2.加工
3.修理修配
4.提供劳务
5.提供服务
6.其他</td><td rowspan="2">货物或项目名称</td><td>主营</td><td></td></tr>
<tr><td>兼营</td><td></td></tr>
<tr><td colspan="2">纳税人认定情况</td><td colspan="3">1.增值税一般纳税人 □　2.小规模纳税人 □　3.暂定增值税一般纳税人 □</td></tr>
<tr><td colspan="2">经营方式</td><td colspan="3">1.境内经营货物 □　2.境内加工修理 □　3.自营出口 □
4.间接出口 □　5.收购出口 □　6.加工出口 □</td></tr>
<tr><td colspan="2">备注：</td><td colspan="3"></td></tr>
</table>

（续表）

<table>
<tr><td colspan="4">二、消费税</td></tr>
<tr><td>类别</td><td>1.生产
2.委托加工
3.零售</td><td>应税消费品名称</td><td>1.烟 □ 2.酒□ 3.高档化妆品 □ 4.贵重首饰及珠宝玉石 □
5.鞭炮、烟火 □ 6.成品油 □ 7.摩托车 □ 8.小汽车 □
9.高尔夫球及球具 □ 10.高档手表 □ 11.游艇 □
12.木制一次性筷子 □ 13.实木地板 □ 14.电池 □
15.涂料□</td></tr>
<tr><td colspan="2">经营方式</td><td colspan="2">1.境内销售 □ 2.委托加工出口 □ 3.自营出口 □ 4.境内委托加工 □</td></tr>
<tr><td colspan="4">备注：</td></tr>
<tr><td colspan="4">三、企业所得税、外商投资企业和外国企业所得税</td></tr>
<tr><td colspan="2">法定或申请纳税方式</td><td colspan="2">1.按实纳税 □　　2.核定利润率计算纳税 □
3.按经费支出换算收入计算纳税 □　　4.按佣金率换算收入纳税 □
5.航空、海运企业纳税方式 □　　6.其他纳税方式 □</td></tr>
<tr><td colspan="2">非生产性收入占总收入的比例（%）</td><td colspan="2"></td></tr>
<tr><td colspan="4">备注：季度预缴方式：1.按上年度四分之一 □　　2.按每季度实际所得 □</td></tr>
<tr><td colspan="4">四、资源税</td></tr>
<tr><td colspan="2">产品名称</td><td></td><td>应税项目</td></tr>
<tr><td colspan="4">备注：</td></tr>
<tr><td colspan="4">五、土地增值税</td></tr>
<tr><td colspan="4">六、房产税</td></tr>
<tr><td colspan="2">计税类别</td><td colspan="2">1.自有房产 □　　2.出租房产 □</td></tr>
<tr><td colspan="4">备注：</td></tr>
<tr><td colspan="4">七、车船税</td></tr>
<tr><td colspan="2">车船类别</td><td colspan="2">1.机动船 □　2.非机动船 □　3.机动车 □　4.非机动车 □</td></tr>
<tr><td colspan="4">八、屠宰税</td></tr>
<tr><td colspan="2">屠宰类别</td><td colspan="2">1.猪 □　2.牛 □ 3.羊 □</td></tr>
<tr><td colspan="4">备注：</td></tr>
<tr><td colspan="4">九、城镇土地使用税</td></tr>
<tr><td colspan="2">税额类别</td><td colspan="2">1.大城市 □ 2.中等城市 □ 3.小城市 □ 4.县城、建制镇、工矿区 □</td></tr>
<tr><td colspan="4">备注：</td></tr>
<tr><td colspan="4">十、城市维护建设税：1.市区 □　2.县城镇 □　3.其他 □</td></tr>
<tr><td colspan="4">十一、教育费附加</td></tr>
<tr><td colspan="4">十二、基金</td></tr>
<tr><td colspan="4">十三、矿区使用费</td></tr>
<tr><td>原油</td><td colspan="3">不超过一百万吨 □一百万吨至一百五十万吨 □一百五十万吨至二百万吨 □
二百万吨至三百万吨 □三百万吨至四百万吨 □四百万吨以上 □</td></tr>
<tr><td>天然气</td><td colspan="3">不超过二十亿立方米 □　二十亿至三十五亿立方米 □
三十五亿至五十亿立方米 □　五十亿立方米以上 □</td></tr>
<tr><td>预缴方式</td><td colspan="3">分次 □　分期 □</td></tr>
<tr><td colspan="4">十四、其他费用</td></tr>
</table>

以上内容纳税人必须如实填写，如内容发生变化，应及时办理变更登记。

以下由税务机关填写

税种	税目或品目	子目	申报期限	纳税期限	征收率单位税额	征收项目分类	申报方式	征缴方式	预算款名	预算项名	级次分配比例					是否单独纳税
											中央	省	市	县区	乡街	
鉴定人			鉴定日期				录入人				录入日期					

注：1.本表系纳税人根据工商登记的生产经营范围及税法的有关规定，对纳税事项的自行核定及税务机关据此核定的应税项目。

2.税目或品目、子目，按税收统计项目填写。

3.申报期限、纳税期限，按各税种条例规定填写。

4.征收项目分类，填“城市”或“农村”。

5.征缴方式，填“一般转账缴款方式”“自核自缴”“预储账户缴税”“支票缴税”“现金缴税”“信用卡缴税”“委托代征”等。

6.本表一式一份，纳税人填写后，与税务登记表一同交给主管税务机关，由税务机关留存。

申报方式可以通过线上办税系统申报，也可以携带资料到办税厅办理。

税种核定完毕，下一步可以在税务局相关窗口进行税控系统的购买了。税控系统安装好后，在税务机关申领发票。

18.3 填开发票

企业向客户提供商品或者服务，客户会将款项支付给企业，企业应开具相应的发票给客户。下面以增值税专用发票为例，介绍开具发票的方法。打开增值税防伪税控系统防伪开票子系统，选择发票开具管理→发票填开→专用发票填开，如图18-1所示。

图18-1 增值税防伪税控系统防伪开票子系统

将购货单位信息、销售商品名称、规格、计量单位、数量、单价输入计算机，填写发票后，直接单击发票填开窗口中的“打印”按钮，即可执行打印。

核对信息正确后将发票放入打印机中，然后单击图18-2中的“确认”按钮。打印好的发票，如图18-3所示。

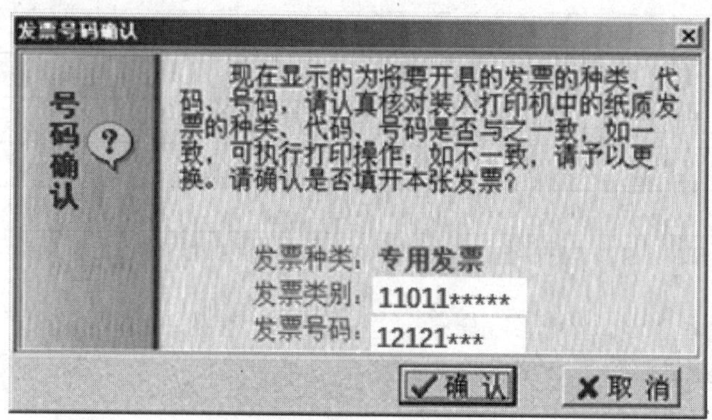

图18-2　发票打印确认

№ 12121***

11011*****　　北京增值税专用发票　　11011*****

12121*****

机器编号：499099*****　　开票日期：2023年3月30日

购买方	名　　称：	北方科技公司	密码区	2///-//-4+5-9*495-60/29//
	纳税人识别号：	911410305000000111		*7521*5>9+>641<1238<-50*33
	地 址、电 话：	北京市海淀区知春路231号 653245555		*824/*>1/9>+>611227>7/><3+
	开户行及账号：	建行营业部5102-1111		/-<663-92/-*->91-38<0-9-67

货物或应税劳务、服务名称	规格型号	单位	数量	单价	金额	税率	税额
*电子出版物*软盘	5#	盒	10	50.00	500.00	9%	45.00
合　　计					¥500.00		¥45.00
价税合计（大写）	ⓧ伍佰肆拾伍元整				（小写）¥545.00		

销售方	名　　称：	航天物业公司	备注	
	纳税人识别号：	911410305000000456		
	地 址、电 话：	北京市海淀区数码大厦 66554433		
	开户行及账号：	工行123456-452255		

收款人：王一　　复核：李四　　开票人：蔡五　　销售方（签章）

图18-3　打印好的增值税专用发票

在发票上面加盖发票专用章，第二联和第三联交给客户，第一联给会计做账。

对于代销货清单的发票，可以选择打印“销货清单”。销货清单不能在填开时打印，只能在查询时打印，如图18-4所示。

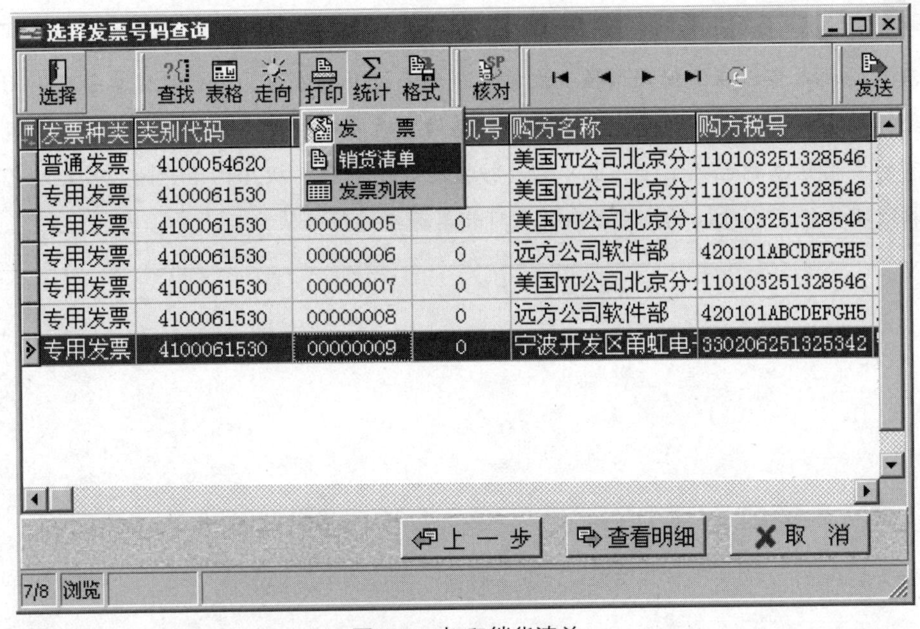

图18-4　打印销货清单

打印好的销货清单，如图18-5所示。

增值税应税货物或劳务销货清单

购货单位名称：　北京东方威力股份公司

销货单位名称：　河南信息食品厂

所属增值税专用发票代码：　4100031530　号码：　00001096　　　　共　1　页　第　1　页

序号	货物（劳务）名称	规格型号	单位	数　量	单　价	金　额	税率	税　额
1	啤酒（更新税目产品）			7	10.00	70.00	17%	11.90
2	打印机		套	3	100.00	300.00	17%	51.00
3	配件	NOWE11	套	2	350.00	700.00	17%	119.00
4	复印机		台	1	500.00	500.00	17%	85.00
5	美达24X CD-ROM	24倍速	台	1	560.00	560.00	17%	95.20
小计						2130.00		362.10
总计						2130.00		362.10
备注								

销货单位（章）：　　　　开票日期　2023年6月24日　　　　国家税务总局印制

图18-5　打印好的销货清单

提示

现在纳税人可以在线使用增值税发票管理新系统开具发票。增值税发票管理新系统实现了数据的实时上传，实现了发票全票面信息的实时采集和动态掌握，因此企业每月开具的所有的发票信息都已经上传，也不需要抄报税这个过程。从2019年开始，税务局已经出具了取消增值税发票抄报税，改由纳税人对开票数据进行确认。

第19章 增值税

增值税是以单位和个人生产经营过程中取得的增值额为课税对象征收的一种税。为适应经济发展，我国增值税的税制改革持续推进，从2009年1月1日开始，增值税已经由生产型转变成消费型。随着改革的深入，从2012年1月1日起，在部分地区和行业开展营改增试点，2013年8月全国范围开始推广，全面营改增，增值税成为我国最大的税种。对会计来说，掌握增值税进项税额的认证方式、增值税销项税额的计算方法、增值税的申报流程，是基本的也是必备的技能。

19.1 增值税基础知识

在学习增值税税额计算和申报前，先了解增值税是以什么作为课税对象的，其征税的范围有哪些，哪些人负有纳税义务，其税率和征收率是如何规定的。

19.1.1 增值税的征税范围和纳税义务人

增值税是随着社会经济发展的客观需要而产生的一个税种。增值税以流转额为计税依据，运用税款抵扣原则计算征收的一种流转税。简单地说，它是以增值额为课税对象的一种税。

例19-1

某企业本期销售额为100万元，本期外购商品与劳务的价值为60万元，假设增值税税率为13%，计算该企业应纳的增值税。

理论上，应纳增值税的计算要先算出增值额，用增值额乘以相应税率得出应纳增值税额，如下所示。

增值额=100−60=40（万元）

应纳增值税=40×13%= 5.2（万元）

实际工作中，会计在取得增值税专用发票时，要进行认证，作为进项税额入账；在发生销售业务时，账面确认销项税额；月底计算应纳增值税的时候，用销项税额减去进项税额后的差额进行纳税申报。

进项税额=60×13%=7.8（万元）

销项税额=100×13%=13（万元）

应纳增值税=13−7.8=5.2（万元）

会计从业者要注意理论和实际在计算流程上的区别，实际工作要按照业务流程顺序进行。

《中华人民共和国增值税暂行条例》第一条规定："在中华人民共和国境内销售货物或者加工、修理修配劳务（以下简称劳务），销售服务、无形资产、不动产以及进口货物的单位和个人，为增值税的纳税人。"增值税纳税人分为一般纳税人和小规模纳税人两种。

- 一般纳税人：达到一定的生产经营规模（即超过小规模纳税人标准），并且会计核算健全，按照税法的规定，分别核算销项税额、进项税额和应纳税额的单位。一般纳税人的认定程序，如图19-1所示。

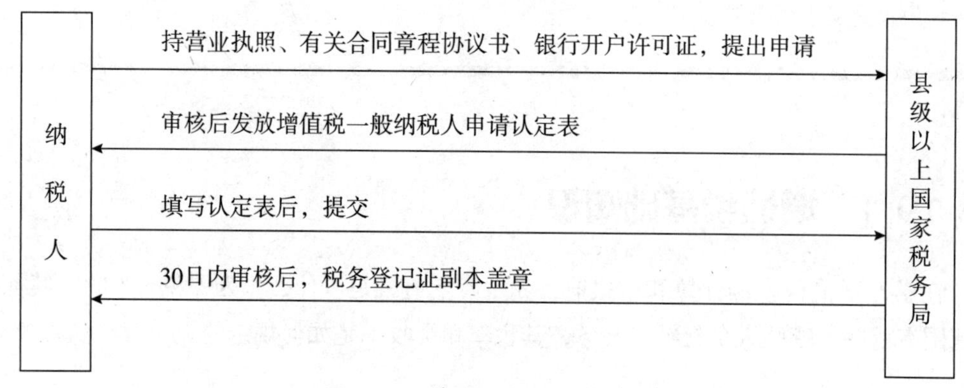

图19-1　一般纳税人的认定程序

- 小规模纳税人：年应征增值税销售额（以下简称年应税销售额）在规定标准以下，会计核算不健全，不能准确核算增值税的销项税额、进项税额和应纳税额的纳税人。

达到一般纳税人标准的企业必须向税务机关申请一般纳税人资格，税务机关认可后才可以作为一般纳税人；没有经过税务机关认可的纳税人，均为小规模纳税人。纳税人的分类标准，如表19-1所示。

表19-1　纳税人的分类标准

企业类型	小规模纳税人	一般纳税人
1. 生产企业	年应税销售额50万元（含）以下	50万元以上
2. 商业企业	年应税销售额80万元（含）以下	80万元以上
3. 年应税销售额超过小规模纳税人标准的其他个人	按小规模纳税人纳税	—
4. 非企业性单位、不经常发生应税行为的企业	可选择按小规模纳税人纳税	—

19.1.2　税率与征收率

目前我国增值税税率和征收率：

（1）一般纳税人适用税率：13%、9%、6%、0%。

（2）小规模纳税人的增值税征收率为3%或50%。

（3）简易征收办法：3%。

简易征收办法是增值税一般纳税人，因行业的特殊性，无法取得原材料或货物的增值税进项发票，按照进销项的方法核算增值税应纳税额后税负过高，因此对特殊行业采取按照简易征收率征收增值税。实际工作中，主管税务部门会根据各企业的实际情况，核定税率或者征收率。

19.2 一般纳税人的纳税实务

一般纳税人企业根据每月取得的增值税专用发票进行网上认证，通过认证后，将其作为进项税额确认。根据每月发生的销售业务实际确认开票收入和未开票收入，将其税额作为销项税额入账。月末用销项税额减去进项税额，如果数值为正数，则以此数值为该月应该缴纳的增值税进行申报缴纳；如果数值为负数，则该月不用缴纳增值税。

19.2.1 销项税额的确定

纳税人销售货物或者提供应税劳务，按照销售额和税率计算并向购买方收取的增值税额，为销项税额。计算销项税额的关键在于合理确定销售额。

销项税额=销售额×税率

销售额：全部价款和价外费用。

价外费用（实属价外收入）是指价外向购买方收取的手续费、补贴、基金、集资费、返还利润、奖励费、违约金、滞纳金、延期付款利息、赔偿金、代收款项、代垫款项、包装费、包装物租金、储备费、优质费、运输装卸费以及其他各种性质的价外收费。销售额不包括以下内容。

（1）向购买方收取的销项税额。

（2）受托加工应征消费税的消费品所代收代缴的消费税。

（3）同时符合以下条件的代垫运费：

①承运者的运费发票开具给购货方的；

②纳税人将该项发票转交给购货方的。

（4）同时符合以下条件代为收取的政府性基金或者行政事业性收费：

①由国务院或者财政部批准设立的政府性基金，由国务院或者省级人民政府及其财政、价格主管部门批准设立的行政事业性收费；

②收取时开具省级以上财政部门印制的财政票据；

③所收款项全额上缴财政。

（5）销售货物的同时代办保险等而向购买方收取的保险费，以及向购买方收取的代购买方缴纳的车辆购置税、车辆牌照费。

企业销售货物或提供应税劳务应收取的销项税额用蓝字登记；退回销售货物应冲减的销项税额，只能在贷方用红字登记。

例19-2

东方公司为一般纳税人，增值税税率为13%，2023年1月销售打印机10台，每台售价1 695元，全部款项转入银行。其中，销售给A公司（一般纳税人）8台，开具了增值税专用发票；1台销售给张三，因张三不要发票，东方公司没有给其开具；另外1台销售给B公司（小规模纳税人），B公司也要求开具增值税专用发票；问：

（1）可以答应B公司的要求吗？

（2）销售给张三的业务没有开具发票，是否确认收入和销售税额？

（3）东方公司1月份的增值税销项税额是多少？

解析：

（1）不可以答应B公司的要求。因为小规模纳税人取得增值税专用发票后无法认证，进而形成税务局的滞留票，给国家增值税的核查形成障碍。

提示

会计在开具增值税专用发票时，一定要对方单位提供一般纳税人资格证明，确认对方是一般纳税人后，方可开具专用发票；否则只能开具增值税普通发票。

（2）销售给张三的业务应该确认为当月的收入和销项税额。

提示

无论是否开具发票，只要发生了销售行为（客户取得了相关产品控制权），都应该确认为当月的收入，其销项税额确认在当月。

（3）东方公司1月份的销项税额计算过程如下：

计算不含税收入：（10×1695）÷（1+13%）=15000（元）

计算销项税额：15000×13%=1950（元）

会计做账，如图19-2所示。

记账凭证

2023 年 1月25日　　　　第 8号

摘要	总账科目	明细科目1	明细科目2	√	借方金额	√	贷方金额
确认1月份收入	银行存款	基本户			16950		
	主营业务收入	打印机					15000
	应缴税费	应缴增值税	销项税额				1950
合计					¥ 16950		¥ 16950

附单据 2 张

财务主管　　记账　　出纳　　审核　　制单 黄荣

图19-2　确认销项税额的记账凭证

19.2.2 进项税额的确定

准予抵扣的进项税额有以下三种。

（1）从销售方取得的增值税专用发票上注明的增值税税额，包括增值税专用发票、机动车销售统一发票。

（2）从海关取得的完税凭证上注明的增值税税额。

（3）购进农产品，除取得增值税专用发票或者海关进口增值税专用缴款书外，按照农产品收购发票或者销售发票上注明的农产品买价和9%的扣除率计算的进项税额。

（4）由境外单位或者个人购进劳务、服务、无形资产或者境内的不动产从税务机关或者扣缴义务人取得的代扣代缴税款的完税凭证上往明的增值税额。

例19-3

东方公司为一般纳税人，增值税税率为13%，2014年1月向供货商购进打印机5台，每台价格为1 243元，用银行支票支付，取得增值税专用发票，并在当月做了认证；用现金支付了增值税税控系统技术维护费330元，取得了增值税专用发票。问：

（1）增值税税控系统技术维护费的专用发票需要认证吗?

（2）东方公司1月份可以抵扣的增值税进项税额是多少?

解析：

（1）不需要认证。原因：财税〔2012〕15号文件规定，自2011年12月1日起，增值税纳税人购买增值税税控系统专用设备支付的费用以及缴纳的技术维护费可在增值税应纳税额中全额抵减增值税。

提示

一定不要认证此类发票，不认证可以全额（价+税）抵税，认证后只能抵税额（税）部分。

（2）东方公司1月份的增值税进项税额：

①计算购入打印机的不含税价格：（1243×5）÷（1+13%）=5500（元）

②购入打印机的进项税额：5500×13%=715（元）

③1月份可以抵扣的增值税进项税额：715+330=1045（元）

购入打印机业务的记账凭证，如图19-3所示。

技术维护费的记账，很多初学会计的人不太清楚如何入账。规范的记账应该是先作为管理费用入账，然后再抵扣进项税，记账凭证，如图19-4和图19-5所示。

记账凭证

2023 年 1月25日　　　第 5号

摘要	总账科目	明细科目1	明细科目2	√	借方金额	√	贷方金额
购入打印机5台	库存商品	打印机			5500		
	应交税费	应交增值税	进项税额		715		
	银行存款	基本户					6215
合计					¥6215		¥6215

附单据 3 张

财务主管　记账　出纳　审核　制单 黄荣

图19-3　购入打印机的记账凭证

记账凭证

2023 年 1月25日　　　第 6号

摘要	总账科目	明细科目1	明细科目2	√	借方金额	√	贷方金额
付税控服务费	管理费用	服务费			330		
	现金						330
合计					¥330		¥330

附单据 3 张

财务主管　记账　出纳　审核　制单 黄荣

图19-4　支付税控服务费的记账凭证

记账凭证

2023 年 1月25日　　　第 7号

摘要	总账科目	明细科目1	明细科目2	√	借方金额	√	贷方金额
抵减税额	应交税费	应交增值税	减免税额		330		
	营业外收入	政府补助					330
合计					¥330		¥330

附单据 张

财务主管　记账　出纳　审核　制单 黄荣

图19-5　技术服务费抵减增值税的记账凭证

除特殊情况（增值税税控系统专用设备支付的费用以及缴纳的技术维护费）外，一般纳税人取得的增值税发票都需要进项认证。网络认证目前有两个方法：一个是扫描认证，一个是勾选认证。

扫描认证的操作步骤

第一步：发票扫描录入。

（1）双击电脑桌面上的“抵扣联信息采集系统”，选择对应的纳税人识别号（此系统可安装多个企业的抵扣联认证），输入密码（系统默认admin），单击登录，如图19-6所示。

（2）进入系统后看到该认证系统的工具栏，如图19-7所示。

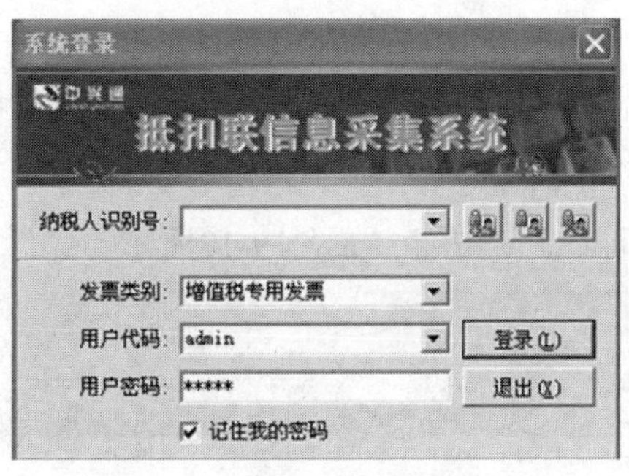

图19-6　抵扣联信息采集系统

图19-7　采集系统工具栏

（3）单击“发票录入”，进入界面，如图19-8所示。

（4）根据实际情况选择“手工录入”或“扫描录入”，一般企业选择“扫描录入”。先把发票放入扫描仪里，单击“扫描录入”，发票自动被扫描，如图19-9所示。

图19-8　发票录入界面

图19-9　发票扫描

（5）扫描完成后，发票信息会以以下方式显示在界面信息里，如图19-10所示。

	发票索引	发票代码	发票号码	开票日期	金额	税额	销方识别号	密文
1	2140227143355187	1100133140	05809598	2013-12-20	¥94,339.62	¥5,660.38	110108567416672	-2<>711/5<422*88+>35786091+/38--0433+6>254*4*-712

图19-10　扫描完成

（6）如果扫描出现有错误提示，可以双击图19-10中所对应的行，出现发票修改界面，如图19-11所示。

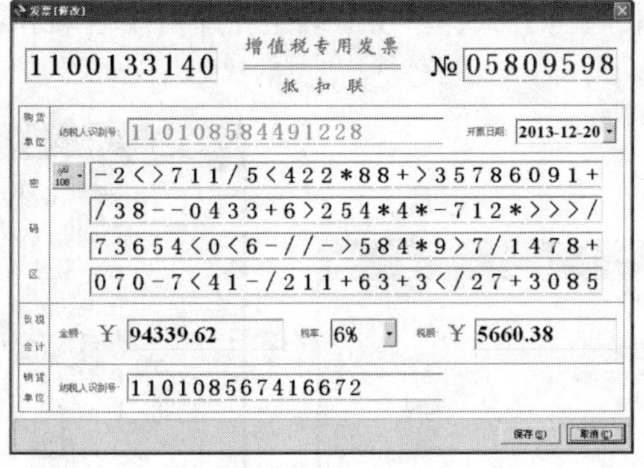

图19-11　发票修改

（7）从扫描仪中取出发票，对照发票代码、发票号码、开票日期、密码区、金额、税额、纳税人识别号，一一校对，修改完成后，单击“保存”即可。

（8）发票全部扫描完成，可单击系统右上角的“返回”按钮。

第二步：发票上传认证。

（1）单击“上传税局认证”按钮，如图19-12所示。

图19-12 发票上传认证界面

（2）再次单击“上传税局认证”按钮，如图19-13所示。

（3）选择“网络传输”方式，单击“确定”即可，然后发票通过网络上传到税务和系统里，上传完成后，会弹出如下界面，如图19-14所示。

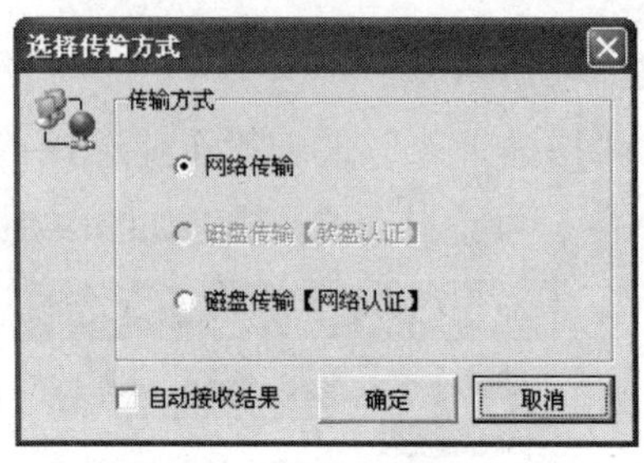

图19-13 上传税局认证

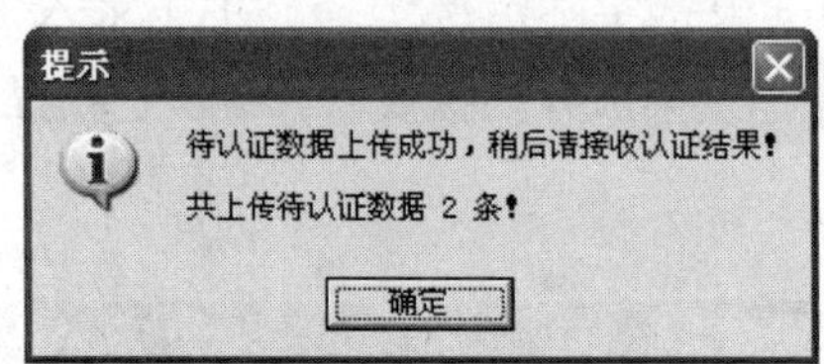

图19-14 发票认证上传成功

（4）点击“确定”，发票信息如图19-15所示。

图19-15 发票提交完成

（5）单击系统右上角的“返回”按钮，回到系统主界面，单击“接收认证结果”按钮，如图19-16所示。

（6）选择“网络传输”方式，单击“确定”即可。若顺利通过认证，会有如下界面，如图19-17所示。

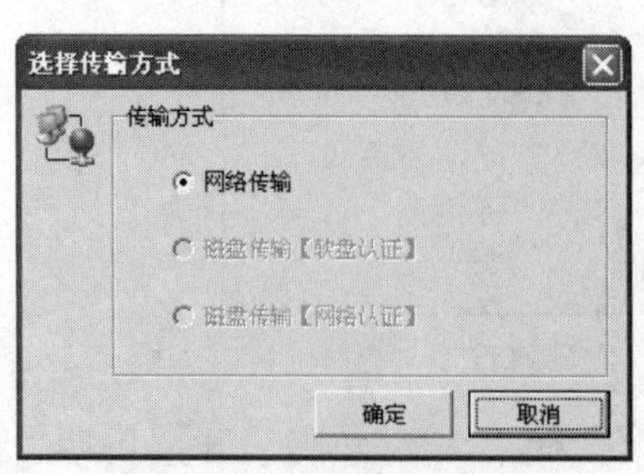

图19-16 传输认证结果

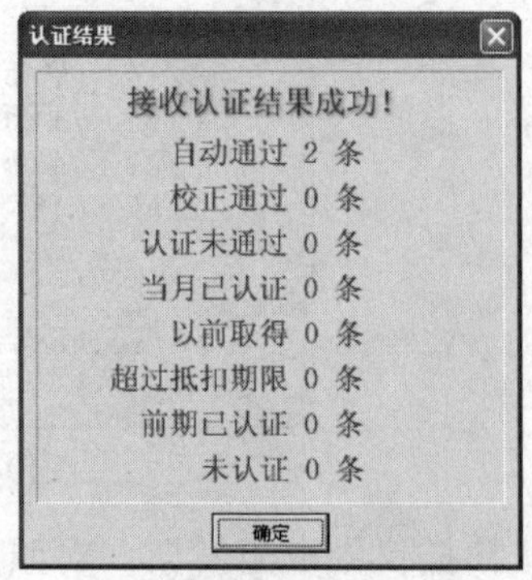

图19-17 接收成功

（7）自动认证通过后，发票信息如图19-18所示。

	发票索引	销方识别号	发票代码	发票号码	开票日期	金额	税额	状态	认证结果
1 ▶	2140227143355187	110108567416672	1100133140	05809598	2013-12-20	¥94,339.62	¥5,660.38	已经认证通过	自动通过
2	2140227144126656	110108567416672	1100133140	05809597	2013-12-20	¥94,339.62	¥5,660.38	已经认证通过	自动通过

图19-18　发票认证通过

勾选认证的操作步骤

（1）登录网页版发票勾选认证，如图19-19所示。

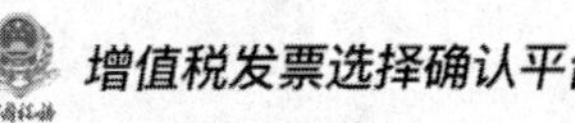

监制单位：国家税务总局电子税务管理中心　研发单位：长城计算机软件与系统有限公司

请使用IE8及以上浏览器　建议分辨率1280*768及以上　版本号：V3.0.10

图19-19　勾选发票网页登录界面

（2）勾选发票工作台，查询本月勾选情况，如图19-20所示。

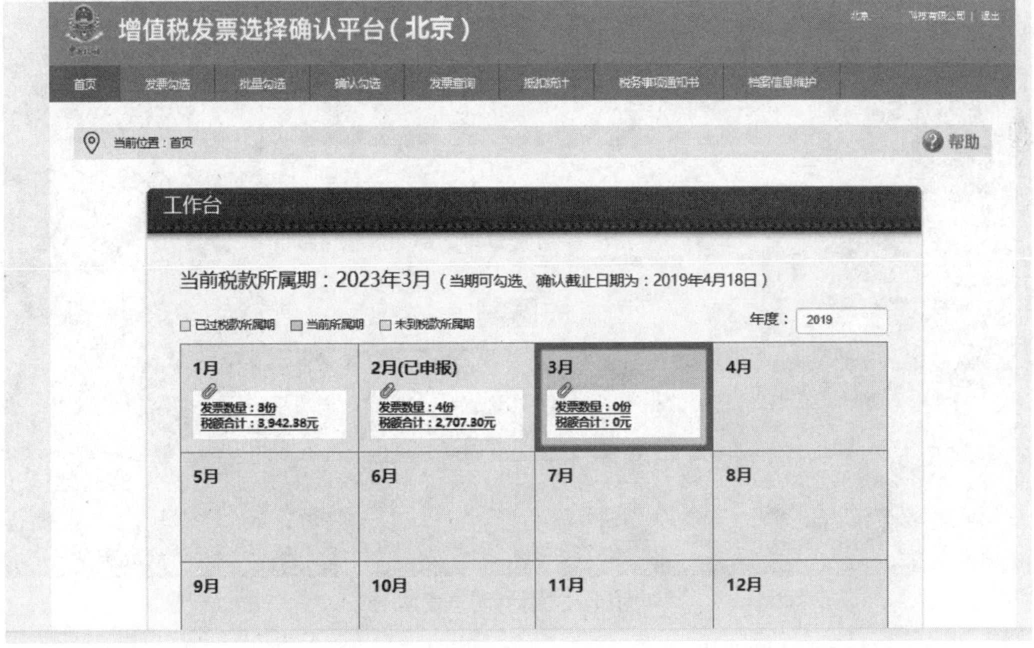

图19-20　勾选发票工作台

（3）发票勾选明细，如图19-21所示。

增值税发票选择确认平台（北京）

首页 | 发票勾选 | 批量勾选 | 确认勾选 | 发票查询 | 抵扣统计 | 税务事项通知书 | 档案信息维护

当前位置：首页 - 发票勾选　　帮助

当前税款所属期：2019年3月（当期可进行勾选操作的截止日期为：2019年4月18日）　　查询

发票代码：　　发票号码：　　开票日期：2018-03-06 - 2019-03-31　　销方税号：

认证状态：◉未认证 ○已认证

勾选状态：○全部 ◉未勾选 ○已勾选　　更多查询条件

发票勾选（当期可勾选发票的开票日期范围为：2018年3月6日-2019年3月31日）

每页显示 50 条记录

□勾选	发票代码	发票号码	开票日期	销方名称	金额	税额	发票状态	是否勾选	勾选时间
□	1100183130	100[illegible]3	2019-03-28	[illegible]装有限公司	8172.41	1307.59	正常	否	
□	1100183130	156[illegible]74	2019-03-22	北京[illegible]技术有限公司	463.98	74.24	正常	否	
□	1100183130	156[illegible]	2019-03-22	北京[illegible]技术有限公司	12590.2	2014.4	正常	否	
□	1100183130	156[illegible]72	2019-03-22	北京[illegible]技术有限公司	17304.27	2768.63	正常	否	
□	1100183130	121[illegible]51	2019-03-22	北京[illegible]技术有限公司	176.54	28.26	正常	否	
□	6200183130	032[illegible]91	2019-03-22	甘肃[illegible]有限公司金昌分公司	333.33	16.67	正常	否	
□	1100183130	156[illegible]75	2019-03-22	北京[illegible]技术有限公司	3058.77	489.37	正常	否	
□	3100183130	45[illegible]	2019-03-20	上海[illegible]品有限公司	10517.24	1682.76	正常	否	

图19-21　可供勾选的发票明细表

（4）我们在可以勾选的发票前面打“√”，并保存以勾选发票，如图19-22所示。

图19-22　保存勾选发票

（5）将已勾选的发票进行确认，如图19-23所示。

（6）选择进项税额所属期，如图19-24所示。这里需要注意的是，我们进行发票勾选认证的时候是可以在增值税征期内选择认证进项税额的，这一点就比扫描认证先进，会计人员就不用挤在每月最后一天进行发票抵扣认证。

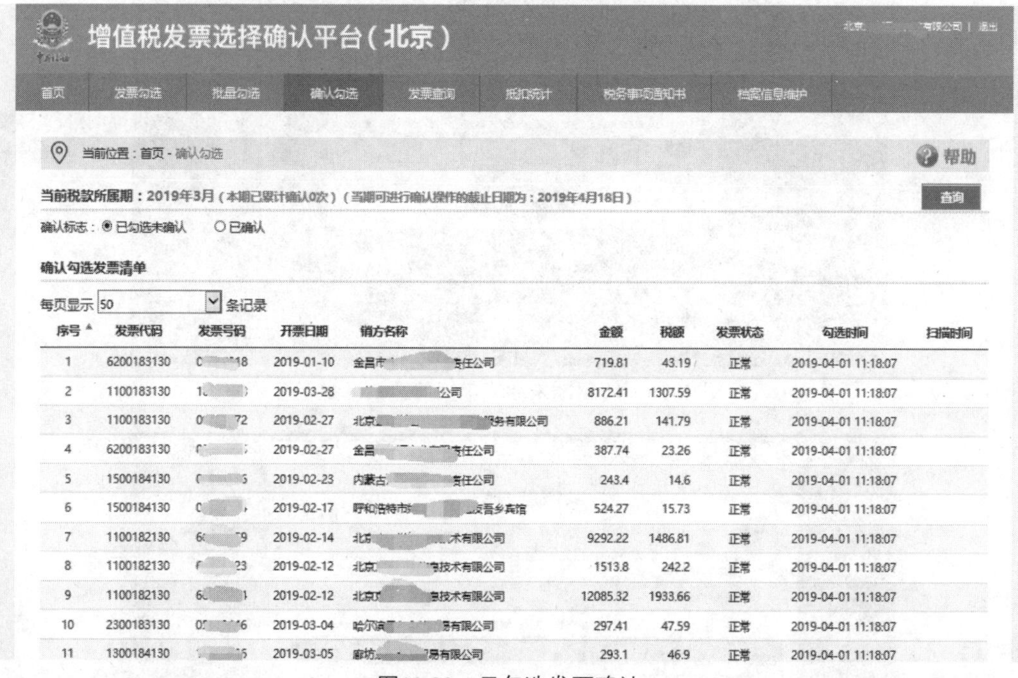

图19-23　已勾选发票确认

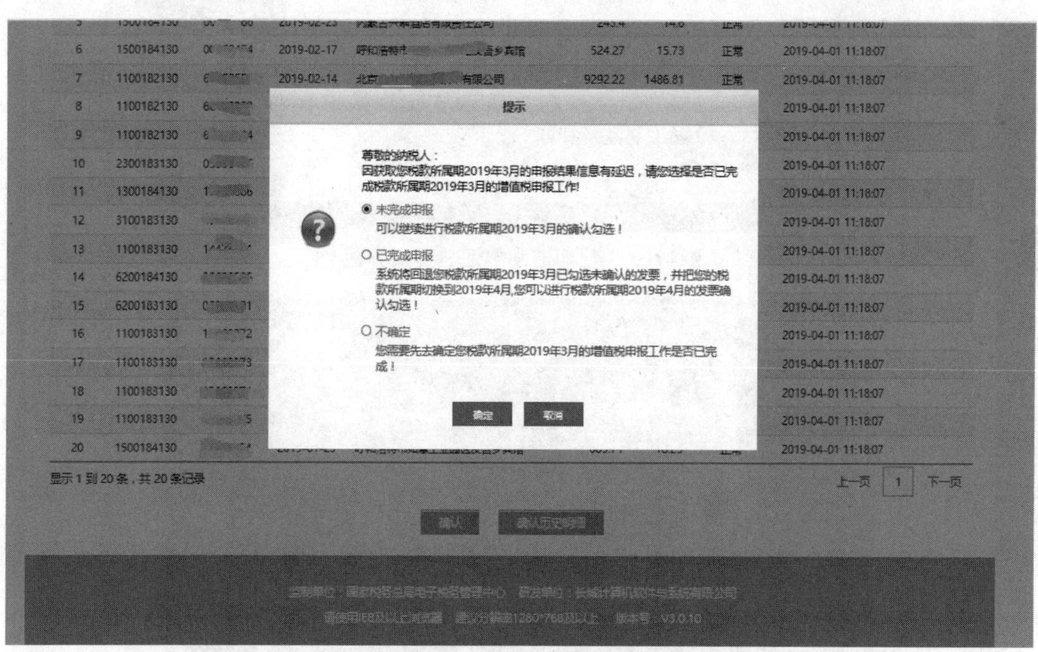

图19-24　选择进项税额所属期

（7）选完进项税额所属期后的纳税人提示，如图19-25所示。

（8）本期勾选发票汇总提交，如图19-26所示。

（9）确认提交已勾选发票，如图19-27所示。

（10）发票勾选认证完成，如图19-28所示。

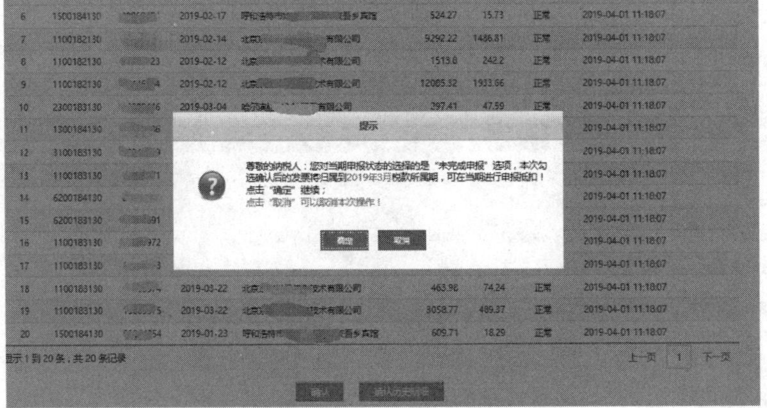

图19-25　所属期未完成申报勾选认证提示

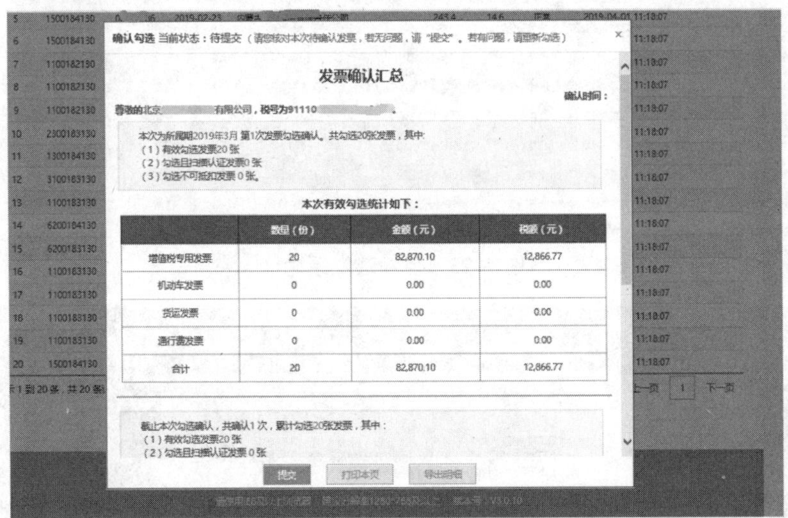

图19-26　已勾选发票汇总提交界面

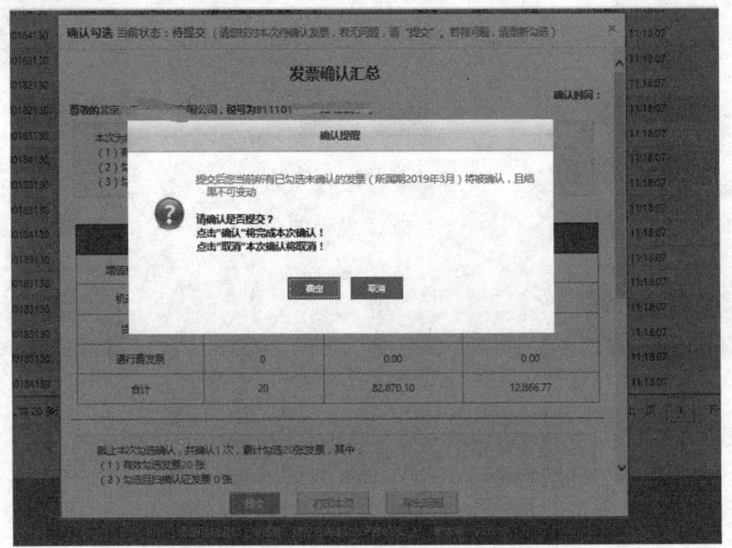

图19-27　已勾选发票确认提交界面

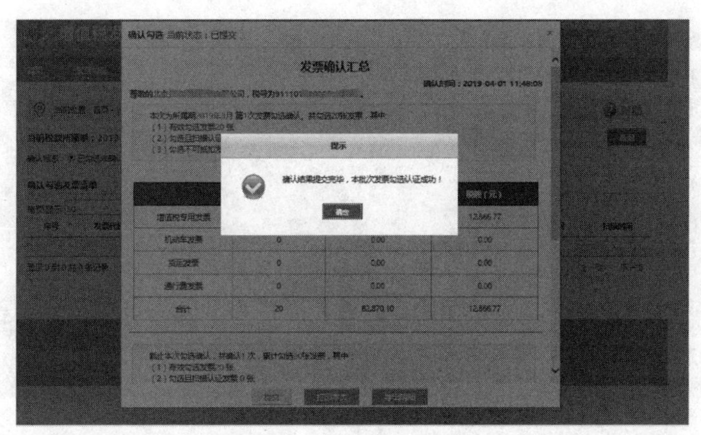

图19-28　发票勾选认证完成

（11）发票确认汇总表打印，如图19-29所示。

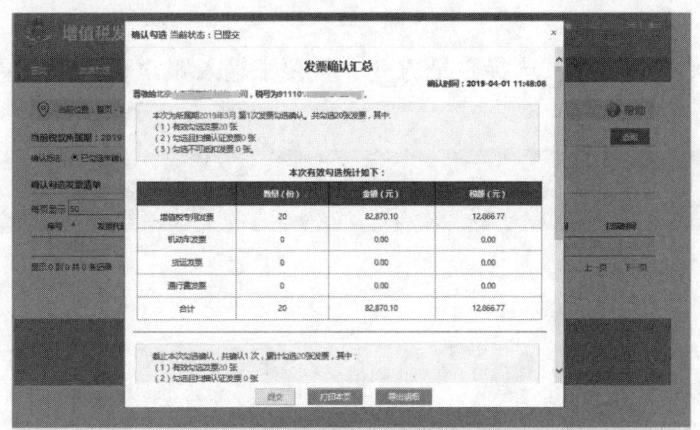

图19-29　发票确认汇总表打印

发票勾选认证方法之前只适用于信用等级为A和B的企业，现在这个勾选发票认证平台对所有增值税一般纳税人开放了勾选认证权限，不再对其信用登记进行校验。

19.2.3　应纳增值税额的确定

如例题19-2和19-3所述，东方公司2023年1月应纳增值税税额确定如下：

销项税额：1 950元

可抵扣的进项税额：1 045元

应纳增值税税额：1950−1045=905（元）

东方公司的会计要在2月1日—15日登录电子税务局网站申报缴纳1月份的增值税。

19.2.4　增值税纳税申报实务

每月15日之前申报上个月的增值税，我们下面举例讲述纳税申报的具体步骤。

第一步：登录电子税务局系统。单击右上角“登录”，如图19-30所示。

图19-30　登录主界面

（1）进入登录界面，选择登录方式，按要求输入账户和密码登录，如图19-31所示。

图19-31　登录界面

（2）登录系统后，进入报税界面“我要办税”，单击中间的“税费申报及缴纳”，如图19-32 所示。这时会弹出一个对话框，单击“在线申报”，如图19-33所示。

（3）选择“纳税申报”—“本月应申报”—“增值税纳税申报表”，如图19-34所示。

（4）选择增值税纳税申报表，按照要求填写申报表，如图19-35所示。

注：图19-35所示界面是一家非营改增企业提供，因此没有附列资料（三）即“增值税纳税申报表附列资料（三）（服务、不动产和无形资产扣除项目明细表）”，该表只需要由服务、不动产和无形资产有扣除项目的营业税改征增值税纳税人填写。

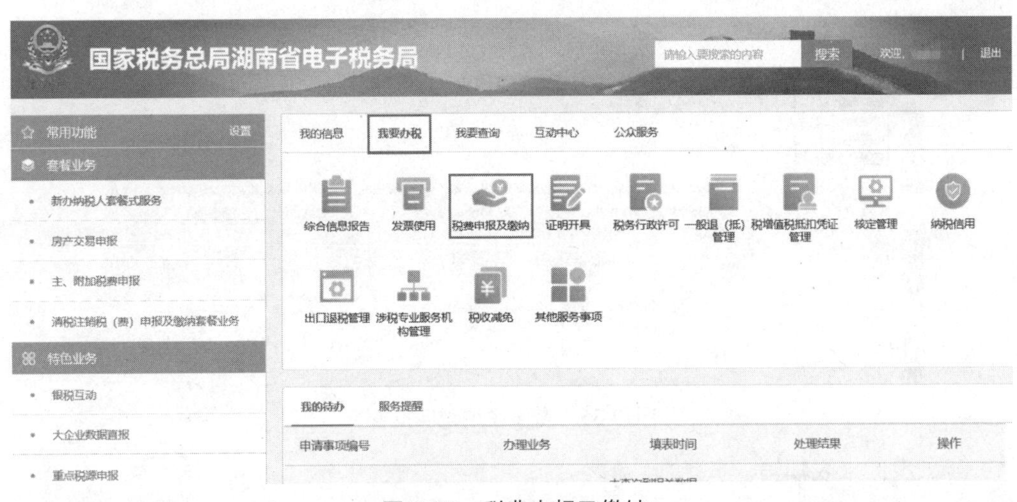

图19-32　税费申报及缴纳

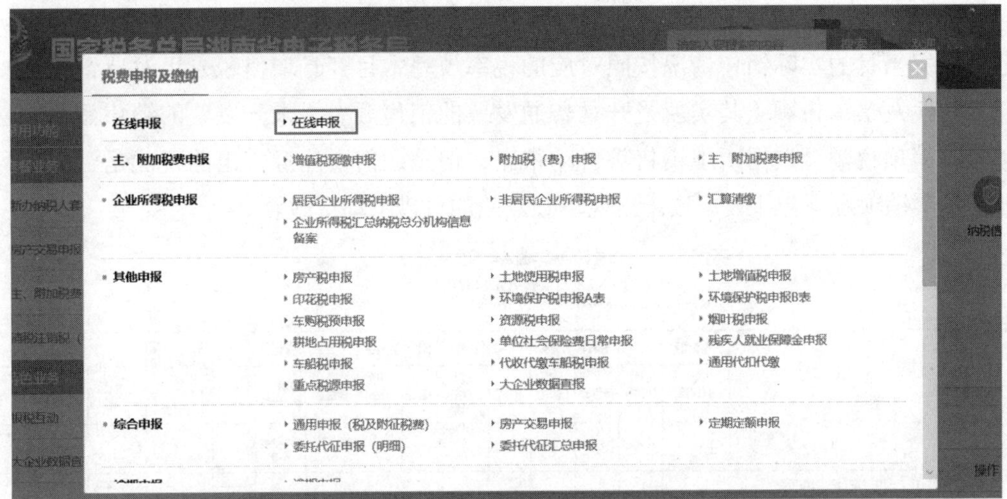

图19-33　在线申报界面

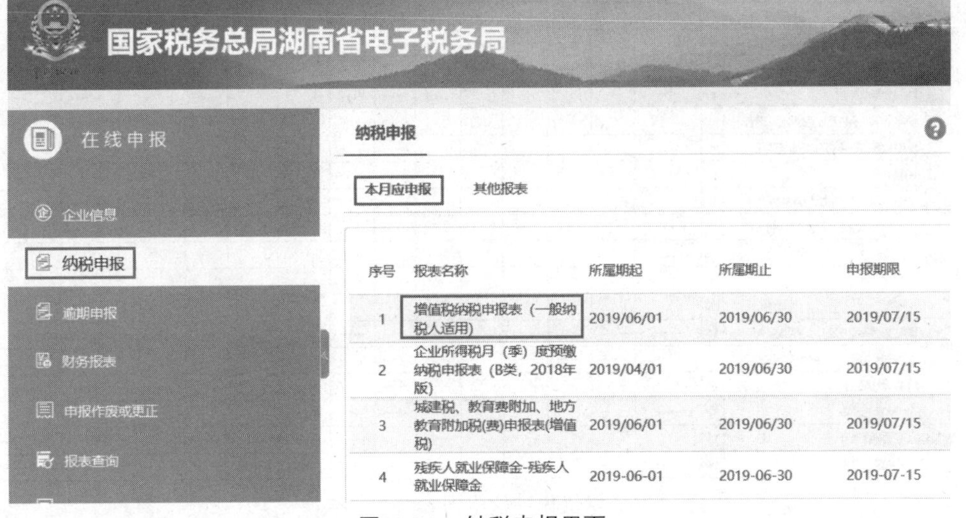

图19-34　纳税申报界面

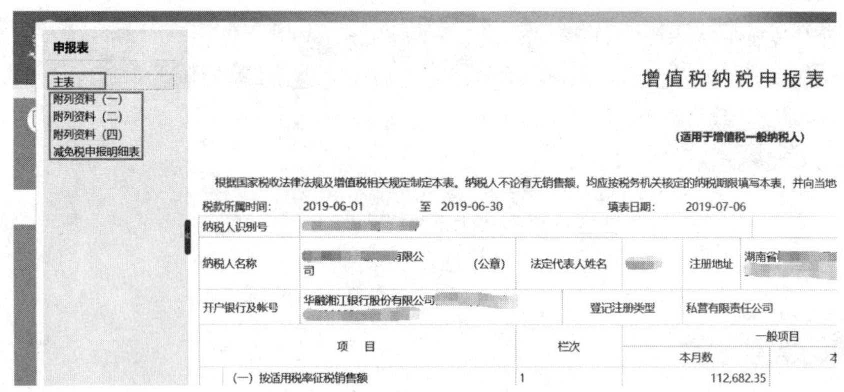

图19-35 增值税纳税申报表

第二步：报表填写。

（1）填写“增值税纳税申报表附列资料（一）”。

选择“增值税纳税申报表附列资料（一）（本期销售情况明细）”，如图19-36所示。依据当月的实际销售情况按照对应的税率填写本月开具增值税专用发票销售额、开具其他发票销售额（其实就是开具普通发票的销售额）、未开发票的销售额，它们对应的销项税额会根据所填销售额自动带出，但是还需要注意带出的税额是否和当月开具发票销项税额合计数一致，出现小数点差的可以手动更改。

增值税纳税申报表附列资料（一）

（本期销售情况明细）

税款所属时间： 年 月 日至 年 月 日

纳税人名称：（公章） 金额单位：元至角分

项目及栏次				开具增值税专用发票		开具其他发票		未开具发票		纳税检查调整		合计			服务、不动产和无形资产扣除项目本期实际扣除金额	扣除后	
				销售额	销项（应纳）税额	销售额	销项（应纳）税额	销售额	销项（应纳）税额	销售额	销项（应纳）税额	销售额	销项（应纳）税额	价税合计		含税（免税）销售额	销项（应纳）税额
				1	2	3	4	5	6	7	8	9=1+3+5+7	10=2+4+6+8	11=9+10	12	13=11-12	14=13÷（100%+税率或征收率）×税率或征收率
一、一般计税方法计税	全部征税项目	13%税率的货物及加工修理修配劳务	1											——	——	——	——
		13%税率的服务、不动产和无形资产	2														
		9%税率的货物及加工修理修配劳务	3											——	——	——	——
		9%税率的服务、不动产和无形资产	4														
		6%税率	5														
	其中：即征即退项目	即征即退货物及加工修理修配劳务	6	——	——	——	——	——	——	——	——			——	——	——	——
		即征即退服务、不动产和无形资产	7	——	——	——	——	——	——	——	——						
二、简易计税方法计税	全部征税项目	6%征收率	8							——	——			——	——	——	——
		5%征收率的货物及加工修理修配劳务	9a							——	——			——	——	——	——
		5%征收率的服务、不动产和无形资产	9b							——	——						
		4%征收率	10							——	——			——	——	——	——
		3%征收率的货物及加工修理修配劳务	11							——	——			——	——	——	——
		3%征收率的服务、不动产和无形资产	12							——	——						
		预征率 %	13a							——	——						
		预征率 %	13b							——	——						
		预征率 %	13c							——	——						
	其中：即征即退项目	即征即退货物及加工修理修配劳务	14	——	——	——	——	——	——	——	——			——	——	——	——
		即征即退服务、不动产和无形资产	15	——	——	——	——	——	——	——	——						
三、免抵退税	货物及加工修理修配劳务		16	——	——		——		——	——	——		——	——	——	——	——
	服务、不动产和无形资产		17	——	——		——		——	——	——		——				——
四、免税	货物及加工修理修配劳务		18				——		——	——	——		——	——	——	——	——
	服务、不动产和无形资产		19	——	——		——		——	——	——		——				——

图19-36 增值税纳税申报表附列资料（一）

（2）填写“增值税纳税申报表附列资料（二）（本期进项税额明细）”。

选择“增值税纳税申报表附列资料（二）（本期进项税额明细）”，在申报抵扣的进项税额中分别填写本期认证的进项票的份数、金额和税额以及上期留底的进项税额；如果本月有进项税额转出，也需要按照表格中对应的项目来填写，如图19-37所示。

增值税纳税申报表附列资料（二）

（本期进项税额明细）

税款所属时间：年　月　日至　年　月　日

纳税人名称：（公章）　　　　　　　　　　　　　　　　　　金额单位：元至角分

一、申报抵扣的进项税额				
项目	栏次	份数	金额	税额
（一）认证相符的增值税专用发票	1=2+3			
其中：本期认证相符且本期申报抵扣	2			
前期认证相符且本期申报抵扣	3			
（二）其他扣税凭证	4=5+6+7+8a+8b			
其中：海关进口增值税专用缴款书	5			
农产品收购发票或者销售发票	6			
代扣代缴税收缴款凭证	7		—	
加计扣除农产品进项税额	8a	—	—	
其他	8b			
（三）本期用于购建不动产的扣税凭证	9			
（四）本期用于抵扣的旅客运输服务扣税凭证	10			
（五）外贸企业进项税额抵扣证明	11	—	—	
当期申报抵扣进项税额合计	12=1+4+11			
二、进项税额转出额				
项目	栏次	税额		
本期进项税额转出额	13=14至23之和			
其中：免税项目用	14			
集体福利、个人消费	15			
非正常损失	16			
简易计税方法征税项目用	17			
免抵退税办法不得抵扣的进项税额	18			
纳税检查调减进项税额	19			
红字专用发票信息表注明的进项税额	20			
上期留抵税额抵减欠税	21			
上期留抵税额退税	22			
其他应作进项税额转出的情形	23			
三、待抵扣进项税额				
项目	栏次	份数	金额	税额
（一）认证相符的增值税专用发票	24	—	—	—
期初已认证相符但未申报抵扣	25			
本期认证相符且本期未申报抵扣	26			
期末已认证相符但未申报抵扣	27			
其中：按照税法规定不允许抵扣	28			
（二）其他扣税凭证	29=30至33之和			
其中：海关进口增值税专用缴款书	30			
农产品收购发票或者销售发票	31			
代扣代缴税收缴款凭证	32		—	
其他	33			
	34			
四、其他				
项目	栏次	份数	金额	税额
本期认证相符的增值税专用发票	35			
代扣代缴税额	36	—	—	

图19-37　增值税纳税申报表附列资料（二）

（3）填写“增值税纳税申报表附列资料（三）（服务、不动产和无形资产扣除项目明细）”。

这张表由服务、不动产和无形资产有扣除项目的营业税改征增值税的纳税人填写，其他纳税人不填写，如图19-38所示。

增值税纳税申报表附列资料（三）

（服务、不动产和无形资产扣除项目明细）

税款所属时间：　　年　月　日至　年　月　日

纳税人名称：(公章)　　　　金额单位：元至角分

项目及栏次		本期服务、不动产和无形资产价税合计额（免税销售额）	服务、不动产和无形资产扣除项目				
			期初余额	本期发生额	本期应扣除金额	本期实际扣除金额	期末余额
		1	2	3	4=2+3	5(5≤1且5≤4)	6=4-5
13%税率的项目	1						
9%税率的项目	2						
6%税率的项目（不含金融商品转让）	3						
6%税率的金融商品转让项目	4						
5%征收率的项目	5						
3%征收率的项目	6						
免抵退税的项目	7						
免税的项目	8						

图19-38　增值税纳税申报表附列资料（三）

（4）填写“增值税纳税申报表附列资料（四）（税额抵减情况表）”。

本表由发生增值税税控系统专用设备费用和技术维护费的纳税人填写，反映纳税人增值税税控系统专用设备费用和技术维护费按规定抵减增值税应纳税额的情况，我们只需要依据当月的实际情况填写。常见的是，企业按税局要求办理的税控设备是可以全额抵扣税额的，企业每年缴纳的设备技术维护费也是可以填写到第一行全额抵扣税额的（注：此类费用企业取得的增值税专用发票不需要认证即可全额抵扣税额，若认证只能抵扣相对应的税额），只要当月没有补零即可，如图19-39所示。

（5）填写“增值税减免税申报明细表”。

本表由享受增值税减免税优惠政策的增值税一般纳税人和小规模纳税人填写。仅享受月销售额不超过10万元（按季纳税30万元）免征增值税政策或未达起征点的增值税小规模纳税人不需填报本表，本期无数据时，也不需填报本表，如图19-40所示。

第三步：一般企业财务报表填写（仅限季度填写）。

每个季度结束后，需要在电子税务局申报系统填报企业财务报表，需要填报的报表有资产负债表和利润表，根据会计制作的相应报表填报即可。

第四步：报表的浏览与打印。

（1）若需查阅报表，可单击系统左边工具栏里的报表查询。

（2）每个月的报表需打印一份，加盖公章备案存档。

不管是申报表还是财务报表，我们申报成功后可以选择“报表查询”，如图19-41所示。再选择“查看”对应的表项，进行下载或是打印都可以。

增值税纳税申报表附列资料（四）

（税额抵减情况表）

税款所属时间： 年 月日至 年月日

纳税人名称：(公章)

金额单位：元至角分

一、税额抵减情况						
序号	抵减项目	期初余额	本期发生额	本期应抵减税额	本期实际抵减税额	期末余额
		1	2	3=1+2	4≤3	5=3-4
1	增值税税控系统专用设备费及技术维护费					
2	分支机构预征缴纳税款					
3	建筑服务预征缴纳税款					
4	销售不动产预征缴纳税款					
5	出租不动产预征缴纳税款					

二、加计抵减情况							
序号	加计抵减项目	期初余额	本期发生额	本期调减额	本期可抵减额	本期实际抵减额	期末余额
		1	2	3	4=1+2-3	5	6=4-5
6	一般项目加计抵减额计算						
7	即征即退项目加计抵减额计算						
8	合计						

图19-39　增值税纳税申报表附列资料（四）

增值税减免税申报明细表

税款所属时间：自　年　月　日至　年　月　日

纳税人名称（公章）：

金额单位：元至角分

一、减税项目						
减税性质代码及名称	栏次	期初余额	本期发生额	本期应抵减税额	本期实际抵减税额	期末余额
		1	2	3=1+2	4≤3	5=3-4
合计	1					
	2					
	3					
	4					
	5					
	6					

二、免税项目						
免税性质代码及名称	栏次	免征增值税项目销售额	免税销售额扣除项目本期实际扣除金额	扣除后免税销售额	免税销售额对应的进项税额	免税额
		1	2	3=1-2	4	5
合　计	7					
出口免税	8		——	——	——	——
其中：跨境服务	9		——	——	——	——
	10					
	11					
	12					
	13					
	14					
	15					
	16					

图19-40　增值税减免税申报明细表

图19-41　申报查询及打印界面

19.3　小规模纳税人的纳税实务

19.3.1　应纳税额的计算

1. 小规模纳税人的基本业务处理

小规模纳税人增值税的征收率是3%或5%，计算公式为

应纳税额=销售额×征收率

这里的销售额是不含税销售额，计算公式为

不含税销售额=含税销售额÷（1+3%）

例19-4

西雨公司是小规模纳税人，2023年1月销售货物一批，货款共计20 600元，银行已收到。就此笔业务，该企业要缴纳多少增值税？

计算不含税销售额：20 600÷（1+3%）=20 000（元）

应纳税额：20 000×3%=600（元）

会计做账，如图19-42所示。

2. 小规模纳税人销售使用过的固定资产

小规模纳税人销售使用过的固定资产，减按2%征收增值税。

应纳税额=含税销售额÷（1+3%）×2%

例19-5

西雨公司是小规模纳税人，2023年1月将自己使用过的一台计算机处理掉，收到现金500元。就此笔业务，该企业要缴纳多少增值税？

计算不含税销售额：500÷（1+3%）=485.44（元）

应纳税额：485.44×2% =9.71（元）

记账凭证

2023年1月25日　　第8号

摘要	总账科目	明细科目1	明细科目2	√	借方金额	√	贷方金额
收到货款	银行存款				20600		
	主营业务收入						20000
	应交税费	应交增值税					600
合计					¥20600		¥20600

附单据　张

财务主管　记账　出纳　审核　制单 王芊

图19-42　确认收入税金记账凭证

3. 关于发票的开具

小规模纳税人应开具普通发票，如果客户要求专用发票，企业可以向税务机关申请，请其代开增值税专用发票。

4. 小规模纳税人购进税控收款机抵税

京国税函〔2009〕421号通知明确增值税小规模纳税人购进税控收款机，取得增值税专用发票的，可抵免购置税控收款机所支付的增值税税额是专用发票上注明的增值税税额；取得普通发票的，按照普通发票上注明的价款，依下列公式计算可抵免税额：

可抵免税额=价款/（1+13%）×13%。

例19-6

西雨公司是小规模纳税人，2023年1月购进税控收款机一台，价款1 689元通过银行支付，取得普通发票一张。就此笔业务，该企业可以抵扣多少增值税？

可抵免税额：1689÷（1+13%）×13% =194.31（元）

提示

如果本期需要缴纳的增值税大于可抵免额，则差额纳税；如果等于可抵免额，不用纳税；如果小于可抵免额，则差额可留下期继续抵免。

例19-7

例19-4、例19-5、例19-6中，西雨公司1月份实际应该缴纳多少增值税？

应纳税额：600+9.71=609.71（元）

抵免税额：194.31（元）

实际应该缴纳增值税：609.71−194.31=415.4（元）

19.3.2 纳税申报实务

小规模纳税人应于每月1日—15日登录电子税务局报税系统，进行纳税申报。

第一步：登录系统。

和一般纳税人一样，登录电子税务局报税系统，按照步骤选择“增值税纳税申报表（小规模纳税人适用）”，具体申报表内容，如图19-43所示。

增值税纳税申报表

（小规模纳税人适用）

纳税人识别号：□□□□□□□□□□□□□□□□□□□□□□□□

纳税人名称（公章）： 金额单位：元至角分

税款所属期： 年 月 日至 年 月 日 填表日期： 年 月 日

	项目	栏次	本期数		本年累计	
			货物及劳务	服务、不动产和无形资产	货物及劳务	服务、不动产和无形资产
一、计税依据	（一）应征增值税不含税销售额（3%征收率）	1				
	税务机关代开的增值税专用发票不含税销售额	2				
	税控器具开具的普通发票不含税销售额	3				
	（二）应征增值税不含税销售额（5%征收率）	4	——		——	
	税务机关代开的增值税专用发票不含税销售额	5	——		——	
	税控器具开具的普通发票不含税销售额	6	——		——	
	（三）销售使用过的固定资产不含税销售额	7(7≥8)		--		--
	其中：税控器具开具的普通发票不含税销售额	8		--		--
	（四）免税销售额	9=10+11+12				
	其中：小微企业免税销售额	10				
	未达起征点销售额	11				
	其他免税销售额	12				
	（五）出口免税销售额	13(13≥14)				
	其中：税控器具开具的普通发票销售额	14				
二、税款计算	本期应纳税额	15				
	本期应纳税额减征额	16				
	本期免税额	17				
	其中：小微企业免税额	18				
	未达起征点免税额	19				
	应纳税额合计	20=15-16				
	本期预缴税额	21			--	--
	本期应补（退）税额	22=20-21			--	--

纳税人或代理人声明：	如纳税人填报，由纳税人填写以下各栏：
本纳税申报表是根据国家税收法律法规及相关规定填报的，我确定它是真实的、可靠的、完整的。	办税人员： 财务负责人： 法定代表人： 联系电话：
	如委托代理人填报，由代理人填写以下各栏：
	代理人名称（公章）： 经办人： 联系电话：

主管税务机关： 接收人： 接收日期：

图19-43 小规模纳税人增值税申报表

第二步：填写申报表。

在填写过程中按照实际情况填入相应数据，然后单击“补零”“保存”即可。下面我们举个例子说明。

例19-8

某公司为生产型企业，2023年12月销售商品开票金额为10 300元，不含税收入为10 000元，税额为300元，1月份申报税款时，填表如图19-44所示。

第三步：申报完成。

小规模增值税申报表填写完，选中上传报表，核实申报金额，单击“确定”，上传完成。

增值税纳税申报表（适用于增值税小规模纳税人）

纳税人识别号：＿＿＿＿＿＿ 纳税人名称：＿＿＿＿＿＿ 金额单位：元（列至角分）

税款所属期：2013 年 12 月 01 日至 2013 年 12 月 31 日 填表日期：2014 年 01 月 14 日

	项目	栏次	本期数		本年累计	
			应税货物及劳务	应税服务	应税货物及劳务	应税服务
一、计税依据	（一）应征增值税不含税销售额	1	10,000.00	0.00	10,000.00	0.00
	税务机关代开的增值税专用发票不含税销售额	2		0.00	0	0
	税控器具开具的普通发票不含税销售额	3	10,000.00	0.00	10,000.00	0
	（二）销售使用过的应税固定资产不含税销售额	4(4≥5)		——	0	——
	其中：税控器具开具的普通发票不含税销售额	5		——	0	——
	（三）免税销售额	6(6≥7)	0.00	0.00	0.00	0.00
	其中：税控器具开具的普通发票销售额	7		0.00	0	0
	（四）出口免税销售额	8(8≥9)	0.00	0.00	0.00	0.00
	其中：税控器具开具的普通发票销售额	9		0.00	0	0
二、税款计算	本期应纳税额	10	300.00	0.00	300.00	0.00
	本期应纳税额减征额	11		0.00	0	0
	应纳税额合计	12=10-11	300.00	0.00	300.00	0.00
	本期预缴税额	13	0.0	0.00	——	——
	本期应补（退）税额	14=12-13	300.00	0.00	——	——

纳税人或代理人声明： 如纳税人填报，由纳税人填写以下各栏：

办税人员（签章）： 财务负责人（签章）：

附件3

增值税纳税申报表

（小规模纳税人适用）

纳税人识别号：□□□□□□□□□□□□□□□□□□□□□□□□□

纳税人名称（公章）： 金额单位：元至角分

税款所属期：2013年12 月01 日至2013 年12月31日 填表日期： 2014年01月08日

	项 目	栏次	本期数		本年累计	
			货物及劳务	服务、不动产和无形资产	货物及劳务	服务、不动产和无形资产
一、计税依据	（一）应征增值税不含税销售额（3%征收率）	1	10,000.00	0.00	450,000.00	0.00
	税务机关代开的增值税专用发票不含税销售额	2	0.00	0.00	0.00	0.00
	税控器具开具的普通发票不含税销售额	3	0.00	0.00	0.00	0.00
	（二）应征增值税不含税销售额（5%征收率）	4	——	0.00	——	0.00
	税务机关代开的增值税专用发票不含税销售额	5	——	0.00	——	0.00
	税控器具开具的普通发票不含税销售额	6	——	0.00	——	0.00
	（三）销售使用过的固定资产不含税销售额	7(7≥8)	0.00	——	0.00	——
	其中：税控器具开具的普通发票不含税销售额	8	0.00	——	0.00	——
	（四）免税销售额	9=10+11+12	0.00	0.00	0.00	0.00
	其中：小微企业免税销售额	10	0.00	0.00	0.00	0.00
	未达起征点销售额	11	0.00	0.00	0.00	0.00
	其他免税销售额	12	0.00	0.00	0.00	0.00
	（五）出口免税销售额	13(13≥14)	0.00	0.00	0.00	0.00
	其中：税控器具开具的普通发票销售额	14	0.00	0.00	0.00	0.00
二、税款计算	本期应纳税额	15	300.00	0.00	13,500.00	0.00
	本期应纳税额减征额	16	0.00	0.00	0.00	0.00
	本期免税额	17	0.00	0.00	0.00	0.00
	其中：小微企业免税额	18	0.00	0.00	0.00	0.00
	未达起征点免税额	19	0.00	0.00	0.00	0.00
	应纳税额合计	20=15-16	300.00	0.00	13,500.00	0.00
	本期预缴税额	21	0.00	0.00	——	——
	本期应补（退）税额	22=20-21	300.00	0.00	——	——

纳税人或代理人声明：	如纳税人填报，由纳税人填写以下各栏：
本纳税申报表是根据国家税收法律法规及相关规定填报的，我确定它是真实的、可靠的、完整的。	办税人员： 财务负责人： 法定代表人： 联系电话： 如委托代理人填报，由代理人填写以下各栏： 代理人名称（公章）： 经办人： 联系电话：

主管税务机关： 接收人： 接收日期：

图19-44 增值税纳税申报表

第20章 消费税

消费税，也称货物税，是指特定消费品和消费行为在特定环节征收的一种流转税，在调节消费水平方面具有重要作用。目前世界上有120多个国家和地区征收消费税，我国从1994年开始，全国范围征收消费税。消费税的税务处理相对简单，计税依据的确定不需要复杂计算，会计着重学习其纳税申报过程。

20.1 消费税基础知识

在学习消费税税额计算和申报前，先熟悉消费税的纳税人和纳税范围，其税目和税率是怎样规定的，纳税地点及纳税义务如何确认。

20.1.1 消费税的纳税人和纳税范围

消费税的纳税人是在我国境内生产、委托加工和进口应税消费品的单位和个人，以及国务院规定的销售条例规定的消费品的其他单位和个人。

纳税范围包括：

（1）过度消费会对人类健康、社会秩序、生态环境等造成危害的特殊消费品，如：烟、酒、鞭炮、木制一次性筷子、电池、涂料。

（2）奢侈品、非生活必需品，如：化妆品、贵重首饰及珠宝玉石。

（3）高能耗及高档消费品，如：小汽车、摩托车。

（4）不可再生和替代的石油类消费品，如：成品油。

20.1.2 消费税的税目

我国现行消费税共设置15个税目，若干个子目，非常清晰。

（1）烟。包括：卷烟、雪茄烟、烟丝、电子烟等。

（2）酒。包括：白酒、黄酒、啤酒、其他酒。

（3）高档化妆品。

（4）贵重首饰和珠宝玉石。

（5）鞭炮焰火。

（6）成品油。包括：汽油、柴油、石脑油、溶剂油、航空煤油、润滑油、燃料油等。

（7）小汽车。注意电动车不属于本税目征收范围。

（8）摩托车。包括轻便摩托车和摩托车两种。

（9）高尔夫球及球具。

（10）高档手表。

（11）游艇。

（12）木制一次性筷子。

（13）实木地板。

（14）电池。

（15）涂料。

20.1.3 消费税的税率

我国现行消费税实行从价比例税率、从量定额税率和复合计税三种形式。税率表如表20-1所示。

表20-1 消费税税率（税额）表

税目	子目	税率
一、烟	1. 卷烟	
	（1）甲类卷烟	56%加0.003元/支（生产环节）
	（2）乙类卷烟	36%加0.003元/支（生产环节）
	（3）批发环节	11%
	2. 雪茄烟	36%
	3. 烟丝	30%
二、酒	1.白酒	20%加0.5元/500克（或者500毫升）
	2. 黄酒	240元/吨
	3. 啤酒	250元/吨
	（1）甲类啤酒	220元/吨
	（2）乙类啤酒	10%
	4. 其他酒	5%
三、化妆品	——	15%
四、贵重首饰及珠宝玉石	1. 金银首饰、铂金首饰和钻石及钻石饰品	5%
	2. 其他贵重首饰和珠宝玉石	10%
五、鞭炮、焰火	——	15%
六、成品油	1. 汽油	1.52元/升
	2. 柴油	1.20元/升
	3. 航空煤油	1.20元/升
	4. 石脑油	1.52元/升
	5. 溶剂油	1.52元/升
	6. 润滑油	1.52元/升
	7. 燃料油	1.20元/升

（续表）

税目	子目	税率
七、摩托车	1. 气缸容量（排气量，下同）在250毫升（含250毫升）以下的	3%
	2. 气缸容量在250毫升以上的	10%
八、小汽车	1. 乘用车	
	（1）气缸容量（排气量，下同）在1.0升（含1.0升）以下的	1%
	（2）气缸容量在1.0升以上至1.5升（含1.5升）的	3%
	（3）气缸容量在1.5升以上至2.0升（含2.0升）的	5%
	（4）气缸容量在2.0升以上至2.5升（含2.5升）的	9%
	（5）气缸容量在2.5升以上至3.0升（含3.0升）的	12%
	（6）气缸容量在3.0升以上至4.0升（含4.0升）的	25%
	（7）气缸容量在4.0升以上的	40%
	2. 中轻型商用客车	5%
	3. 豪华小汽车	10%
九、高尔夫球及球具	——	
十、高档手表	——	20%
十一、游艇	——	10%
十二、木制一次性筷子	——	5%
十三、实木地板	——	5%
十四、电池	——	4%
十五、涂料	——	4%

20.1.4 消费税的纳税地点

（1）一般情况下，应在纳税人核算地的主管税务机关申报纳税。

（2）纳税人到外县（市）销售或者委托外县（市）代销自产应税消费品的，于应税消费品销售后，向纳税人核算地或所在地主管税务机关申报纳税。

（3）纳税人的总机构与分支机构不在同一县（市）的，应当分别向各自机构所在地的主管税务机关申报纳税；经财政部、国家税务总局或者其授权的财政、税务机关批准，可以由总机构汇总向总机构所在地的主管税务机关申报纳税。

（4）委托个人加工的应税消费品，由委托方向其机构所在地主管税务机关申报纳税。

（5）进口的应税消费品，由进口人或者其代理人向报关地海关申报纳税。

（6）出口的应税消费品办理退税后，发生退关或者国外退货进口时予以免税的，报关出口者必须及时向其机构所在地主管税务机关申报补缴已退的消费税税款。

（7）纳税人销售的应税消费品，如果因质量等原因由购买者退回时，经机构所在地主管税务机关审核批准后，可退还已缴纳的消费税税款。

20.1.5 消费税纳税义务的确认

消费税纳税义务的发生时间取决于行为的性质，销售、自产自用、委托加工、进口各有不同的规定。

（1）一般情况下，根据不同销售结算方式来确认纳税义务。

采取赊销和分期收款方式销售货物，为书面合同约定的收款日期的当天，书面合同没有约定收款日期或无书面合同的，为发出应税消费品的当天。

采取预收货款结算方式的，为发出应税消费品的当天。

采取托收承付和委托银行收款的，为发出应税消费品并办妥托收手续的当天。

采取其他结算方式的，为收讫销售款或者取得索取销售款凭据的当天。

（2）纳税人自产自用应税消费品的，为移送使用的当天。

（3）纳税人委托加工应税消费品的，为纳税人提货的当天。

（4）纳税人进口应税消费品的，为报关进口的当天。

20.2 应纳税额的计算

消费税是价内税，只对部分消费品征收，征收环节具有单一性。

20.2.1 一般情况下，应纳税额的计算

消费税应纳税额的计算有三种：一是从价定率计算，二是从量定额计算，三是实行从量定额与从价定率混合征收的计算。

从价计征：

$$应纳税额=销售额（不含税）\times适用税率$$

从量计征：

$$应纳税额=销售数量\times单位税额$$

复合计征：

$$应纳税额=销售额\times适用税率+销售数量\times单位税额$$

例20-1

东方卷烟厂1月份出售甲类卷烟20标准箱，共计400 000元，烟丝30 000元，不退包装物，货已经发出，已办结算手续，以上价格不含增值税，问东方卷烟厂应纳消费税多少？

$20\times150+400000\times56\%+30000\times30\%=236000$（元）

会计做账，如图20-1所示。

记账凭证

2023 年 1月25日　　　　第 9号

摘要	总账科目	明细科目1	明细科目2	√	借方金额	√	贷方金额
计提消费税	营业税金及附加				236000		
	应交税费	应交消费税					236000
合计					¥236000		¥236000

附单据　张

财务主管　记账　出纳　审核　制单 王芊

图20-1　发生销售时计提消费税的会计凭证

20.2.2　自产自用应税消费品应纳税额的计算

用于连续生产应税消费品，不缴纳消费税；用于其他方面，缴纳消费税。

例20-2

旭日汽车制造厂将自产的乘用车（气缸容量2.0升）一辆，转作自用（固定资产），该种汽车的生产成本15万元，问该厂应纳消费税多少？（平均利润率为8%，消费税税率为5%）

消费税组成计税价格$=150000\times(1+8\%)\div(1-5\%)=170526$（元）

应纳消费税税额$=170526\times5\%=8526$（元）

会计做账，如图20-2 所示。

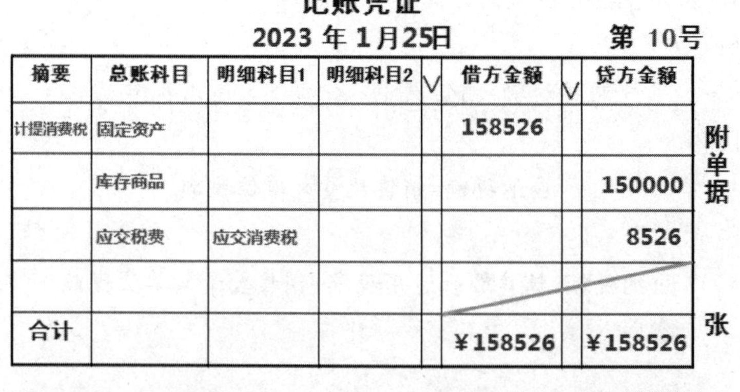

记账凭证

2023 年 1月25日　　　　第 10号

摘要	总账科目	明细科目1	明细科目2	√	借方金额	√	贷方金额
计提消费税	固定资产				158526		
	库存商品						150000
	应交税费	应交消费税					8526
合计					¥158526		¥158526

附单据　张

财务主管　记账　出纳　审核　制单 王芊

图20-2　自产自用时计提消费税的会计凭证

20.2.3 委托加工应税消费品应纳税额的计算

委托加工应税消费品，按照受托方的同类消费品的销售价格计算纳税。没有同类消费品销售价格的，按照组成计税价格计税。

例20-3

旭日汽车制造厂受托加工一批应税消费品，委托方提供的材料成本8万元，加工费1 000元，消费税税率为10%，计算旭日汽车制造厂应该代收代缴多少消费税。

组成计税价格=（80000+1000）÷（1−10%）=90000（元）

应纳消费税=90000×10%=9000（元）

提示

旭日汽车制造厂在向委托公司收款时，除了材料成本、加工费外，还应该收取代收代缴的消费税，款项共计9万元（材料成本8万元+加工费1 000元+消费税9 000元）。

旭日汽车制造厂的会计做账，如图20-3所示。

记账凭证

2023 年 1月25日　　　　第 11号

摘要	总账科目	明细科目1	明细科目2	√	借方金额	√	贷方金额
收取代收税金	银行存款				9000		
	应交税费	应交消费税					9000
合计					¥9000		¥9000

附单据　张

财务主管　记账　出纳　审核　制单 王芊

图20-3　受托单位代收代缴消费税的会计凭证

20.2.4 进口应税消费品应纳税额的计算

进口的应税消费品，于报关时缴纳消费税并由海关代征。

进口的应税消费品，按照组成计税价格计税。实行从价定税办法计算缴纳的组成计税价格计算公式：

组成计税价格=（关税完税价格+关税）+（1−消费税比例税率）

实行复合计税办法计算纳税的组成计税价格计算公式：

组成计税价格=（关税完税价格+关税+进b数量×消费税定额税率）÷（1−消费税比例税率）

例20-4

丽颜伟业公司是一般纳税人，于2023年1月进口一批成套化妆品。该货物到岸价格为100万元，关税税率为50%，消费税税率30%，计算其应纳税额。假设税金在海关提货时已经用银行存款缴纳。

组成计税价格=1000000×（1+50%）÷（1−30%）=2142857.14（元）

应纳关税=1000000×50%=500000（元）

应纳消费税税额=2142857.14×30%=642857.14（元）

应纳增值税税额=2142857.14×13%=278571.43（元）

企业共缴纳税金=500000+642857.14+278571.43=1421428.57（元）

会计做账，如图20-4所示。

记账凭证

2023 年 1月25日　　　　第 12号

摘要	总账科目	明细科目1	明细科目2	√	借方金额	√	贷方金额
进口消费品	库存商品				2142857.14		
	应交税费	应交增值税	进项税额		364285.71		
	应付账款						1000000.00
	银行存款						1507142.85
合计					¥2507142.85		¥2507142.85

附单据　张

财务主管　　记账　　出纳　　审核　　制单 王芊

图20-4　进口消费品消费税的会计凭证

20.3　纳税申报实务

为了规范消费税的管理，国家税务总局制定了几类纳税申报表。例如：烟类应税消费品消费税纳税申报表、成品油消费税纳税申报表、酒类消费纳税申报表、小汽车消费税纳税申报表、其他应税消费品消费税纳税申报表等。这些类别的申报表格式相似，逻辑关系简单。本书以烟类消费品为例对消费税申报流程进行详细介绍。

20.3.1　烟类消费税

沿用【例20-1】资料：东方卷烟厂1月份出售卷烟20标准箱，共计400 000元，烟丝30 000元，不退包装物，货已经发出，已办结算手续。

消费税：20×150+400000×56%+30000×30%=236000（元）

补充资料：假设1月份没有任何采购行为，卷烟价格每条是120元。

第一步：登录申报软件，进入消费税的申报界面。

第二步，填写“烟类应税消费品消费纳税申报表”。

例题中烟丝销售3万元，在烟丝销售额一栏填入3万元，应纳税额自动计算得出。例题中卷烟一共20箱，销售额40万元，每条价格70元以上，找到相应的位置填入数量和金额，如图20-5所示。

项目	适用税率	销售数量	销售额	应纳税额
烟丝	0.3	0.0	30000.00	9000.00
雪茄烟	0.36	0.0	0.0	0.0
卷烟(70元以下/条，比例税率)	0.36	0.0	0.0	0.0
卷烟(70元以上/条，比例税率)	0.56	20.00	400000.00	227000.00
合计	--	--	--	236000.00

本期准予扣除税额：	0.00	声明 此纳税申报表是根据国家税收法律的规定填报的，我确定它是真实的、可靠的、完整的。 经办人（签章）： 财务负责人（签章）： 联系电话：
本期减（免）税额：	0.00	
期初未缴税额	0.00	
本期缴纳前期应纳税额	0.00	（如果你已委托代理人申报，请填写） 授权声明 为代理一切税务事宜，现授权______（地址）______为本纳税人的代理申报人，任何与本申报表有关的往来文件，都可寄予此人。 授权人签章：
本期预缴税额	0.00	
本期应补（退）税额：	236000.00	
期末未缴税额：	0.00	

以下由税务机关填写

受理人（签章）：　　受理日期：　年　月　日　　受理税务机关（章）：

□ 保 存　　□ 打印

图20-5　烟类消费税申报表

第三步：消费税确认申报。

表格填完并保存成功后，单击“确认申报”按钮，系统自动审核数据，通过审核校验，系统自动将申报数据传送到国税局端，并有提示用户数据已上传成功的信息，如图20-6所示。

消费税审核无误！点击“确认申报”进行申报

□ 确认申报

图20-6　消费税申报确认

提示

数据提交成功后，需在征期结束前查询申报状态，确保申报状态提示信息为“申报成功”方可，如有申报失败提示信息，需根据提示信息重新申报。

至此，烟类消费税申报成功，签订三方协议的企业可以从网络上直接扣款，没签协议的企业需要去开户银行缴纳税款。

20.3.2 成品油消费税

登录申报软件，过程见前文。下面介绍消费税申报流程时，只对不同的报表进行介绍，重复操作不再罗列。成品油消费品消费税纳税申报表，如图20-7所示。

项目	适用税率(元/升)	销售数量	应纳税额
含铅汽油	0.20	0	0.00
无铅汽油	0.20	0	0.00
柴油	0.10	0	0.00
石脑油	0.20	0	0.00
溶剂油	0.20	0	0.00
润滑油	0.20	0	0.00
燃料油	0.10	0	0.00
航空煤油	0.10	--	--
合计	--	--	0.00

项目	金额	声明
本期减（免）税额：	0.00	声明 此纳税申报表是根据国家税收法律的规定填报的，我确定它是真实的、可靠的、完整的。 经办人（签章）： 财务负责人（签章）： 联系电话：
期初留抵税额：	0.00	
本期准予扣除税额：	0.00	
本期应抵扣税额：	0.00	
期初未缴税额	0.00	
期末留抵税额：	0.00	
本期实际抵扣税额：	0.00	
本期缴纳前期应纳税额	0.00	（如果你已委托代理人申报，请填写） 授权声明 为代理一切税务事宜，现授权______（地址）______为本纳税人的代理申报人，任何与本申报表有关的往来文件，都可寄予此人。 授权人签章：
本期预缴税额	0.00	
本期应补（退）税额：	0.00	
期末未缴税额：	0.00	

以下由税务机关填写

受理人（签章）：　　受理日期：　年　月　日　　受理税务机关（章）：

保 存　　打印

图20-7　成品油消费品消费税纳税申报表

逻辑关系：

应纳税额=销售数量×适用税率

20.3.3 酒类消费税

酒及酒精消费税纳税申报表，如图20-8所示。

项目	适用税率	销售数量	销售额	应纳税额
啤酒(厂价3000元/吨以下)	220.0	0.0	0.0	0.0
黄酒	240.0	0.0	0.0	0.0
粮食白酒(定额税率)	0.5	0.0	0.0	0.0
啤酒(厂价3000元/吨以上，娱乐业、饮食业自制啤酒)	250.0	0.0	0.0	0.0
薯类白酒(定额税率)	0.5	0.0	0.0	0.0
合计	--	--	--	
本期准予扣除税额：		0.00	**声明** **此纳税申报表是根据国家税收法律的规定填报的，我确定它是真实的、可靠的、完整的。** 经办人（签章）： 财务负责人（签章）： 联系电话：	
本期减（免）税额：		0.00		
期初未缴税额		0.00		
本期缴纳前期应纳税额		0.00	（如果你已委托代理人申报，请填写） 授权声明 为代理一切税务事宜，现授权________（地址）________为本纳税人的代理申报人，任何与本申报表有关的往来文件，都可寄予此人。 授权人签章：	
本期预缴税额		0.00		
本期应补（退）税额：		0.00		
期末未缴税额：		0.00		

以下由税务机关填写

受理人（签章）： 受理日期： 年 月 日 受理税务机关（章）：

保 存 打印

图20-8 酒类消费税纳税申报表

20.3.4 小汽车消费税

小汽车消费税纳税申报表，如图20-9所示。

项目		适用税率	销售数量	销售额	应纳税额
乘用车	汽缸容量≤1.0升	1%	0.00	0.00	0.00
	1.0升<汽缸容量≤1.5升	3%	0.00	0.00	0.00
	1.5升<汽缸容量≤2.0升	5%	0.00	0.00	0.00
	2.0升<汽缸容量≤2.5升	9%	0.00	0.00	0.00
	2.5<汽缸容量≤3.0升	12%	0.00	0.00	0.00
	3.0升<汽缸容量≤4.0升	25%	0.00	0.00	0.00
	汽缸容量>4.0升	40%	0.00	0.00	0.00
中轻型商用客车		5%	0.00	0.00	0.00
合计		--	--	--	0.00
本期准予扣除税额：			0.00	声明 此纳税申报表是根据国家税收法律的规定填报的，我确定它是真实的、可靠的、完整的。 经办人（签章）： 财务负责人（签章）： 联系电话：	
本期减（免）税额：			0.00		
期初未缴税额:			0.00		
本期缴纳前期应纳税额:			0.00	（如果你已委托代理人申报，请填写） 授权声明 为代理一切税务事宜，现授权 （地址） 为本纳税人的代理申报人，任何与本申报表有关的往来文件，都可寄予此人。 授权人签章：	
本期预缴税额:			0.00		
本期应补（退）税额：			0.00		
期末未缴税额：			0.00		

以下由税务机关填写

受理人（签章）： 受理日期： 年 月 日 受理税务机关（章）：

保 存 打印

图20-9 小汽车消费税纳税申报表

20.3.5 其他类消费税

其他类消费税申报表，如图20-10所示。

项目	适用税率	销售数量	销售额	应纳税额
贵重首饰（10%）	0.1	2000.0	600000.0	60000.0
金银首饰	0.05	3000.0	700000.0	35000.0
贵重首饰（5%）	0.05	2000.0	80000.0	4000.0
金银和铂金首饰	0.05	3000.0	7000.0	350.0
镶嵌首饰及珠宝玉石	0.1	5000.0	80000.0	8000.0
合计	--	--	--	107350.00

项目	金额	声明
本期准予扣除税额：	2000.00	**声明** **此纳税申报表是根据国家税收法律的规定填报的，我确定它是真实的、可靠的、完整的。** 经办人（签章）： 财务负责人（签章）： 联系电话：
本期减（免）税额：	230.00	
期初未缴税额	0.00	
本期缴纳前期应纳税额	890.00	（如果你已委托代理人申报，请填写） 授权声明 为代理一切税务事宜，现授权______（地址）______为本纳税人的代理申报人，任何与本申报表有关的往来文件，都可寄予此人。 授权人签章：
本期预缴税额	0.00	
本期应补（退）税额：	105120.00	
期末未缴税额：	104230.00	

以下由税务机关填写

受理人（签章）：　　受理日期：　年　月　日　　受理税务机关（章）：

□ 保 存　□ 打印

图20-10　其他类消费税申报表

本表限化妆品、贵重首饰及珠宝玉石、鞭炮焰火、摩托车、高尔夫球及球具、高档手表、游艇、木制一次性筷子、实木地板等消费税纳税人使用。

第21章　企业所得税

我国的企业所得税采用“按年计算、分期预缴、年终汇算清缴”的办法征收。汇算清缴是一项很重要的涉税工作，其本质是进行纳税调整。会计必须掌握企业所得税的计算方式，掌握其汇算清缴的流程和申报形式。

21.1　企业所得税基础知识

21.1.1　企业所得税的纳税人

企业所得税是对我国境内的企业和其他取得收入的组织的生产经营所得和其他所得征收的一种税。企业所得税的纳税人是在中国境内的企业和其他组织，分为居民企业和非居民企业。但个人独资企业、合伙企业不包含在内。

（1）居民企业——登记注册地或实际管理机构之一在中国境内

依法在中国境内成立，或者依照外国法律成立但实际管理机构在中国境内的企业。

（2）非居民企业

依照外国法律成立且实际管理机构不在中国境内，但在中国境内设立机构、场所的，或者在中国境内未设立机构、场所，但有来源于中国境内所得的企业。

21.1.2　企业所得税的税率

企业所得税的基本税率为25%，适用于居民企业以及在中国境内设有机构、场所且取得的所得与机构、场所有联系的非居民企业。

优惠税率有两档：20%和15%。对于符合条件的小型微利企业执行20%的税率，对于国家重点扶持的高新技术企业执行15%的税率。

西部地区鼓励类产业企业所得税税率为15%。自2011年1月1日至2020年12月31日执行，对设在西部地区的鼓励类产业企业按15%的税率征收企业所得税。

21.2　应纳税额的计算

企业所得税按照季度预缴时，是以从1月1日至本季度结束的会计利润为应纳税所得额，乘以相应的税率得出应纳税额。

年终汇算清缴时要在会计利润基础上做调整，根据税法规定将不符合税前扣除的项目调增，将不征税收入、免税收入等项目调减，另外要减去可弥补的以前年度亏损。这样调整以后的应纳税所得额乘以税率，得出应纳税额。

一般企业所得税税率为25%，非居民企业适用税率20%，小型微利企业减按20%征收，高新技术企业减按15%征收。

提示

以前年度亏损额度经过税务师事务所的审计后税务部门才认可。

例21-1

2023年企业收入总额为2 000万元（其中国债利息200万元），成本费用类项目1 000万元，无其他纳税调整。以前年度未弥补的亏损180万元。

会计利润=2000-1000=1000（万元）

调减项目：国债利息200万元（国债利息属于免税收入）。

应纳税所得额=1000-200-180=620（万元）

应纳税额=应纳税所得额×税率=620×25%=155（万元）

21.3 纳税申报实务

对于企业所得税的纳税申报，我们一定要掌握其年终汇算清缴的具体操作流程。

21.3.1 税种征管归属

现在国地税统一，我们就不用再区分企业所得税是所属于国税还是地税了。目前我国除个人所得税外，其他税费申报都统一在电子税务局申报系统申报。电子税务局申报系统是国家税务总局精准推出优化税收营商环境10项硬举措，是为了进一步打造稳定、公平、透明的税收营商环境。因为之前许多纳税人反映，税务申报非常麻烦，与税务沟通耗时耗力。为了精简程序，实现办税事项“最多跑一次”，电子税务局申报系统于2019年1月份全面实行。

21.3.2 申报实务

例20-2

北京东风网络公司2023年度的从业人数为17人，平均资产870万元，营业收入为2 000万元，税金及附加14.4万元，主营业务成本500万元，管理费用100万元，其中招待费30万元，营业外支出150万元（报废固定资产净损失100万元，报废无形资产损失30万元，罚款支出20万元），2023年预缴所得税308.9万元，请计算2023年度应该缴纳所得税多少，汇算清缴时应补缴多少。

其他补充资料：企业所得税税率25%，2022年度成立，2022年全年盈利100万元。

2023年度发生工资支出200万元，职工福利费支出20万元。

（1）会计利润

2000-14.4-500-100-150=1235.6（万元）

（2）纳税调增项目

①业务招待费

招待费允许扣除金额：收入的5‰与招待费用的60%孰低。

2000×5‰=10（万元）

30×60%=18（万元）

招待费允许税前扣除10万元。

超出标准：

30-10=20（万元）

需要调增。

②罚款支出不允许税前扣除，全额20万元调整

（3）应纳税所得额

1235.6+20+20=1275.6（万元）

（4）应纳所得税额

1275.6×25%=318.9（万元）

（5）汇算清缴时应补缴

318.9-308.9=10（万元）

下面以例21-2演示如何填报企业所得税汇算清缴表格。

所得税年终汇算清缴表格共12张。

1. 登录系统

在汇算清缴征收期间（一般为每年的3月到5月）登录电子税务局申报系统，选择“企业所得税汇算清缴”，即可看到相关表格。

2. 填写一般企业收入明细表

根据收入性质填写此表，该公司有2 000万元的营业收入，性质属于提供劳务所得，故将2 000万元的营业收入填入第5行，如表21-1所示。

表21-1　一般企业收入明细表（A101010）

填报时间：2023年3月1日　　　　金额单位：元（列至角分）

行次	项目	金额
1	一、营业收入（2+9）	

（续表）

行次	项目	金额
2	（一）主营业务收入（3+5+6+7+8）	20 000 000
3	1. 销售商品收入	
4	其中：非货币性资产交换收入	
5	2. 提供劳务收入	20 000 000
6	3. 建造合同收入	
7	4. 让渡资产使用权收入	
8	5. 其他	
9	（二）其他业务收入（10+12+13+14+15）	
10	1. 材料销售收入	
11	其中：非货币性资产交换收入	
12	2. 出租固定资产收入	
13	4. 出租无形资产收入	
14	5. 出租包装物和商品收入	
15	4. 其他	
16	二、营业外收入（17+18+19+20+21+22+23+24+25+26）	
17	（一）非流动资产处置利得	
18	（二）非货币性资产交换利得	
19	（三）债务重组利得	
20	（四）政府补助利得	
21	（五）盘盈利得	
22	（六）捐赠利得	
23	（七）罚没利得	
24	（八）确实无法偿付的应付款项	
25	（九）汇兑收益	
26	（十）其他	

经办人（签章）：　　　　　　　　　　　　法定代表人（签章）：

3. 填写一般企业成本支出明细表及期间费用明细表

根据公司成本费用发生情况填写此表，该公司2023年度发生主营业务成本500万元，填入第4行；处理固定资产净损失100万元和报废无形资产损失30万元，填入第17行；罚款支出20万元，填入第23行，如表21-2所示。管理费用100万元填入期间费用明细中，其中职工薪酬80万元填入第1行，折旧10万元填入第7行，运费5万元填入第15行，修理费5万元填入第16行，如表21-3所示。

表21-2　一般企业成本支出明细表（A102010）

填报时间：2023年3月1日　　　　　　金额单位：元（列至角分）

行次	项目	金额
1	一、营业成本（2+9）	7 500 000
2	（一）主营业务成本（3+5+6+7+8）	5 000 000

（续表）

行次	项目	金额
3	1. 销售商品成本	
4	其中：非货币性资产交换成本	
5	2. 提供劳务成本	5 000 000
6	3. 建造合同成本	
7	4. 让渡资产使用权成本	
8	5. 其他	
9	（二）其他业务成本（10+12+13+14+15）	
10	1. 销售材料成本	
11	其中：非货币性资产交换成本	
12	2. 出租固定资产成本	
13	3. 出租无形资产成本	
14	4. 包装物出租成本	
15	5. 其他	
16	二、营业外支出（17+18+19+20+21+22+23+24+25+26）	1 500 000
17	（一）非流动资产处置损失	1 300 000
18	（二）非货币性资产交换损失	
19	（三）债务重组损失	
20	（四）非常损失	
21	（五）捐赠支出	
22	（六）赞助支出	
23	（七）罚没支出	200000
24	（八）坏账损失	
25	（九）无法收回的债券股权投资损失	
26	（十）其他	

经办人（签章）： 法定代表人（签章）：

表21-3 期间费用明细表（A104000）

填报时间：2023年3月1日 金额单位：元（列至角分）

行次	项 目	销售费用	其中：境外支付	管理费用	其中：境外支付	财务费用	其中：境外支付
		1	2	3	4	5	6
1	一、职工薪酬		*	800 000	*	*	*
2	二、劳务费					*	*
3	三、咨询顾问费					*	*
4	四、业务招待费		*		*	*	*
5	五、广告费和业务宣传费		*		*	*	*
6	六、佣金和手续费						
7	七、资产折旧摊销费		*	100 000	*	*	*

（续表）

行次	项 目	销售费用	其中：境外支付	管理费用	其中：境外支付	财务费用	其中：境外支付
		1	2	3	4	5	6
8	八、财产损耗、盘亏及毁损损失		*		*	*	*
9	九、办公费		*		*	*	*
10	十、董事会费		*		*	*	*
11	十一、租赁费					*	*
12	十二、诉讼费		*		*	*	*
13	十三、差旅费		*		*	*	*
14	十四、保险费		*		*	*	*
15	十五、运输、仓储费			50 000		*	*
16	十六、修理费			50 000		*	*
17	十七、包装费		*		*	*	*
18	十八、技术转让费					*	*
19	十九、研究费用					*	*
20	二十、各项税费		*		*	*	*
21	二十一、利息收支	*	*	*	*		
22	二十二、汇兑差额	*	*	*	*		
23	二十三、现金折扣	*	*	*	*		*
24	二十四、党组织工作经费	*	*		*	*	*
25	二十五、其他						
26	合计（1+2+3……25）			1 000 000			

经办人（签章）：　　　　　　　　　　　　法定代表人（签章）：

4. 填写纳税调整项目明细表

例题中工资薪金支出200万元，此薪金在填报日全部发放，账载金额和税收金额都为200万元，填入14行。实际操作中，如果有未发放的工资，税收金额应该扣减掉未发放的。未发放的工资不允许税前扣除。职工福利费支出20万元，合并填入14行。业务招待费支出30万元，允许扣除10万元，20万元要调整，填入15行。罚款支出20万元需要调增，填入19行。如表21-4所示。

表21-4　纳税调整项目明细表（A105000）

填报时间：2023年3月1日　　　　　金额单位：元（列至角分）

行次	项目	账载金额	税收金额	调增金额	调减金额
		1	2	3	4
1	一、收入类调整项目（2+3+…8+10+11）	*	*		
2	（一）视同销售收入	*			*
3	（二）未按权责发生制原则确认的收入				

（续表）

行次	项目	账载金额	税收金额	调增金额	调减金额
		1	2	3	4
4	（三）投资收益				
5	（四）按权益法核算长期股权投资对初始投资成本调整确认收益	*	*	*	
6	（五）交易性金融资产初始投资调整	*	*		*
7	（六）公允价值变动净损益		*		
8	（七）不征税收入	*	*		
9	其中：专项用途财政性资金	*	*		
10	（八）销售折扣、折让和退回				
11	（九）其他				
12	二、扣除类调整项目（13+14+…24+26+27+28+29+30）	*	*		
13	（一）视同销售成本	*		*	
14	（二）职工薪酬	2 200 000	2 200 000		
15	（三）业务招待费支出	300 000	100 000	200 000	*
16	（四）广告费和业务宣传费支出	*	*		
17	（五）捐赠支出				
18	（六）利息支出				
19	（七）罚金、罚款和被没收财物的损失	200 000	*	200 000	*
20	（八）税收滞纳金、加收利息		*		*
21	（九）赞助支出		*		*
22	（十）与未实现融资收益相关在当期确认的财务费用				
23	（十一）佣金和手续费支出				*
24	（十二）不征税收入用于支出所形成的费用	*	*		*
25	其中：专项用途财政性资金用于支出所形成的费用	*	*		*
26	（十三）跨期扣除项目				
27	（十四）与取得收入无关的支出		*		*
28	（十五）境外所得分摊的共同支出	*	*		*
29	（十六）党组织工作经费				
30	（十七）其他				
31	三、资产类调整项目（32+33+34+35）	*	*		
32	（一）资产折旧、摊销				
33	（二）资产减值准备金		*		
34	（三）资产损失				
35	（四）其他				
36	四、特殊事项调整项目（37+38+…+42）	*	*		

（续表）

行次	项目	账载金额	税收金额	调增金额	调减金额
		1	2	3	4
37	（一）企业重组及递延纳税事项				
38	（二）政策性搬迁	*	*		
39	（三）特殊行业准备金				
40	（四）房地产开发企业特定业务计算的纳税调整额	*			
41	（五）有限合伙企业法人合伙方应分得的应纳税所得额				
42	（六）其他	*	*		
43	五、特别纳税调整应税所得	*	*		
44	六、其他	*	*		
45	合计（1+12+31+36+43+44）	*	*		

5. 填写视同销售和房地产开发企业特定业务纳税调整明细表

例题资料不涉及此表，补零即可，如表21-5所示。

表21-5　视同销售和房地产开发企业特定业务纳税调整明细表（A105010）

填报时间：2023年3月1日　　　　金额单位：元（列至角分）

行次	项目	税收金额	纳税调整金额
		1	2
1	一、视同销售（营业）收入（2+3+4+5+6+7+8+9+10）		
2	（一）非货币性资产交换视同销售收入		
3	（二）用于市场推广或销售视同销售收入		
4	（三）用于交际应酬视同销售收入		
5	（四）用于职工奖励或福利视同销售收入		
6	（五）用于股息分配视同销售收入		
7	（六）用于对外捐赠视同销售收入		
8	（七）用于对外投资项目视同销售收入		
9	（八）提供劳务视同销售收入		
10	（九）其他		
11	二、视同销售（营业）成本（12+13+14+15+16+17+18+19+20）		
12	（一）非货币性资产交换视同销售成本		
13	（二）用于市场推广或销售视同销售成本		
14	（三）用于交际应酬视同销售成本		
15	（四）用于职工奖励或福利视同销售成本		
16	（五）用于股息分配视同销售成本		
17	（六）用于对外捐赠视同销售成本		
18	（七）用于对外投资项目视同销售成本		
19	（八）提供劳务视同销售成本		

（续表）

行次	项目	税收金额	纳税调整金额
		1	2
20	（九）其他		
21	三、房地产开发企业特定业务计算的纳税调整额（22-26）		
22	（一）房地产企业销售未完工开发产品特定业务计算的纳税调整额（24-25）		
23	1. 销售未完工产品的收入		*
24	2. 销售未完工产品预计毛利额		
25	3. 实际发生的税金及附加、土地增值税		
26	（二）房地产企业销售的未完工产品转完工产品特定业务计算的纳税调整额（28-29）		
27	1. 销售未完工产品转完工产品确认的销售收入		*
28	2. 转回的销售未完工产品预计毛利额		
29	3. 转回实际发生的税金及附加、土地增值税		

6. 填写未按权责发生制确认收入纳税调整明细表

例题资料不涉及此表，补零即可，如表21-6所示。

表21-6　未按权责发生制确认收入纳税调整明细表（A105020）

填报时间：2023年 3 月 1 日　　金额单位：元（列至角分）

行次	项目	合同金额（交易金额）	账载金额		税收金额		纳税调整金额
			本年	累计	本年	累计	
		1	2	3	4	5	6（4-2）
1	一、跨期收取的租金、利息、特许权使用费收入（2+3+4）						
2	（一）租金						
3	（二）利息						
4	（三）特许权使用费						
5	二、分期确认收入（6+7+8）						
6	（一）分期收款方式销售货物收入						
7	（二）持续时间超过12个月的建造合同收入						
8	（三）其他分期确认收入						
9	三、政府补助递延收入（10+11+12）						
10	（一）与收益相关的政府补助						
11	（二）与资产相关的政府补助						
12	（三）其他						
13	四、其他未按权责发生制确认收入						
14	合计（1+5+9+13）						

7. 填写投资收益纳税调整明细表

例题资料不涉及此表，补零即可，如表21-7所示。

表21-7　投资收益纳税调整明细表（A105030）

填报时间：2023年3月1日　　　金额单位：元（列至角分）

行次	项目	持有收益			处置收益							纳税调整金额
		账载金额	税收金额	纳税调整金额	会计确认的处置收入	税收计算的处置收入	处置投资的账面价值	处置投资的计税基础	会计确认的处置所得或损失	税收计算的处置所得	纳税调整金额	
		1	2	3（2-1）	4	5	6	7	8（4-6）	9（5-7）	10（9-8）	11（3+10）
1	一、交易性金融资产											
2	二、可供出售金融资产											
3	三、持有至到期投资											
4	四、衍生工具											
5	五、交易性金融负债											
6	六、长期股权投资											
7	七、短期投资											
8	八、长期债券投资											
9	九、其他											
10	合计(1+2+3+4+5+6+7+8+9)											

8. 填写职工薪酬支出及纳税调整明细表

例题资料不涉及此表，补零即可，如表21-8所示。

表21-8 职工薪酬支出及纳税调整明细表（A105050）

填报时间：2023年3月1日　　　　金额单位：元（列至角分）

行次	项目	账载金额	实际发生额	税收规定扣除率	以前年度累计结转扣除额	税收金额	纳税调整金额	累计结转以后年度扣除额
		1	2	3	4	5	6（1-5）	7（1+4-5）
1	一、工资薪金支出			*	*			*
2	其中：股权激励			*	*			*
3	二、职工福利费支出				*			*
4	三、职工教育经费支出			*				
5	其中：按税收规定比例扣除的职工教育经费							
6	按税收规定全额扣除的职工培训费用				*			*
7	四、工会经费支出				*			*
8	五、各类基本社会保障性缴款			*	*			*
9	六、住房公积金			*	*			*
10	七、补充养老保险				*			*
11	八、补充医疗保险				*			*
12	九、其他			*	*			*
13	合计（1+3+4+7+8+9+10+11+12）			*				

9. 填写广告费和业务宣传费跨年度纳税调整明细表

例题资料不涉及此表，补零即可，如表21-9所示。

表21-9　广告费和业务宣传费跨年度纳税调整明细表（A105060）

填报时间：2023年 3 月 1 日　　　　　金额单位：元（列至角分）

行次	项　目	金额
1	一、本年广告费和业务宣传费支出	
2	减：不允许扣除的广告费和业务宣传费支出	
3	二、本年符合条件的广告费和业务宣传费支出（1-2）	
4	三、本年计算广告费和业务宣传费扣除限额的销售（营业）收入	
5	乘：税收规定扣除率	
6	四、本企业计算的广告费和业务宣传费扣除限额（4×5）	
7	五、本年结转以后年度扣除额（3>6，本行=3-6；3≤6，本行=0）	
8	加：以前年度累计结转扣除额	
9	减：本年扣除的以前年度结转额[3>6，本行=0；3≤6，本行=8与（6-3）孰小值]	
10	六、按照分摊协议归集至其他关联方的广告费和业务宣传费（10≤3与6孰小值）	
11	按照分摊协议从其他关联方归集至本企业的广告费和业务宣传费	
12	七、本年广告费和业务宣传费支出纳税调整金额（3>6，本行=2+3-6+10-11；3≤6，本行=2+10-11-9）	
13	八、累计结转以后年度扣除额（7+8-9）	

10. 填写捐赠支出及纳税调整明细表

例题资料不涉及此表，补零即可，如表21-10所示。

表21-10　捐赠支出及纳税调整明细表（A105070）

填报时间：2023年 3 月 1 日　　　　　金额单位：元（列至角分）

行次	项目	账载金额	以前年度结转可扣除的捐赠额	按税收规定计算的扣除限额	税收金额	纳税调增金额	纳税调减金额	可结转以后年度扣除的捐赠额
		1	2	3	4	5	6	7
1	一、非公益性捐赠		*	*	*		*	*
2	二、全额扣除的公益性捐赠		*	*		*	*	*
3	三、限额扣除的公益性捐赠(4+5+6+7)							
4	前三年度（　　　年）	*		*	*	*		*
5	前二年度（　　　年）	*		*	*	*		
6	前一年度（　　　年）	*		*	*	*		
7	本　年（　　　年）		*				*	
8	合计（1+2+3）							

11. 填写资产折旧、摊销及纳税调整明细表

例题资料不涉及此表，补零即可，如表21-11所示。

表21-11　资产折旧、摊销及纳税调整明细表（A105080）

填报时间：2023年3月1日　　　　金额单位：元（列至角分）

<table>
<tr><th rowspan="3">行次</th><th rowspan="3" colspan="2">项目</th><th colspan="3">账载金额</th><th colspan="5">税收金额</th><th rowspan="2">纳税调整金额</th></tr>
<tr><th>资产原值</th><th>本年折旧、摊销额</th><th>累计折旧、摊销额</th><th>资产计税基础</th><th>税收折旧额</th><th>享受加速折旧政策的资产按税收一般规定计算的折旧、摊销额</th><th>加速折旧统计额</th><th>累计折旧、摊销额</th></tr>
<tr><th>1</th><th>2</th><th>3</th><th>4</th><th>5</th><th>6</th><th>7=5-6</th><th>8</th><th>9(2-5)</th></tr>
<tr><td>1</td><td colspan="2">一、固定资产（2+3+4+5+6+7）</td><td></td><td></td><td></td><td></td><td></td><td>*</td><td>*</td><td></td><td></td></tr>
<tr><td>2</td><td rowspan="6">所有固定资产</td><td>（一）房屋、建筑物</td><td></td><td></td><td></td><td></td><td></td><td>*</td><td>*</td><td></td><td></td></tr>
<tr><td>3</td><td>（二）飞机、火车、轮船、机器、机械和其他生产设备</td><td></td><td></td><td></td><td></td><td></td><td>*</td><td>*</td><td></td><td></td></tr>
<tr><td>4</td><td>（三）与生产经营活动有关的器具、工具、家具等</td><td></td><td></td><td></td><td></td><td></td><td>*</td><td>*</td><td></td><td></td></tr>
<tr><td>5</td><td>（四）飞机、火车、轮船以外的运输工具</td><td></td><td></td><td></td><td></td><td></td><td>*</td><td>*</td><td></td><td></td></tr>
<tr><td>6</td><td>（五）电子设备</td><td></td><td></td><td></td><td></td><td></td><td>*</td><td>*</td><td></td><td></td></tr>
<tr><td>7</td><td>（六）其他</td><td></td><td></td><td></td><td></td><td></td><td>*</td><td>*</td><td></td><td></td></tr>
<tr><td>8</td><td rowspan="6">其中：享受固定资产加速折旧及一次性扣除政策的资产</td><td>（一）重要行业固定资产加速折旧（不含一次性扣除）</td><td></td><td></td><td></td><td></td><td></td><td></td><td></td><td></td><td></td></tr>
<tr><td>9</td><td>（二）其他行业研发设备加速折旧</td><td></td><td></td><td></td><td></td><td></td><td></td><td></td><td></td><td></td></tr>
<tr><td>10</td><td>（三）允许一次性扣除的固定资产（11+12+13）</td><td></td><td></td><td></td><td></td><td></td><td></td><td></td><td></td><td></td></tr>
<tr><td>11</td><td>1.单价不超过100万元专用研发设备</td><td></td><td></td><td></td><td></td><td></td><td></td><td></td><td></td><td></td></tr>
<tr><td>12</td><td>2.重要行业小型微利企业单价不超过100万元研发生产共用设备</td><td></td><td></td><td></td><td></td><td></td><td></td><td></td><td></td><td></td></tr>
<tr><td>13</td><td>3.5000元以下固定资产</td><td></td><td></td><td></td><td></td><td></td><td></td><td></td><td></td><td></td></tr>
</table>

（续表）

行次	项目		账载金额			税收金额					纳税调整金额
			资产原值	本年折旧、摊销额	累计折旧、摊销额	资产计税基础	税收折旧额	享受加速折旧政策的资产按税收一般规定计算的折旧、摊销额	加速折旧统计额	累计折旧、摊销额	
			1	2	3	4	5	6	7=5-6	8	9(2-5)
14	加速折旧额大于一般折旧额的部分	（四）技术进步、更新换代固定资产									*
15		（五）常年强震动、高腐蚀固定资产									*
16		（六）外购软件折旧									*
17		（七）集成电路企业生产设备									*
18	二、生产性生物资产（19+20）							*	*		
19	（一）林木类							*	*		
20	（二）畜类							*	*		
21	三、无形资产（22+23+24+25+26+27+28+30）							*	*		
22	（一）专利权							*	*		
23	（二）商标权							*	*		
24	（三）著作权							*	*		
25	（四）土地使用权							*	*		
26	（五）非专利技术							*	*		
27	（六）特许权使用费							*	*		
28	（七）软件							*	*		

（续表）

行次	项目	账载金额			税收金额					纳税调整金额
		资产原值	本年折旧、摊销额	累计折旧、摊销额	资产计税基础	税收折旧额	享受加速折旧政策的资产按税收一般规定计算的折旧、摊销额	加速折旧统计额	累计折旧、摊销额	
		1	2	3	4	5	6	7=5-6	8	9(2-5)
29	其中：享受企业外购软件加速摊销政策									*
30	（八）其他						*	*		
31	四、长期待摊费用（32+33+34+35+36）						*	*		
32	（一）已足额提取折旧的固定资产的改建支出						*	*		
33	（二）租入固定资产的改建支出						*	*		
34	（三）固定资产的大修理支出						*	*		
35	（四）开办费						*	*		
36	（五）其他						*	*		
37	五、油气勘探投资						*	*		
38	六、油气开发投资						*	*		
39	合计（1+18+21+31+37+38）									
附列资料	全民所有制改制资产评估增值政策资产						*	*		

12. 填写资产损失税前扣除及纳税调整明细表

例题资料不涉及此表，补零即可，如表21-12所示。

表21-12　资产损失税前扣除及纳税调整明细表（A105080）

填报时间：2023年3月1日　　　　金额单位：元（列至角分）

行次	项目	资产损失的账载金额	资产处置收入	赔偿收入	资产计税基础	资产损失的税收金额	纳税调整金额
		1	2	3	4	5（4-2-3）	6（1-5）
1	一、清单申报资产损失（2+3+4+5+6+7+8）						
2	（一）正常经营管理活动中，按照公允价格销售、转让、变卖非货币资产的损失						
3	（二）存货发生的正常损耗						
4	（三）固定资产达到或超过使用年限而正常报废清理的损失						
5	（四）生产性生物资产达到或超过使用年限而正常死亡发生的资产损失						
6	（五）按照市场公平交易原则，通过各种交易场所、市场等买卖债券、股票、期货、基金以及金融衍生产品等发生的损失						
7	（六）分支机构上报的资产损失						
8	（七）其他						
9	二、专项申报资产损失（10+11+12+13）						
10	（一）货币资产损失						
11	（二）非货币资产损失						
12	（三）投资损失						
13	（四）其他						
14	合计（1+9）						

13.填写企业重组及递延纳税事项纳税调整明细表

例题资料不涉及此表，补零即可，如表21-13所示。

表21-13　企业重组及递延纳税事项纳税调整明细表（A105100）

填报时间：2023年3月1日　　　　金额单位：元（列至角分）

行次	项目	一般性税务处理			特殊性税务处理（递延纳税）			纳税调整金额
		账载金额	税收金额	纳税调整金额	账载金额	税收金额	纳税调整金额	
		1	2	3(2-1)	4	5	6(5-4)	7(3+6)
1	一、债务重组							
2	其中：以非货币性资产清偿债务							
3	债转股							
4	二、股权收购							
5	其中：涉及跨境重组的股权收购							
6	三、资产收购							
7	其中：涉及跨境重组的资产收购							
8	四、企业合并（9+10）							
9	（一）同一控制下企业合并							
10	（二）非同一控制下企业合并							
11	五、企业分立							
12	六、非货币性资产对外投资							
13	七、技术入股							
14	八、股权划转、资产划转							
15	九、其他							
16	合计（1+4+6+8+11+12+13+14+15）							

14. 填写企业所得税弥补亏损明细表

例题资料不涉及此表，补零即可，如表21-14所示。

表21-14　企业所得税弥补亏损明细表（A106000）

填报时间：2023年3月1日　　　　金额单位：元（列至角分）

行次	项目	年度	可弥补亏损所得	合并、分立转入（转出）可弥补的亏损额	当年可弥补的亏损额	以前年度亏损已弥补额					本年度实际弥补的以前年度亏损额	可结转以后年度弥补的亏损额
						前四年度	前三年度	前二年度	前一年度	合计		
		1	2	3	4	5	6	7	8	9	10	11
1	前五年度											*
2	前四年度					*						
3	前三年度					*	*					
4	前二年度					*	*	*				
5	前一年度					*	*	*	*	*		
6	本年度					*	*	*	*	*		
7	可结转以后年度弥补的亏损额合计											

15.填写免税、减计收入及加计扣除优惠明细表

例题资料不涉及此表，补零即可，如表21-15所示。

表21-15　免税、减计收入及加计扣除优惠明细表（A107010）

填报时间：2023年3月1日　　　　金额单位：元（列至角分）

行次	项目	金额
1	一、免税收入（2+3+6+7+…+16）	
2	（一）国债利息收入免征企业所得税	
3	（二）符合条件的居民企业之间的股息、红利等权益性投资收益免征企业所得税	
4	其中：内地居民企业通过沪港通投资且连续持有H股满12个月取得的股息红利所得免征企业所得税	
5	内地居民企业通过深港通投资且连续持有H股满12个月取得的股息红利所得免征企业所得税	
6	（三）符合条件的非营利组织的收入免征企业所得税	
7	（四）符合条件的非营利组织（科技企业孵化器）的收入免征企业所得税	

（续表）

行次	项目	金额
8	（五）符合条件的非营利组织（国家大学科技园）的收入免征企业所得税	
9	（六）中国清洁发展机制基金取得的收入免征企业所得税	
10	（七）投资者从证券投资基金分配中取得的收入免征企业所得税	
11	（八）取得的地方政府债券利息收入免征企业所得税	
12	（九）中国保险保障基金有限责任公司取得的保险保障基金等收入免征企业所得税	
13	（十）中央电视台的广告费和有线电视费收入免征企业所得税	
14	（十一）中国奥委会取得北京冬奥组委支付的收入免征企业所得税	
15	（十二）中国残奥委会取得北京冬奥组委分期支付的收入免征企业所得税	
16	（十三）其他	
17	二、减计收入（18+19+23+24）	
18	（一）综合利用资源生产产品取得的收入在计算应纳税所得额时减计收入	
19	（二）金融、保险等机构取得的涉农利息、保费减计收入（20+21+22）	
20	1.金融机构取得的涉农贷款利息收入在计算应纳税所得额时减计收入	
21	2.保险机构取得的涉农保费收入在计算应纳税所得额时减计收入	
22	3.小额贷款公司取得的农户小额贷款利息收入在计算应纳税所得额时减计收入	
23	（三）取得铁路债券利息收入减半征收企业所得税	
24	（四）其他	
25	三、加计扣除（26+27+28+29+30）	
26	（一）开发新技术、新产品、新工艺发生的研究开发费用加计扣除	
27	（二）科技型中小企业开发新技术、新产品、新工艺发生的研究开发费用加计扣除	
28	（三）企业为获得创新性、创意性、突破性的产品进行创意设计活动而发生的相关费用加计扣除	
29	（四）安置残疾人员所支付的工资加计扣除	
30	（五）其他	
31	合计（1+17+25）	

16. 填写税额抵免优惠明细表

例题资料不涉及此表，补零即可，如表21-16所示。

表21-16　税额抵免优惠明细表（A107040）

填报时间：2023年 3 月 1 日　　　　金额单位：元（列至角分）

行次	项目	年度	本年抵免前应纳税额	本年允许抵免的专用设备投资额	本年可抵免税额	以前年度已抵免额						本年实际抵免的各年度税额	可结转以后年度抵免的税额
						前五年度	前四年度	前三年度	前二年度	前一年度	小计		
		1	2	3	4（3×10%）	5	6	7	8	9	10（5+…+9）	11	12（4-10-11）
1	前五年度												*
2	前四年度					*							
3	前三年度					*	*						
4	前二年度					*	*	*					
5	前一年度					*	*	*	*				
6	本年度					*	*	*	*	*	*		
7	本年实际抵免税额合计												*
8	可结转以后年度抵免的税额合计												
9	专用设备投资情况	本年允许抵免的环境保护专用设备投资额											
10		本年允许抵免节能节水的专用设备投资额											
11		本年允许抵免的安全生产专用设备投资额											

17. 填写境外所得税收抵免明细表

例题资料不涉及此表，补零即可，如表21-17（A 108000）所示。

表21-17　境外所得税收抵免明细表（A108000）

填报时间：2023年 3 月 1 日　　　　金额单位：元（列至角分）

行次	国家（地区）	境外税前所得	境外所得纳税调整后所得	弥补境外以前年度亏损	境外应纳税所得额	抵减境内亏损	抵减境内亏损后的境外应纳税所得额	税率	境外所得应纳税额	境外所得可抵免税额	境外所得抵免限额	本年可抵免境外所得税额	未超过境外所得税抵免限额的余额	本年可抵免以前年度未抵免境外所得税额	按简易办法计算				境外所得抵免所得税额合计
															按低于12.5%的实际税率计算的抵免额	按12.5%计算的抵免额	按25%计算的抵免额	小计	
	1	2	3	4	5(3-4)	6	7(5-6)	8	9(7×8)	10	11	12	13(11-12)	14	15	16	17	18(15+16+17)	19(12+14+18)
1																			
2																			
3																			
4																			
5																			
6																			
7																			
8																			
9																			
10	合计																		

18. 填写境外所得纳税调整后所得明细表

例题资料不涉及此表，补零即可，如表21-18所示。

表21-18　境外所得纳税调整后所得明细表（A108010）

填报时间：2023年3月1日　　　　金额单位：元（列至角分）

行次	国家（地区）	境外税后所得								境外所得可抵免的所得税额				境外税前所得	境外分支机构收入与支出纳税调整额	境外分支机构调整分摊扣除的有关成本费用	境外所得对应调整的相关成本费用支出	境外所得纳税调整后所得
		分支机构营业利润所得	股息、红利等权益性投资所得	利息所得	租金所得	特许权使用费所得	财产转让所得	其他所得	小计	直接缴纳的所得税额	间接负担的所得税额	享受税收饶让抵免税额	小计					
	1	2	3	4	5	6	7	8	9(2+…+8)	10	11	12	13(10+11+12)	14(9+10+11)	15	16	17	18(14+15-16-17)
1																		
2																		
3																		
4																		
5																		
6																		
7																		
8																		
9																		
10	合计																	

19. 填写境外分支机构弥补亏损明细表

例题资料不涉及此表，补零即可，如表21-19所示。

表21-19　境外分支机构弥补亏损明细表（A108020）

填报时间：2023年3月1日　　　　金额单位：元（列至角分）

行次	国家（地区）	非实际亏损额的弥补				实际亏损额的弥补													
		以前年度结转尚未弥补的非实际亏损额	本年发生的非实际亏损额	本年弥补的以前年度非实际亏损额	结转以后年度弥补的非实际亏损额	以前年度结转尚未弥补的实际亏损额						本年发生的实际亏损额	本年弥补的以前年度实际亏损额	结转以后年度弥补的实际亏损额					
						前五年	前四年	前三年	前二年	前一年	小计			前四年	前三年	前二年	前一年	本年	小计
	1	2	3	4	5(2+3-4)	6	7	8	9	10	11(6+…+10)	12	13	14	15	16	17	18	19(14+…+18)
1																			
2																			
3																			
4																			
5																			
6																			
7																			
8																			
9																			
10	合计																		

20. 填写跨年度结转抵免境外所得税明细表

例题资料不涉及此表，补零即可，如表21-20所示。

表21-20　跨年度结转抵免境外所得税明细表（A108030）

填报时间：2023年3月1日　　金额单位：元（列至角分）

行次	国家（地区）	前五年境外所得已缴所得税未抵免余额						本年实际抵免以前年度未抵免的境外已缴所得税额						结转以后年度抵免的境外所得已缴所得税额					
		前五年	前四年	前三年	前二年	前一年	小计	前五年	前四年	前三年	前二年	前一年	小计	前四年	前三年	前二年	前一年	本年	小计
	1	2	3	4	5	6	7(2+…+6)	8	9	10	11	12	13(8+…+12)	14(3-9)	15(4-10)	16(5-11)	17(6-12)	18	19(14+…+18)
1																			
2																			
3																			
4																			
5																			
6																			
7																			
8																			
9																			
10	合计																		

21. 填写跨地区经营汇总纳税企业年度分摊企业所得税明细表

例题资料不涉及此表，补零即可，如表21-21所示。

表21-21 跨地区经营汇总纳税企业年度分摊企业所得税明细表（A109000）

填报时间：2023年3月1日　　　　金额单位：元（列至角分）

行次	项　目	金　额
1	一、实际应纳所得税额	
2	减：境外所得应纳所得税额	
3	加：境外所得抵免所得税额	
4	二、用于分摊的本年实际应纳所得税额（1-2+3）	
5	三、本年累计已预分、已分摊所得税额（6+7+8+9）	
6	（一）总机构直接管理建筑项目部已预分所得税额	
7	（二）总机构已分摊所得税额	
8	（三）财政集中已分配所得税额	
9	（四）分支机构已分摊所得税额	
10	其中：总机构主体生产经营部门已分摊所得税额	
11	四、本年度应分摊的应补（退）的所得税额（4-5）	
12	（一）总机构分摊本年应补（退）的所得税额（11×总机构分摊比例）	
13	（二）财政集中分配本年应补（退）的所得税额（11×财政集中分配比例）	
14	（三）分支机构分摊本年应补（退）的所得税额（11×分支机构分摊比例）	
15	其中：总机构主体生产经营部门分摊本年应补（退）的所得税额（11×总机构主体生产经营部门分摊比例）	
16	五、境外所得抵免后的应纳所得税额（2-3）	
17	六、总机构本年应补（退）所得税额（12+13+15+16）	

22. 填写中华人民共和国企业所得税年度纳税申报表

此表是系统自动生成的，前面的数据填写完成，自动带入此表中，如表21-22所示。

税款所属期间：2023年1月1日至2023年12月31日

纳税人统一社会信用代码：

（纳税人识别号）　　□□□□□□□□□□□□□□□□□□□□

纳税人名称：

金额单位：人民币元（列至角分）

谨声明：此纳税申报表是根据《中华人民共和国企业所得税法》《中华人民共和国企业所得税法实施条例》以及有关税收政策和国家统一会计制度的规定填报的，是真实的、可靠的、完整的。

法定代表人（签章）：　　　　　　年　月　日

<table>
<tr><td>纳税人公章：

会计主管：

填表日期：　年 月 日</td><td>代理申报中介机构公章：

经办人：
经办人执业证件号码：

代理申报日期：　年 月 日</td><td>主管税务机关受理专用章：

受理人：

受理日期：　年 月 日</td></tr>
</table>

国家税务总局监制

表21-22　中华人民共和国企业所得税年度纳税申报表（A类）

行次	类别	项目	金额
1	利润总额计算	一、营业收入(填写A101010)	20 000 000
2		减：营业成本(填写A102010)	5 000 000
3		减：税金及附加	144 000
4		减：销售费用(填写A104000)	
5		减：管理费用(填写A104000)	1 000 000
6		减：财务费用(填写A104000)	
7		减：资产减值损失	
8		加：公允价值变动收益	
9		加：投资收益	
10		二、营业利润(1-2-3-4-5-6-7+8+9)	13 856 000
11		加：营业外收入(填写A101010)	
12		减：营业外支出(填写A102010)	1 500 000
13		三、利润总额（10+11-12）	12 356 000
14	应纳税所得额计算	减：境外所得（填写A108010）	
15		加：纳税调整增加额（填写A105000）	400 000
16		减：纳税调整减少额（填写A105000）	
17		减：免税、减计收入及加计扣除（填写A107010）	
18		加：境外应税所得抵减境内亏损（填写A108000）	
19		四、纳税调整后所得（13-14+15-16-17+18）	
20		减：所得减免（填写A107020）	
21		减：弥补以前年度亏损（填写A106000）	
22		减：抵扣应纳税所得额（填写A107030）	
23		五、应纳税所得额（19-20-21-22）	1 257 600

（续表）

行次	类别	项目	金额
24	应纳税额计算	税率（25%）	
25		六、应纳所得税额（23×24）	
26		减：减免所得税额（填写A107040）	
27		减：抵免所得税额（填写A107050）	
28		七、应纳税额（25-26-27）	3 189 000
29		加：境外所得应纳所得税额（填写A108000）	
30		减：境外所得抵免所得税额（填写A108000）	
31		八、实际应纳所得税额（28+29-30）	3 189 000
32		减：本年累计实际已缴纳的所得税额	3 089 000
33		九、本年应补（退）所得税额（31-32）	100 000
34		其中：总机构分摊本年应补（退）所得税额(填写A109000)	
35		财政集中分配本年应补（退）所得税额(填写A109000)	
36		总机构主体生产经营部门分摊本年应补（退）所得税额(填写A109000)	

第22章 个人所得税

个人所得税是以个人（自然人）取得的各项应税所得为征税对象所征收的一种税，计算简单。最常见的是工资和劳务费，每个企业都会涉及。会计主要掌握这两种收入代扣代缴个税的计算方法和纳税申报流程。

22.1 个人所得税基础知识

22.1.1 个人所得税的纳税人

个人所得税的纳税人分为居民纳税人和非居民纳税人两种。居民纳税人承担无限纳税义务，应就其来源于中国境内、境外的所得纳税；非居民纳税人承担有限纳税义务，仅就其来源于中国境内的所得纳税。

判断一个人是否为居民纳税人，有两个标准，只要具备一个就成为居民纳税人：一是住所标准，二是居住时间标准。在中国境内有住所，或无住所而在一个纳税年度内在中国境内居住累计满一百八十三天的个人，为居民个人。居民个人从中国境内和境外取得的所得，依照规定缴纳个人所得税。在中国境内无住所，或无住所而一个纳税年度内在中国境内居住累计不满一百八十三天的个人，为非居民个人。非居民个人从中国境内取得的所得，依照规定缴纳个人所得税。

非居民企业的判断，需要同时满足以下两个标准：一是在我国无住所，二是在我国不居住或居住不满一百八十三天。

22.1.2 个人所得税的纳税范围

1. 工资、薪金所得

工资、薪金所得是指个人因任职或者受雇而取得的工资、薪金、奖金、年终加薪、劳动分红、津贴、补贴以及与任职或者受雇有关的其他所得。

2. 经营所得

经营所得包括个体工商户的生产、经营所得，企事业单位承包经营、承租经营所得。

个体工商户的生产、经营所得是指个体工商户从事工业、手工业、建筑业、交通运输业、商业、饮食业、服务业、修理业以及其他行业生产、经营取得的所得。

个人经政府有关部门批准，取得执照，从事办学、医疗、咨询以及其他有偿服务活动取得的所得。

其他个人从事个体工商业生产、经营取得的所得。

企事业单位的承包、经营、承租经营所得是指个人承包经营、承租经营以及转包、转租取得的所得，包括个人按月或者按次取得的工资、薪金性质的所得。

3. 劳务报酬所得

劳务报酬所得是指个人从事设计、装潢、安装、制图、化验、测试、医疗、法律、会计、咨询、讲学、新闻、广播、翻译、审稿、书画、雕刻、影视、录音、录像、演出、表演、广告、展览、技术服务、介绍服务、经纪服务、代办服务以及其他劳务取得的所得。

4. 稿酬所得

稿酬所得是指个人因其作品以图书、报刊形式出版发表而取得的所得。

5. 特许权使用费所得

特许权使用费所得是指个人提供专利权、商标权、著作权、非专利技术以及其他特许权的使用权取得的所得；提供著作权的使用权取得的所得，不包括稿酬所得。

6. 利息、股息、红利所得

利息、股息、红利所得是指个人拥有债权、股权而取得的利息、股息、红利所得。

7. 财产租赁所得

财产租赁所得是指个人出租建筑物、土地使用权、机器设备、车船以及其他财产取得的所得。

8. 财产转让所得

财产转让所得是指个人转让有价证券、股权、建筑物、土地使用权、机器设备、车船以及其他财产取得的所得。

9. 偶然所得

偶然所得是指个人得奖、中奖、中彩以及其他偶然性质的所得。

10. 经国务院财政部门确定征税的其他所得

个人取得的所得，难以界定应纳税所得项目的，由主管税务机关确定。现在新个税法规定工资薪金所得、劳务报酬所得、稿酬所得、特许权使用费所得统称为综合所得。

22.1.3 个人所得税的计税依据

个人所得税的计税依据为个人取得的各项应纳税所得减去按规定标准扣除费用后的余额。项目不同，扣除标准也不同。

1. 工资、薪金所得

工资、薪金所得可以扣除的项目：

（1）每月5 000元

以每月收入额减除费用5 000元后的余额，为应纳税所得额。

（2）个人负担的基本养老保险费、基本医疗保险费和失业保险费企事业单位按照国家或省（自治区、直辖市）人民政府规定的缴费比例或办法实际缴付的基本养老保险费、基本医疗保险费和失业保险费，免征个人所得税；个人按照国家或省（自治区、直辖市）人民政府规定的缴费比例或办法实际缴付的基本养老保险费、基本医疗保险费和失业保险费，允许在个人应纳税所得额中扣除。

（3）单位和个人分别在不超过职工本人上一年度月平均工资 12%的幅度内，其实际缴存的住房公积金，允许在个人应纳税所得额中扣除。单位和职工个人缴存住房公积金的月平均工资不得超过职工工作地所在设区城市上一年度职工月平均工资的3倍，具体标准按照各地有关规定执行。

（4）现在新个税法规定：个税增加了6项专项扣除项，具体包括子女教育、继续教育、大病医疗、住房贷款利息、住房租金、赡养老人，可以在计算个人所得税前扣除这些专项支出。

子女教育，包括学前教育和学历教育。学前教育指年满3岁至小学入学前教育，学历教育包括义务教育（小学和初中教育）、高中阶段教育（普通高中、中等职业教育)、高等教育（大学专科、大学本科、硕士研究生、博士研究生教育）。每个子女可以按照每年12000元标准，即每个月1000元的标准定额扣除。父母可以按50%平均分摊至各自的工资中，也可以单独由一方按100%扣除。这里只要一经选定，在一年以内扣除方式是不可以变更的。

继续教育，一般只学历继续教育，这期间按照每年4800元标准，即每月400元定额扣除。如果是接受技能人员职业资格继续教育、专业技术人员职业资格继续教育支出，在取得相关证书的年度，可以按照每年3600元定额扣除。

大病医疗，指社会医疗保险管理信息系统记录的由个人负担超过15000元的医药费用支出的部分，可以按照每年60000元标准限额据实扣除。大病医疗专项附加扣除应留存医疗服务收费的相关票据原件，注意只能由纳税人本人扣除。

住房贷款利息，指纳税人本人或配偶使用商业银行或住房公积金个人住房贷款为本人或其配偶购买住房的，发生的首套住房贷款利息支出，纳税人应当留存住房贷款合同、贷款还款支出凭证，其在偿还贷款期间，可以按照每年12000元标准，即每月1000元标准定额扣除。纳税人可以选择夫妻任何一方扣除，一旦选择了一方，则在一个会计年度内不得变更。

住房租金，指纳税人本人及配偶在其主要工作城市没有住房而租房住的，租赁住房发生的租金支出，可以根据留存的住房租赁合同，按照以下标准定额扣除（需要注意的是纳税人不得同时分别享受住房贷款利息专项附加扣除和住房租金专项附加扣除）：

A. 承租的住房位于直辖市、省会城市、计划单列市以及国务院确定的其他城市，扣除标准为每年14400元，即每月1200元定额扣除。

B. 承租的住房位于其他城市的，市辖区户籍人口超过100万的，扣除标准为每年12000元，即每月1000元定额扣除。

C. 承租的住房位于其他城市的，市辖区户籍人口不超过100万（含）的，扣除标准为每年9600元，即每月800元定额扣除。

赡养老人，指的是赡养60岁（含）以上父母以及其他法定赡养人的赡养支出，可以按照每年24000元标准，即每月2000元的标准定额扣除。如果为非独生子女，可以和兄弟姐妹协商分摊。

2. 经营所得

个体工商户的生产、经营所得以每一纳税年度的收入总额减除成本、费用以及损失后的余额，为应纳税所得额，对企事业单位的承包经营、承租经营所得以每一纳税年度的收入总额，减除必要费用后的余额，为应纳税所得额。目前个税规定对经营所得每年可以减除费用6万元，即每月5000元标准，其他都是法定扣除项。需要注意的是，经营所得没有上面介绍的专项附加扣除。

3. 劳务报酬所得、稿酬所得、特许权使用费所得、财产租赁所得

每次收入不超过4 000元的，减除费用800元；4 000元以上的，减除20%的费用，其余额为纳税所得额。其中稿酬所得的收入额再减按70%计算。

4. 财产转让所得

以转让财产的收入额减去财产原值和合理费用后的余额，为应纳税所得额。

5. 利息、股息、红利所得，偶然所得和其他所得

以每次收入额为应纳税所得额。

6. 纳税义务人从中国境外取得的所得

准予其在应纳税额中扣除已在境外缴纳的个人所得税税额，但扣除额不得超过该纳税义务人境外所得依照本法规定计算的应纳税额。

22.1.4 个人所得税的其他规定

企业促销展品赠送礼品有关个人所得税问题。

1. 不征收

企业在销售商品（产品）和提供服务过程中向个人赠送礼品，属于下列情形之一的，不征收个人所得税。

企业通过价格折扣、折让方式向个人销售商品（产品）和提供服务。

企业在向个人销售商品（产品）和提供服务的同时给予赠品，如通信企业对个人购买手机赠话费、入网费，或者购话费赠手机等。

企业对累积消费达到一定额度的个人按消费积分反馈礼品。

2. 征收

企业向个人赠送礼品，属于下列情形之一的，取得该项所得的个人应依法缴纳个人所得税，税款由赠送礼品的企业代扣代缴。

企业在业务宣传、广告等活动中，随机向本单位以外的个人赠送礼品，对个人取得的礼品所得，按照“其他所得”项目，全额适用20%的税率缴纳个人所得税。

企业在年会、座谈会、庆典以及其他活动中向本单位以外的个人赠送礼品，对个人取得的礼品所得，按照“其他所得”项目，全额适用20%的税率缴纳个人所得税。

企业对累计消费达到一定额度的顾客，给予额外抽奖机会。个人的获奖所得，按照“偶然所得”项目，全额适用 20%的税率缴纳个人所得税。

企业赠送的礼品是自产产品（服务）的，按该产品（服务）的市场销售价格确定个人的应税所得；是外购商品（服务）的，按该商品（服务）的实际购置价格确定个人的应税所得。

22.2 应纳税额的计算

22.2.1 工资薪金所得应纳税额的计算

应纳税额=应纳税所得额×适用税率-速算扣除数

应纳税所得额=每月收入-5 000元

工资薪金所得属于综合所得范围，适用于综合所得个人所得税税率表（3%～45%的7级超额累进税率），如表22-1所示。

表22-1 个人所得税税率表（综合所得适用）

级数	全年应纳税所得额（含税）	税率（%）	速算扣除数
1	≤36000	3	0
2	36000.01—144000	10	2 520
3	144000.01—300000	20	16 920
4	300000.01—420000	25	31 920
5	420000.01—660000	30	52 920
6	660000.01—960000	35	85 920
7	≥960000.01	45	181 920

例22-1

管理部门王女士1月份基本工资6 000元，加班费500元，奖金200元。实际发放工资时，从中扣除个人负担的社保1 000元，不考虑其他扣除项目，计算其应纳的个人所得税和实际到手的工资额。

应纳税所得额=6000+500+200-1000-5000=5700-5000=700（元）

应纳税额=700×3%=21（元）

实际到手的工资=5700-21=5679（元）

提示

在中国境内两处或两处以上取得工资薪金所得的，应合并计算纳税。在两处以上取得工资薪金所得，或没有扣缴义务人的，纳税人应当自行申报纳税。

王女士所在公司计提工资时会计做账，如图22-1所示。

记账凭证

2023 年 1月25日　　　　第 13号

摘要	总账科目	明细科目1	明细科目2	√	借方金额	√	贷方金额
计提工资	管理费用				6700		
	应付职工薪酬	工资					6700
合计					¥6700		¥6700

附单据　张

财务主管　记账　出纳　审核　制单 王芊

图22-1　计提工资

发放工资的分录，如图22-2所示。

记账凭证

2023 年 1月25日　　　　第 15号

摘要	总账科目	明细科目1	明细科目2	√	借方金额	√	贷方金额
发放工资	应付职工薪酬	工资			5679		
	银行存款						5679
合计					¥5679		¥5679

附单据　张

财务主管　记账　出纳　审核　制单 王芊

图22-2　发放工资

22.2.2　全年一次性奖金所得应纳税额的计算

纳税人取得全年一次性奖金，单独作为一个月工资、薪金所得计算纳税，并按以下计税办法，由扣缴义务人发放时代扣代缴。

先将雇员当月内取得的全年一次性奖金除以12，按其商数确定适用税率和速算扣除数。年终奖所得税率表与工资、薪金所得的税率表相同，只是计算方式不同，如表22-2所示。

表22-2　个人所得税税率表（年终奖所得）

级数	平均每用收入（元）	税率（%）	速算扣除数
1	≤3 000	3	0
2	3 000—12 000	10	210
3	12 000—25 000	20	1 410

（续表）

级数	平均每用收入（元）	税率（%）	速算扣除数
4	25 000—35 000	25	2 660
5	35 000—55 000	30	4 410
6	55 000—80 000	35	7 160
7	≥80 000	45	15 160

如果在发放年终一次性奖金的当月，雇员当月工资薪金所得低于税法规定的费用扣除额，应将全年一次性奖金减去“雇员当月工资薪金所得与费用扣除额的差额”后的余额，按上述办法确定全年一次性奖金的适用税率和速算扣除数。

例22-2

某工厂2023年底给王某、陈某分别发年终奖36 000元、36 001元，计算要缴的个税及其税后工资。

王某：

36 000÷12=3 000（元）

查表22-2，税率为3%，速算扣除数为0。

应缴个人所得税：36 000×3%=1 080元

王某实得工资：36 000−1 080=34 920

陈某：

36 001÷12=3 000.08（元）

查表22-2，税率为10%，速算扣除数为210元。

应缴个人所得税：36 001×10%−210=3 390.10（元）

陈某实得工资：36 001−3 390.10=32 610.90（元）

有趣的现象：陈某多发一元奖金，多缴个人所得税2310.1元。

提示

在一个纳税年度内，对每一个纳税人，上述计税办法只允许采用一次。不过目前适用的是个人所得税预缴制度，所有属于综合所得范围的预缴个人所得税，可以在次年进行汇算清缴。个人所得税和企业所得税一样，汇算清缴实行多退少补制度。

22.2.3 个体工商户的生产、经营所得应纳税额的计算

应纳税额=（全年收入总额−5000固定扣除−成本、费用及损失）×适用税率−速算扣除数

个体工商户的生产经营所得适用5%～35%的5级超额累进税率个人所得税税率表

（经营所得适用），如表22-3所示。

表22-3　个人所得税税率表（经营所得适用）

级数	全年应纳税所得额（元）	税率（%）	速算扣除数
1	≤30000	5	0
2	30000.01—90000	10	1 500
3	90000.01—300000	20	10 500
4	300000.01—500000	30	40 500
5	≥500000.01	35	65 500

例22-3

某个体工商户3月份收入10万元，直接成本3万元，期间费用4万元，问应纳个人所得税多少？

应纳税所得额：100000−5000−（30000+40000）=25000（元）

应纳个人所得税：25000×5%=1250（元）

22.2.4　对企事业单位承包经营、承租经营所得的应纳税额计算

应纳税额=应纳税所得额 ×适用税率−速算扣除数

应纳税所得额=纳税年度收入总额−必要费用−5000×12

例22-4

王某2023年承包商店，承包期限1年，取得承包经营所得48 000元。王某每月从商店领取工资3 000元。问王某全年应缴纳多少个人所得税。

全年应纳税所得额=（48 000+3 000 ×12）−5 000×12=24 000（元）

查表22-3，税率为5%，速算扣除数0 元。

应纳个人所得税额=24 000×5%−0=1 200（元）

提示

纳税年度收入总额包括承包人个人工资，但不包括上缴的承包费。

22.2.5　劳务所得应纳税额的计算

劳务报酬个人所得税的计算扣除，是根据居民个人劳务报酬所得预扣预缴适用表来计算的，具体计算公式：

应纳税所得额=每次劳务收入×（1−20%）

应纳税额=应纳税所得额×税率−速算扣除数

劳动报酬个人所得税税率见表22-4。

表22-4　劳务报酬所得个人所得税预扣预缴适用（表二）

级数	每次应纳税所得额（元）	税率（%）	速算扣除数
1	≤20 000	20	0
2	20 000—50 000	30	2 000
3	≥50 000	40	7 000

例22-5

李某与出版社签约，约定一次性服务费5 000元，李某取得服务费时应纳个人所得税多少元？

应纳税额=5000×（1-20%）×20%=800（元）

22.2.6　稿酬所得应纳税额的计算

稿酬每次不超过4 000元的，减除费用800元；4 000元以上的，减除20%的费用，其余额为应纳税所得额。

按照个人所得税法的规定，对稿酬的应纳所得税额可以减征30%，计算公式如下。

（1）每次收入不足4 000元。

应纳税额=（每次收入额-800元）×20%×（1-30%）

（2）每次收入在4 000元以上。

应纳税额=每次收入额×（1-20%）×20%×（1-30%）

例22-6

某高校老师经出版社出版了一本教材，出版社支付了18 000元的稿酬，问该老师应纳的个人所得税。

应纳个人所得税=18000×（1-20%）×20%×（1-30%）=2016（元）

22.3　纳税申报实务

个人所得税的申报在自然人税收系统扣缴客户端进行综合申报，按照对应的所得项目名称来分别填写预扣预缴表。

例22-1中，王女士所在公司代扣代缴个人所得税时，操作步骤如下。

第一步：登录进入自然人税收系统扣缴客户端，进入综合申报界面，选择正常工资薪金所得，如图22-3所示。

图22-3　正常工资薪金所得申报

第二步：选择填写后，我们进行收入及减除填写，单击“添加”，然后会跳出一个填报信息的窗口进行填写，填写完了单击“保存”，如图22-4所示。

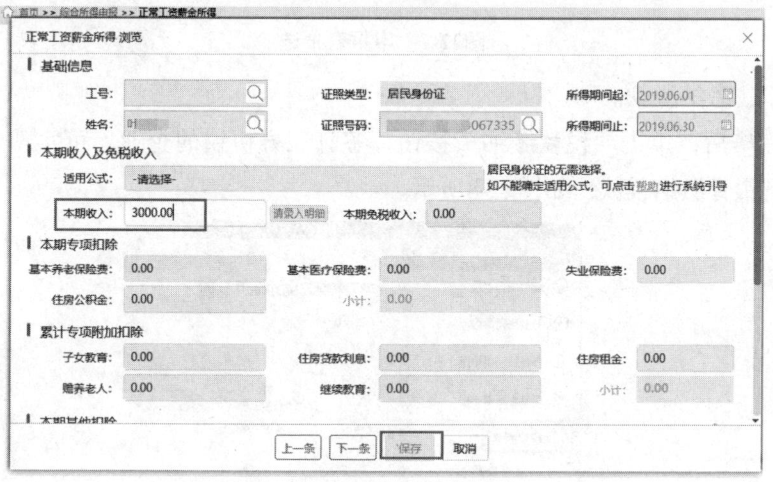

图22-4　个税申报明细填写

第三步：收入及减除填写完后，选择“税款计算”，如图22-5所示。

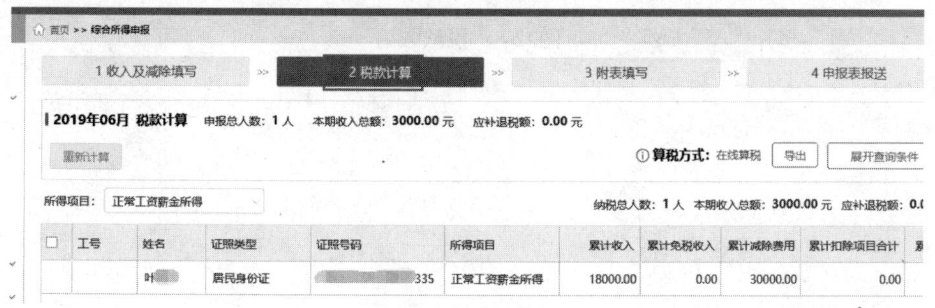

图22-5　税款计算

第四步：对于有些企业需要填写附表的，选择“附表填写”，如图22-6所示。

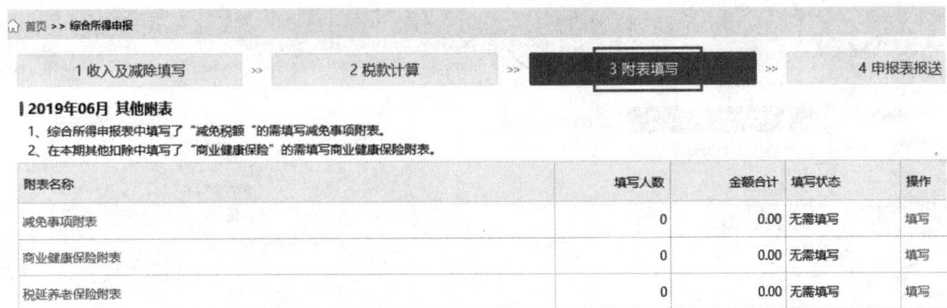

图22-6　附表填写

第五步：综合申报表报送。选择“申报表报送”，然后单击发送，如图22-7所示。

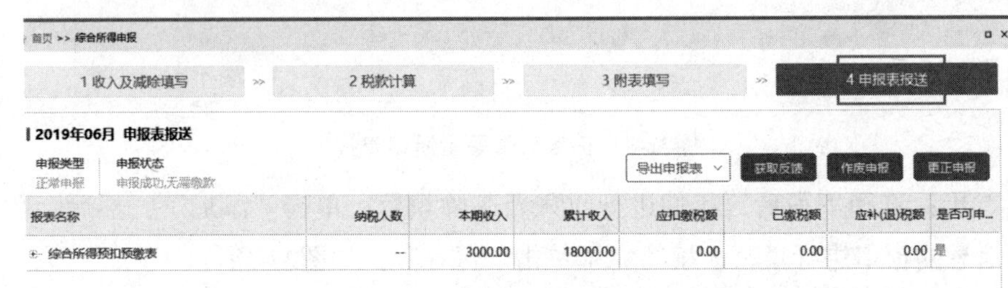

图22-7　申报表报送

第六步：缴纳税款。

报送完毕后，单击“税款缴纳”按钮，签订三方协议的企业，可实现网上扣款，否则需要到银行缴纳税款，如图22-8所示。

图22-8　税款缴纳

第23章 其他税种介绍

其他税种包括：城建税、教育费附加、土地增值税、印花税、房产税、土地使用税、耕地占用税、契税、车辆购置税、车船使用税、资源税、关税。会计着重掌握此章节中城建税、教育费附加、土地增值税和印花税的计算。

23.1 土地增值税

土地增值税是对有偿转让国有土地使用权及地上建筑物和其他附着物产权并取得增值性收入的单位和个人所征收的一种税。

土地增值税实行四级超率累进税率，计算土地增值税应纳税额，可按增值额乘以适用的税率减去扣除项目，乘以速算扣除系数的简便方法计算，公式如下。

1. 增值额未超过扣除项目金额50%

应纳税额=增值额×30%

2. 增值额超过扣除项目金额50%，未超过扣除项目金额100%

应纳税额=增值额×40%-扣除项目金额×5%

3. 增值额超过扣除项目金额100%，未超过扣除项目金额200%

应纳税额=增值额×50%-扣除项目金额×15%

4. 增值额超过扣除项目金额200%

应纳税额=增值额×60%-扣除项目金额×35%

例23-1

某公司2023年1月转让一幢2020年4月购买的厂房，转让收入为500万元。重建厂房需要600万元，七成新。支付转让房产有关的税金为20万元，城建税1.4万元，教育费附加0.6万元，合计税金为22万元。该公司应纳土地增值税是多少？

（1）转让厂房收入=500（万元）

（2）准予扣除的项目=600×70%+22=442（万元）

（3）土地增值额=500-442=58（万元）

（4）土地增值率=58÷442=13.12%

（5）应纳土地增值税=58×30%=17.4（万元）

提示

纳税人应在合同签订后7日内向房地产所在地主管税务机关申报纳税。在申报纳税时要向税务机关提交产权、证书、合同、报告等。

23.2 印花税

印花税是对应税经济凭证所征收的一种税，税率低、税负轻，由纳税人自行完成纳税义务。印花税税目、税率及纳税人，如表23-1所示。

表23-1 印花税税目、税率及纳税人

税目	范围	税率	税率	纳税人
1. 购销合同	包括供应、预购、采购、购销、结合及协作、调剂、补偿、易货等合同	按购销金额0.3‰贴花	0.030%	立合同人
2. 加工承揽合同	包括加工、定作、修缮、修理、印刷广告、测绘、测试等合同	按加工或承揽收入0.3‰贴花	0.030%	立合同人
3. 建设工程勘察设计合同	包括勘察、设计合同	按收取费用0.5‰贴花	0.050%	立合同人
4. 建筑安装工程承包合同	包括建筑、安装工程承包合同	按承包金额0.3‰贴花	0.030%	立合同人
5. 财产租赁合同	包括租赁房屋、船舶、飞机、机动车辆、机械、器具、设备等合同	按租赁金额1‰贴花。税额不足1元，按1元贴花	0.100%	立合同人
6. 货物运输合同	包括民用航空运输、铁路运输、海上运输、内河运输、公路运输和联运合同	按运输费用0.3‰贴花	0.030%	立合同人
7. 仓储保管合同	包括仓储、保管合同	按仓储保管费用1‰贴花	0.100%	立合同人
8. 借款合同	银行及其他金融组织和借款人（不包括银行同业拆借）所签订的借款合同	按借款金额0.05‰贴花	0.005%	立合同人
9. 财产保险合同	包括财产、责任、保证、信用等保险合同	按保险费收入1‰贴花	0.100%	立合同人
10. 技术合同	包括技术开发、转让、咨询、服务等合同	按所载金额0.3‰贴花	0.030%	立合同人
11. 产权转移书据	包括财产所有权和版权、商标专用权、专利权、专有技术使用权等转移书据、土地使用权出让合同、土地使用权转让合同、商品房销售合同	按所载金额0.5‰贴花	0.050%	立据人

（续表）

税目	范围	税率	税率	纳税人
12. 营业账簿	生产、经营用账册	记载资金的账簿，按实收资本和资本公积的合计金额0.25‰贴花。其他账簿按件贴花5元	0.025%	立账簿人
13. 权利、许可证照	包括政府部门发给的房屋产权证、工商营业执照、商标注册证、专利证、土地使用证	按件贴花5元	5.000	领受人

提示

500元以内的金额，自行购买贴花即可；超过500元的，去所属地税打印缴款书到银行缴款。

23.3 房产税

房产税是以房屋为征税对象，按房屋的计税余值或租金收入为计税依据，向房屋产权所有人征收的一种财产税。从价计税的税率为1.2%，从租计税的税率为12%。

23.4 土地使用税

土地使用税是以开征范围的土地为征税对象，以实际占用的土地面积为计税依据标准，按规定税额对拥有土地使用权的单位和个人征收的一种税。

大城市每平方米1.5～30元，中等城市每平方米1.2～24元，小城市0.9～18元，县城、建制镇、工矿区0.6～12元。

23.5 耕地占用税

耕地占用税是国家向耕地建房或从事其他非农业生产建设的单位和个人征收的一种税。

人均耕地不超过1亩的地区，每平方米为10～50元；人均耕地超过1亩但不超过2亩的地区，每平方米8～40元；人均耕地超过2亩但不超过3亩的地区，每平方米6～30元；人均耕地超过3亩的地区，每平方米为5～25元。

23.6 契税

契税是因房屋买卖、典当、赠与或交换而发生产权转移时，依据当事人双方订立的契约，由承受人缴纳的一种财产税。契税实行幅度比例税率，税率为3%～5%。

23.7 车辆购置税

车辆购置税是指在我国境内购置应税车辆的单位和个人应该缴纳的一种税。车辆购置税的税率为10%。

23.8 车船使用税

在我国境内，车辆、船舶的所有人或者管理者都应当缴纳车船税。车船税按年申报，分月计算，一次性缴纳。其不同车型具体适用税额可以咨询地税专管员。

23.9 资源税

资源税是对我国领域及管辖海域开采应税矿产品或者生产盐的单位和个人征收的一个税种。资源税税目、税率，如表23-2所示。

表23-2 资源税税目税率表

税 目			征税对象	税 率
能源矿产	原油		原矿	6%
	天然气、页岩气、天然气水合物		原矿	6%
	煤		原矿或者选矿	2%—10%
	煤成（层）气		原矿	1%—2%
	铀、钍		原矿	4%
	油页岩、油砂、天然沥青、石煤		原矿或者选矿	1%-4%
	地热		原矿	1%—20%或者每立方米1—30元
金属矿产	黑色金属	铁、锰、铬、钒、钛	原矿或者选矿	1%—9%
	有色金属	铜、铅、锌、锡、镍、锑、镁、钴、铋、汞	原矿或者选矿	2%—10%
		铝土矿	原矿或者选矿	2%—9%

（续表）

税目			征税对象	税率
金属矿产	有色金属	钨	选矿	6.5%
		钼	选矿	8%
		金、银	原矿或者选矿	2%—6%
		铂、钯、钉、钱、铱、铑	原矿或者选矿	5%—10%
		轻稀土	选矿	7%—12%
		中重稀土	选矿	20%
		铍、锂、锆、锶、铷、铯、铌、钼、锗、镓、铟、铊、铬、镉、硒、碲	原矿或者选矿	2%—10%
非金属矿产	矿物类	高岭土	原矿或者选矿	1%—6%
		石灰岩	原矿或者选矿	1%—6%或者每吨(或者每立方米)1—10元
		磷	原矿或者选矿	3%—8%
		石墨	原矿或者选矿	4%—12%
		萤石、硫铁矿、自然硫	原矿或者选矿	1%—8%
		天然石英砂、脉石英、粉石英、水晶、工业用金刚石、冰洲石、蓝晶石、硅线石(矽线石)、长石、滑石、刚玉、菱镁矿、颜料矿物、天然碱、芒硝、钠硝石、明矾石、砷、硼、碘、溴、膨润土、硅藻土、陶瓷土、耐火粘土、铁矾土、凹凸棒石粘土、海泡石粘土、伊利石粘土、累托石粘土	原矿或者选矿	1%—12%
		叶蜡石、硅灰石、透辉石、珍珠岩、云母、沸石、重晶石、毒重石、方解石、蛭石、透闪石、工业用电气石、白垩、石棉、蓝石棉、红柱石、石榴子石、石膏	原矿或者选矿	2%—12%
		其他粘土(铸型用粘土、砖瓦用粘土、陶粒用粘土、水泥配料用粘土、水泥配料用红土、水泥配料用黄土、水泥配料用泥岩、保温材料用粘土)	原矿或者选矿	1%—5%或者每吨(或者每立方米)0.1—5元
	岩石类	大理岩、花岗岩、白云岩、石英岩、砂岩、辉绿岩、安山岩、闪长岩、板岩、玄武岩、片麻岩、角闪岩、页岩、浮石、凝灰岩、黑曜岩、霞石正长岩、蛇纹岩、麦饭石、泥灰岩、含钾岩石、含钾砂页岩、天然油石、橄榄岩、松脂岩、粗面岩、辉长岩、辉石岩、正长岩、火山灰、火山渣、泥炭	原矿或者选矿	1%—10%

（续表）

税目			征税对象	税率
非金属矿产		砂石	原矿或者选矿	1%—5%或者每吨(或者每立方米)0.1-5元
	宝玉石类	宝石、玉石、宝石级金刚石、玛瑙、黄玉、碧玺	原矿或者选矿	4%—20%
水气矿产	二氧化碳气、硫化氢气、氦气、氢气		原矿	2%—5%
	矿泉水		原矿	1%—20%或者每立方米1—30元
盐	钠盐、钾盐、镁盐、锂盐		选矿	3%—15%
	天然卤水		原矿	3%—15%或者每吨(或者每立方米)1—10元
	海盐			2%—5%

23.10 关税

关税是国家授权海关对出入境的货物和物品征收的一种流转税。关税由接受进（出）口货物通关手续申报的海关逐票计算应征关税并填发关税缴款书，由纳税人凭以向海关或者银行办理税款缴付后，海关凭“银行回执联”办理结关放行手续。

23.11 城市维护建设税和教育费附加、地方教育费附加

城市维护建设税简称城建税。城建税和教育费附加、地方教育费附加都是一种附加税，是在增值税、消费税基础上缴纳的税种。征税范围较广，各行业会计都需要掌握该税种的计算和申报。

城建税的税率分为三档：

- 纳税人所在地为城市市区的，税率为7%；
- 纳税人所在地为县城、建制镇的，税率为5%；
- 纳税人所在地不在城市市区、县城、建制镇的，税率为1%；

自2022年1月1日至2024年12月31日，由省、自治区、直辖市人民政府根据本地区实际情况，以及宏观调整需要确定，对增值税小规模纳税人、小型微利企业和个人商户可以在50%的税额幅度内减征城市维护建设税。

教育费附加比率为3%；

地方教育费附加比率为2%。

第24章 纳税筹划范例演示

纳税筹划是通过事先的规划，在合乎税法规定的前提下，最大限度降低纳税人税负的一种行为。纳税筹划的方法有很多种，包括利用国家税收优惠政策、组织架构的合理设计、流程重建等。本书通过实际案例分别对增值税、消费税、营业税、企业所得税、个人所得税、土地增值税的纳税筹划进行演示，起到抛砖引玉的作用，希望广大会计人员能够从中受到启发，应用时结合企业实际情况加以演绎。为企业创造更多的利润空间，是每一个财务经理当仁不让的责任。

24.1 纳税筹划基础知识

24.1.1 纳税筹划的含义

纳税筹划是通过事先的规划，在合乎税法规定的前提下，最大限度降低纳税人税负的一种行为。首先，纳税筹划必须是合法的；其次，纳税筹划是事先的一种规划；最后，纳税筹划的目的是让纳税人的税收负担合理化。

纳税筹划具备四个特点。

1. 合法性

合法性是纳税筹划的最本质特点，也是区别于逃税避税行为的基本标志。

2. 筹划性

筹划性是指事先的计划、设计和安排。纳税人在进行经营活动前必须把税款的缴纳作为影响财务成果的一个重要因素来考虑，才能完整估算出企业的现金流量和利润情况。

3. 目的性

目的性是指纳税人税收筹划行为的目的是降低税负，取得节税收益。但是，纳税筹划的最终目的是要关注纳税人的资本总收益，而不是个别税种税负的高低。

4. 专业性

专业性是指纳税筹划是综合了会计、税法等专门知识的一门科学。进行纳税筹划的人员必须具备较强的专业知识才能够操作。

24.1.2 纳税筹划的原则

纳税筹划有利于实现企业价值最大化，但是如果毫无原则地降低税负，可能适得其反。根据纳税筹划的含义和特点，企业在进行纳税筹划时，应当遵循以下原则。

1. 合法性原则

企业纳税筹划必须在不违反国家税收法律的前提下进行。依法纳税是每个法人和自然人应尽的义务，国家法律法规神圣不可侵犯，所有的违法行为都不可能称为纳税筹划。

企业要进行纳税筹划，必须遵守国家相关税收法规，只有懂法、守法才能有效进行纳税筹划。

2. 事先筹划原则

在没有发生经济事务前，通过调整行为，选择最佳的纳税方案，后面会讲到土地增值税筹划当中的定价问题，定价的高低完全影响了是否要缴纳税款。

3. 经济原则

纳税筹划属于企业财务管理范畴，在进行纳税筹划时，要衡量其节税额是否大于额外费用。有些企业花重金购买纳税筹划方案，甚至专门聘请税务专家为企业服务。作出此项决定前，要和其他管理决策一样考虑经济原则，纳税筹划所得大于支出才是真正成功的纳税筹划。

4. 适时调整原则

没有一成不变的纳税筹划方案，任何一种方案都是在一定地区、一定时间、一定法律法规环境下，以企业一定的经济活动为背景进行的，必须密切关注各种因素变化，不断调整，制定最佳的纳税筹划方案。

24.1.3 纳税筹划的条件

纳税筹划是需要条件的，只有税法本身存在纳税筹划的可能时才能产生纳税筹划。法律的制定虽然严格，但终究是由人制定的。人的知识和理性，眼界和高度都是有限的，所以法律总会有不完善的地方，纳税人自然可以对其加以利用。

1. 纳税人存在选择余地

比如本书前面章节讲过增值税的纳税人分为一般纳税人和小规模纳税人。如果企业选择小规模纳税人，当营业额逼近一般纳税人临界点时，就分设企业，将业务转移，这样就合法地进行了选择。

2. 税基存在弹性余地

比如企业所得税的计税依据是收入扣减所有成本费用后的余额。企业可以在税法允许的范围内，加大成本和费用，计税金额就会减少。

3. 税率存在高低差异

税率的高低差异给纳税筹划提供了广阔的空间，在后面企业所得税的筹划范例中提到如何选择成为低税率企业。

4. 免征额和起征点

后面土地增值税的纳税筹划范例中提到建造普通标准住宅出售，增值额未超过扣除项目金额20%的，免征土地增值税，企业可以创造这个条件实现免征的目的。

24.2 增值税纳税筹划范例

增值税的纳税筹划有很多种，这里只介绍一种利用供货单位进行纳税筹划的方法。

例24-1

东风公司为增值税一般纳税人，欲购进一批应税货物，现有A、B、C三家公司可以提供同等质量的货物。A公司是增值税一般纳税人，B、C公司为小规模纳税人，B公司可以有国税代开专用发票，C公司提供普通发票。东风公司对外售价为20 000元。假设没有其他费用支出。

如果三家供货单位的价格一样，东风公司应该选择A公司作为首选对象。A公司是一般纳税人，自身可以开具增值税专用发票，支付的进项税金可以全部抵扣。

如果三家供货单位的价格不等，A公司报价18 000元，B公司报价17 000元，C公司报价16 000元。

从A公司进货，应缴纳的增值税为

230.09（元）=（20000−18000）÷ 1.13 × 13%

从B公司进货，应缴纳的增值税为

1805.73（元）=20000 ÷ 1.13 × 13%−17000 ÷ 1.03 × 3%

从C公司进货，应缴纳的增值税为

2300.8（元）=20000 ÷ 1.13 × 13%

缴纳增值税的同时，还需要缴纳7%的城建税、3%的教育费附加、2%的地方教育费附加、25%的企业所得税，综合税负和税后利益为

从A公司进货，东风公司应缴纳的城建税、教育费附加、地方教育费附加为

27.61（元）=230.09 ×（7%+3%+2%）

企业所得税为

442.48（元）=（20000 ÷ 1.13−18000 ÷ 1.13−27.61）× 25%

综合税负为

700.18（元）=230.09+27.61+442.48

税后利益为

1306.73（元）=（20 000 ÷ 1.13−18000 ÷ 1.13−27.6）×（1−25%）

从B公司进货，东风公司应缴纳的城建税、教育费附加、地方教育费附加为

216.69（元）=1805.73 ×（7%+3%+2%）

企业所得税为

244.39（元）=（20 000 ÷ 1.13−17000 ÷ 1.13−216.69）× 25%

综合税负为

2266.81（元）=1805.73+216.69+244.39

税后利益为

712.41（元）=（20000÷1.13−17 000÷1.03−244.39）×（1−25%）

从C公司进货，东风公司应缴纳的城建税、教育费附加、地方教育费附加为

276.11（元）=2300.88×（7%+3%+2%）

企业所得税为

355.75（元）=（20 000÷1.13−16 000−276.11）×25%

综合税负为

2932.74（元）=2300.88+276.11+355.75

税后利益为

1067.26（元）=（20 000÷1.13−16000−276.11）×（1−25%）

由上面的分析数据可以看出，尽管A、B、C三家单位的供货价格差别很大，但从税后利益的大小来说，还是A>C>B。业务人员如果只看报价，很可能选择价格最低的C公司。这时候，财务人员一定要把纳税筹划的道理讲明白。如果B公司和C公司能够把价格降到足够低，低到计算出来的税后利益足够大时，就可以作为供货商的考虑对象了。

提示

增值税的纳税筹划在供货商的选择方面，由于渗透了税盾原理，故其原则不是看税负最低，也不是看花钱最少，而是要看哪种方案的利润最高。

24.3 消费税纳税筹划范例

消费税的税负水平比较高，高到可以左右消费者的购买行为，国家借以实现调控。消费税的纳税筹划方法通常是改变组织架构的方式，比如设立独立核算的销售机构来降低税负，现在越来越多的白酒及首饰生产企业成立专门的销售公司正是利用了这个原理。另外，通过改变产品包装来降低税负也是业界常用的方式之一。下面用具体范例演示消费税的纳税筹划过程和原理。

24.3.1 设立独立核算的销售公司

消费税的纳税行为发生在生产环节，如果设立独立核算的销售公司，生产企业用较低但相对公允的价格将应税消费品销售给独立核算的销售公司，可以降低消费税税

基。对于独立核算的销售公司来讲，由于处于销售环节，只缴纳增值税，不缴纳消费税，可使集团的整体税负下降。

例24-2

完美首饰行生产铂金首饰，对外销售价格为每克160元，3月份销售了100克，假设本月无其他业务，月初无可抵扣的进项税额，铂金首饰消费税税率为10%，问该首饰行需要纳税多少？如果你是该企业的财务负责人，如何做纳税筹划？

解析：

完美首饰行3月份实现销售收入16000（元）=160×100

需要缴纳增值税1840.71（元）=16000÷1.13×13%

需要缴纳消费税1415.93（元）=16000÷1.13×10%

纳税筹划过程：

设立独立核算的A销售公司，完美首饰行以120元每克的价格销售给A公司，A公司以每克160元的价格卖出。这时候，税负如下：

（1）完美首饰行

实现销售收入12 000（元）=120×100

需要缴纳增值税1380.53（元）=12000÷1.13×13%

需要缴纳的消费税1061.95（元）=12000÷1.13×10%

（2）A销售公司实现收入

16000（元）=160×100

采购成本为12 000元，取得进项税项为1 380.53元。

需要缴纳增值税460.18（元）=16000÷1.13×13%−1380.53

不需要缴纳消费税。

（3）从整个集团来讲

增值税为1840.71（元）=1380.53+460.18

消费税为1061.95元

由以上数据得知，通过设立独立的销售公司，集团的增值税税负没变，但消费税税负降低了

353.98（元）=1415.93−1061.95

24.3.2 改变销售的产品包装

采用改变销售的产品包装这种方式来进行纳税筹划，是利用了不同产品的不同消费税税率实现降低税负的目的。税法规定，应税消费品与非应税消费品，以及使用税率不同的应税消费品组成成套消费品销售的，应按照最高税率全部纳税。如果将包装环节放到下游企业，分批出售，就可以分别纳税了。具体操作见例24-3。

例24-3

维曼化妆品公司收到经销商的一个订单，需要1000套情人节礼品套装。套装产品包括：香水一瓶50元、指甲油一瓶20元、口红一支30元，沐浴液一瓶45元、香皂一块5元，小镜子一块10元、卡通包装盒一个5元，以上价格不含税。消费税的税率：化妆品15%。问该企业如何纳税？如果让你做税务筹划，你会如何向管理者提出建议？

解析：企业通常的做法是将产品全部包装后统一销售给商家。

应纳消费税24750（元）=（50+20+30+45+5+10+5）×1000×15%

如果将产品分批销售给商家，在商家处进行包装，情形就变了（实际操作中，只需要分别开具发票，分别核算销售收入即可）。

化妆品应纳消费税为15000（元）=（50+20+30）×1000×15%

护肤护发品自2016年10月1日起不再征收消费税，因此只需缴纳消费税15000元，共节税9750（元）=24750–15000。

提示

无论是设立独立公司还是改变产品包装，都需要规划在先，等业务发生了再设计为时已晚。

24.4 企业所得税纳税筹划范例

企业所得税的纳税筹划是比较综合的技术工作，方法比较多，企业的性质、企业组织架构、融资方式、收入和成本的分配原则等都会影响企业所得税的税负高低。做企业所得税纳税筹划时，需要结合地区、业务、架构，需要综合政策变化统一筹划，本节介绍两种相对容易掌握的方法。

24.4.1 选择成为低税率企业

企业所得税法规定，高新技术企业减按15%征收企业所得税；在经济特区和浦东新区设立的高新技术企业，从有收入的年度开始实行两免三减半（前两年免税，后三年按照12.5%缴税）；自2019年1月1日至2021年12月31日，从事国家非限制和禁止行业，且同时符合年度应纳税所得额不超过300万元、从业人数不超过300人、资产总额不超过5000万元等三个条件的企业，对其年应纳税所得额不超过100万元的部分，减按25%计入应纳税所得额，按20%的税率缴纳企业所得税；对年应纳税所得额超过100万元但不超过300万元的部分，减按50%计入应纳税所得额，按20%的税率缴纳企业所得税。另外，创业投资企业，可以享受70%投资款抵免应纳税所得额。

企业可以将高新技术仅作为部门核算的企业剥离出来，申请成为高新技术企业、复核条件的小微企业，享受其优惠，这就是很多集团企业都设立高新技术企业的原因之一。另外新设立企业时，尽量设立创业投资企业，享受国家给予的优惠政策。

提示

高新技术企业、软件企业、创投企业都有其设立门槛，设立前请研读相关文件。

24.4.2　设立总分机构或者分子公司

企业所得税法规定，在我国境内设立不具备法人资格营业机构的居民企业，应当汇总纳税。意思是说，分部要合并到总部纳税，母子公司则分别纳税。

如前面提到的低税率企业设立分支机构时，不要选择成立独立核算的子公司，这样就可以将高税率的分支机构并入低税率的总机构一起纳税了。

高税率的总机构成立分支机构时，如果能够将新设立的机构注册成为低税率的子公司，就可以分别纳税，降低集团整体税负。

24.5　个人所得税纳税筹划范例

个人所得税关乎每个人的切身利益，纳税筹划就显得非常必要。本节演示两种筹划的范例，希望会计人员能够掌握并加以应用。

24.5.1　利用全年一次性奖金征税办法

现在一些单位会有年底双薪的福利，双薪如何发放才能让员工拿到更多的钱呢？下面用实际案例说明这个问题。

例24-4

小王平时每月10 000元，12月份发了双薪20 000元，次年1月份发放了年终奖60 000元。假设每月个人所得税前扣除项目为1 500元，问按照这个方法，小王12月和1月份共纳税多少？如果你是财务经理，你如何做纳税筹划？

解析：

（1）小王12月份薪金应纳税所得为

13500（元）=20000−1500−5000

查税率表22-2可知：适用税率20%，速算扣除数为1 410元；

12月份薪金应纳个人所得税

1 290（元）=13500×20%−1410

1月份薪金应纳税所得为

3 500（元）=10000−1500−5000

查税率表可知：适用税率10%，速算扣除数为210元；

1月份薪金应纳个人所得税为

140（元）=3500 × 10%−210

1月份年终奖60 000元除以12等于5 000元，查税率表可知：适用税率10%，速算扣除数为210元；

1月份年终奖应纳个人所得税为

5790（元）=60000 × 10%−210

两个月共纳个人所得税

7220（元）=1290+140+5790

（2）纳税规划

将次年1月份发放的年终奖拿到12月发放，与多发的一个月薪水一起算作年终奖，年终奖数额

70000（元）=60000+10000

这样规划后，纳税过程如下：

12月份薪金应纳税所得为

3500（元）=10000−1500−5000

查税率表可知：适用税率10%，速算扣除数为210元；

12月份薪金应纳个人所得税为

140（元）=3500 × 10%−210

12月份年终奖70 000元除以12等于5 833.34元，查税率表可知：适用税率10%，速算扣除数为210元；

12月份年终奖应纳个人所得税为

6790（元）=70000 × 10%−210

1月份薪金应纳税所得为

3500（元）=10000−1500−5000

查税率表可知：适用税率10%，速算扣除数为210元；

1月份薪金应纳个人所得税为

140（元）=3500 × 10%−210

两个月共纳个人所得税

7070（元）=140+6790+140

比没规划之前少纳个人所得税

150（元）=7220−7070

24.5.2　转移费用承担主体

现在很多企业招聘销售人员时，都采用低薪资高奖金的方式。有一些企业和销售人员签订包干合同，每月领取少量固定工资，年底按照销售回款数额提成，市场拓展费用由销售人员承担，这样做使得年底的提成要交大额的个人所得税。下面以实例来演示纳税筹划前后的税负对比。

例24-5

维曼化妆品公司为了开拓市场，招聘一批销售人员，公司和销售人员统一签订合同，每月支付销售人员5 000元基本工资，业务拓展费用自己承担，年底时，按照各人回款的金额兑现10%的奖金。小李于2013年7月签订合同，当月领取工资，7—12月期间，共销售产品收回款项100万元，按照协议，小李拿到了10万元的奖金。小李在下半年共花费差旅费3万元，业务招待费2万元，通信费1万元。问小李下半年共拿到多少钱？净回报是多少？如果你是企业财务经理，你如果筹划此项税负？

解析：

目前，纳税情况如下：

（1）5 000元基本工资不超过5 000的税基，不需纳税，下半年共收到3万元；

（2）10万元的奖金除以12等于8 333.34元，查税率表可知：适用税率10%，速算扣除数为210元；应缴纳个人所得税为

9790（元）=100000×10%−210

（3）小李下半年共拿到

120210（元）=30000+100000−9790

（4）小李的净回报为

60210（元）=120210−30000−20000−10000

如果改变费用承担主体，在发奖金前，将各项花费实报实销，则个人所得税会降低，公司也可以少缴企业所得税。纳税情况如下：

（1）5 000元基本工资不超过5 000的税基，不要纳税，下半年共收到3万元；

（2）10万元去除各项报销后剩余奖金为4万元，4万元除以12等于3 333.34元，查税率表可知：适用税率10%，速算扣除数为210元；应缴纳个人所得税为

3790（元）=40000×10%−210

（3）小李下半年共拿到

66210（元）=30000+40000−3790

此数额为净回报；

由以上数据可以看出，通过转移费用承担主体，小李共节省税款

6000（元）=9790−3790

节省下的税款直接成为小李的净回报，比筹划前多拿到6 000元的现金。

24.6 土地增值税纳税筹划范例

土地增值税的纳税筹划通常是利用其税收政策通过规划售价实现，下面通过一个具体的范例演示其纳税筹划的过程。

例24-6

某房地产开发公司专门从事普通住宅商品房开发。2017年3月2日，该公司出售普通住宅一幢，总面积91 000平方米。该房屋支付土地出让金2 000万元，房地产开发成本8 800万元，利息支出为1 000万元，其中40万元为银行罚息（不能按收入项目准确分摊）。假设城建税税率为7%，印花税税率为0.05%、教育费附加征收率为3%。当地省级人民政府规定允许扣除的其他房地产开发费用的扣除比例为10%。企业营销部门在制定售房方案时，拟定了两个方案。方案一：销售价格为平均售价2 000元/平方米；方案二：销售价格为平均售价1 870元/平方米。请分别计算各方案该公司应纳土地增值税。比较分析哪个方案对房地产公司更有利，并计算两个方案实现的所得税前利润差额。

解析：

第一种方案计算该公司应纳土地增值税：

（1）销售收入=91000×2000÷10000=18200（万元）

（2）计算扣除项目：

① 取得土地使用权所支付的金额：2 000万元

② 房地产开发成本：8 800万元

③ 房地产开发费用=（2000+8800）×10%=1080（万元）

④ 税金：

增值税=18200×9%=1638（万元）

城建税及教育费附加=1638×（7%+3%）=163.8（万元）

印花税=18200×0.05%=9.1（万元）

土地增值税中可以扣除的税金=163.8（万元）

⑤ 加计扣除=（2000+8800）×20%=2160（万元）

扣除项目金额合计=2000+8800+1080+163.8+2160=14203.8（万元）

（3）增值额=18200−14203.8=3996.2（万元）

（4）增值率=3996.2÷14203.8=28%＜50%

（5）适用税率30%

（6）土地增值税税额=3996.2×30%=1198.86（万元）

第二种方案计算该公司应纳土地增值税：

（1）销售收入=91000×1870÷10000=17017（万元）

（2）计算扣除项目：

①取得土地使用权所支付的金额：2 000万元

②房地产开发成本：8 800万元

③房地产开发费用=（2000+8800）×10%=1080（万元）

④与转让房地产有关的税金：

增值税=17017×9%=1531.53（万元）

城建税及教育费附加=1531.53×（7%+3%）=153.15（万元）

印花税=17999.8×0.05%=9（万元）

土地增值税中可以扣除的税金=153.15（万元）

⑤加计扣除=（2000+8800）×20%=2160（万元）

扣除项目金额合计=2000+8800+1080+153.15+2160=14193.15（万元）

（3）增值额=17017−14193.15=2823.85（万元）

（4）增值率=2823.85÷14193.15=19.9

建造普通标准住宅出售，增值额未超过扣除项目金额20%的，免征土地增值税，所以第二种方案不缴纳土地增值税。

比较分析对房地产公司更为有利的方案，并计算两个方案实现的所得税前利润差额

（1）方案一

所得税前利润=18200−（2000+8800+1000+163.8+9.1+1198.86）=5028.24（万元）

（2）方案二

所得税前利润=17017−（2000+8800+1000+153.15+9）=5054.85（万元）

（3）两种方案在所得税前利润差额=5054.85−5028.24=26.61（万元）

结论：方案二虽然降低了售价，但是因为不需要缴纳土地增值税，使得税前利润比方案一高，所以，对房地产公司更为有利的是方案二。

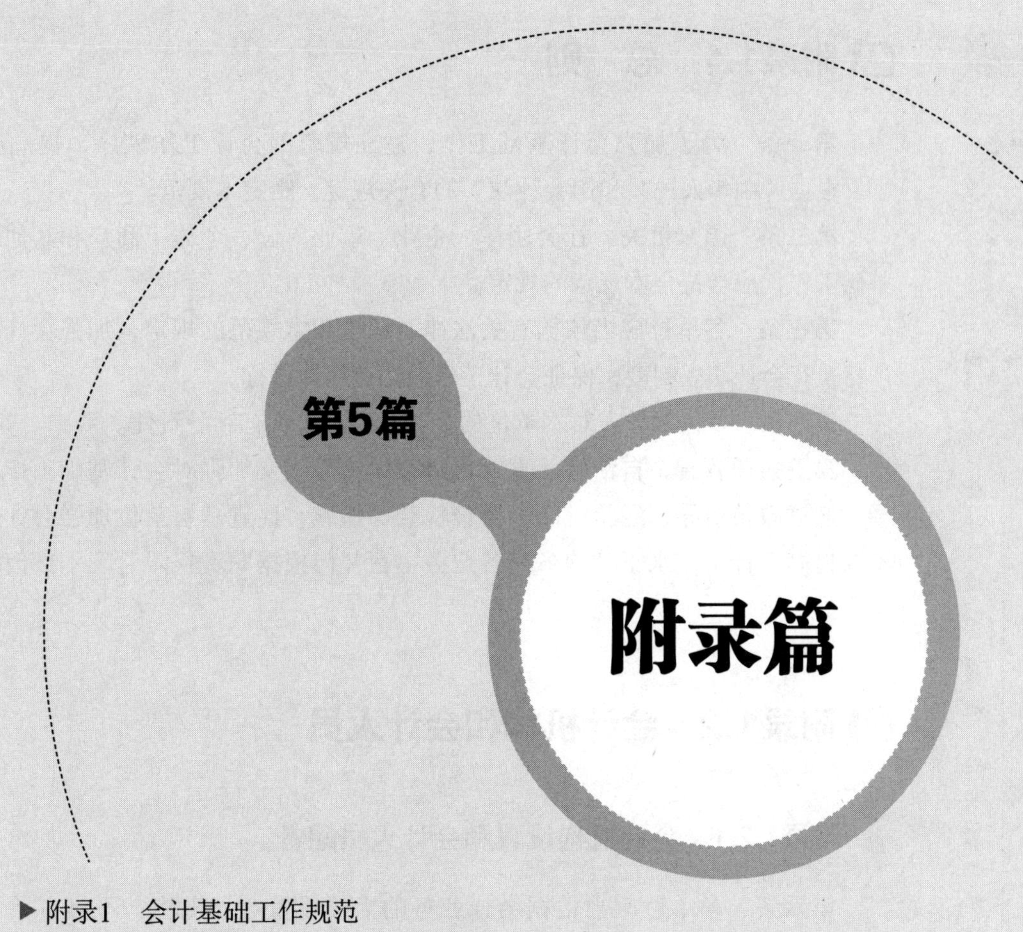

第5篇
附录篇

附录1 会计基础工作规范

附录1.1 总 则

第一条 为了加强会计基础工作，建立规范的会计工作秩序，提高会计工作水平，根据《中华人民共和国会计法》的有关规定，制定本规范。

第二条 国家机关、社会团体、企业、事业单位、个体工商户和其他组织的会计基础工作，应当符合本规范的规定。

第三条 各单位应当依据有关法律、法规和本规范的规定，加强会计基础工作，严格执行会计法规制度，保证会计工作依法有序地进行。

第四条 单位领导人对本单位的会计基础工作负有领导责任。

第五条 各省，自治区、直辖市财政厅（局）要加强对会计基础工作的管理和指导，通过政策引导、经验交流、监督检查等措施，促进基层单位加强会计基础工作，不断提高会计工作水平。国务院各业务主管部门根据职责权限管理本部门的会计基础工作。

附录1.2 会计机构和会计人员

附录1.2.1 会计机构设置和会计人员配备

第六条 各单位应当根据会计业务的需要设置会计机构；不具备单独设置会计机构条件的，应当在有关机构中配备人员。事业行政单位会计机构的设置和会计人员的配备，应当符合国家统一事业行政单位会计制度的规定。设置会计机构，应当配备会计机构负责人；在有关机构中配备专职会计人员，应当在专职会计人员中指定会计主管人员。会计机构负责人、会计主管人员的任免，应当符合《中华人民共和国会计法》和有关法律的规定。

第七条 会计机构负责人、会计主管人员应当具备下列基本条件：（一）坚持原则，廉洁奉公；（二）具有会计师以上专业技术职务资格或者从事会计工作不少于三年；（三）熟悉国家财经法律、法规、规章和方针、政策，掌握本行业业务管理的有关知识；（四）有较强的组织能力；（五）身体状况能够适应本职工作的要求。

第八条 没有设置会计机构和配备会计人员的单位，应当根据《代理记账管理办法》的规定，委托会计师事务所或者持有代理记账许可证书的其他代理记账机构进行代理记账。

第九条　大、中型企业、事业单位、业务主管部门应当根据法律和国家有关规定设置总会计师。总会计师由具有会计师以上专业技术资格的人员担任。总会计师行使《总会计师条例》规定的职责、权限。总会计师的任命（聘任）、免职（解聘）依照《总会计师条例》和有关法律的规定办理。

第十条　各单位应当根据会计业务需要配备会计人员，督促其遵守职业道德和国家统一的会计制度。

第十一条　各单位应当根据会计业务需要设置会计工作岗位。会计工作岗位一般可分为会计机构负责人或者会计主管人员，出纳，财产物资核算，工资核算，成本费用核算；财务成本核算，资金核算，往来结算，总账报表，稽核，档案管理等。开展会计电算化和管理会计的单位，可以根据需要设置相应工作岗位，也可以与其他工作岗位相结合。

第十二条　会计工作岗位，可以一人一岗、一人多岗或者一岗多人。但出纳人员不得兼管审核、会计档案保管和收入、费用、债权债务账目的登记工作。

第十三条　会计人员的工作岗位应当有计划地进行轮换。

第十四条　会计人员应当具备必要的专业知识和专业技能，熟悉国家有关法律、法规、规章和国家统一会计制度，遵守职业道德。会计人员应当按照国家有关规定参加会计业务的培训。各单位应当合理安排会计人员的培训，保证会计人员每年有一定时间用于学习和参加培训。

第十五条　各单位领导人应当支持会计机构、会计人员依法行使职权；对忠于职守，坚持原则，作出显著成绩的会计机构、会计人员，应当给予精神和物质方面的奖励。

第十六条　国家机关、国有企业、事业单位任用会计人员应当实行回避制度。单位领导人的直系亲属不得担任本单位的会计机构负责人、会计主管人员。会计机构负责人、会计主管人员的直系亲属不得在本单位会计机构中担任出纳工作。需要回避的直系亲属为夫妻关系、直系血亲关系、三代以内旁系血亲以及配偶关系。

附录1.2.2　会计人员职业道德

第十七条　会计人员在会计工作中应当遵守职业道德，树立良好的职业品质、严谨的工作作风，严守工作纪律，努力提高工作效率和工作质量。

第十八条　会计人员应当热爱本职工作，努力钻研业务，使自己的知识和技能适应所从事工作的要求。

第十九条　会计人员应当熟悉财经法律、法规、规章和国家统一会计制度，并结合会计工作进行广泛宣传。

第二十条　会计人员应当按照会计法律、法规和国家统一会计制度规定的程序和要求进行会计工作，保证所提供的会计信息合法、真实、准确、及时、完整。

第二十一条　会计人员办理会计事务应当实事求是、客观公正。

第二十二条　会计人员应当熟悉本单位的生产经营和业务管理情况，运用掌握的会计信息和会计方法，为改善单位内部管理、提高经济效益服务。

第二十三条　会计人员应当保守本单位的商业秘密。除法律规定和单位领导人同意外，不能私自向外界提供或者泄露单位的会计信息。

第二十四条　财政部门、业务主管部门和各单位应当定期检查会计人员遵守职业道德的情况，并作为会计人员晋升、晋级、聘任专业职务、表彰奖励的重要考核依据。会计人员违反职业道德的，由所在单位进行处理。

附录1.2.3　会计工作交接

第二十五条　会计人员工作调动或者因故离职，必须将本人所经管的会计工作全部移交给接替人员。没有办清交接手续的，不得调动或者离职。

第二十六条　接替人员应当认真接管移交工作，并继续办理移交的未了事项。

第二十七条　会计人员办理移交手续前，必须及时做好以下工作：（一）已经受理的经济业务尚未填制会计凭证的，应当填制完毕。（二）尚未登记的账目，应当登记完毕，并在最后一笔余额后加盖经办人员印章。（三）整理应该移交的各项资料，对未了事项写出书面材料。（四）编制移交清册，列明应当移交的会计凭证、会计账簿、会计报表、印章、现金、有价证券、支票簿、发票、文件、其他会计资料和物品等内容；实行会计电算化的单位，从事该项工作的移交人员还应当在移交清册中列明会计软件及密码、会计软件数据磁盘（磁带等）及有关资料、实物等内容。

第二十八条　会计人员办理交接手续，必须有监交人负责监交。一般会计人员交接，由单位会计机构负责人、会计主管人员负责监交；会计机构负责人、会计主管人员交接，由单位领导人负责监交，必要时可由上级主管部门派人会同监交。

第二十九条　移交人员在办理移交时，要按移交清册逐项移交；接替人员要逐项核对点收。

（一）现金、有价证券要根据会计账簿有关记录进行点交。库存现金、有价证券必须与会计账簿记录保持一致。不一致时，移交人员必须限期查清。

（二）会计凭证、会计账簿、会计报表和其他会计资料必须完整无缺。如有短缺，必须查清原因，并在移交清册中注明，由移交人员负责。

（三）银行存款账户余额要与银行对账单核对，如不一致，应当编制银行存款余额调节表调节相符，各种财产物资和债权债务的明细账户余额要与总账有关账户余额核对相符；必要时，要抽查个别账户的余额，与实物核对相符，或者与往来单位、个人核对清楚。

（四）移交人员经管的票据、印章和其他实物等，必须交接清楚；移交人员从事会计电算化工作的，要对有关电子数据在实际操作状态下进行交接。

第三十条　会计机构负责人、会计主管人员移交时，还必须将全部财务会计工作、重大财务收支和会计人员的情况等，向接替人员详细介绍。对需要移交的遗留问题，应当写出书面材料。

第三十一条　交接完毕后，交接双方和监交人员要在移交注册上签名或者盖章，并应在移交清注册上注明：单位名称，交接日期，交接双方和监交人员的职务、姓名，移交清册页数以及需要说明的问题和意见等。移交清册一般应当填制一式三份，交接双方各执一份，存档一份。

第三十二条　接替人员应当继续使用移交的会计账簿，不得自行另立新账，以保持会计记录的连续性。

第三十三条　会计人员临时离职或者因病不能工作且需要接替或者代理的，会计机构负责人、会计主管人员或者单位领导人必须指定有关人员接替或者代理，并办理交接手续。临时离职或者因病不能工作的会计人员恢复工作的，应当与接替或者代理人员办理交接手续。移交人员因病或者其他特殊原因不能亲自办理移交的，经单位领导人批准，可由移交人员委托他人代办移交，但委托人应当承担本规范第三十五条规定的责任。

第三十四条　单位撤销时，必须留有必要的会计人员，会同有关人员办理清理工作，编制决算。未移交前，不得离职。接收单位和移交日期由主管部门确定。单位合并、分立的，其会计工作交接手续比照上述有关规定办理。

第三十五条　移交人员对所移交的会计凭证、会计账簿、会计报表和其他有关资料的合法性、真实性承担法律责任。

附录1.3　会计核算

附录1.3.1　会计核算一般要求

第三十六条　各单位应当按照《中华人民共和国会计法》和国家统一会计制度的规定建立会计账册，进行会计核算，及时提供合法、真实、准确、完整的会计信息。

第三十七条　各单位发生的下列事项，应当及时办理会计手续、进行会计核算：

（一）款项和有价证券的收付；

（二）财物的收发、增减和使用；

（三）债权债务的发生和结算；

（四）资本、基金的增减；

（五）收入、支出、费用、成本的计算；

（六）财务成果的计算和处理；

（七）其他需要办理会计手续、进行会计核算的事项。

第三十八条　各单位的会计核算应当以实际发生的经济业务为依据，按照规定的会计处理方法进行，保证会计指标的口径一致、相互可比和会计处理方法的前后各期相一致。

第三十九条　会计年度自公历1月1日起至12月31日止。

第四十条　会计核算以人民币为记账本位币。收支业务以外国货币为主的单位，也可以选定某种外国货币作为记账本位市，但是编制的会计报表应当折算为人民币反映。境外单位向国内有关部门编报的会计报表，应当折算为人民币反映。

第四十一条　各单位根据国家统一会计制度的要求，在不影响会计核算要求、会计报表指标汇总和对外统一会计报表的前提下，可以根据实际情况自行设置和使用会计科目。事业行政单位会计科目的设置和使用，应当符合国家统一事业行政单位会计制度的规定。

第四十二条　会计凭证、会计账簿、会计报表和其他会计资料的内容和要求必须符合国家统一会计制度的规定，不得伪造、变造会计凭证和会计账簿，不得设置账外账，不得报送虚假会计报表。

第四十三条　各单位对外报送的会计报表格式由财政部统一规定。

第四十四条　实行会计电算化的单位，对使用的会计软件及其生成的会计凭证、会计账簿。会计报表和其他会计资料的要求，应当符合财政部关于会计电算化的有关规定。

第四十五条　各单位的会计凭证、会计账簿、会计报表和其他会计资料，应当建立档案，妥善保管。会计档案建档要求、保管期限、销毁办法等依据《会计档案管理办法》的规定进行。实行会计电算化的单位，有关电子数据、会计软件资料等应当作为会计档案进行管理。

第四十六条　会计记录的文字应当使用中文，少数民族自治地区可以同时使用少数民族文字。中国境内的外商投资企业、外国企业和其他外国经济组织也可以同时使用某种外国文字。

附录1.3.2　填制会计凭证

第四十七条　各单位办理本规范第三十七条规定的事项，必须取得或者填制原始凭证，并及时送交会计机构。

第四十八条　原始凭证的基本要求是：

（一）原始凭证的内容必须具备：凭证的名称；填制凭证的日期；填制凭证单位名称或者填制人姓名；经办人员的签名或者盖章；接受凭证单位名称；经济业务内容；数量、单价和金额。

（二）从外单位取得的原始凭证，必须盖有填制单位的公章；从个人取得的原始凭证，必须有填制人员的签名或者盖章。自制原始凭证必须有经办单位领导人或者其指定的人员签名或者盖章。对外开出的原始凭证，必须加盖本单位公章。

（三）凡填有大写和小写金额的原始凭证，大写与小写金额必须相符。购买实物的原始凭证，必须有验收证明。支付款项的原始凭证，必须有收款单位和收款人的收款证明。

（四）一式几联的原始凭证，应当注明各联的用途，只能以一联作为报销凭证。一式几联的发票和收据，必须一起打印或套写，并连续编号。作废时应当加盖“作废”戳记，连同存根一起保存，不得撕毁。

（五）发生销货退回的，除填制退货发票外，还必须有退货验收证明；退款时，必须取得对方的收款收据或者汇款银行的凭证，不得以退货发票代替收据。

（六）职工公出借款凭据，必须附在记账凭证之后。收回借款时，应当另开收据或者退还借据副本，不得退还原借款收据。

（七）经上级有关部门批准的经济业务，应当将批准文件作为原始凭证附件；如果批准文件需要单独归档的，应当在凭证上注明批准机关名称、日期和文件字号。

第四十九条　原始凭证不得涂改、挖补。发现原始凭证有错误的，应当由开出单位重开或者更正，更正处应当加盖开出单位的公章。

第五十条　会计机构、会计人员要根据审核无误的原始凭证填制记账凭证。记账凭证可以分为收款凭证、付款凭证和转账凭证，也可以使用通用记账凭证。

第五十一条　记账凭证的基本要求是：

（一）记账凭证的内容必须具备：填制凭证的日期、凭证编号、经济业务摘要、会计科目、金额、所附原始凭证张数，填制凭证人员、稽核人员、记账人员、会计机构负责人、会计主管人员签名或者盖章。收款和付款记账凭证还应当由出纳人员签名或者盖章。以自制的原始凭证或者原始凭证汇总表代替记账凭证的，也必须具备记账凭证应有的项目。

（二）填制记账凭证时，应当对记账凭证进行连续编号。一笔经济业务需要填制两张以上记账凭证的，可以采用分数编号法编号。

（三）记账凭证可以根据每一张原始凭证填制，或者根据若干张同类原始凭证汇总填制，也可以根据原始凭证汇总表填制。但不得将不同内容和类别的原始凭证汇总填制在一张记账凭证上。

（四）除结账和更正错误的记账凭证可以不附原始凭证外，其他记账凭证必须附有原始凭证。如果一张原始凭证涉及几张记账凭证，可以把原始凭证附在一张主要的记账凭证后面，并在其他记账凭证上注明附有该原始凭证的记账凭证的编号或者附原始凭证复印机。一张复始凭证所列支出需要几个单位共同负担的，应当将其他单位负担的部分，开给对方原始凭证分割单，进行结算。原始凭证分割单必须具备原始凭证的基本内容：凭证名称、填制凭证日期、填制凭证单位名称或者填制人姓名、经办人的签名或者盖章、接受凭证单位名称、经济业务内容、数量、单价、金额和费用分摊情况等。

（五）如果在填制记账凭证时发生错误，应当重新填制。已经登记入账的记账凭证，在当年内发现填写错误时，可以用红字填写一张与原内容相同的记账凭证，在摘要栏注明“注销某月某日某号凭证”字样，同时再用蓝字重新填制一张正确的记账凭证，注明“订正某月某日某号凭证”字样。如果会计科目没有错误，只是金额错误，也可以将正确数字与错误数字之间的差额，另编一张调整的记账凭证，调增金额用蓝字，调减金额用红字。发现以前年度记账凭证有错误的，应当用蓝字填制一张更正的记账凭证。

（六）记账凭证填制完经济业务事项后，如有空行，应当自金额栏最后一笔金额数字下的空行处至合计数上的空行处画线注销。

第五十二条　填制会计凭证，字迹必须清晰、工整，并符合下列要求：

（一）阿拉伯数字应当一个一个地写，不得连笔写。阿拉伯金额数字前面应当书写货币币种符号或者货币名称简写和币种符号。币种符号与阿拉伯金额数字之间不得留有空白。凡阿拉伯数字前写有币种符号的，数字后面不再写货币单位。

（二）所有以元为单位（其他货币种类为货币基本单位，下同）的阿拉伯数字，除表示单价等情况外，一律填写到角分；元角分的角位和分位可写“00”，或者符号“—”；有角无分的，分位应当写“0”，不得用符号“—”代替。

（三）汉字大写数字金额如零、壹、贰、叁、肆、伍、陆、柒、捌、玖、拾、佰、仟、万、亿等，一律用正楷或者行书体书写，不得用0、一、二、三、四、五、六、七、八、九、十等简化字代替，不得任意自造简化字。大写金额数字到元或者角为止的，在“元”或者“角”字之后应当写“整”字或者“正”字；大写金额数字有分的，分字后面不写“整”或者“正”字。

（四）大写金额数字前未印有货币名称的，应当加填货币名称，货币名称与金额数字之间不得留有空白。

（五）阿拉伯金额数字中间有“0”时，汉字大写金额要写“零”字；阿拉伯数字金额中间连续有几个“0”时，汉字大写金额中可以只写一个“零”字；阿拉伯金额数字元位是“0”，或者数字中间连续有几个“0”、元位也是“0”但角位不是“0”时，汉字大写金额可以只写一个“零”字，也可以不写“零”字。

第五十三条　实行会计电算化的单位，对于机制记账凭证，要认真审核，做到会计科目使用正确，数字准确无误。打印出的机制记账凭证要加盖制单人员、审核人员、记账人员及会计机构负责人、会计主管人员印章或者签字。

第五十四条　各单位会计凭证的传递程序应当科学、合理，具体办法由各单位根据会计业务需要自行规定。

第五十五条　会计机构、会计人员要妥善保管会计凭证。

（一）会计凭证应当及时传递，不得积压。

（二）会计凭证登记完毕后，应当按照分类和编号顺序保管，不得散乱丢失。

（三）记账凭证应当连同所附的原始凭证或者原始凭证汇总表，按照编号顺序，折叠整齐，按期装订成册，并加具封面，注明单位名称、年度、月份和起讫日期、凭证种类、起讫号码，由装订人在装订线封签外签名或者盖章。对于数量过多的原始凭证，可以单独装订保管，在封面上注明记账凭证日期、编号、种类，同时在记账凭证上注明“附件另订”和原始凭证名称及编号。各种经济合同、存出保证金收据以及涉外文件等重要原始凭证，应当另编目录，单独登记保管，并在有关的记账凭证和原始凭证上相互注明日期和编号。

（四）原始凭证不得外借，其他单位如因特殊原因需要使用原始凭证时，经本单位会计机构负责人、会计主管人员批准，可以复制。向外单位提供的原始凭证复制件，应当在专设的登记簿上登记，并由提供人员和收取人员共同签名或者盖章。

（五）从外单位取得的原始凭证如有遗失，应当取得原开出单位盖有公章的证明，并注明原来凭证的号码、金额和内容等，由经办单位会计机构负责人、会计主管人员和单位领导人批准后，才能代作原始凭证。如果确实无法取得证明的，如火车、轮船、飞机票等凭证，由当事人写出详细情况，由经办单位会计机构负责人、会计主管人员和单位领导人批准后，代作原始凭证。

附录1.3.3　登记会计账簿

第五十六条　各单位应当按照国家统一会计制度的规定和会计业务的需要设置会计账簿。会计账簿包括总账、明细账、日记账和其他辅助性账簿。

第五十七条　现金日记账和银行存款日记账必须采用订本式账簿。不得用银行对账单或者其他方法代替日记账。

第五十八条　实行会计电算化的单位，用计算机打印的会计账簿必须连续编号，经审核无误后装订成册，并由记账人员和会计机构负责人、会计主管人员签字或者盖章。

第五十九条　启用会计账簿时，应当在账簿封面上写明单位名称和账簿名称。在账簿扉页上应当附启用表，内容包括：启用日期、账簿页数、记账人员和会计机构负责人、会计主管人员姓名，并加盖名章和单位公章。记账人员或者会计机构负责人、会计主管人员调动工作时，应当注明交接日期、接办人员或者监交人员姓名，并由交接双方人员签名或者盖章。启用订本式账簿，应当从第一页到最后一页顺序编定页数，不得跳页、缺号。使用活页式账页，应当按账户顺序编号，并须定期装订成册。装订后再按实际使用的账页顺序编定页码。另加目录，记明每个账户的名称和页次。

第六十条　会计人员应当根据审核无误的会计凭证登记会计账簿。登记账簿的基本要求是：

（一）登记会计账簿时，应当将会计凭证日期、编号、业务内容摘要、金额和其他有关资料逐项记入账内，做到数字准确、摘要清楚、登记及时、字迹工整。

（二）登记完毕后，要在记账凭证上签名或者盖章，并注明已经登账的符号，表示已经记账。

（三）账簿中书写的文字和数字上面要留有适当空格，不要写满格，一般应占格距的二分之一。

（四）登记账簿要用蓝黑墨水或者碳素墨水书写，不得使用圆珠笔（银行的复写账簿除外）或者铅笔书写。

（五）下列情况，可以用红色墨水记账：

1. 按照红字冲账的记账凭证，冲销错误记录；

2. 在不设借贷等栏的多栏式账页中，登记减少数；

3. 在三栏式账户的余额栏前，如未印明余额方面的，在余额栏内登记负数余额；

4. 根据国家统一会计制度的规定可以用红字登记的其他会计记录。

（六）各种账簿按页次顺序连续登记，不得跳行、隔页。如果发生跳行、隔页，应当将空行、空页画线注销，或者注明"此行空白""此页空白"字样，并由记账人员签名或者盖章。

（七）凡需要结出余额的账户，结出余额后，应当在"借或贷"等栏内写明"借"或者"贷"，等字样。没有余额的账户，应当在"借或贷"等栏内写"平"字，并在余额栏内用"θ"表示。现金日记账和银行存款日记账必须逐日结出余额。

（八）每一账页登记完毕结转下页时，应当结出本页合计数及余额，写在本页最后一行和下页第一行有关栏内，并在摘要栏内注明"过次页"和"承前页"字样；也可以将本页合计数及金额只写在下页第一行有关栏内，并在摘要栏内注明"承前页"字样。对需要结计本月发生额的账户，结计"过次页"的本页合计数应当为自本月初起至本页末止的发生额合计数；对需要结计本年累计发生额的账户，结计"过次页"的本页合计数应当为自年初起至本页末止的累计数；对既不需要结计本月发生额也不需要结计本年累计发生额的账户，可以只将每页末的余额结转次页。

第六十一条　账簿记录发生错误，不准涂改、挖补、刮擦或者用药水消除字迹，不准重新抄写，必须按照下列方法进行更正：

（一）登记账簿时发生错误，应当将错误的文字或者数字画红线注销，但必须使原有字迹仍可辨认；然后在画线上方填写正确的文字或者数字，并由记账人员在更正处盖章。对于错误的数字，应当全部画红线更正，不得只更正其中的错误数字。对于文字错误，可只划去错误的部分。

（二）由于记账凭证错误而使账簿记录发生错误，应当按更正的记账凭证登记账簿。

第六十二条　各单位应当定期对会计账簿记录的有关数字与库存实物、货币资金、有价证券、往来单位或者个人等进行相互核对，保证账证相符、账账相符、账实相符。对账工作每年至少进行一次。

（一）账证核对。核对会计账簿记录与原始凭证、记账凭证的时间、凭证字号、内容、金额是否一致，记账方向是否相符。

（二）账账核对。核对不同会计账簿之间的账簿记录是否相符，包括：总账有关账户的余额核对，总账与明细账核对，总账与日记账核对，会计部门的财产物资明细账与财产物资保管和使用部门的有关明细账核对等。

（三）账实核对。核对会计账簿记录与财产等实有数额是否相符。包括：现金日记账账面余额与现金实际库存数相核对，银行存款日记账账面余额定期与银行对账单相核对，各种财物明细账账面余额与财物实存数额相核对，各种应收、应付款明细账账面余额与有关债务、债权单位或者个人核对等。

第六十三条　各单位应当按照规定定期结账。

（一）结账前，必须将本期内所发生的各项经济业务全部登记入账。

（二）结账时，应当结出每个账户的期末余额。需要结出当月发生额的，应当在摘要栏内注明“本月合计”字样，并在下面通栏画单红线。需要结出本年累计发生额的，应当在摘要栏内注明“本年累计”字样，并在下面通栏画单红线；12月末的“本年累计”就是全年累计发生额。全年累计发生额下面应当通栏画双红线。年度终了结账时，所有总账账户都应当结出全年发生额和年末余额。

（三）年度终了，要把各账户的余额结转到下一会计年度，并在摘要栏注明“结转下年 ”字样；在下一会计年度新建有关会计账簿的第一行余额栏内填写上年结转的余额，并在摘要栏注明“上年结转”字样。

附录1.3.4　编制财务报告

第六十四条　各单位必须按照国家统一会计制度的规定，定期编制财务报告。财务报告包括会计报表及其说明。会计报表包括会计报表主表、会计报表附表、会计报表附注。

第六十五条　各单位对外报送的财务报告应当根据国家统一会计制度规定的格式和要求编制。单位内部使用的财务报告，其格式和要求由各单位自行规定。

第六十六条　会计报表应当根据登记完整、核对无误的会计账簿记录和其他有关资料编制，做到数字真实、计算准确、内容完整、说明清楚。任何人不得篡改或者授意、指使、强令他人篡改会计报表的有关数字。

第六十七条　会计报表之间、会计报表各项目之间，凡有对应关系的数字，应当相互一 致。本期会计报表与上期会计报表之间有关的数字应当相互衔接。如果不同会计年度会计报表中各项目的内容和核算方法有变更的，应当在年度会计报表中加以说明。

第六十八条　各单位应当按照国家统一会计制度的规定认真编写会计报表附注及其说明，做到项目齐全，内容完整。

第六十九条　各单位应当按照国家规定的期限对外报送财务报告。对外报送的财务报告，应当依次编定页码，加具封面，装订成册，加盖公章。封面上应当注明：单位名称，单位地址，财务报告所属年度、季度、月度，送出日期，并由单位领导人、总会计师、会计机构负责人、会计主管人员签名或者盖章。单位领导人对财务报告的合法性、真实性负法律责任。

第七十条　根据法律和国家有关规定应当对财务报告进行审计的，财务报告编制单位应当先行委托注册会计师进行审计，并将注册会计师出具的审计报告随同财务报告按照规定的期限报送有关部门。

第七十一条　如果发现对外报送的财务报告有错误，应当及时办理更正手续。除更正本单位留存的财务报告外，应同时通知接受财务报告的单位更正。错误较多的，应当重新编报。

附录1.4　会计监督

第七十二条　各单位的会计机构、会计人员对本单位的经济活动进行会计监督。

第七十三条　会计机构、会计人员进行会计监督的依据是：

（一）财经法律、法规、规章。

（二）会计法律、法规和国家统一会计制度。

（三）各省、自治区、直辖市财政厅（局）和国务院业务主管部门根据《中华人民共和国会计法》和国家统一会计制度制定的具体实施办法或者补充规定。

（四）各单位根据《中华人民共和国会计法》和国家统一会计制度制定的单位内部会计管理制度。

（五）各单位内部的预算、财务计划、经济计划、业务计划。

第七十四条　会计机构、会计人员应当对原始凭证进行审核和监督。对不真实、不合法的原始凭证，不予受理。对弄虚作假、严重违法的原始凭证，在不予受理的同时，应当予以扣留，并及时向单位领导人报告，请求查明原因，追究当事人的责任。对记载不明确、不完整的原始凭证，予以退回，要求经办人员更正、补充。

第七十五条　会计机构、会计人员对伪造、变造、故意毁灭会计账簿或者账外设账行为，应当制止和纠正；制止和纠正无效的，应当向上级主管单位报告，请求作出处理。

第七十六条　会计机构、会计人员应当对实物、款项进行监督，督促建立并严格执行财产清查制度。发现账簿记录与实物、款项不符时，应当按照国家有关规定进行处理。超出会计机构、会计人员职权范围的，应当立即向本单位领导报告，请求查明原因，作出处理。

第七十七条　会计机构、会计人员对指使、强令编造、篡改财务报告行为，应当制止和纠正；制止和纠正无效的，应当向上级主管单位报告，请求处理。

第七十八条　会计机构、会计人员应当对财务收支进行监督。

（一）对审批手续不全的财务收支，应当退回，要求补充、更正。

（二）对违反规定不纳入单位统一会计核算的财务收支，应当制止和纠正。

（三）对违反国家统一的财政、财务、会计制度规定的财务收支，不予办理。

（四）对认为是违反国家统一的财政、财务、会计制度规定的财务收支，应当制止和纠正；制止和纠正无效的，应当向单位领导人提出书面意见请求处理。单位领导人应当在接到书面意见起十日内作出书面决定，并对决定承担责任。

（五）对违反国家统一的财政、财务、会计制度规定的财务收支，不予制止和纠正，又不向单位领导人提出书面意见的，也应当承担责任。

（六）对严重违反国家利益和社会公众利益的财务收支，应当向主管单位或者财政、审计、税务机关报告。

第七十九条　会计机构、会计人员对违反单位内部会计管理制度的经济活动，应当制止和纠正；制止和纠正无效的，向单位领导人报告，请求处理。

第八十条　会计机构、会计人员应当对单位制定的预算、财务计划、经济计划、业务计划的执行情况进行监督。

第八十一条　各单位必须依照法律和国家有关规定接受财政、审计、税务等机关的监督，如实提供会计凭证、会计账簿、会计报表和其他会计资料以及有关情况，不得拒绝、隐匿、谎报。

第八十二条　按照法律规定应当委托注册会计师进行审计的单位，应当委托注册会计师进行审计，并配合注册会计师的工作，如实提供会计凭证、会计账簿、会计报表和其他会计资料以及有关情况，不得拒绝、隐匿、谎报，不得示意注册会计师出具不当的审计报告。

附录1.5　内部会计管理制度

第八十三条　各单位应当根据《中华人民共和国会计法》和国家统一会计制度的规定，结合单位类型和内容管理的需要，建立健全相应的内部会计管理制度。

第八十四条　各单位制定内部会计管理制度应当遵循下列原则：

（一）应当执行法律、法规和国家统一的财务会计制度。

（二）应当体现本单位的生产经营、业务管理的特点和要求。

（三）应当全面规范本单位的各项会计工作，建立健全会计基础，保证会计工作的有序进行。

（四）应当科学、合理，便于操作和执行。

（五）应当定期检查执行情况。

（六）应当根据管理需要和执行中的问题不断完善。

第八十五条　各单位应当建立内部会计管理体系。主要内容包括：单位领导人、总会计师对会计工作的领导职责；会计部门及其会计机构负责人、会计主管人员的职责、权限；会计部门与其他职能部门的关系；会计核算的组织形式等。

第八十六条　各单位应当建立会计人员岗位责任制度。主要内容包括：会计人员的工作岗位设置；各会计工作岗位的职责和标准；各会计工作岗位的人员和具体分工；会计工作岗位轮换办法；对各会计工作岗位的考核办法。

第八十七条　各单位应当建立账务处理程序制度。主要内容包括：会计科目及其明细科目的设置和使用；会计凭证的格式、审核要求和传递程序；会计核算方法；会计账簿的设置；编制会计报表的种类和要求；单位会计指标体系。

第八十八条　各单位应当建立内部牵制制度。主要内容包括：内部牵制制度的原则；组织分工；出纳岗位的职责和限制条件；有关岗位的职责和权限。

第八十九条　各单位应当建立稽核制度。主要内容包括：稽核工作的组织形式和具体分工；稽核工作的职责、权限；审核会计凭证和复核会计账簿、会计报表的方法。

第九十条　各单位应当建立原始记录管理制度。主要内容包括：原始记录的内容和填制方法；原始记录的格式；原始记录的审核；原始记录填制人的责任；原始记录签署；传递、汇集要求。

第九十一条　各单位应当建立定额管理制度。主要内容包括：定额管理的范围；制定和修订定额的依据、程序和方法；定额的执行；定额考核和奖惩办法等。

第九十二条　各单位应当建立计量验收制度。主要内容包括：计量检测手段和方法；计量验收管理的要求；计量验收人员的责任和奖惩办法。

第九十三条　各单位应当建立财产清查制度。主要内容包括：财产清查的范围；财产清查的组织；财产清查的期限和方法；对财产清查中发现问题的处理办法；对财产管理人员的奖惩办法。

第九十四条　各单位应当建立财务收支审批制度。主要内容包括：财务收支审批人员和审批权限；财务收支审批程序；财务收支审批人员的责任。

第九十五条　实行成本核算的单位应当建立成本核算制度。主要内容包括：成本核算的对象；成本核算的方法和程序；成本分析等。

第九十六条　各单位应当建立财务会计分析制度。主要内容包括：财务会计分析的主要内容；财务会计分析的基本要求和组织程序；财务会计分析的具体方法；财务会计分析报告的编写要求等。

附录1.6　附　则

第九十七条　本规范所称国家统一会计制度，是指由财政部制定、或者财政部与国务院有关部门联合制定、或者经财政部审核批准的在全国范围内统一执行的会计规章、准则、办法等规范性文件。本规范所称会计主管人员，是指不设置会计机构、只在其他机构中设置专职会计人员的单位行使会计机构负责人职权的人员。本规范1.3.2和1.3.3关于填制会计凭证、登记会计账簿的规定，除特别指出外，一般适用于手工记账。实行会计电算化的单位，填制会计凭证和登记会计账簿的有关要求，应当符合财政部关于会计电算化的有关规定。

第九十八条　各省、自治区、直辖市财政厅（局）、国务院各业务主管部门可以根据本规范的原则，结合本地区、本部门的具体情况，制定具体实施办法，报财政部备案。

第九十九条　本规范由财政部负责解释、修改。

第一百条　本规范自公布之日起实施。1984年4月24日财政部发布的《会计人员工作规则》同时废止。

附录2　人民币银行结算账户管理办法

附录2.1　总　则

第一条　为规范人民币银行结算账户（以下简称银行结算账户）的开立和使用，加强银行结算账户管理，维护经济金融秩序稳定，根据《中华人民共和国中国人民银行法》和《中华人民共和国商业银行法》等法律法规，制定本办法。

第二条　存款人在中国境内的银行开立的银行结算账户适用本办法。

本办法所称存款人，是指在中国境内开立银行结算账户的机关、团体、部队、企业、事业单位、其他组织（以下统称单位）、个体工商户和自然人。

本办法所称银行，是指在中国境内经中国人民银行批准经营支付结算业务的政策性银行、商业银行（含外资独资银行、中外合资银行、外国银行分行）、城市信用合作社、农村信用合作社。

本办法所称银行结算账户，是指银行为存款人开立的办理资金收付结算的人民币活期存款账户。

第三条　银行结算账户按存款人分为单位银行结算账户和个人银行结算账户。

（一）存款人以单位名称开立的银行结算账户为单位银行结算账户。单位银行结算账户按用途分为基本存款账户、一般存款账户、专用存款账户、临时存款账户。

个体工商户凭营业执照以字号或经营者姓名开立的银行结算账户纳入单位银行结算账户管理。

（二）存款人凭个人身份证件以自然人名称开立的银行结算账户为个人银行结算账户。

邮政储蓄机构办理银行卡业务开立的账户纳入个人银行结算账户管理。

第四条　单位银行结算账户的存款人只能在银行开立一个基本存款账户。

第五条　存款人应在注册地或住所地开立银行结算账户。符合本办法规定可以在异地（跨省、市、县）开立银行结算账户的除外。

第六条　存款人开立基本存款账户、临时存款账户和预算单位开立专用存款账户实行核准制度，经中国人民银行核准后由开户银行核发开户登记证。但存款人因注册验资需要开立的临时存款账户除外。

第七条　存款人可以自主选择银行开立银行结算账户。除国家法律、行政法规和国务院规定外，任何单位和个人不得强令存款人到指定银行开立银行结算账户。

第八条　银行结算账户的开立和使用应当遵守法律、行政法规，不得利用银行结算账户进行偷逃税款、逃废债务、套取现金及其他违法犯罪活动。

第九条　银行应依法为存款人的银行结算账户信息保密。对单位银行结算账户的存款和有关资料，除国家法律、行政法规另有规定外，银行有权拒绝任何单位或个人查询。对个人银行结算账户的存款和有关资料，除国家法律另有规定外，银行有权拒绝任何单位或个人查询。

第十条　中国人民银行是银行结算账户的监督管理部门。

附录2.2　银行结算账户的开立

第十一条　基本存款账户是存款人因办理日常转账结算和现金收付需要开立的银行结算账户。下列存款人，可以申请开立基本存款账户:

（一）企业法人。

（二）非法人企业。

（三）机关、事业单位。

（四）团级（含）以上军队、武警部队及分散执勤的支（分）队。

（五）社会团体。

（六）民办非企业组织。

（七）异地常设机构。

（八）外国驻华机构。

（九）个体工商户。

（十）居民委员会、村民委员会、社区委员会。

（十一）单位设立的独立核算的附属机构。

（十二）其他组织。

第十二条　一般存款账户是存款人因借款或其他结算需要，在基本存款账户开户银行以外的银行营业机构开立的银行结算账户。

第十三条　专用存款账户是存款人按照法律、行政法规和规章，对其特定用途资金进行专项管理和使用而开立的银行结算账户。对下列资金的管理与使用，存款人可以申请开立专用存款账户:

（一）基本建设资金。

（二）更新改造资金。

（三）财政预算外资金。

（四）粮、棉、油收购资金。

（五）证券交易结算资金。

（六）期货交易保证金。

（七）信托基金。

（八）金融机构存放同业资金。

（九）政策性房地产开发资金。

（十）单位银行卡备用金。

（十一）住房基金。

（十二）社会保障基金。

（十三）收入汇缴资金和业务支出资金。

（十四）党、团、工会设在单位的组织机构经费。

（十五）其他需要专项管理和使用的资金。

收入汇缴资金和业务支出资金，是指基本存款账户存款人附属的非独立核算单位或派出机构发生的收入和支出的资金。

因收入汇缴资金和业务支出资金开立的专用存款账户，应使用隶属单位的名称。

第十四条　临时存款账户是存款人因临时需要并在规定期限内使用而开立的银行结算账户。有下列情况的，存款人可以申请开立临时存款账户：

（一）设立临时机构。

（二）异地临时经营活动。

（三）注册验资。

第十五条　个人银行结算账户是自然人因投资、消费、结算等而开立的可办理支付结算业务的存款账户。有下列情况的，可以申请开立个人银行结算账户：

（一）使用支票、信用卡等信用支付工具的。

（二）办理汇兑、定期借记、定期贷记、借记卡等结算业务的。

自然人可根据需要申请开立个人银行结算账户，也可以在已开立的储蓄账户中选择并向开户银行申请确认为个人银行结算账户。

第十六条　存款人有下列情形之一的，可以在异地开立有关银行结算账户：

（一）营业执照注册地与经营地不在同一行政区域（跨省、市、县）需要开立基本存款账户的。

（二）办理异地借款和其他结算需要开立一般存款账户的。

（三）存款人因附属的非独立核算单位或派出机构发生的收入汇缴或业务支出需要开立专用存款账户的。

（四）异地临时经营活动需要开立临时存款账户的。

（五）自然人根据需要在异地开立个人银行结算账户的。

第十七条　存款人申请开立基本存款账户，应向银行出具下列证明文件：

（一）企业法人，应出具企业法人营业执照正本。

（二）非法人企业，应出具企业营业执照正本。

（三）机关和实行预算管理的事业单位，应出具政府人事部门或编制委员会的批文或登记证书和财政部门同意其开户的证明；非预算管理的事业单位，应出具政府人事部门或编制委员会的批文或登记证书。

（四）军队、武警团级（含）以上单位以及分散执勤的支（分）队，应出具军队军级以上单位财务部门、武警总队财务部门的开户证明。

（五）社会团体，应出具社会团体登记证书；宗教组织还应出具宗教事务管理部门的批文或证明。

（六）民办非企业组织，应出具民办非企业登记证书。

（七）外地常设机构，应出具其驻在地政府主管部门的批文。

（八）外国驻华机构，应出具国家有关主管部门的批文或证明；外资企业驻华代表处、办事处应出具国家登记机关颁发的登记证。

（九）个体工商户，应出具个体工商户营业执照正本。

（十）居民委员会、村民委员会、社区委员会，应出具其主管部门的批文或证明。

（十一）独立核算的附属机构，应出具其主管部门的基本存款账户开户登记证和批文。

（十二）其他组织，应出具政府主管部门的批文或证明。

本条中的存款人为从事生产、经营活动纳税人的，还应出具税务部门颁发的税务登记证。

第十八条　存款人申请开立一般存款账户，应向银行出具其开立基本存款账户规定的证明文件、基本存款账户开户登记证和下列证明文件：

（一）存款人因向银行借款需要，应出具借款合同。

（二）存款人因其他结算需要，应出具有关证明。

第十九条　存款人申请开立专用存款账户，应向银行出具其开立基本存款账户规定的证明文件、基本存款账户开户登记证和下列证明文件：

（一）基本建设资金、更新改造资金、政策性房地产开发资金、住房基金、社会保障基金，应出具主管部门批文。

（二）财政预算外资金，应出具财政部门的证明。

（三）粮、棉、油收购资金，应出具主管部门批文。

（四）单位银行卡备用金，应按照中国人民银行批准的银行卡章程的规定出具有关证明和资料。

（五）证券交易结算资金，应出具证券公司或证券管理部门的证明。

（六）期货交易保证金，应出具期货公司或期货管理部门的证明。

（七）金融机构存放同业资金，应出具其证明。

（八）收入汇缴资金和业务支出资金，应出具基本存款账户存款人有关的证明。

（九）党、团、工会设在单位的组织机构经费，应出具该单位或有关部门的批文或证明。

（十）其他按规定需要专项管理和使用的资金，应出具有关法规、规章或政府部门的有关文件。

第二十条　合格境外机构投资者在境内从事证券投资开立的人民币特殊账户和人民币结算资金账户纳入专用存款账户管理。其开立人民币特殊账户时应出具国家外汇管理部门的批复文件，开立人民币结算资金账户时应出具证券管理部门的证券投资业务许可证。

第二十一条　存款人申请开立临时存款账户，应向银行出具下列证明文件：

（一）临时机构，应出具其驻地主管部门同意设立临时机构的批文。

（二）异地建筑施工及安装单位，应出具其营业执照正本或其隶属单位的营业执照正本，以及施工及安装地建设主管部门核发的许可证或建筑施工及安装合同。

（三）异地从事临时经营活动的单位，应出具其营业执照正本以及临时经营地工商行政管理部门的批文。

（四）注册验资资金，应出具工商行政管理部门核发的企业名称预先核准通知书或有关部门的批文。

本条第二、三项还应出具其基本存款账户开户登记证。

第二十二条　存款人申请开立个人银行结算账户，应向银行出具下列证明文件：

（一）中国居民，应出具居民身份证或临时身份证。

（二）中国人民解放军军人，应出具军人身份证件。

（三）中国人民武装警察，应出具武警身份证件。

（四）香港、澳门居民，应出具港澳居民往来内地通行证；台湾居民，应出具台湾居民来往大陆通行证或者其他有效旅行证件。

（五）外国公民，应出具护照。

（六）法律、法规和国家有关文件规定的其他有效证件。

银行为个人开立银行结算账户时，根据需要还可要求申请人出具户口簿、驾驶执照、护照等有效证件。

第二十三条　存款人需要在异地开立单位银行结算账户，除出具本办法第十七条、十八条、十九条、二十一条规定的有关证明文件外，应出具下列相应的证明文件：

（一）经营地与注册地不在同一行政区域的存款人，在异地开立基本存款账户的，应出具注册地中国人民银行分支行的未开立基本存款账户的证明。

（二）异地借款的存款人，在异地开立一般存款账户的，应出具在异地取得贷款的借款合同。

（三）因经营需要在异地办理收入汇缴和业务支出的存款人，在异地开立专用存款账户的，应出具隶属单位的证明。

属本条第二、三项情况的，还应出具其基本存款账户开户登记证。

存款人需要在异地开立个人银行结算账户，应出具本办法第二十二条规定的证明文件。

第二十四条　单位开立银行结算账户的名称应与其提供的申请开户的证明文件的名称全称相一致。有字号的个体工商户开立银行结算账户的名称应与其营业执照的字号相一致；无字号的个体工商户开立银行结算账户的名称，由“个体户”字样和营业执照记载的经营者姓名组成。自然人开立银行结算账户的名称应与其提供的有效身份证件中的名称全称相一致。

第二十五条　银行为存款人开立一般存款账户、专用存款账户和临时存款账户的，应自开户之日起3个工作日内书面通知基本存款账户开户银行。

第二十六条　存款人申请开立单位银行结算账户时，可由法定代表人或单位负责人直接办理，也可授权他人办理。

由法定代表人或单位负责人直接办理的，除出具相应的证明文件外，还应出具法定代表人或单位负责人的身份证件；授权他人办理的，除出具相应的证明文件外，还应出具其法定代表人或单位负责人的授权书及其身份证件，以及被授权人的身份证件。

第二十七条　存款人申请开立银行结算账户时，应填制开户申请书。开户申请书按照中国人民银行的规定记载有关事项。

第二十八条　银行应对存款人的开户申请书填写的事项和证明文件的真实性、完整性、合规性进行认真审查。

开户申请书填写的事项齐全，符合开立基本存款账户、临时存款账户和预算单位专用存款账户条件的，银行应将存款人的开户申请书、相关的证明文件和银行审核意见等开户资料报送中国人民银行当地分支行，经其核准后办理开户手续；符合开立一般存款账户、其他专用存款账户和个人银行结算账户条件的，银行应办理开户手续，并于开户之日起5个工作日内向中国人民银行当地分支行备案。

第二十九条　中国人民银行应于2个工作日内对银行报送的基本存款账户、临时存款账户和预算单位专用存款账户的开户资料的合规性予以审核，符合开户条件的，予以核准；不符合开户条件的，应在开户申请书上签署意见，连同有关证明文件一并退回报送银行。

第三十条　银行为存款人开立银行结算账户，应与存款人签订银行结算账户管理协议，明确双方的权利与义务。除中国人民银行另有规定的以外，应建立存款人预留签章卡片，并将签章式样和有关证明文件的原件或复印件留存归档。

第三十一条　开户登记证是记载单位银行结算账户信息的有效证明，存款人应按本办法的规定使用，并妥善保管。

第三十二条　银行在为存款人开立一般存款账户、专用存款账户和临时存款账户时，应在其基本存款账户开户登记证上登记账户名称、账号、账户性质、开户银行、开户日期，并签章。但临时机构和注册验资需要开立的临时存款账户除外。

附录2.3　银行结算账户的使用

第三十三条　基本存款账户是存款人的主办账户。存款人日常经营活动的资金收付及其工资、奖金和现金的支取，应通过该账户办理。

第三十四条　一般存款账户用于办理存款人借款转存、借款归还和其他结算的资金收付。该账户可以办理现金缴存，但不得办理现金支取。

第三十五条　专用存款账户用于办理各项专用资金的收付。

单位银行卡账户的资金必须由其基本存款账户转账存入。该账户不得办理现金收付业务。

财政预算外资金、证券交易结算资金、期货交易保证金和信托基金专用存款账户不得支取现金。

基本建设资金、更新改造资金、政策性房地产开发资金、金融机构存放同业资金账户需要支取现金的，应在开户时报中国人民银行当地分支行批准。中国人民银行当地分支行应根据国家现金管理的规定审查批准。

粮、棉、油收购资金、社会保障基金、住房基金和党、团、工会经费等专用存款账户支取现金应按照国家现金管理的规定办理。

收入汇缴账户除向其基本存款账户或预算外资金财政专用存款户划缴款项外，只收不付，不得支取现金。业务支出账户除从其基本存款账户拨入款项外，只付不收，其现金支取必须按照国家现金管理的规定办理。

银行应按照本条的各项规定和国家对粮、棉、油收购资金使用管理规定加强监督，对不符合规定的资金收付和现金支取，不得办理。但对其他专用资金的使用不负监督责任。

第三十六条　临时存款账户用于办理临时机构以及存款人临时经营活动发生的资金收付。

临时存款账户应根据有关开户证明文件确定的期限或存款人的需要确定其有效期限。存款人在账户的使用中需要延长期限的，应在有效期限内向开户银行提出申请，并由开户银行报中国人民银行当地分支行核准后办理延期。临时存款账户的有效期最长不得超过2年。

临时存款账户支取现金，应按照国家现金管理的规定办理。

第三十七条　注册验资的临时存款账户在验资期间只收不付，注册验资资金的汇缴人应与出资人的名称一致。

第三十八条　存款人开立单位银行结算账户，自正式开立之日起3个工作日后，方可办理付款业务。但注册验资的临时存款账户转为基本存款账户和因借款转存开立的一般存款账户除外。

第三十九条　个人银行结算账户用于办理个人转账收付和现金存取。下列款项可以转入个人银行结算账户：

（一）工资、奖金收入。

（二）稿费、演出费等劳务收入。

（三）债券、期货、信托等投资的本金和收益。

（四）个人债权或产权转让收益。

（五）个人贷款转存。

（六）证券交易结算资金和期货交易保证金。

（七）继承、赠与款项。

（八）保险理赔、保费退还等款项。

（九）纳税退还。

（十）农、副、矿产品销售收入。

（十一）其他合法款项。

第四十条　单位从其银行结算账户支付给个人银行结算账户的款项，每笔超过5万元的，应向其开户银行提供下列付款依据：

（一）代发工资协议和收款人清单。

（二）奖励证明。

（三）新闻出版、演出主办等单位与收款人签订的劳务合同或支付给个人款项的证明。

（四）证券公司、期货公司、信托投资公司、奖券发行或承销部门支付或退还给自然人款项的证明。

（五）债权或产权转让协议。

（六）借款合同。

（七）保险公司的证明。

（八）税收征管部门的证明。

（九）农、副、矿产品购销合同。

（十）其他合法款项的证明。

从单位银行结算账户支付给个人银行结算账户的款项应纳税的，税收代扣单位付款时应向其开户银行提供完税证明。

第四十一条　有下列情形之一的，个人应出具本办法第四十条规定的有关收款依据。

（一）个人持出票人为单位的支票向开户银行委托收款，将款项转入其个人银行结算账户的。

（二）个人持申请人为单位的银行汇票和银行本票向开户银行提示付款，将款项转入其个人银行结算账户的。

第四十二条　单位银行结算账户支付给个人银行结算账户款项的，银行应按第四十条、第四十一条规定认真审查付款依据或收款依据的原件，并留存复印件，按会计档案保管。未提供相关依据或相关依据不符合规定的，银行应拒绝办理。

第四十三条　储蓄账户仅限于办理现金存取业务，不得办理转账结算。

第四十四条　银行应按规定与存款人核对账务。银行结算账户的存款人收到对账单或对账信息后，应及时核对账务并在规定期限内向银行发出对账回单或确认信息。

第四十五条　存款人应按照本办法的规定使用银行结算账户办理结算业务。

存款人不得出租、出借银行结算账户，不得利用银行结算账户套取银行信用。

附录2.4　银行结算账户的变更与撤销

第四十六条　存款人更改名称，但不改变开户银行及账号的，应于5个工作日内向开户银行提出银行结算账户的变更申请，并出具有关部门的证明文件。

第四十七条　单位的法定代表人或主要负责人、住址以及其他开户资料发生变更时，应于5个工作日内书面通知开户银行并提供有关证明。

第四十八条　银行接到存款人的变更通知后，应及时办理变更手续，并于2个工作日内向中国人民银行报告。

第四十九条　有下列情形之一的，存款人应向开户银行提出撤销银行结算账户的申请：

（一）被撤并、解散、宣告破产或关闭的。

（二）注销、被吊销营业执照的。

（三）因迁址需要变更开户银行的。

（四）其他原因需要撤销银行结算账户的。

存款人有本条第（一）项、（二）项情形的，应于5个工作日内向开户银行提出撤销银行结算账户的申请。

本条所称撤销是指存款人因开户资格或其他原因终止银行结算账户使用的行为。

第五十条　存款人因本办法第四十九条第（一）项、（二）项原因撤销基本存款账户的，存款人基本存款账户的开户银行应自撤销银行结算账户之日起2个工作日内。将撤销该基本存款账户的情况书面通知该存款人其他银行结算账户的开户银行；存款人其他银行结算账户的开户银行，应自收到通知之日起2个工作日内通知存款人撤销有关银行结算账户；存款人应自收到通知之日起3个工作日内办理其他银行结算账户的撤销。

第五十一条　银行得知存款人有本办法第四十九条第（一）项、（二）项情况，存款人超过规定期限未主动办理撤销银行结算账户手续的，银行有权停止其银行结算账户的对外支付。

第五十二条　未获得工商行政管理部门核准登记的单位，在验资期满后，应向银行申请撤销注册验资临时存款账户，其账户资金应退还给原汇款人账户。注册验资资金以现金方式存入，出资人需提取现金的，应出具缴存现金时的现金缴款单原件及其有效身份证件。

第五十三条　存款人尚未清偿其开户银行债务的，不得申请撤销该账户。

第五十四条　存款人撤销银行结算账户，必须与开户银行核对银行结算账户存款余额，交回各种重要空白票据及结算凭证和开户登记证，银行核对无误后方可办理销户手续。存款人未按规定交回各种重要空白票据及结算凭证的，应出具有关证明，造成损失的，由其自行承担。

第五十五条　银行撤销单位银行结算账户时应在其基本存款账户开户登记证上注明销户日期并签章，同时于撤销银行结算账户之日起2个工作日内，向中国人民银行报告。

第五十六条　银行对一年未发生收付活动且未欠开户银行债务的单位银行结算账户,应通知单位自发出通知之日起30日内办理销户手续，逾期视同自愿销户，未划转款项列入久悬未取专户管理。

附录2.5　银行结算账户的管理

第五十七条　中国人民银行负责监督、检查银行结算账户的开立和使用，对存款人、银行违反银行结算账户管理规定的行为予以处罚。

第五十八条　中国人民银行对银行结算账户的开立和使用实施监控和管理。

第五十九条　中国人民银行负责基本存款账户、临时存款账户和预算单位专用存款账户开户登记证的管理。

任何单位及个人不得伪造、变造及私自印制开户登记证。

第六十条　银行负责所属营业机构银行结算账户开立和使用的管理，监督和检查其执行本办法的情况，纠正违规开立和使用银行结算账户的行为。

第六十一条　银行应明确专人负责银行结算账户的开立、使用和撤销的审查和管理，负责对存款人开户申请资料的审查，并按照本办法的规定及时报送存款人开销户信息资料，建立健全开销户登记制度，建立银行结算账户管理档案，按会计档案进行管理。

银行结算账户管理档案的保管期限为银行结算账户撤销后10年。

第六十二条　银行应对已开立的单位银行结算账户实行年检制度，检查开立的银行结算账户的合规性，核实开户资料的真实性；对不符合本办法规定开立的单位银行结算账户，应予以撤销。对经核实的各类银行结算账户的资料变动情况，应及时报告中国人民银行当地分支行。

银行应对存款人使用银行结算账户的情况进行监督，对存款人的可疑支付应按照中国人民银行规定的程序及时报告。

第六十三条　存款人应加强对预留银行签章的管理。单位遗失预留公章或财务专用章的，应向开户银行出具书面申请、开户登记证、营业执照等相关证明文件；更换预留公章或财务专用章时，应向开户银行出具书面申请、原预留签章的式样等相关证明文件。个人遗失或更换预留个人印章或更换签字人时，应向开户银行出具经签名确认的书面申请，以及原预留印章或签字人的个人身份证件。银行应留存相应的复印件，并凭以办理预留银行签章的变更。

附录2.6　罚　则

第六十四条　存款人开立、撤销银行结算账户，不得有下列行为：

（一）违反本办法规定开立银行结算账户。

（二）伪造、变造证明文件欺骗银行开立银行结算账户。

（三）违反本办法规定不及时撤销银行结算账户。

非经营性的存款人，有上述所列行为之一的，给予警告并处以1 000元的罚款；经营性的存款人有上述所列行为之一的，给予警告并处以1万元以上3万元以下的罚款；构成犯罪的，移交司法机关依法追究刑事责任。

第六十五条　存款人使用银行结算账户，不得有下列行为：

（一）违反本办法规定将单位款项转入个人银行结算账户。

（二）违反本办法规定支取现金。

（三）利用开立银行结算账户逃废银行债务。

（四）出租、出借银行结算账户。

（五）从基本存款账户之外的银行结算账户转账存入、将销货收入存入或现金存入单位信用卡账户。

（六）法定代表人或主要负责人、存款人地址以及其他开户资料的变更事项未在规定期限内通知银行。

非经营性的存款人有上述所列（一）至（五）项行为的，给予警告并处以1 000元罚款；经营性的存款人有上述所列一至五项行为的，给予警告并处以5 000元以上3万元以下的罚款；存款人有上述所列第六项行为的，给予警告并处以1 000元的罚款。

第六十六条　银行在银行结算账户的开立中，不得有下列行为：

（一）违反本办法规定为存款人多头开立银行结算账户。

（二）明知或应知是单位资金，而允许以自然人名称开立账户存储。

银行有上述所列行为之一的，给予警告，并处以5万元以上30万元以下的罚款；对该银行直接负责的高级管理人员、其他直接负责的主管人员、直接责任人员按规定给予纪律处分；情节严重的，中国人民银行有权停止对其开立基本存款账户的核准，责令该银行停业整顿或者吊销经营金融业务许可证；构成犯罪的，移交司法机关依法追究刑事责任。

第六十七条　银行在银行结算账户的使用中，不得有下列行为：

（一）提供虚假开户申请资料欺骗中国人民银行许可开立基本存款账户、临时存款账户、预算单位专用存款账户。

（二）开立或撤销单位银行结算账户，未按本办法规定在其基本存款账户开户登记证上予以登记、签章或通知相关开户银行。

（三）违反本办法第四十二条规定办理个人银行结算账户转账结算。

（四）为储蓄账户办理转账结算。

（五）违反规定为存款人支付现金或办理现金存入。

（六）超过期限或未向中国人民银行报送账户开立、变更、撤销等资料。

银行有上述所列行为之一的，给予警告，并处以5 000元以上3万元以下的罚款；对该银行直接负责的高级管理人员、其他直接负责的主管人员、直接责任人员按规定给予纪律处分；情节严重的，中国人民银行有权停止对其开立基本存款账户的核准；构成犯罪的，移交司法机关依法追究刑事责任。

第六十八条　违反本办法规定，伪造、变造、私自印制开户登记证的存款人，属非经营性的处以1 000元罚款；属经营性的处以1万元以上3万元以下的罚款；构成犯罪的，移交司法机关依法追究刑事责任。

附录2.7　附　则

第六十九条　开户登记证由中国人民银行总行统一式样，中国人民银行各分行、营业管理部、省会（首府）城市中心支行负责监制。

第七十条　本办法由中国人民银行负责解释、修改。

第七十一条　本办法自2003年9月1日起施行。1994年10月9日中国人民银行发布的《银行账户管理办法》同时废止。

附录3 现金管理暂行条例

附录3.1 总 则

第一条 为改善现金管理，促进商品生产和流通，加强对社会经济活动的监督，制定本条例。

第二条 凡在银行和其他金融机构（以下简称开户银行）开立账户的机关、团体、部队、企业、事业单位和其他单位（以下简称开户单位），必须依照本条例的规定收支和使用现金，接受开户银行的监督。

国家鼓励开户单位和个人在经济活动中，采取转账方式进行结算，减少使用现金。

第三条 开户单位之间的经济往来，除按本条例规定的范围可以使用现金外，应当通过开户银行进行转账结算。

第四条 各级人民银行应当严格履行金融主管机关的职责，负责对开户银行的现金管理进行监督和稽核。

开户银行依照本条例和中国人民银行的规定，负责现金管理的具体实施，对开户单位收支、使用现金进行监督管理。

附录3.2 现金管理和监督

第五条 开户单位可以在下列范围内使用现金：

（一）职工工资、津贴；

（二）个人劳务报酬；

（三）根据国家规定颁发给个人的科学技术、文化艺术、体育等各种奖金；

（四）各种劳保、福利费用以及国家规定的对个人的其他支出；

（五）向个人收购农副产品和其他物资的价款；

（六）出差人员必须随身携带的差旅费；

（七）结算起点以下的零星支出；

（八）中国人民银行确定需要支付现金的其他支出。

前款结算起点定为1000元。结算起点的调整，由中国人民银行确定，报国务院备案。

第六条 除本条例第五条第（五）、（六）项外，开户单位支付给个人的款项，超过使用现金限额的部分，应当以支票或者银行本票支付；确需全额支付现金的，经开户银行审核后，予以支付现金。

前款使用现金限额，按本条例第五条第二款的规定执行。

第七条　转账结算凭证在经济往来中，具有同现金相同的支付能力。

开户单位在销售活动中，不得对现金结算给予比转账结算优惠待遇；不得拒收支票、银行汇票和银行本票。

第八条　机关、团体、部队、全民所有制和集体所有制企业事业单位购置国家规定的专项控制商品，必须采取转账结算方式，不得使用现金。

第九条　开户银行应当根据实际需要，核定开户单位3天至5天的日常零星开支所需的库存现金限额。

边远地区和交通不便地区的开户单位的库存现金限额，可以多于5天，但不得超过15天的日常零星开支。

第十条　经核定的库存现金限额，开户单位必须严格遵守。需要增加或者减少库存现金限额的，应当向开户银行提出申请，由开户银行核定。

第十一条　开户单位现金收支应当依照下列规定办理：

（一）开户单位现金收入应当于当日送存开户银行。当日送存确有困难的，由开户银行确定送存时间。

（二）开户单位支付现金，可以从本单位库存现金限额中支付或者从开户银行提取，不得从本单位的现金收入中直接支付（即坐支）。因特殊情况需要坐支现金的，应当事先报经开户银行审查批准，由开户银行核定坐支范围和限额。坐支单位应当定期向开户银行报送坐支金额和使用情况。

（三）开户单位根据本条例第五条和第六条的规定，从开户银行提取现金，应当写明用途，由本单位财会部门负责人签字盖章，经开户银行审核后，予以支付现金。

（四）因采购地点不固定，交通不便，生产或者市场急需，抢险救灾以及其他特殊情况必须使用现金的，开户单位应当向开户银行提出申请，由本单位财会部门负责人签字盖章，经开户银行审核后，予以支付现金。

第十二条　开户单位应当建立健全现金账目，逐笔记载现金支付。账目应当日清月结，账款相符。

第十三条　对个体工商户、农村承包经营户发放的贷款，应当以转账方式支付。对确需在集市使用现金购买物资的，经开户银行审核后，可以在贷款金额内支付现金。

第十四条　在开户银行开户的个体工商户、农村承包经营户异地采购所需货款，应当通过银行汇兑方式支付。因采购地点不固定，交通不便必须携带现金的，由开户银行根据实际需要，予以支付现金。

未在开户银行开户的个体工商户、农村承包经营户异地采购所需货款，可以通过银行汇兑方式支付。凡加盖“现金”字样的结算凭证，汇入银行必须保证支付现金。

第十五条　具备条件的银行应当接受开户单位的委托，开展代发工资、转存储蓄业务。

第十六条　为保证开户单位的现金收入及时送存银行，开户银行必须按照规定做好现金收款工作，不得随意缩短收款时间。大中城市和商业比较集中的地区，应当建立非营业时间收款制度。

第十七条　开户银行应当加强柜台审查，定期和不定期地对开户单位现金收支情况进行检查，并按规定向当地人民银行报告现金管理情况。

第十八条　一个单位在几家银行开户的，由一家开户银行负责现金管理工作，核定开户单位库存现金限额。

各金融机构的现金管理分工，由中国人民银行确定。有关现金管理分工的争议，由当地人民银行协调、裁决。

第十九条　开户银行应当建立健全现金管理制度，配备专职人员，改进工作作风，改善服务设施。现金管理工作所需经费应当在开户银行业务费中解决。

附录3.3　法律责任

第二十条　开户单位有下列情形之一的，开户银行应当依照中国人民银行的规定，责令其停止违法活动，并可根据情节轻重处以罚款：

（一）超出规定范围、限额使用现金的。

（二）超出核定的库存现金限额留存现金的。（2011年1月8日删除）

第二十一条　开户单位有下列情形之一的，开户银行应当依照中国人民银行的规定，予以警告或者罚款；情节严重的，可在一定期限内停止对该单位的贷款或者停止对该单位的现金支付：

（一）对现金结算给予比转账结算优惠待遇的；

（二）拒收支票、银行汇票和银行本票的；

（三）违反本条例第八条规定，不采取转账结算方式购置国家规定的专项控制商品的；

（四）用不符合财务会计制度规定的凭证顶替库存现金的；

（五）用转账凭证套换现金的；

（六）编造用途套取现金的；

（七）互相借用现金的；

（八）利用账户替其他单位和个人套取现金的；

（九）将单位的现金收入按个人储蓄方式存入银行的；

（十）保留账外公款的；

（十一）未经批准坐支或者未按开户银行核定的坐支范围和限额坐支现金的。（2011年1月8日删除）

第二十二条　开户单位对开户银行作出的处罚决定不服的，必须首先按照处罚决定执行，然后可在10日内向开户银行的同级人民银行申请复议。同级人民银行应当在收到复议申请之日起30日内作出复议决定。开户单位对复议决定不服的，可以在收到复议决定之日起30日内向人民法院起诉。（2011年1月8日删除）

第二十三条　银行工作人员违反本条例规定，徇私舞弊、贪污受贿、玩忽职守纵容违法行为的，应当根据情节轻重，给予行政处分和经济处罚；构成犯罪的，由司法机关依法追究刑事责任。

附录3.4　附　则

第二十四条　本条例由中国人民银行负责解释，施行细则由中国人民银行制定。

第二十五条　本条例自1988年10月1日起施行。1977年11月28日发布的《国务院关于实行现金管理的决定》同时废止。

附录4 工商操作指南

前面讲到的很多事项都有一个基础，就是先要成立一个公司。现在，简单介绍如何注册公司、注册公司需要注意哪些事项。

附录4.1 企业注册

要成立一个企业，第一件事情就是到所在地工商局注册登记，拿到营业执照，才能开始以后的工作。

附录4.1.1 申请公司登记的流程

注册一个公司，应该按照下面的程序办理。

（1）首先需要拟订一个公司的商号，因为商号不能重复，所以应该先到工商注册分局的注册大厅，查询商号与注册公司名称是否相重，然后取得商号不相重的证明。

（2）取得商号证明后，在注册大厅名称核准科申请名称预先核准，领取注册表格。

（3）提供公司注册的各种资料，包括有关部门对公司成立的审批文件等，工商部门会根据该文件办理审批。没有审批成立文件的内资公司应向具有法定资格的会计师事务所申办验资，也就是聘请专门的事务所人员对于公司的资产（包括银行存款和实物等）进行验证，以确定其资产符合公司成立的规定，公司需要取得该验资报告。材料备齐后到注册大厅受理窗口申报注册。

（4）工商部门受理申报以后，应该在通知时间到注册大厅发照科查询结果，领取公司营业执照。

营业执照分为正本和副本。正本应该按要求悬挂在公司的营业场所，副本由专人保管，在办理相关事项时出示。

附录4.1.2 公司注册资本的有关规定

2018年《中华人民共和国公司法》修改之后，放宽了注册资本登记条件，公司实收资本不再作为工商登记事项，取消了公司设立的最低限额。

（1）将注册资本实缴登记制改为认缴登记制，取消了关于公司股东（发起人）应当自公司成立之日起两年内缴足出资，投资公司可以在五年内缴足出资的规定；取消了一人有限责任公司股东应当一次足额缴纳出资的规定。

（2）放宽注册资本登记条件。

（3）简化登记事项和登记文件。有限责任公司股东认缴出资额、公司实收资本不再作为公司登记事项。公司登记时，不需要提交验资报告。

附录4.1.3　各类公司的注册和挂失收费标准

不同性质的公司有不同的注册收费标准，这里不再区分内资公司和外资公司，其标准如下。

- 公司注册时按注册资本收费，注册资本在人民币1 000万元以下的，按总额的1‰收取。如果超过1 000万元，超过部分按0.4‰收取，超过1亿元的超过部分不再收费。注册资本增加按注册资本增加额收费，如果此后发现了变更，则其他变更每次收费100元。
- 分支机构包括下属开立的门店、分公司、工厂，设立注册收费300元，如果发生变更缴纳100元；

另外，如果营业执照丢失，申请补发，执照收费50元，副本补发收费10元。

附录4.2　企业年报

在每一年的年报期间，应该定期到工商机构办理营业执照的年报，因为企业年报是工商部门对企业资质的复核行为，如果通过表明公司可以进行次年的企业经营活动。企业年报非常重要，所以应该有专人负责，注意不要过期。

现在来看一下普通企业申报营业执照年报的流程。

附录4.2.1　企业网上申报年检流程

从2014年起企业年检正式取消，改为企业年报。年报时间为1月1号至6月30号，可以通过登录网上年报网站的方式进行。网上申报年报非常方便和快捷，其流程如下。

在互联网上先搜索“企业网上年报系统”，然后根据具体注册地进入所属地区的主管工商局的年报系统网站，按照网页的提示进行网上注册和网上申报。

先在网上搜索到所属工商局的“网上年报系统入口”，然后登录，主要内容如图1所示。

再选择企业信息填报，会跳出来如图2的界面。我们要输入企业信息，然后登录，进入年报申报。

先填制登记事项，逐项核对登记事项原状与现状是否一致，若原状与现状一致，则选“一致”，否则选“不一致”。选“不一致”时，右侧出现文本框，按要求输入登记事项现状。

图1　年报系统界面

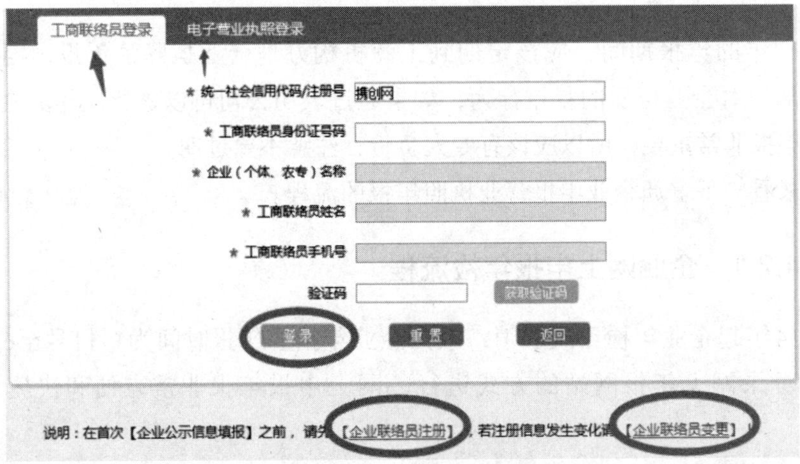

图2　年报登录界面

下面我们介绍企业年度报告、个体工商户年度报告、农民专业合作社年度报告的具体内容。

1. 企业年度报告的内容

（1）企业通信地址、邮政编码、联系电话、电子邮箱等信息；

（2）企业开业、歇业、清算等存续状态信息；

（3）企业投资设立企业、购买股权信息；

（4）企业为有限责任公司或者股份有限公司的，其股东或者发起人认缴和实缴的出资额、出资时间、出资方式等信息；

（5）有限责任公司股东股权转让等股权变更信息；

（6）企业网站以及从事网络经营的网店的名称、网址等信息；

（7）企业从业人数、资产总额、负债总额、对外提供保证担保、所有者权益合计、营业总收入、主营业务收入、利润总额、净利润、纳税总额信息。

第1项至第6项规定的信息应当向社会公示，第7项规定的信息由企业选择是否向社会公示。

2. 个体工商户年度报告的内容

（1）行政许可取得和变动信息；

（2）生产经营信息；

（3）开设的网站或者从事网络经营的网店的名称、网址等信息；

（4）联系方式等信息；

（5）国家工商行政管理总局要求报送的其他信息。

3. 农民专业合作社年度报告的内容

（1）行政许可取得和变动信息；

（2）生产经营信息；

（3）资产状况信息；

（4）开设的网站或者从事网络经营的网店的名称、网址等信息；

（5）联系方式信息；

（6）国家工商行政管理总局要求公示的其他信息。

附录4.2.2　企业年报审核内容

每年的工商年报都是需要认真准备的非常重要的事，虽然现在年报的流程已经得到了极大简化，但是应该清楚工商年检中审查的以下具体内容，做到心里有数。

- 两年内是否有不良行为记录；
- 营业执照期限届满，届满需要重新办理；
- 有没有过去年度没有参加年检的情况；
- 经营场所是不是继续存在；
- 如果成立的时候需要经营项目的审批文件、许可证件，那么今年批准文件是否被撤销、吊销以及到期，公司的经营活动是否在登记的经营范围之内；
- 是否有多次被消费者投诉举报的情况；
- 有案件未办结。

有改变其他登记事项没办理变更登记的情况也是年检内容，这就是说，如果有变更的情况，要先办理变更，再进行当年的年检，因为年检时对提供的公司资料有以下审查内容：

- 是否按照规定使用公司名称，如果改变名称是否有按照规定办理好变更登记；

- 如果改变了公司的注册地址是否按照规定办理变更登记；
- 如果变更了法定代表人或者单位负责人，是否按照规定办理变更登记；
- 是否有虚报注册资本行为，在成立以后，公司的股东和发起人是否按照规定缴纳出资，以及有无抽逃出资等违规行为；
- 如果股东和发起人转让了股权，是否按照规定办理变更登记；
- 如果需要修改公司的章程、变更了董事、监事、经理，是否按照规定办理备案手续；
- 如果设立了下属的分支机构，是否按照规定办理备案手续，是否有分公司被撤销、吊销营业执照等情况；
- 如果公司进入破产清算程序，是否按照规定办理备案手续。

如果有下属的分支机构，那么年检材料主要审查下列内容：

- 是否按照规定使用名称，改变名称是否按照规定办理变更登记；
- 如果有营业（经营）场所的改变，是否按照规定办理变更登记；
- 如果负责人变更，是否按照规定办理变更登记；
- 如果成立时需要经营项目的审批文件、许可证件，那么今年批准文件是否被撤销、吊销以及到期，经营活动是否在登记的经营范围之内；
- 隶属机构其他变更，是否按照规定办理变更登记。

附录4.3　公司的合并、分立、清算

在了解成立注册流程和办理年检以后，下面介绍办理公司合并、分立、清算的流程。

附录4.3.1　公司的合并

什么是公司的合并？公司合并是指两个或两个以上的公司订立了合并协议，然后依照规定直接结合为一个公司的法律行为。

公司合并有两种不同的形式。一种是吸收合并，是指一个公司把其他公司吸收后存续，除了吸收的公司以外，被吸收的公司予以解散；另一种是新设合并，这是指两个或两个以上的公司合并设立一个新的公司，合并各方全部解散。

依照《公司法》的相关规定，公司的合并流程有以下几项。

（1）要决定合并的对象，也就是作出合并决定或决议。如果是股份有限公司的合并，必须经过国务院授权的部门或者省级人民政府批准，经批准同意的才能合并。

（2）在决定并且得到合并批准同意以后，需要与合并方进行商谈，然后签订合并协议。合并协议应当包括的主要内容有合并各方的全称、注册地址以及其他情况，还

有合并后公司的名称、注册地址；公司的资产状况及其处理办法；关键的是合并各方债权债务应当由合并存续之后的公司继承。

（3）在合并协议签订后，应该清点资产和负债，编制资产负债表和财产清单，进行财产盘点。

（4）应该清理债务情况然后通知债权人。按照规定，应该自作出合并决议之日起的10日内发出通知书通知债权人，在30日内在报纸上公告。债权人在接到通知书之日起30日内，如果没有接到通知书，那么从在报纸上公告之日起45日内，有权要求原来的公司清偿债务，如果不能清偿债务则应该提供相应的担保。如果不清偿债务或者不提供相应担保，不能合并。

（5）在处理好上面的事项后，就可以办理合并登记手续。按照规定，公司合并的，应当自合并决议或者决定作出之日起90日后申请登记。

附录4.3.2　公司的分立

下面介绍公司怎么分立。公司分立，是指一个公司通过依法签订分立协议，不进行清算，分为两个或两个以上公司的法律行为。

公司分立有两种形式。一种是派生分立，是说公司本身不变，但是以部分资产另设一个或数个新的公司，也就是说原公司存续；另一种是新设分立，将公司的全部资产分别划归为两个或两个以上的新公司，原公司予以解散。应该根据合同法的规定，在公司分立以后，除公司和债权人另有约定的以外，原来公司的债权债务，由分立以后的法人继承，享受连带债权并且承担连带债务。

附录4.3.3　公司的解散清算

一家公司如果因为种种原因不再继续经营，那么就进入公司的解散清算流程。按照公司解散原因分为两种清算类型。

1. 公司解散的原因

一般公司解散的原因有两种：一种是一般原因的解散，另一种是强制原因的解散。

（1）一般原因的解散，如果出现了解散公司的事由，那么公司即可解散。公司一般解散的原因，主要有以下三种情况。

- 根据公司章程规定的营业期限已经届满，或者公司章程规定的其他解散事由出现；
- 经过股东大会决议解散；
- 公司需要合并或者分立需要解散。

（2）强制原因的解散是指由于某种情况的出现，主管机关或人民法院命令公司解散。按照法规强制解散公司的原因主要有主管机关决定解散，或者责令关闭，吊销营业执照。

2. 非破产情况下的公司清算流程

所谓清算程序，就是终结已解散公司的一切法律关系和处理公司所有剩余财产的程序。按照规定，除了是合并，或者分立进行的解散无须经过清算程序，或者因为破产而解散适用的破产清算程序以外，其他情况都应该按公司法进行清算。

（1）要成立清算组

根据公司法规定，应当自公司解散之日起15日内成立清算组。清算组专门负责公司财产的保管、清理、处理和分配工作。

（2）清理财产清偿债务

成立的清算组除对公司资产进行清理外，还应该对公司的债权债务进行清理。在清算期间，不得开展新的经营活动，只有清算组能够处分公司的财产，其他任何人如果没有得到清算组的批准，不能随意处分公司财产。

清算组先清理公司的财产，然后编制资产负债表和列出财产清单。如果发现公司财产不足清偿债务，应当向人民法院申请宣告破产。经人民法院裁定宣告破产后，清算组应当将清算事务移交给人民法院。如果公司财产能够清偿公司债务，清算组应先拨付清算费用，然后按照下列顺序清偿：

优先清偿职工工资和劳动保险费用，然后清偿所欠税款，再清偿公司的债务（债权人的权利），最后分配剩余财产也就是股东权利。

提示

清算组在支付清算费用、职工工资和保险费用、税金，然后清偿公司债务后，清算组才能将剩余的公司财产按照股东的出资比例或者持有的比例分配给股东。

清算结束后，清算组应当制作清算报告，提交有关部门和股东大会确认。

3. 公司的破产清算流程

还有一种清算和解散清算不同，是破产清算。

破产清算是指如果公司丧失债务的清偿能力，由法院强制执行其全部财产，公平清偿全体债权人。破产概念专指破产清算制度，即债务人宣告破产、清算还债的制度。

清算是企业破产的主要工作，工作量大、涉及的工作程序、法律法规复杂，基本分为以下步骤。

（1）企业被人民法院宣告破产。如果企业因经营管理不善，导致严重亏损，无力清偿到期债务，而且经和解和整顿以后仍不能实现约定的清偿义务，由人民法院裁定后，宣告破产。

（2）宣告破产以后，由人民法院主持成立破产清算小组，成员一般由法院从破产企业的上级主管部门、财政部门、银行、工商、审计、经委、税务、物价、劳动、社保、土地、国资、人事等部门组织，负责清理企业的财产，处理善后事宜包括民事诉讼活动。

（3）清算组在人民法院宣告企业破产之日起5日内组成，立即接管破产企业的账册、文书、资料、印章行使权利。

（4）清算组依法接管破产企业后，开始处理善后事宜，包括对企业财产进行保管、清算、估价、变卖、分配，交付属于他人的财产，并且追收破产企业在法院受理破产案件前6个月至宣告破产之日期间内非法处理的财产。

（5）清算组在清理破产企业的财产、处理完善后事宜和破产债权后，在确定破产企业财产的基础上编制财产分配方案，提交债权人讨论，通过后交给人民法院裁定。

（6）清算组编制的破产财产分配方案经人民法院裁定后，清算组根据方案的要求以现金或者实物偿还破产企业的债务。清偿结果如果有剩余财产，在企业所有者之间进行再次分配。另外，清算组在接管破产企业后，应定时或不定时向人民法院报告清算工作的进度，向人民法院负责。

（7）在清算组清偿完破产企业的债务后，清算工作结束，应当向人民法院报告，请求终结破产程序、解散清算组。

（8）在清偿后，应该由监察和审计部门负责，查明企业破产的责任，对责任人依责任大小给予行政、刑事处罚。

（9）在人民法院终结破产程序后，清算组应当在原破产企业登记机关注销其登记，终止其法人地位。

（10）另外，从破产程序终结之日起一年内，如果发现破产企业有故意损害债权人利益非法处置的财产，由人民法院负责追回，并按原清算组拟定并经债权人讨论、人民法院裁定的方案进行分配。如有剩余，股东可进行再次分配。

附录4.4　企业资本的变更登记

一般说来，如果企业规模发生了变化，也就是企业的资本发生了改变，那么应该进行企业资本的变更登记。

变更登记需要提交以下资料。

（1）公司法定代表人签署的“公司变更登记申请书”并且加盖单位公章。公司变更登记申请书，如表1所示。

表1　公司变更登记申请书

注册号

项目	原登记事项	申请变更登记事项
名称		
住所		
邮政编码		
法定代表人姓名		
注册资本	（万元）	（万元）
实收资本	（万元）	（万元）
公司类型		
经营范围		
营业期限		
股东（发起人）		
备案事项		
本公司依照《中华人民共和国公司法》《中华人民共和国公司登记管理条例》申请变更登记，提交材料真实有效。谨此对真实性承担责任。 法定代表人签字：　指定代表或委托代理人签字：　公司盖章： 年　月　日　　　年　月　日　　　年　月　日		

注：1.申请变更登记事项只填申请变更的内容。

2.提交的文件、证件应当使用A4纸。

3.应当使用钢笔、毛笔或签字笔工整地填写表格或签字。

（2）公司股东（发起人）出资情况表并且加盖公章。公司股东（发起人）出资情况表，如表2所示。

表2　公司原股东（发起人）出资情况表

股东（发起人）名称或姓名	证件名称及号码	认缴出资额（万元）	出资方式	持股比例（%）	实缴出资额（万元）	出资时间	出资方式	余额交付期限	备注

注：1.根据公司章程的规定及实际出资情况填写。

2."备注"栏填写下述字母：A.企业法人；B.社会团体法人；C.事业法人；D.国务院、省级人民政府、经授权的机构或部门；E.自然人；F.其他。

3.出资方式填写：货币、非货币。

（3）指定代表或者共同委托代理人的证明加盖公章，及指定代表或委托代理人的身份证复印件。指定代表或者共同委托代理人的证明，如表3所示。

表3　指定代表或者共同委托代理人的证明

申 请 人：______________________________

指定代表或者

委托代理人：____________________________

委托事项：______________________________

指定代表或委托代理人更正有关材料的权限：

1. 同意□不同意□修改任何材料；

2. 同意□不同意□修改企业自备文件的文字错误；

3. 同意□不同意□修改有关表格的填写错误；

4. 其他有权更正的事项：

指定或者委托的有效期限：自　　年　　月　　日至　　年　　月　　日

指定代表或委托代理人联系电话	固定电话：
	移动电话：

（指定代表或委托代理人 身份证明复印件粘贴处）

年　月　日

（申请人盖章或签字）

注：1. 设立登记，有限责任公司申请人为全体股东、国有独资公司申请人为国务院或地方人民政府国有资产监督管理机构，股份有限公司申请人为董事会，非公司企业申请人为出资人。企业变更、注销登记申请人为本企业。

2. 申请人是法人和经济组织的由其盖章，申请人是自然人的由其签字，申请人为董事会的由全体董事签字。

3. 指定代表或者委托代理人更正有关材料的权限：1、2、3项选择“同意”或“不同意”并在□中打√，第4项按授权内容自行填写。

（4）如果是有限责任公司，则需要提交同意变更资本的股东会决议；如果是股份有限公司，需要提交同意变更资本的股东大会会议记录；如果是有限责任公司，应该由代表三分之二以上表决权的股东签署同意变更资本；如果是一人有限责任公司应提交股东的书面决定。这些记录或者决定的内容都应当包括增加或减少注册资本的数额和出资方式、出资日期。股东应该由本人签字，法人股东应该加盖公章。

（5）法定代表人签署同意的公司章程修正案。

（6）有资质的验资机构出具的验资证明。

（7）如果是股份有限公司，并且以募集方式增加注册资本的，应提交国务院证券监督管理机构的核准文件，以及法律、行政法规和国务院决定规定变更注册资本必须报经批准的，提交有关的批准文件或者许可证书复印件并且加盖公司公章。

（8）公司减少注册资本的，提交刊登减资公告的报纸报样。

（9）公司营业执照副本原件。

附录5 社保操作指南

企业成立后聘请员工，一定会涉及怎么按照国家规定给予员工福利待遇的问题，也就是我们需要了解怎么给员工办理和变更、注销社会保险和住房公积金。

附录5.1 办理社会保险登记的原则

先了解办理社会保险登记的原则和相关规定。

根据相关规定，参加社会保险的企业，必须办理社会保险登记，并且领取“社会保险登记证”。参加社会保险的单位，未办理社会保险登记的，应补办社会保险登记手续。社会保险登记证，如表4所示。

表4 社会保险登记证

社会保险登记证

单位名称： Name of establishment	验证记录： Verification records	
住所（地址）： Venue of establishment	验证机构： Verifying agency	年 月 日
法定代表人（负责人）： Legal representative（person in charge）	验证机构： Verifying agency	年 月 日
组织机构统一代码： Unified code of organization	验证机构： Verifying agency	年 月 日
有效期限： Duration of validity		
发证机构： Issued by	验证机构： Verifying agency	年 月 日
发证日期： Date of issue		

企业应当自领取营业执照或成立之日起30日内，向所属社保经办机构申请社会保险登记（这取决于所属的行政区域），然后建立起企业职工的缴费信息数据库，为职工缴纳社会保险。

附录5.2　企业新参保业务

一个企业为员工缴纳保险是劳动法规定的，为员工参保是企业的义务，也是该企业员工的基本福利。下面讲解还没有登记社会保险登记的企业怎么参保。

附录5.2.1　新参加保险登记的准备工作

在我们到当地的社保局参保前，需要准备以下资料。

（1）根据企业的性质，需要提供以下证件之一（都需要原件和复印件，复印件需要加盖单位公章）：

- 如果是事业单位，需要提供主管部门颁发的事业单位法人登记证。
- 如果是社会团体，需要提供民政主管部门颁发的社会团体法人登记证。
- 如果是企业单位，需要提供工商行政管理部门颁发的企业法人营业执照。
- 如果是外地单位派驻的分支机构要在当地缴纳社保，则需要提供主管部门颁发的机构登记证。
- 如果是股份制企业，则需要提供工商部门或会计师事务所出具的注资证明。
- 如果主管部门实在不明确或情况复杂，还需提供工商部门或会计师事务所出具的验资报告或由主管部门同意成立的批文。

（2）参加社会保险的申请并且加盖单位公章。

（3）填写“新参保单位基本信息申报表”并且加盖单位公章。

（4）填写“社会保险登记表”（如还有分支机构的，附“所属分支机构情况表”）一份。

（5）填写“在职职工申报表”或者“参保人员登记表”并且加盖公章。

（6）委托银行自动结算社会保险资金授权书及其企业银行账户的说明，一般都从银行基本户扣收保险费。

（7）组织机构代码证的原件和复印件。

（8）参保人的身份证复印件（需要注意如果是第二代身份证需要正、反两面复印）。

以上提供的复印件均需用A4纸复印并加盖单位公章，并且要和原件核对无误。

参保单位基本信息表，如表5所示。

表5　参保单位基本信息表

填报单位（盖章）

填表人：

<table>
<tr><td>单位类型</td><td colspan="12">□企业 □城镇大集体 □工业园区 □农垦企业 □全额拨款事业 □差额拨款事业 □自收自支拨款事业 □其他</td></tr>
<tr><td>隶属关系</td><td colspan="7">□中央 □省 □市、地区 □区 □县
□街道 □镇 □乡
□ 居民委员会 □村民委员会 □军队
□其他</td><td colspan="3">组织机构代码</td><td colspan="2"></td></tr>
<tr><td>所在乡镇街道</td><td colspan="12"></td></tr>
<tr><td>所在社区或村</td><td colspan="3"></td><td colspan="3">单位名称</td><td colspan="6"></td></tr>
<tr><td>单位状态</td><td colspan="3">□登记（未参保）
□参保缴费
□暂停（中断）缴费
□终止参保</td><td colspan="3">缴费单位名称</td><td colspan="6"></td></tr>
<tr><td>采用岗位平均工资准则</td><td colspan="2">□采用市岗位平均工资</td><td>参保方式</td><td colspan="5">□单位参保</td><td colspan="3">事业单位经费来源</td><td></td></tr>
<tr><td>单位地址</td><td colspan="8"></td><td colspan="3">邮政编码</td><td></td></tr>
<tr><td>工商登记执照种类</td><td></td><td colspan="3">工商登记执照号码</td><td colspan="4"></td><td colspan="3">工商登记发照日期</td><td></td></tr>
<tr><td>法定代表人姓名</td><td></td><td colspan="3">法定代表人证件号码</td><td colspan="4"></td><td colspan="3">法定代表人电话与手机</td><td>电话：
手机：</td></tr>
<tr><td>缴费单位专管员姓名</td><td></td><td colspan="3">专管员所在部门</td><td colspan="4"></td><td colspan="3">缴费单位专管员电话与手机</td><td>电话：
手机：</td></tr>
<tr><td>缴费开户银行行号</td><td></td><td colspan="3">缴费银行户名</td><td colspan="4"></td><td colspan="3">缴费银行基本账号</td><td></td></tr>
<tr><td>养老保险缴费及待遇计发标准</td><td colspan="5">□城镇一般企业 □省属12家农垦企业
□新参保农垦企业 □三类事业单位 □其他</td><td colspan="4">单位破产性质</td><td colspan="3">□无
□因资源枯竭而关闭破产的中央所属核工业矿
□原中央所属现已下放地方管理的煤矿及有色金属矿
□地处深山职工再就业困难的三线企业
□国务院批准的全国破产项目</td></tr>
</table>

同时，还需要填写社会保险费申报表，它包含了参保职工的一些基本情况，包括姓名、性别、身份证号码、参保时间、任职职务等，一般由参保员工自行填写，如表3所示。

申报缴纳单位社保时，还需要填写“保险申报（明细）表”，而且有的社保局要求这个表在以后每月申报时，都需要报送。这个表中单位缴纳加上个人缴纳的金额总额，就是企业给社保局缴纳的金额，所以这个表一定要仔细核对，特别在有人员变动的情况下，应该先做变更，再上报此表，如表6所示。

表6 保险申报（明细）表

<table>
<tr><td>姓名</td><td></td><td>性别</td><td></td><td>文化程度</td><td></td><td>出生年月</td><td></td></tr>
<tr><td>身份证号码</td><td colspan="7"></td></tr>
<tr><td>首次缴费参保时间</td><td colspan="3"></td><td colspan="2">联系电话</td><td colspan="2"></td></tr>
<tr><td colspan="8">户口所在地</td></tr>
<tr><td colspan="8">本人履历（从入学起）</td></tr>
<tr><td colspan="4">起始年月　在何地、何部门就业（读）</td><td>任何职务</td><td>证明人</td><td colspan="2">备　注</td></tr>
<tr><td colspan="4"></td><td></td><td></td><td colspan="2"></td></tr>
<tr><td colspan="4"></td><td></td><td></td><td colspan="2"></td></tr>
<tr><td colspan="4"></td><td></td><td></td><td colspan="2"></td></tr>
<tr><td colspan="4"></td><td></td><td></td><td colspan="2"></td></tr>
<tr><td colspan="4"></td><td></td><td></td><td colspan="2"></td></tr>
<tr><td colspan="4"></td><td></td><td></td><td colspan="2"></td></tr>
<tr><td colspan="4"></td><td></td><td></td><td colspan="2"></td></tr>
<tr><td rowspan="6">配偶及家庭主要成人员情况</td><td>姓 名</td><td>与本人关系</td><td>出生年月</td><td>文化程度</td><td colspan="2">所在单位及职务</td><td>工资收入</td></tr>
<tr><td></td><td></td><td></td><td></td><td colspan="2"></td><td></td></tr>
<tr><td></td><td></td><td></td><td></td><td colspan="2"></td><td></td></tr>
<tr><td></td><td></td><td></td><td></td><td colspan="2"></td><td></td></tr>
<tr><td></td><td></td><td></td><td></td><td colspan="2"></td><td></td></tr>
<tr><td></td><td></td><td></td><td></td><td colspan="2"></td><td></td></tr>
<tr><td colspan="4">申请人签名（盖章）：

年　月　日</td><td>社保局审核意见</td><td colspan="3">社保局盖章
年　月　日</td></tr>
</table>

附录5.2.2　新参加保险登记的办理程序

准备好相关资料以后，就可以去当地的社保局窗口办理登记了。

（1）把准备好的资料盖好单位公章，已经按照要求填写好的表格，交给社保局经办人员。社保局经办人员在接收社会保险登记申请资料后，将对资料进行审核，符合条件的出具受理回执，不符合条件的不予受理或者需要补充资料。

（2）社保局受理完成后，将在规定的工作日内办完相关手续；社保局会通知企业凭受理回执到保险关系部资料发放窗口领取“社会保险登记证”和相关资料。

（3）根据地区规定的不同，有的地区规定，领取完“社会保险登记证”以后，再到所在地社会保险经办机构办理医疗、事业保险登记手续；有的地区在社保机构窗口直接办理综合保险登记手续，不分开单独办理登记手续。这需要根据当地的实际情况处理。

（4）办理完成以后，应核对银行账户，按月缴纳各项社会保险费。

现在企业也可以自己在社保网上办理，新员工入职直接登录企业的社保账户，根据新参保人员的信息，逐一填入新参保人员信息表并保存即可。

提示

不是登记完社会保险，就可以立刻享受社会保险。比如，报销医疗费等，一般来说，需要正常缴纳一个月或者一年社保费之后才可以享受。具体相关要取决于当地社保局的规定。

附录5.3　企业社会保险变更和年检

在企业参保以后，经常会发生社会保险信息改变，每年还需要参加社会保险部门的年检，本节介绍社会保险变更和年检的流程。

附录5.3.1　单位社会保险的变更

如果发生社会保险登记事项变更时，比如企业的名称、性质、银行账户等主要事项发生了变化，应当在登记变更之日起30日内，持以下证件和资料向所属社保经办机构申请办理社会保险登记变更手续。

需要填写“社会保险单位信息登记变更表”（以下简称“单位信息登记变更表”）和需要变更的“社会保险登记证”，并且提供工商营业执照或有关机关批准的变更证明，以及社保经办机构规定的其他相关资料。

提供的资料和表格在社保经办机构审核后予以变更。

单位信息变更事项涉及变更登记证的内容，所以需要重新填制和打印社会保险登记证，但是社会保险登记证号不变动，原社会保险登记证收回。

附录5.3.2　单位社会保险证的年检

登记完社会保险后，社会保险登记证应该由专人保管，不得伪造、转让、涂改、买卖和损毁。遗失社会保险登记证件的，应该及时向所属社保经办机构提出申请并且补办。还应该每年对社会保险登记证进行年检。年检时，填写好年检报告表以后，盖上单位公章，提交给所属的社会保险机构。年检报告表，如表7所示。

表7　参保单位社会保险登记证年检报告表

单位名称（章）

<table>
<tr><td colspan="2">单位编号</td><td></td><td>社保登记证编码</td><td></td><td>组织机构代码</td><td></td><td>参保登记时间</td><td></td></tr>
<tr><td rowspan="2">工商登记信息</td><td>发证机关</td><td></td><td>执照号码</td><td></td><td>经济类型</td><td colspan="3"></td></tr>
<tr><td>发证日期</td><td></td><td>有效期限</td><td></td><td>税务登记证</td><td colspan="3"></td></tr>
<tr><td colspan="2" rowspan="3">法定代表人或负责人</td><td>姓名</td><td colspan="2"></td><td rowspan="3">参保单位专管员</td><td>姓名</td><td colspan="2"></td></tr>
<tr><td>身份证号码</td><td colspan="2"></td><td>所在部门</td><td colspan="2"></td></tr>
<tr><td>联系电话</td><td colspan="2"></td><td>联系电话</td><td colspan="2"></td></tr>
<tr><td colspan="3">单位地址</td><td colspan="6"></td></tr>
<tr><td colspan="3">开户银行</td><td colspan="6"></td></tr>
<tr><td colspan="3">开户名称</td><td colspan="6"></td></tr>
<tr><td colspan="3">银行账号</td><td colspan="6"></td></tr>
<tr><td colspan="3">2014年末在职人数</td><td colspan="2"></td><td colspan="2">2014年平均人数</td><td colspan="2"></td></tr>
<tr><td colspan="3">2014年末参加养老保险人数</td><td colspan="2"></td><td colspan="2">2014年末参加工伤保险人数</td><td colspan="2"></td></tr>
<tr><td colspan="3">2014年末工资总额（元）</td><td colspan="2"></td><td colspan="2">2014年人均工资总额（元/月·人）</td><td colspan="2"></td></tr>
<tr><td colspan="3">2014年末养老保险欠费情况（元）</td><td colspan="2"></td><td colspan="2">2014年末工伤保险欠费情况（元）</td><td colspan="2"></td></tr>
<tr><td colspan="3">2014年缴费基数（元）</td><td colspan="6"></td></tr>
</table>

单位负责人（签章）：　　填报人（签章）：　　填报日期：　年　月　日

社保局主管局长签章：　　社保局主管处长签章：　　社保局年检人签章：

附录5.4 单位整体转出、转入业务

登记完社会保险以后，如果工商注册地址发生了变化，也就是因为单位地址的改变，所属的社保局发生了变化，应该从原来的社保局转出，然后转入新地址所属的社保局。

办理转入或转出的时间根据当地所属社保局的规定有不同，比如北京地区规定，应该在当月的23—25日办理单位整体的转入或转出。

1. 社会保险的整体转入

办理转入的时候一般需要提交以下材料：

- 营业执照副本原件及复印件（加盖单位公章）。
- 由转出所在社保局审核盖章后的“社会保险单位信息登记变更表”。
- 由转出所在社保局开具的“基本医疗保险关系跨区转移证明”。
- 与开户银行新签订“委托收款付款授权书”，将以前的付款授权书作废，新授权书写明更改后的所属社保局。

2. 社会保险的整体转出

在办理转出时一般需要提交以下材料：

- 按照所属社保局要求的银行托收单复印件（最后一个月或者更长的时期）。
- 填写“社会保险单位信息登记变更表”并且加盖公章。
- 填写“社会保险注销登记申请表”并且加盖公章。

提示

办理转出，在单位结清所有应缴纳的费用以及医药费报销完毕的情况下才可以办理整体转出手续；医疗保险手续齐全后由所属社保中心开具“基本医疗保险关系跨区转移证明”，办理转出。

附录5.5 企业社会保险注销登记

如果发生解散、破产、撤销、合并、被吊销营业执照以及其他终止营业的情形，需要终止社会保险缴费义务时，应该从发生注销登记事项之日起30日内向所属社保经办机构申请注销登记。

申请注销登记时须填写“单位信息登记变更表”，并提供相关证明材料，经社保经办机构审核后办理注销社会保险登记手续，并收回发给企业的“社会保险登记证”。

与转出手续一样，在办理注销社会保险登记前，也应该结清应缴的社会保险费和滞纳金等费用，结清医疗费的报销等。

附录5.6 住房公积金如何办理

用什么方式办理住房公积金汇缴，决定了办理住房公积金的方式。一般来说，办理住房公积金有以下汇缴方式：

- 由出纳人员开具转账支票缴存，或者直接通过现金方式。
- 由出纳人员到银行汇款的方式缴存。
- 直接和银行签订协议，委托银行收款方式。

附录5.6.1 转账支票和现金的汇缴方式

如果决定以转账支票、现金方式进行汇缴，那么其办理登记和汇缴的方式如下。

（1）先到所属地区的住房公积金管理中心领取登记表，申请缴纳住房公积金。填好单位的基本情况，选择好缴纳的比例以后，盖上单位公章。在登记办理完成以后需要报送职工的姓名、身份证号、性别、工资金额和公积金的缴存金额。

（2）应当于每月发放职工工资之日起5日内将单位缴存和为职工代扣代缴的住房公积金按时足额汇缴到住房公积金管理中心。办理的流程就是需要先填制住房公积金管理中心统一印制的“住房公积金汇缴书”（一式三份）及与“住房公积金汇缴书”汇缴金额一致的转账支票或“现金送款簿”。

提示

这里的一致，是说无论金额多一分还是少一分，都不行。在实际工作中，单位缴费不同于个人缴费，不要有金额的零头可以四舍五入的想法。

（3）如果汇缴职工的人数有了变化，需要填写住房公积金管理中心统一印制的“住房公积金汇缴变更清册”，以及与人员变更后应汇缴金额一致的“住房公积金汇缴书”和转账支票，“住房公积金汇缴书”中“增加人数”“增加金额”“减少人数”“减少金额”栏与“住房公积金汇缴变更清册”中相应栏目一致。在汇缴时，应该先办理变更，再按照变更金额进行汇缴。在办理变更前，应该先结清拖欠的住房公积金金额。

（4）在汇缴业务确认后，住房公积金的人员会打印“住房公积金汇缴书”一式两份，盖章后一份交还给我们留底。

如果一年内，有多个月份的住房公积金都没有缴纳，那么可以填写多份需要缴纳的月份的汇缴书（汇缴书必须按月填写，不能合并填写），然后按照需要缴纳的多个月份的总数开出支票予以汇缴。

住房公积金汇缴书，如表8所示。

表8　住房公积金汇缴书

NO.

年　月　日　附变更清册　张

<table>
<tr><td>单位全称</td><td colspan="13"></td></tr>
<tr><td>单位登记号</td><td></td><td colspan="6">资金来源：□财政 □自筹</td><td colspan="6">汇缴 年 月份</td></tr>
<tr><td colspan="4" rowspan="2">汇 缴 金额
（大写）</td><td>千</td><td>百</td><td>十</td><td>万</td><td>千</td><td>百</td><td>十</td><td>元</td><td>角</td><td>分</td></tr>
<tr><td></td><td></td><td></td><td></td><td></td><td></td><td></td><td></td><td></td><td></td></tr>
<tr><td colspan="14">上月汇缴 本月增加 本月减少 本月汇缴
人数　人数　人数　人数
金额　金额　金额　金额</td></tr>
<tr><td colspan="4">支票号码：</td><td colspan="10">备注：</td></tr>
</table>

单位主管：　　　　复核：　　　　制单：

填写说明：

- “住房公积金汇缴书”一式两联，为无碳复写凭证，第一联住房公积金管理中心留存作为记账凭证，第二联作为单位存根备查。
- 部分行政事业单位既有财政统发又有单位自筹汇缴住房公积金的，需将财政统发部分和单位自筹部分分别填制“住房公积金汇缴书”。
- “住房公积金汇缴书”中各项内容应准确完整填写。

汇缴书后应附有“住房公积金汇缴变更清册”，如表9所示。

表9　住房公积金汇缴变更清册

年　月份

单位全称（盖章）：

单位登记号：

第 页 共 页

<table>
<tr><td colspan="9">本月增加汇缴（新增职工开户）</td><td colspan="10">本月减少汇缴（职工调出、封存、销户）</td></tr>
<tr><td rowspan="2">序号</td><td rowspan="2">职工编号</td><td rowspan="2">职工姓名</td><td rowspan="2">证件名称</td><td rowspan="2">证件号码</td><td rowspan="2">缴存基数</td><td colspan="3">住房公积金月缴存额（元）</td><td rowspan="2">序号</td><td rowspan="2"></td><td rowspan="2">职工姓名</td><td rowspan="2">证件名称</td><td rowspan="2">证件号码</td><td rowspan="2">减少原因</td><td colspan="3">住房公积金月缴存额（元）</td><td rowspan="2"></td></tr>
<tr><td>个人</td><td>单位</td><td>合计</td><td>个人</td><td>单位</td><td>合计</td></tr>
<tr><td></td><td></td><td></td><td></td><td></td><td></td><td></td><td></td><td></td><td></td><td></td><td></td><td></td><td></td><td></td><td></td><td></td><td></td><td></td></tr>
<tr><td></td><td></td><td></td><td></td><td></td><td></td><td></td><td></td><td></td><td></td><td></td><td></td><td></td><td></td><td></td><td></td><td></td><td></td><td></td></tr>
<tr><td></td><td></td><td></td><td></td><td></td><td></td><td></td><td></td><td></td><td></td><td></td><td></td><td></td><td></td><td></td><td></td><td></td><td></td><td></td></tr>
</table>

<table>
<tr><td colspan="2" rowspan="3">本页小计</td><td rowspan="2">人数</td><td colspan="3">金额</td><td rowspan="3">本页小计</td><td rowspan="2">人数</td><td colspan="3">金额</td></tr>
<tr><td>个人</td><td>单位</td><td>合计</td><td>个人</td><td>单位</td><td>合计</td></tr>
<tr><td></td><td></td><td></td><td></td><td></td><td></td><td></td><td></td></tr>
<tr><td>首页填写</td><td>本月增加汇缴合计</td><td></td><td></td><td></td><td></td><td>本月减少汇缴合计</td><td></td><td></td><td></td><td></td></tr>
</table>

单位主管：　　　　复核：　　　　制表：　　　　制表日期：　年　月　日

填写说明：

- “住房公积金汇缴变更清册”一式两份，加盖单位印章，一份单位留存，一份报管理中心。
- “住房公积金汇缴变更清册”中“增加人数合计”“增加金额合计”“减少人数合计”“减少金额合计”应与“住房公积金汇缴书”中相应栏目一致。
- “住房公积金汇缴变更清册”中各项内容应准确完整填写。

附录5.6.2 银行汇款的汇缴方式

以银行汇款方式办理汇缴的方法如下。

（1）先填制“单位汇款缴存公积金备案表”，交到住房公积金管理中心所属管理部门。

单位汇款缴存公积金备案表，如表10所示。

表10 单位汇款缴存公积金备案表

<table>
<tr><td rowspan="3">收款信息</td><td>收款人</td><td colspan="3"></td></tr>
<tr><td>收款账号</td><td colspan="3"></td></tr>
<tr><td>开户行</td><td colspan="3"></td></tr>
<tr><td rowspan="3">付款信息</td><td>汇款单位</td><td></td><td>缴存单位</td><td></td></tr>
<tr><td>汇款账号</td><td></td><td>单位登记号</td><td></td></tr>
<tr><td>开户行</td><td></td><td>管理部编号</td><td></td></tr>
<tr><td colspan="3">经办人：单位签章：</td><td colspan="2">接柜：管理部签章：</td></tr>
</table>

年　　月　　日

填写说明：

- 单位填制“单位汇款缴存公积金备案表”，一式两份，一份由管理部盖章后单位留存，一份报管理部。
- “单位汇款缴存公积金备案表”中的“收款信息”，由住房公积金管理中心会计处为所属管理部指定，单位不填。

（2）在办理好上述事项后，应该将缴存的公积金款项汇入住房公积金管理中心指定的住房公积金银行专用账户，汇款单中的收款人栏填写“住房公积金管理中心”，收款银行及账号填写住房公积金管理中心指定的收款银行及账号，并在汇款单空白处（一般是汇款单的上方）注明单位登记号、管理编号及汇缴月份。

（3）住房公积金管理中心收到汇款后与单位汇款备查簿核对，无误后计入单位暂存款。通过系统查询已收款后，会通知企业。企业持“住房公积金汇缴书”，有变更的还需持“住房公积金汇缴变更清册”（需要加盖单位公章）、“单位汇款缴存公积金备案表”（需要加盖单位公章），到管理部办理汇缴分配，将已缴存的住房公积金计入个人账户。汇缴办理完毕后，收到“住房公积金汇缴书”“住房公积金汇缴变更清册”各一份留底。

附录5.6.3　委托银行收款的汇缴方式

最后来看看，以委托银行收款方式如何办理住房公积金和汇缴。

（1）需要与住房公积金管理中心签署由住房公积金管理中心统一印制的“委托银行收款缴交住房公积金协议”，写明开户银行账号，加盖单位公章。

（2）凭上面住房公积金给我们出具的协议，到开户银行与开户银行签订“委托收款付款授权书”。

（3）在完成单位、银行、住房公积金的三方协议后，就可以办理委托收款业务了。每个月与住房公积金中心做委托收款确认，主要是人员变更问题。如果有人员变更，和前面的几种汇缴方式一样，需要上报“住房公积金汇缴变更清册”。

（4）在办理好前面几步以后，住房公积金管理中心会每个月定期通过系统汇总委托收款信息，办理银行托收。收款后，如果成功，住房公积金管理中心会计处根据银行提供的“委托收款结算凭证”收款联，将托收款项计入单位暂存款，再办理住房公积金汇缴分配。将汇缴金额计入个人账户，并将“住房公积金汇缴书”和“住房公积金汇缴变更清册”盖章后一份退给单位留底。如果由于金额不对或者银行的账户等原因，银行托收没有成功，会通知企业收款失败，让企业核对重新办理托收手续。

附录5.7　老出纳支招

企业为员工参加和缴纳社会保险以后还有一些为员工提供的相关服务，下面予以介绍。

附录5.7.1　怎样为职工提供单位参保证明

在办理很多单位以及个人业务时，比如资信证明、转移户口的手续、购买房屋等，都需要提供社保缴纳证明。下面来看看怎么开具参保证明。

开具参保证明需要单位介绍信（盖单位公章）和经办人员身份证原件，当月缴纳社保费用的收据，以及需要参保证明的职工的身份证复印件。

可以开出参保证明的地点：街道社会事务服务中心或所属区社保服务大厅。

附录5.7.2　办理单位参保人员的社保卡

在成功登记单位社保后，单位需要为每位参保人员登记制作社保卡.制作社保卡需要填写“社会保险人员增加表”，也就是参保人员明细，然后填写“社保卡登记制作单”。登记制作社保卡，需要缴纳一定的制卡费用（有的地区免除费用），一般要等待一定的工作日，才能领取到社保卡。

领取到社保卡时，可以看到，卡片的背面写着每一位参保职工的姓名、身份证号和社保编号。还有一个相应的密码信封，这需要仔细核对，并且确认信封没有被开启，核对无误后转发给每一位职工。社保卡样式，如图3所示。

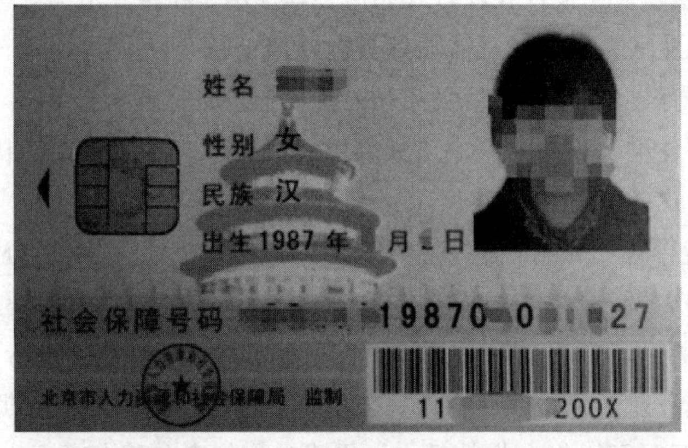

图3　社保卡

有的时候社保卡会出现损坏、不能刷卡，这时需要重新加磁。

给社保卡加磁须持社保卡及本人身份证原件，到所属社保局给自己的卡片重新加磁。如果社保卡丢失，应该持本人身份证挂失，并且申请重新办理。